브랜드는 어떻게
아이콘이 되는가

브랜드는 어떻게
아이콘이 되는가

더글라스 B. 홀트 지음
윤덕환 옮김

한국경제신문

일러두기

1 본문에 나오는 각주는 번역자, 미주는 저자의 주이다.

2 번역은 가능한 한 우리말로 옮기려 했으나, 옮겼을 때 더 어색해지거나 이미 한국 사회에 익숙해진 영어단어, 고유명사, 회사명, 제품명, 노래 제목은 원문 그대로 사용했다.

3 국내에 소개된 적이 없거나 아주 오래전에 소개된 영화나 잡지 등의 경우에는 번역으로 싣는 것이 이해를 돕는 차원이라고 생각해서 가능한 한 한글로 병행하여 옮겨 놓았다.

4 광고의 태그 라인(Tag line, 광고의 모토나 광고에서 강조하는 한 줄 소개)은 영어 원문의 라임을 살리는 의미에서 해석을 하되 원문과 병기하여 표기했다.

5 광고업계나 마케팅, 리서치업계의 경우 영어로 된 용어를 그대로 사용하는 경향이 강하기 때문에 의미는 주석을 통해 해설하되, 가능한 한 원래 그 용어가 사용되는 맥락(광고업계나 마케팅업계)을 고려해서 그대로 사용했다. (예: 크리에이터, 마인드 셰어 등)

6 ideology, populist world라는 단어를 단순히 '이념'이나 '대중주의자의 세계(관)' 또는 '포퓰리스트 월드', '포퓰리즘적 세계관' 등으로 번역하면, 한국적인 맥락에서는 과도하게 정치적인 의미로 직관적으로 해석될 소지가 있다. 그러므로 이 책에서는 전체적인 맥락에 맞게, 의미 그대로 '이데올로기'와 '대중적 세계관(실제로 이 책에서는 이 단어를 '세계관'의 의미로 중의적으로 사용하고 있다)'으로 번역했다.

들어가며

나는 일리노이주 록퍼드에서 자랐다. 그곳은 1970년대 후반 미국 미시간주의 플린트와 함께 실업률이 가장 높은, 작은 산업 도시 중 하나였다. 록퍼드는 300개의 살기 좋은 도시 순위에서 297위 정도로 낮은 순위에 머무른 곳이었지만, 아직 일자리를 서둘러야 할 필요가 없는 10대들에게는 좋은 곳이었다.

내가 아는 대부분의 또래 아이들처럼, 나도 로큰롤 키즈였다. 레코드 앨범을 사고 에어 기타(허공에 기타를 치는 시늉)를 연주하고, 수십 번씩 콘서트에 가고, 나만의 카세트테이프를 만들고, 수백 장의 콘서트 사진을 찍었다. 시카고의 유명 라디오 디제이인 스티브 달이 코미스키 파크 야구 경기장(화이트 삭스의 홈구장-옮긴이)에서 디스코 레코드판으로 가득 찬 쓰레기통을 폭파해서 날려버렸을 때,[1] 나는 환호했다. 고등학생

------

[1] 1979년 7월 12일, 시카고의 프로 야구단 화이트 삭스의 홈 경기장인 코미스키 파크에서 벌어진 사건. 1970년대 후반 디스코 음악의 광풍에 밀려 록 음악이 자리를 잃어가자, 당시 시카고의 유명 디제이였던 스티브 달은 평소 디스코 음악에 안 좋은 감정을 가지고 있었다. 그는 '디스코 반대 이벤트'로 관객들에게 안 듣는 디스코 음반을 가지고 오면, 야구 경기 입장권을 대폭 할인해주는 행사를 진행했다. 많은 관객들은 디스코 음반을 가지고 야구 경

시절 나는 많은 록밴드를 좋아했었다. 초기에는 보스턴과 키스, 스틱스, 에어로스미스를 비롯해서 테드 뉴전트 정도였지만, 내 마음은 우리 고향 록퍼드의 영웅, '칩 트릭'을 향해 있었다.

내 영웅은 칩 트릭의 리드 기타리스트, 릭 닐슨이었다. 나는 심지어 핼러윈 파티 때 그와 비슷한 옷을 입을 정도로 좋아했다. 닐슨은 록 교과서의 모든 고정관념을 무너뜨린 인물이었다. 당시 대부분의 록 기타리스트들은 거의 강박에 가깝게 긴 머리를 하고, 타이트한 바지를 입고, 가슴 털을 드러내며 기타를 연주하고 있었다. 이때 릭 닐슨은 샌님 같은 10대처럼 옷을 입었다. 카디건 스웨터, 짧은 머리 그리고 야구 모자를 쓰고, 라스베이거스 코러스 걸처럼 다리를 허공으로 차올리며 이상하고 만화 같은 표정으로 관중들을 즐겁게 하며 무대를 돌아다녔다. 하지만 그의 기타 소리는 다른 어떤 헤비메탈 영웅들보다 훨씬 더 거칠고 창의적이었다. 그는 남성호르몬인 테스토스테론 없이도 그들보다 더 남성적이었다. 나는 이런 퍼포먼스가 매우 멋지다고 생각했다(하지만 왜 그렇게 생각했는지 이유는 모르겠다).

칩 트릭은 (모든 록 팬이 알고 있는) 4장의 놀라운 레코드를 만들었다. 그러고 나서 누군가 플러그를 뽑아 버린 것 같았다. 왜냐하면 이후 칩 트릭은 진부하고 멜로드라마 같은 앨범을 쏟아내기 시작했기 때문이다. 나는 그 이후 20년 이상 그들의 음악을 듣지 않았다. 나만 그렇게 변한 것은 아니었다. 당시 나에게 칩 트릭은 수백만의 다른 미국 10대들

기장에 입장했는데, 이것을 모아서 폭파하고 불태웠다. 그러나 이 이벤트는 애초에 기획된 의도에서 벗어났다. 그라운드는 불에 타고 구장 시설들은 부서졌으며, 술 취한 관객들의 난동과 겹치면서 경찰이 투입되고서야 끝이 났다(위키백과에서 인용하여 편집).

_____ 브랜드는 어떻게 아이콘이 되는가

과 마찬가지로, 1970년대 말 몇 년 동안 '내 인생의 중요한 그 어떤 것(나의 정체성)'이었던 것이다.

25년 뒤, 나는 기업 드라마 세트장이라 불려도 충분한 사무실에 앉아 있다. 과도하게 큰 그 방은 하얀 가구가 넘쳐흐른다. 뉴욕의 스카이라인이 길게 늘어선 창문으로 손짓한다. 펩시코의 광고대행사 BBDO 뉴욕지사의 고위 간부 두 명이 나와 함께 마운틴 듀에 대해 이야기한다. 이야기를 시작하기 전, 그들 중 한 명이 막 시작한 경쟁사 광고의 비디오를 떠올린다. 다이어트 콜라 광고다. 이제 막 시작한 그 새로운 캠페인에 나오는 장면은 연예인의 목소리만을 사용해서 일상의 한 단면을 찍은 독특한 광고였다.

광고 중 하나는 1979년 칩 트릭의 넘버원 히트곡인 〈나는, 나를 원하는 너를 원해(I Want You to Want Me)〉라는 노래를 중심으로 이루어졌다. 히치콕의 〈이창(Rear Window)〉에서 영감을 받은 것처럼 보이는 장면에서, 매력적인 젊은 여성(영화배우 르네 젤위거의 목소리)은 아파트에서 바로 맞은편에 있는 '덜' 매력적인 젊은이를 지켜본다. 그녀는 "난 이 남자가 출근 준비할 때 욕실에 있는 걸 봐"라고 말한다. 카메라는 욕실에서 치실로 치아를 청소하는 남자를 포착한다. 그는 부끄러움도 모른 채 칩 트릭의 히트곡을 목청껏 소리 지르며 부르고 있다. 약간 괴짜인 그 남자는 흥얼거리며 노래에 완전히 빠져든다. "이 사람은 정말로 내 타입이 아니야." 그녀가 말한다. "치실을 너무 많이 쓰거든. 그런데 말이야. 시대를 통틀어 가장 위대한 노래의 가사를 통으로 외우고 있는 사람을 (이상형 리스트에서) 뺄 수는 없는 일이지."

이 광고가 날 끌어당겼다. 나는 그 남자에게 빠져들었다. 이것이 마케팅에서 이야기하는 '소비자 진실의 순간'이었기 때문이 아니다(참고로, 나는 누군가 시키지 않으면 절대 노래하지 않는다!). 이것은 내가 한때 사랑했던 노래에 대한 자동적 반응도, 감정적인 반응도 아니었다. 사실 내가 그 노래를 특별히 좋아하는 것도 아니다. 내가 극도의 인내심으로 그 중독성 있는 곡조를 참아내는 것은 그것이 단지 '칩 트릭'의 곡이었기 때문이다. 그리고 이 반응은 어린 시절의 향수 어린 반응도 아니다. 확실히 말해두지만, 나는 다시 록퍼드의 10대가 되고 싶지는 않다.

그보다 이 광고는 다이어트 콜라가 쥐고 있던 익숙한 문화적 재료들을 집어 들고, 이 재료를 이용해서 내가 믿고 싶었던 '남자다움'에 대한 이야기를 들려주었기 때문이다. 이 이야기는 우리에게 경박한 대중음악에 빠져 있는 남자들, 혹은 그 음악에 너무 몰입해서 가장 일상적인 순간에서조차 영적인 순간들을 발견하는 남자들이 어떤 면에서는 사랑스럽고 심지어 멋지다는 것을 말해준다. 유별나고 음정도 안 맞지만 그 캐릭터는 뭔지 모르게 빛났고, 아름다운 여인은 그래서 그에게 매력을 느낀다. 이 광고는 캐스팅을 통해 '남성의 매력은 무엇인가'를 보여준다. 젤위거의 목소리는 그 남자의 '반대편에 있는 남자'들을 거부한다. 예를 들어 뭔가를 즐기는 것을 좋아하기보다는 돈벌이에 혈안이 되어있는 남자, 아침의 치실질에 몰입하기에는 너무 기계적이거나 반복적인 남자, 이미지 관리를 너무 깊이 내면화하고 있어서 혼자 있을 때조차 거울 앞에서 큰 소리로 노래 부르기를 부끄러워하는 남자가 바로 반대편에 있는 남자들이다.

당신이 열일곱 살이라면, 이런 비슷한 행동을 할 것이다(에어기타도 이런 종류의 행동이다!). 하지만 당신이 마흔 살이라면 그렇게 경박하고 과하게 표현해서는 안 된다. 만약, 당신이 창조적인 직업에 종사하거나 혹은 보다 보헤미안적인 삶을 영위하기 위해 정교하게 짜인 중산층의 삶을 거부하지 않는다면 말이다. 많은 전문직 동료들과 마찬가지로 나는 이 두 세계 사이에 끼여 있다. 전문적인 성공을 위해 노력하지만 여전히 내부에 도사리고 있는 창조적이고 휴머니스트적인 감수성에 충실하려고 노력 중이다. 다이어트 콜라 광고는 나에게 이런 갈등을 관리할 수 있는 작은 명분을 제공해 주었고, 후자를 놓치지 않도록 북돋아 주었다.

칩 트릭의 곡은 이 신화의 근원 재료로 작용했다. 왜냐하면 그 곡이 나와 내 세대의 많은 다른 사람들을 신화로 데려가는 지름길 역할을 했기 때문이다. 게다가 이 노래는 릭 닐슨과 칩 트릭 멤버들의 이미지를 다시 끌어냈기 때문에 최상의 선택이었다. 이 만화 같은 스타일의 록스타들은 록의 '마초'적인 고정관념을 거부했던 사람들이었기 때문이다. 만약 에어로스미스의 곡이었다면 같은 방식으로 작동하지는 않았을 것이다.

이런 종류의 정체성은 의미 있게 제시되는 이야기나 신화를 통해 만들어지는데, 이 신화들은 대체로 한 국가의 문화 속에 있는 갈등의 해소나 긴장을 완화하는 역할을 한다. 이런 광고들은 브랜드가 고객들에게 가치 있는 정체성을 부여하게 하는 가장 중요한 수단이 된다. 하지만 내가 '마인드 셰어(Mind Share) 모델'[2]이라고 부르는 오늘날의 전통적인 브랜딩 법칙은 이 광고가 앞뒤가 맞지 않고 일관성이 없다고 설명

——— 2 소비자에게 설문을 통해(최초상기·비보조인지·보조인지) 떠올리는 브랜드 순서의 상대적 점유율(share)을 계산해서, 시장의 크기를 추정하는 심리학적 가정이 깔린 시장 크기의 상대적 추정 방식. 흔히 이 방식으로 측정한 수치가 실제 시장점유율(market share)과 비슷하다고 해서 '소비자의 마음속 시장점유율'이라는 뜻으로 '마인드 셰어'라고 한다. 이 책에서는 마인드 셰어를 의미 그대로 사용하고자 한다.

할 것이다. (BBDO의 경영진도 많은 것을 제안했지만, 이들의 임무는 경쟁사의 광고를 얕잡아보는 것뿐이었다.) 다이어트 콜라의 접근법은 예외적인 것이 아니다. 오히려 이러한 종류의 정체성 신화(identity myth)는 수십 년 동안 브랜딩의 핵심 특징이었다. 그러나 심리학적 가정과 전제들에 둘러싸인 기존의 브랜딩 모델은 브랜드 구축 과정에서 정체성 신화의 역할을 완전히 무시해 버렸다.

문화 브랜딩 전략 발굴하기

이 책은 지난 반세기 동안 가장 강력한 정체성을 가진 브랜드 중 일부에 대한 체계적이고 경험적인(empirical) 연구를 제공한다. 이 브랜드들은 일반적으로 '아이코닉 브랜드(iconic brand, 문화 아이콘이 된 브랜드)'라고 불린다. 나는 이 브랜드들을 역사적으로 분석해 그들이 성공을 거둔 원리(내가 '문화 브랜딩'이라고 부르는 방법)를 밝혀낼 것이다. 이 연구는 사회과학 분야에서 이론 구축을 위해 전형적으로 사용하는 사례 연구 방법론과 인문학 분야에서 활용되는 문화 분석 기법을 결합한 것이다.

가장 성공적인 문화 브랜딩조차 공식적이고 전략적인 계획하에 진행된 적은 없었다. 나는 아직 어떤 마케팅 계획, 브랜드 바이블, 창의적인 논문 등 공식 문서에서 문화 브랜드 전략을 발견하지 못했다. '마인드 셰어'라는 심리학주의의 언어는 특히 브랜드 매니저, 광고 기획자, 마케터 그리고 전통적인 시장조사 연구원을 지배한다. 브랜드에 관한 전략 문서는 브랜드가 소비자에게 제시하는 이성적 혜택(rational benefit), 감성적 혜택(emotional benefit), 브랜드 성격(personality) 및 사용자 이미지(user association)의 용어로 브랜드를 설명하는 '양파'와 비슷한 형태의 브랜드 모델로 가득하다. '이제 막 구워낸 따끈따끈한' MBA 학위를 받은 주니어 매니저들은 우리(경영대학원 교수들)가 이런 식으로 말하라고 가르쳤기 때문에 마인드 셰어 모델에 대해 열정적으로 이야기한다. 마인드 셰어 개념은 수사학적인 힘을 지니고 있어서 매니저들은 일상적으로 브랜드의 가장 문화적인 개념들도 마인드 셰어 용어로 재해석한다.

문화 브랜딩 전략은 주로 브랜드 매니저가 고용한 광고대행사의 크리에이터들과 다른 상업 예술가들의 직감 속에 숨어 있다. 기획자들은 수년간 브랜드의 문화적 '핵심 부분(sweet spot)'을 찾은 결과로 강력한 정체성 신화를 개발했다. 브랜드를 문화적으로 풀어내기 위한 이러한 헌신에도 불구하고, 크리에이터들조차 자신의 노력을 설명하기 위해 또다시 '마인드 셰어의 언어'에 크게 의존한다. 그래서 광고주와 수많은 상호작용 후 광고 기획자들은 자신들의 광고를 이 마인드 셰어의 언어를 사용하여 팔고, 광고 효과를 외부 세계에 설명한다.

이처럼 모순적으로 보이는 조직 환경에서 문화 브랜드 캠페인이 개발되었다는 것은 어찌 보면 놀라운 일이다. 아이코닉 브랜드는 문서화된 공식적인 브랜드 전략을 통해 강력한 신화를 전달해 왔다. 그런데 본래 이 문서들은 브랜딩을 엉뚱한 방향들로 밀어붙이려 했던 기록들이었다. 매니저들은 브랜드를 '친절하게 안내'하려고 애쓴다. 그래서 심지어 자신들의 브랜딩 활동이 '마인드 셰어'의 원칙에 어긋날 때도 이 용어로 브랜딩 활동을 해석하고 설명하려 했다. 이러한 모순의 결과, 가장 성공적인 아이코닉 브랜드조차 효과적이었던 브랜드 신화에서 일상적으로 때로는 한 번에 수십 년씩 벗어나게 된다.

따라서 아이코닉 브랜드는 상업예술가들의 문화적 직관이 뒤엉킨 결과인데, 이들 상업예술가들은 단순히 창의적이고, 재미있고, 기억에 남는 방식으로 그 상품이나 서비스가 주는 소비자의 혜택을 전달하라는 마케팅 전략의 요구에 문화적인 콘텐츠를 '몰래 숨겨'왔었다. 이런 과정에서 때때로 광고주들이 이 문화콘텐츠에 동의하고, 결과적으로 폭넓은 자율권을 인정받은 것일 뿐이다(의도했다기보다는 얻어걸린 것이다). 안타깝게도 대부분의 크리에이터들은 대개 브랜드를 문화에 맞게 조정하는 데 초점을 맞추지 않는다. 대신 이들은 동료들 사이에서 가장 창의적이 되어 차별화하기 위해 경쟁할 뿐이다. 그 결과 대부분의 문화 브랜딩에 대한 시도는 실패한다. 이 책은 최고의 창의적 본능(어쩌다 얻어걸리는 '무작위적인 창의성')보다는 진정한 문화적 본능의 이면에 숨겨져 있는 원리를 밝히고, 이 원리를 이용하여 아이코닉 브랜드를 형성할 수 있는 전략적 언어를 만들어보고자 한다.

감사의 말

이 책의 기원은 내가 노스웨스턴 대학교에서 박사 과정을 밟던 1980년대 후반으로 거슬러 올라간다. 브랜드 상징주의(brand symbolism)에 대한 나의 호기심은 당시 학과장이었던 시드니 레비에 의해 촉발된 것이었고, 내 학문적 조언자였던 인류학자 존 셰리가 더욱 자극했다.

이 책에서 내가 발전시킨 문화 브랜딩의 분석틀과 관점들은 사회학, 매스 커뮤니케이션, 역사학, 인류학, 문화연구들에서 발전한 이론들에 의해 알려진 것들이다. 여기에 내 지적(知的)인 빚이 너무 많아 다 목록을 정리할 수는 없지만 내 생각에 가장 큰 영향을 끼친 저자들은 책의 마지막 부분에 따로 기술해 두었다.

마케팅 분야에서는 특히 두 사람이 나를 올바른 방향으로 이끌었다. 린다 스콧의 영향력 있는 논문들은 광고 연구에 대한 문화적 접근 방식을 개괄하고 있었는데, 이 논문은 내가 광고를 어떻게 보아야 하는지에 대한 관점을 바꿔놓았다. 그녀의 연구는 내게 처음으로 브랜드를 역사적 관점에서 연구하는 것이 가지는 장점에 대해 생각하게 했다. 그리고 나는 특히 친구이자 지적 '스파링 파트너'인 크레이그 톰슨에게 빚을 졌다. 지난 10년간 계속되고 있는 우리의 대화는 이 책에 많은 아이디어를 자극하고 제공해주고 있다. 예를 들어 브랜드가 미국 남성성(masculinity)에 대한 '이상적(ideals)' 모습을 어떻게 활용하는지 대한 논의는 우리가 협력해서 직접적으로 만들어 낸 산물이다.

내 연구 조교 마이클 제넷은 ESPN과 할리 데이비슨의 사례에 관한 귀중한 연구 자료를 발굴해주었고, 또한 이 책 전체에 걸쳐 훌륭한 편집을 지원해주었다. 더그 캐머런, 알 실크, 튜바 어스터너를 비롯한 나의 분석에 유용한 피드백을 준 많은 사람들과 내가 이 책의 여러 부분에서 소개한 세미나에 참석한 사람들에게도 감사의 말을 전한다. 편집자 커스틴 샌드버그는 때때로 복잡한 아이디어들을 독자들에게 접근 가능한 방식으로 전달하라고 나를 압박했고, 몇 번의 오랜 기다림을 참을성 있게 견뎌주었다.

하버드 경영대학원은 이 프로젝트에 대한 재정 지원을 아낌없이 제공했다. 나는 또한 업계의 수많은 매니저들에게 신세를 졌는데, 안호이저-부쉬, 펩시코, DDB-시카고, 굿비 실버스틴 앤 파트너스, 아놀드

월드와이드, BBDO 뉴욕, 그리고 커센바움 앤 본드의 매니저들이고, 이들은 고맙게도 자신들의 광고기록 보관소를 열고 과거의 광고작업에 대해 이야기해주었다. 특별히 바쁜 스케줄에도 불구하고 시간을 충분히 내준 데이브 버윅, 제프 굿비, 랜스 젠슨, 밥 라치키, 론 로너, 테드 산, 밥 스카펠리, 스티브 윌하이트에게 특별한 감사를 드린다.

정치 · 사회 · 문화적 맥락 읽기가
브랜딩 전략에 중요한 대안이 되는 이유

인지심리학이 만들어 낸 '시대를 초월한 포지셔닝 관리'

1970년대 심리학 분야에는 격렬한 변화가 요동치고 있었다. 제2차 세계대전 이후 인간 존재에 대한 철학적 성찰을 던지는 실존주의를 거치면서, 인간을 단순히 자극(S)에 반응(R)하는 유기체(O)로만 보는 행동주의 심리학에 대한 비판이 거세졌고, 인간의 내적 · 인지적 과정에 집중하는 이른바 인지혁명의 시대였다. 이 거대 담론에 언어학자들과 컴퓨터과학자들이 가세하면서 인지심리학 분야는 전성기를 구가하고 있었다. 이러한 인지과학의 거대한 패러다임이 움직이던 1972년, 마케팅 분야에 주목할 만한 논문이 게재된다.

이전까지 거의 무명에 가까웠던 알 리스와 잭 트라우트라는 두 명의 현직 컨설턴트들은 〈애드버타이징 에이지(Advertising Age)〉라는 전문 잡지에 〈포지셔닝 시대(The Positioning Era)〉라는 시리즈 논문을 게재한다. 이후 이 포지셔닝이라는 개념은 브랜드를 다루던 광고업계와 마케팅업계를 강타한다. 마케팅이라는 용어가 영업(세일즈)이라는 업무 분야와 뒤섞여 구분이 안 되던 미국의 1960년대와 1970년대 초반, 포

지셔닝 개념은 마케팅 분야를 '브랜드를 과학적으로 관리하는 인지과
학의 영역'으로 바꾸어놓은 것이다.

1970년대의 시대적 상황을 고려할 때 '고객의 머릿속, 인식의 싸움',
'시대를 초월한 포지셔닝 관리'라는 브랜딩 개념은 당시의 시대적 상황
과 너무나 잘 맞아떨어지는 아이디어였다. 이후 인지심리학과 행동경
제학의 심리학적 패러다임이 브랜딩과 마케팅 전체를 지배하는 현재
에 이르기까지, 이 분야는 "마케팅은 제품과 제품의 싸움이 아니라 인
식의 싸움이다"[1]라는 전제를 충실히 따르는 과학적 관리 영역이 되고
있다.

기본적으로 인지심리학적 가정을 전제하고 있는 포지셔닝 개념은
간단하다. 머릿속에 있는 어떤 '브랜드의 경쟁 지도'를 가정하고, 거기
에 또렷하게 차별적이고 일관된 '이미지 형용사'를 자리 잡게 하는 것
이 중요한 브랜딩 전략이라는 것이다. 여기서 전제하는 개념이 이 책의
본문에 반복적으로 등장하는 '마인드 셰어'라는 개념이다.

포지셔닝의 관점으로 봤을 때 어떤 브랜드의 시장점유율이란, 소비
자들의 마음속을 얼마나 '점유(share)'하고 있는가와 유사한 개념이다.
예를 들어 자동차라는 상품 범주에서는 안전성이 중요한데, 이 안전성
이라는 키워드는 볼보라는 브랜드가 반복적이고, 일관된 브랜딩 캠페
인을 통해 선점했다는 것이다. 이런 차원에서 보면 기업의 브랜딩 활동
은 각 상품(또는 서비스)에서 중요한 '이미지 형용사'를 선점하고, 이를
지속적으로 상품(브랜드)과 연계시키는 것이 핵심이 된다.

───── 1 《마케팅 불변의 법칙》, 알 리스·잭 트라우트 저, 박길부 역(2001. 8. 1.), 28p, 십일월
출판사.

그리고 여기에는 또 하나의 중요한 전제가 있다. 선점한 키워드는 비즈니스의 지속가능성 관리 차원에서 '시대를 초월한 일관성'을 가져야 한다고 전제한다. 그래야 메시지를 단순한 형태로 관리할 수가 있고, '커뮤니케이션 과잉사회'[2]에서 사람들이 수용할 수 있으며, 기업은 형용사 중심의 브랜드 이미지를 안정적으로 관리할 수 있다는 것이다(이런 작업은 현재까지도 실제로 마케팅리서치 회사나 컨설팅회사가 하는 작업이다).

이렇게 '순수한 형태'의 이미지 포지셔닝을 안정적으로 잘 관리하기 위해서, 기업이 암묵적으로 가정하는 중요한 전제가 있다. 그것은 '사회적 이슈'를 적극적으로 회피해야 한다는 것이다. 특히 정치적 이슈에 특정 상품이나 서비스가 묶이는 것을 금기시한다. 왜냐하면 정치적 이슈나 사회적 이슈는 변동성이 매우 크기 때문에, 불확실성과 변동성을 낮춰야 하는 기업의 입장에서 보면 통제와 관리가 불가능한 영역이라고 여겨 최대한 사회·문화적 맥락은 배제한 마케팅 활동이 안전하다고 생각한다. 광고에는 '예쁘고', '잘생기고', '멋지고', '섹시한' 배우가 나오고, 세련되고 미끈한 배경은 나와도 되지만, 시위하는 장면이나 집회하는 장면, 특정 정치·사회적 이슈와 관련된 장면은 최대한 피해야 하는 것이다.

―――― 2 《포지셔닝(POSITIONING)》, 알 리스·잭 트라우트 저, 안진환 역(2002. 1. 25.), 17p, 을유문화사.

기존 브랜딩에 대한 전방위적 비판과 시대 분석

이 책의 저자인 더글라스 홀트는 주류 브랜딩의 전제인 인지심리학 기반의 '마인드 셰어 브랜딩'을 정면으로 공격한다. 극단적으로 어떤 특정한 이미지의 형용사를 잘 고르고, 그 형용사와 브랜드를 잘 연결했다고 해서 성공적인 브랜드 관리라고 볼 수 없다는 것이다. '고급스러움'이라는 이미지가 중요한 상품군이 있다고 하자. '고급스러움'은 대부분의 브랜드가 경쟁적으로 선점하고 싶어 하겠지만, 형용사 이미지만으로는 차별성을 줄 수 없다고 단언한다. 예를 들어 애플의 고급스러움, BMW의 고급스러움, 나이키의 고급스러움, 삼성전자의 고급스러움은 이미지 형용사로는 담을 수 없는 브랜드만의 차별성이 분명히 존재하고, 그것은 역사적이고 사회적인 맥락을 그 브랜드가 담고 있기 때문이라는 것이다. 그리고 이 차별성은 시대를 살아가는 소비자들이 경험하는 갈등과 정체성 혼란을 해결하는 과정에서, 소비자들의 정체성 표현을 담아내는 브랜드만이 달성할 수 있는 고유한 특징이라고 주장한다. 이 과정을 통해 브랜드는 하나의 '문화 아이콘'으로 사람들의 마음속에 각인 된다는 것이다.

이 책에서는 8개 브랜드, 즉 코로나 맥주, 코카콜라, 스내플, 폭스바겐, 할리 데이비슨, 버드와이저, 마운틴 듀, ESPN의 계보를 미국 사회 및 역사적으로 검토하여 당대의 정치·사회·문화적 이슈와 해당 브랜드와의 관계를 검토한다. 그리고 이 정치·사회·문화적인 맥락 속에서 브랜드가 소비자들의 정체성에 어떤 역할을 했을 때 문화 아이콘의 역할을 했는지를 도발적으로 제시한다. 특히 눈에 띄는 분석은 '광고의 창의성'에 대한 역설(4장, 폭스바겐)에 대한 부분과 '브랜드 충성도'에 따른 고객분석(6장, ESPN)이다.

두말할 필요 없이, 광고는 창의적이어야 한다. 그래서 광고업계는 늘 새로움에 대한 목마름과 강박 같은 것이 있다. 그리고 많은 사람들은 직관적으로 창의성이라는 것이 우리가 사는 일상이라는 맥락 밖에 있는 어떤 것(일상적이지 않은 것, 흔하지 않은 것)이라고 받아들인다. 그래서 극단적으로 난해하거나, 현학적인 어떤 것을 창의적이라고 받아들이는 경향도 분명히 존재한다. 하지만 더글라스 홀트는 폭스바겐의 사례를 분석하면서(4장), 창의성이 대중과 상호작용을 하기 위해서는 반드시 '정치·사회·문화적인 맥락' 속에 있어야 한다고 주장한다. 폭스바겐의 창의적 광고인 "씽크 스몰(Think Small, 작게 생각하라)"의 '어쩌다 성공' 이후, 폭스바겐은 더 극단적인 창의성을 강조했다. 하지만 20년이 넘는 기간 동안 이 '시대적인 맥락을 고려하지 않은 창의성'은 연속적인 실패만을 가져왔다는 것을 사례로 보여준다. 게다가 20년의 기간 동안 폭스바겐은 '과학적 마인드 셰어' 마케팅에 집중하고 있었다. 1960년대, 도시 보헤미안 문화를 추종했던 핵심고객의 문화 코드를 배제하고, 자동차 기능상의 장점과 차별점, 고급스러움으로 승부했다. 이전에 성공한 광고의 문화 코드를 잘못 이해했던 것이다. 아놀드 커뮤니케이션스가 1990년대 이후 국가의 이데올로기와 '부르주아 보헤미안'을 뜻하는 보보스(bobos)의 시대적인 불안을 정확히 읽고, 거기에 맞는 문화 코드를 제시했을 때야 비로소 폭스바겐은 과거 창의성의 성공 신화를 다시 가져올 수 있었다.

이 책에는 브랜드에 대한 충성도에 따른 고객분석에 대해서도 여느 브랜드와는 다른 관점을 보여준다. 기업은 고객의 규모에 따라 마케팅 전략을 다르게 접근한다. 그리고 통상 가장 많은 비중을 차지하는 70%

의 집단을 자신의 고객으로 끌어들이는 방법을 고민한다. 하지만 홀트는 ESPN에 대한 분석을 시도하면서(6장), 전혀 다른 관점을 제시한다. 고객을 내부자(insider), 추종자(follower), 중계자(feeder)로 나누고, 내부자와 추종자는 중요하게 다루고 중계자의 관점은 전혀 중요하지 않게 다룬다. 심지어 버려도 되는 집단이라고 주장한다.

이런 관점은 마케팅의 관점에도 곱씹을 만한 관점이지만, 정치·사회적 이슈나 특히 팬덤을 다루는 테마나 이슈에 대해 매우 중요한 시사점을 준다. '소비자의 정체성 표현' 관점에서 보면, 보다 큰 규모의 시장(중계자 시장)을 찾는 것보다는 내부자와 추종자들이 '자랑스러워 할 만한 브랜드'가 되는 것이 우선적으로 중요하다는 것이다. 빠른 유행에 민감하기만 하고, 그 브랜드의 세계관을 총체적으로 공유하지는 않는 중계자 집단에 단순히 규모가 크다고 휘둘리다 보면, 브랜드가 오히려 정체성을 잃어버릴 수도 있다는 것이다(심지어 이런 브랜드는 내부자들과 추종자들에게 버려질 수도 있다). 이 독특한 관점은 최근의 정치·사회적 이슈에 대해 극단화되고 있는 문화 현상을 설명하는 데에도 강력한 시사점을 준다.

광범위한 분석을 통해 기존 브랜드 분석 사례에 대한 오류를 짚어내는 더글라스 홀트의 주장은 여기서 끝나지 않는다. 브랜드를 잘 관리한 사례로 거의 모든 브랜드 교과서에 단골로 등장하는 할리 데이비슨의 H.O.G.(Harley Owners Group, 할리 데이비슨 소유자 그룹 커뮤니티) 사례를 분석하면서(7장), 홀트는 기존의 할리 데이비슨의 마케팅과 브랜딩에 대한 분석은 대부분 틀렸으며 할리 데이비슨의 사례는 전무후무한, 앞으로도 다시 나오기 힘든 브랜딩의 사례라고 단언한다. 왜냐하면 할리 데이비슨의 경우 기업이 브랜딩을 주도하지도 않았고, 광고가 체계적으로 집행된 적도 없었으며, 더군다나 할리 데이비슨을 인수한 회사는 초기에 기존의 충성 고객들(무법자 바이커들)을 버리려고 시도한 적도 있었기 때문이었다. 할리 데이비슨이 문화 아이콘이 된 결정적 계기는 '정치적 이슈'와 관련된 미국 사회의 시대적 상황 때문이었다. 할리 데이비슨은 아주 흥미롭게도 1980년대 로널드 레이건의 정치적 슬로건인 '프런티어(개척) 정신의 복원'이라는 이데올로기의 상징물로 활용된다. 마케팅이나 브랜딩과 관련한 대부분의 교재에서 할리 데이비슨의 이러한 정치적 배경은 누락되어 있다. 당시의 문화와 상징적 사건과의 연결을 통한 저자의 분석은 탁월하다.

포스트 코로나 시대, 이 책을 읽어야 하는 이유

'마케팅 불변의 법칙'의 유효기간이 끝나가고 있다. 마케팅과 브랜딩의 '인식의 싸움'이라는 패러다임은 극단적으로 이야기하면, 머릿속에 더 이상 저장할 공간이 없을 때에나 유효하다. 최근 소비자들은 기억해야 할 것을 머릿속에 저장하지 않는다. 스마트 폰을 꺼내 즉각적으로 검색하고, 저장하고, 공유한다. 여기서 멈추지 않고, AI 알고리즘은 이것을 저장해 두었다가 페이스북과 유튜브로 비슷한 브랜드와 광고를 반복적으로 '알아서' 보여주기까지 한다. 이제는 어떤 브랜드가 '고급스러움', '세련됨'의 형용사들과 더 가깝게 연상되는가 하는 것은 별로 중요하지 않은 시대이기도 하다. 더 중요한 것은 이 브랜드가 나에게 '얼마나 더 큰 재미와 의미의 기억'으로 남는가 하는 것이다. 더 나아가 이 브랜드를 통해 내가 주변에 표현하고자 하는 세계관(브랜드 정체성)이 어떤가 하는 것이다.

소비자들이 어떤 브랜드를 떠올렸을 때, '재미와 의미' 그리고 이 브랜드를 통해 내가 보여주고자 하는 자신의 '정체성'이 뚜렷하다면, 사람들은 낱개의 형용사와 어떤 브랜드가 얼마나 잘 연결되어 있는가보다 훨씬 중요한 어떤 것을 떠올릴 것이기 때문이다. 소비자들이 자신의 정체성과 관련되어 더 자랑스레 주변에 드러내고 싶은 브랜드라면, 또 재미와 의미를 경험하게 해주는 브랜드라면, 이 브랜드에 관한 광고는 사람들이 알아서 찾아보고, 드러내고, 반복해서 기억하려 할 것이다.

이 책의 주장에서 가장 독특한 것은 정치·사회·문화라는 시대적인 이슈에서 탈맥락화되어 있던 브랜드를 국가의 이데올로기 속에서 지지자들을 끌어 모으는 일종의 플랫폼 역할로 정의하고 있다는 것이다. 소비자는 시민권을 가진 시민이며, 투표권을 가진 국민이다. 이 시민적 역할의 연장선에서 소비자라는 역할이 존재하고, 소비자들은 자신의 정체성에 대해 갈등과 고민을 한다. 홀트는 소비자의 정체성은 바로 여기에서 출발한다고 주장한다. 이런 사회적 맥락 속에서의 소비란 일종의 투표 행위일 수도 있고, 사회적 항의 표시일 수도 있으며, 소소한 대리적 정치 행위일 수도 있는 것이다.

2004년에 출간된 홀트의 이 주장은 상당한 시간이 지났지만, 한국적인 맥락에서 보면 여전히 파격적이다. 다만 이 책에서 제시하는 문화 브랜딩을 한국적 맥락에서 그대로 적용하기는 어렵다. 왜냐하면 브랜드를 정치화하는 이슈와 관련되어 있기 때문이다(우리나라에서는 브랜드에서 정치적인 색깔을 빼려고 하는 경향이 매우 강하다). 그래서 반대로 보면 역설적이게도 정치적인 구도를 활용해야 하는 쪽에서 이 책은 활용도가 있다. 그리고 여기 제시한 '문화 아이콘'이 되는 브랜드를 상업적 브랜드로만 국한할 필요도 없다. 개인이나 정치단체, 셀럽, 기관 등 대중의 관심이 필요한 거의 모든 것이 대상이 될 수 있다.

대중의 관심을 받아야 하는 현대의 경쟁시장에서 차별화는 점점 더 힘든 과제가 되고 있다. 끊임없이 신제품을 개발하고, 차별화해야 하는 강박에 브랜드들이 빠져 있지만, 결국 모든 상품은 과잉 확장, 과잉 경쟁, 과잉 성숙을 거쳐 결국에는 '카테고리 평준화(초기에는 차별적으로 느끼지만, 마케팅이 고도화되는 소비자들이 초기의 차별적 마케팅을 다시 진부하게 느끼게 된다는 문영미 교수의 개념)'[3]라는 개미지옥에 빠져들어 간다. 이런 과잉 성숙, 과잉 마케팅의 진부화 시대에 자신의 정체성을 묻고 표현하는 대규모 소비자들의 등장과 여기에 대응하는 정치·사회·문화적 맥락을 고려한 브랜딩 전략은 이 개미지옥을 빠져나오게 하는 하나의 전략적 대안이 될 수 있다.

---

[3] 《디퍼런트(Different): 넘버원을 넘어 온리원으로》, 문영미 저, 박세연 역(2012. 1.), 98p, 살림 Biz.

리는 점점 더 문화 아이콘의 유통이 경제 활동의 중심이 된 세계에 살고 있다. 시장은 사람들이 가장 중요하게 여기는 것을 생산하는 방향으로 움직이는 경향이 있다. 오늘날의 영화, 음악, 텔레비전, 저널리즘, 잡지, 스포츠, 책, 광고, 홍보와 같은 문화산업은 이러한 아이콘들을 발굴하고 수익화하는 데 열중하고 있다.

이들 산업이 만들어내는 수많은 문화콘텐츠로부터 문화 아이콘을 구분하게 하는 것은 무엇일까? 비즈니스 스쿨 외에도 인류학, 사회학, 역사학, 매스 커뮤니케이션 및 영화 비평과 같은 대중문화를 연구하는 학문 분야는 왜 사회에 문화 아이콘이 그렇게 집중적이고 광범위하게 퍼져 있는지를 분석해왔다. 이런 연구들은 시종일관 아이콘들이 어떤 정체성 신화(identity myth)와 같은 특별한 종류의 이야기를 재현하고 있다고 지적한다. 여기서 정체성 신화란, 소비자들이 자신의 정체성에 대한 욕망과 불안을 다루기 위해 사용하는 일종의 도구 같은 것을 뜻한다. 가장 열정적인 소비자에게 아이콘은 무게감 있는 상징성을 갖기 때문에 특별한 가치를 지닌다. 특별한 신화의 세계를 구현하는 아이콘들은 특별히 어떤 역사적 순간을 필요로 하기도 하며, 그 순간을 카리스마 있게 보여준다. 제임스 딘의 영화 작품, 삶, 스타일, 자동차 사고로 인한 때 이른 죽음은 모두 명료하지는 않지만 당시 사회의 더 많은 관습에 저항하는 느낌을 형성하는 데 기여했다.

내 연구는 세계에서 가장 가치 있는 브랜드 중 상당수가 비슷한 원리에 따라 개발되어왔음을 보여준다. 모든 브랜드가 아이콘이 될 수 있는 것은 아니기 때문에, 우선 이 책에서 다루게 될 브랜드의 종류를 제한하기로 한다.

브랜드란 무엇인가?

어떤 회사가 방금 출시한 신제품이 있다고 생각해 보자.[ii] 이 제품에는 우리가 직관적으로 브랜드라고 생각하는 모든 것들, 즉 상표명, 상표가 붙은 로고, 고유한 포장 및 기타 고유한 디자인 특징들이 있다. 하지만 막 출시된 제품은 브랜드가 없는 것과 같다. 상표명, 로고, 디자인 등 브랜드를 나타내는 표식(marker)은 있지만, 아직 '히스토리'가 없기 때문에 이 표식들은 텅 비어 있다고 봐도 무방하다. 아직 '의미'가 비어 있는 것이다. 이제 유명한 브랜드를 생각해보자. 이들 유명 브랜드들도 역시 상표라는 표식을 가지고 있는데, 여기에는 브랜드의 이름(맥도날드, IBM), 로고(나이키 스우시(나이키의 고유한 로고로, '나이키 커브'의 이름-옮긴이), 트레블러스 엄브렐러(미국의 대형 보험회사 'Travelers Companies, Inc'의 로고-옮긴이)), 독특한 제품 디자인 특징이나 혹은 고유한 디자인 요소와 연관된 것들(할리 데이비슨의 엔진소리 등)이 포함된다. 차이점이 있다면 이러한 표식들은 고객의 경험으로 가득 차 있다는 것이다. 광고, 영화 및 스포츠 이벤트는 이 브랜드를 일종의 도구로 사용한다. 잡지와 신문 기사는 그 브랜드를 평가하고 사람들은 대화 중에 그 브랜드에 대해 이야기한다. 시간이 지남에 따라 제품에 대한 생각들이 축적되고, 브랜드 표식(상표)에 의미가 채워진다. 비로소 브랜드가 형성되는 것이다.

하나의 브랜드는 다양한 '저자들(authors)'이 그 브랜드에 관한 이야기를 들려주면서 비로소 뚜렷해진다. 브랜드에는 네 가지 기본 유형의 저자들이 관련되어 있는데, 이들은 기업, 문화산업, 비평가들과 상품유통 판매원과 같은 중계인, 그리고 고객들(특히 커뮤니티를 형성하는 상황에서)이다. 이 저자들의 상대적 영향력은 제품 범주에 따라 크게 다르다.

브랜드 스토리에는 줄거리와 등장인물이 있으며, 소통과 상상력을 자극하기 위해 은유(metaphor)에 크게 의존한다. 이러한 이야기가 일상적인 사회생활과 계속 부딪히면서 새로운 전통이 일시적으로 형성되기도 한다. 때로는 하나의 공통된 이야기가 일치된 견해로 나타나기도 한다. 하지만 대부분의 경우, 견해가 일치하지 않는 몇 개의 다른 이야기들이 사회에서 널리 유통된다. 하나의 브랜드는 이런 집단적인 이해 수준과 공감이 견고하게 확립될 때 등장한다.

종종 마케터들은 브랜드를 개인 단위 소비자의 인식에서 비롯된 심리적 현상으로 간주하는 것을 좋아한다. 하지만 브랜드를 강력하게 만드는 것은 본질적으로 이러한 인식의 집합적 특성이다. 즉, 브랜드에 관한 이야기들은 일종의 관습이나 전통처럼 전해지고 이런 이유로 지속적으로 강화되고 있는데, 왜냐하면 일상적인 상호작용 상황에서 실재하는 사실처럼 다루어지기 때문이다.[iii]

정체성의 가치와 아이코닉 브랜드

소비자들은 어떤 상품이 수행하는 기능 혹은 역할만큼이나 그 상품이 상징하는 것에 가치를 부여한다. 코카콜라, 버드와이저, 나이키, 잭 다니엘스 같은 브랜드의 고객들은 이 브랜드들의 '정체성 가치(identity value)'에 대한 스토리를 매우 가치 있게 여긴다. 자기표현을 담아내는 역할을 하는 이 브랜드들은 스토리로 가득 차 있는데, 이 스토리들은 소비자들이 자신의 정체성을 구성하는 데 가치가 있다고 생각한 것들이다. 소비자들은 자신이 동경하는 이상을 형상화한 브랜드, 자신이 되고 싶은 사람을 표현하는 데 도움을 주는 브랜드로 몰려든다. 이런 브랜드들 중에 가장 성공적인 브랜드가 '아이코닉 브랜드(특정한 문화를 상징하는 브랜드)'가 된다. 소비자들은 '문화 아이콘들의 신전'에 동참하면서 이 공동체 멤버들이 특별히 소중하게 여기는 가치들에 대해 일치된 표현 수단을 갖게 되는 것이다(그림 1-1).

정체성 가치는 일반적으로 저관여 제품, 기업 간 비즈니스(B2B), 개인화된 서비스를 제공하는 비즈니스 및 고도의 기술 범주에 속하는 브랜드의 경우에는 덜 중요하다. 하지만 이러한 경우에도 정체성 가치는 브랜드가 성공하는 데 결정적인 역할을 할 수 있는데, 예를 들어 오길비 앤 매더의 IBM 글로벌 광고 캠페인이나 리처드 브랜슨의 버진 항공 홍보 활동이 이를 입증한다.

● 그림 1-1

문화 아이콘이 된 '아이코닉 브랜드'

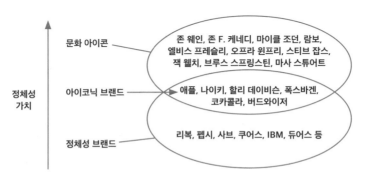

_____ 브랜드는 어떻게 아이콘이 되는가

기존의 브랜드 모델은 브랜드가 소비자 정체성을 어떻게 뒷받침하는지를 대부분 무시한다. 브랜드 매니저들은 일반적으로 정체성 가치를 일종의 '배지 달기(badging)' 정도로 아주 피상적으로 본다. 즉, 이들은 소비자들이 브랜드라는 것을 또래 집단 내에서 우월감이나 관심을 얻기 위한 상징물 정도로 사용한다고 가정하는 것이다. 그리고 컨설턴트와 학자들은 일상적으로 모든 종류의 브랜드를 한 덩어리로 모아 하나의 설명틀[iv]로 통합하여 '일률적인 모델(one-size-fit-all model)'로 설명하려 한다. 이들 분석가들은 정체성 가치에 의해 움직이는 리바이스나 샤넬과 같은 브랜드를 클로락스나 사우스웨스트 항공과 같은 브랜드로 묶는데, 클로락스와 사우스웨스트 항공의 경우 소비자들은 전혀 다른 이유(예를 들면 인식된 품질과 신뢰성 등)에 가치를 부여한다. 이처럼 세부 설명이 부족하다는 것은 뭔가 잘못되었다는 것이다. 정체성 브랜드는 다른 유형의 브랜드가 기능하는 것과는 차별화된 고객 가치를 창출하기 때문에 다르게 관리되어야 한다.

어떤 제품이 문화 브랜딩을 필요로 할까?

이 책에서 나는 새로운 브랜딩 모델인 '문화 브랜딩 모델'을 개발하고자 한다. 문화 아이콘 브랜드는 정체성 브랜드들 중에서 파생된 동급 최강의 브랜드로서, 문화 아이콘이 될 정도로 강력한 신화를 만들어 낸 것들이다. 하지만 우리는 이 원칙들을 정체성 브랜드에만 국한시키지 않을 것이다. 문화 브랜딩은 특히 의류, 홈데코, 미용, 레저, 엔터테인먼트, 자동차, 식품 및 음료와 같이 사람들이 자기표현의 수단으로 사용하는 경향이 있는 제품의 범주에 주로 적용되는 것이기 때문이다.

마케터는 일반적으로 이 범주를 '라이프 스타일', '이미지', '상표 노출하기' 또는 '자기표현 제품'이라고 부른다. 이러한 범주들 속에서, 다른 고객 가치의 기반(품질에 대한 평판, 신뢰, 차별적 이익)에서 경쟁우위를 만들어 내기 위한 경쟁은 치열하다. 게다가 일반적으로 이런 치열한 경쟁 상황에 비해 회사의 수익은 점진적이고 종종 한시적으로 제한되기도 한다. 그러나 경쟁자들은 문화 브랜드 상품에 내재된 브랜드 신화를 쉽게 재현할 수는 없다. 왜냐하면 가치 있는 신화를 상품 속에 넣는 능력은 일상에서 '평범함'과 '성공'을 자주 구별해주기 때문이다.[v]

문화 브랜딩은 사람들이 자신의 정체성을 표현하기 위해 의존하는 이미 시장에 나와 있는 대상에도 적용된다. 가장 명백한 예는 영화 및 TV 스타, 뮤지션, 소설이나 스크린의 영웅, 심지어 만화 캐릭터와 같은 대중문화 산업 상품 같은 것이다. 여기에 더해, 비영리·비정부단체(NGOs), 관광지, 기타 장소(국가, 도시, 이웃), 사회운동 및 정치인 등도 모두 문화 브랜딩의 주요 후보자들이다.

문화 브랜딩 상품의 뚜렷한 특징에도 불구하고, 어떤 상품이 문화 브랜딩에 민감한 상품인가를 나누는 강력하고 빠른 기준선은 없다. 일반적으로 브랜드 매니저들은 문화 브랜딩을 통해 얻은 힌트를 사람들이 습관적으로 사용하는 어떤 상품에 적용해 보거나 아니면 소비자의 삶을 향상시키기 위한 수단이나 도구라는 의미로 이상화할 수도 있다.

모든 브랜드가 나이키나 버드와이저를 모방해야 하는 것은 아니지만 대부분의 소비자 브랜드는 브랜드를 만드는 과정의 일부로 문화 전략을 필요로 한다. 브랜드는 종종 하이브리드 전략을 필요로 한다. 예를 들어 자동차 산업에서 BMW와 같은 성공적인 제품들은 혜택과 품질, 평판에 대한 전통적인 마케팅 초점을 문화 브랜딩과 결합시킨다거나, 폴로, 리바이스, 디젤과 같은 패션 산업 브랜드의 경우, 문화 브랜딩과 그 산업의 전형적인 브랜딩인 바이럴 브랜딩 기법을 결합하는 것이 중요 과제다. 그러나 나는 이 책에서 하이브리드 브랜딩 모델의 문제를 일단 제쳐 두고, 문화 브랜딩이 어떻게 작용하는지에만 초점을 맞추고자 한다.

정체성 브랜드에 대한 이러한 '부드러운 차별'은 심리학과 경제학의 지배적인 영향에서 직접적으로 기인하는데, 이 두 학문 분야는 브랜드의 작동 방식에 관한 지금까지의 기본적인 가정을 형성해왔다. 이 두 학문 분야에서 파생된 브랜딩 모델은 브랜드의 중요한 측면을 이해하는 데 도움을 주었다. 예를 들어 브랜드가 품질에 대한 평판을 쌓는 방법과 브랜드가 특정 범주의 편익(의 이미지)을 선점하는 방법 등이었다. 그러나 또한 이들 학문의 초점은 브랜드가 상징으로 작용하는 방식에 대한 브랜드 매니저들의 이해 수준을 심각하게 저해하고 있다. 아이코닉 브랜드는 이 장의 시작 부분에 언급된 문화 아이콘과 같은 기능을 하기 때문에 굉장히 중요하다. 만약 브랜드 매니저들이 아이코닉 브랜드를 만들고 싶다면 반드시 뚜렷하게 구별이 되는 전략을 사용해야 한다.

문화 브랜딩의 몇 가지 공리들

시간이 지나면서 아이코닉 브랜드가 어떻게 발전하고 지속되는지를 설명하기 위해, 나는 내가 배운 사회·문화적 분석 기법을 활용하려 한다. 나는 미국의 아이코닉 브랜드 6개에 대한 역사를 체계적으로 연구했다. 이 연구에서 나는 6개의 브랜드가 기존의 브랜드 분석틀에서 발견되는 원리와는 완전히 다른 암묵적인 원리(문화 브랜딩 모델)에 따라 진행되어 왔다는 것을 발견했다.

이 모델은 몇 가지 핵심 공리들(axioms)[vi]에 달려 있는데, 1장과 2장에서는 간략하게만 설명하겠다. 이후의 장에서 나는 문화 브랜딩의 전략적 원리를 상세히 설명하고자 한다(그림 1-2).

○ 극심한 사회 갈등을 해결하려 한다

아이코닉 브랜드는 한 국가의 집단적인 불안과 욕망을 다루기 때문에 특별한 정체성의 가치를 제공한다.[vii] 소비자들은 자기 자신에 대한 이해와 열망을 확인하는 탐구활동을 통해 스스로의 정체성을 경험한다.

문화브랜딩의 원리

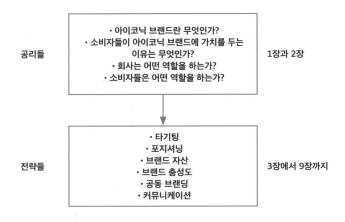

공리들	· 아이코닉 브랜드란 무엇인가? · 소비자들이 아이코닉 브랜드에 가치를 두는 이유는 무엇인가? · 회사는 어떤 역할을 하는가? · 소비자들은 어떤 역할을 하는가?	1장과 2장
전략들	· 타기팅 · 포지셔닝 · 브랜드 자산 · 브랜드 충성도 · 공동 브랜딩 · 커뮤니케이션	3장에서 9장까지

그러나 학문적 관점을 종합해서 보면, 소비자 정체성과 이와 관련한 욕망과 불안은 한 국가의 국민으로서 또는 시민사회의 일원으로서 담당하는 역할들과 광범위하게 공유되고 있다는 것을 알 수 있다. 이 유사점은 국가 전체에 영향을 미치는 역사적 변화에 대해 사람들이 동일한 반응으로 자신의 정체성을 형성하기 때문에 생겨나는 것이다.

예를 들어 버드와이저는 1980년대에 소비자들이 가장 열광적으로 원하는 맥주였다. 왜냐하면 버드와이저는 그 시절의 가장 심각한 사회 갈등 중 하나를 다루었기 때문이다. 당시의 노동자들은 로널드 레이건이 미국인의 프런티어 정신 신화에 호소하면서 국가 경제력의 복원을 외치는 것에 동기부여가 되었다.

1970년대 미국 사회는 여성들의 독립성이 점점 더 증가함과 동시에 정치 · 경제적으로도 굉장한 붕괴를 경험하고 있었는데 이런 사회적 분위기는 미국 사회의 대부분 남성으로 이루어진 육체노동자들을 무기력하게 만들고 있었다. 레이건의 무기인 '프런티어 신화'의 재소환은 노동자들에게 이들이 잃어버린 남자다움을 곧 되찾을 것이라는 희망을 주었다. 그러나 노동자들은 남성 정체성의 주요 원천인 숙련된 육체노동자로서의 직업이 기술로 대체되고 해외로 아웃소싱화되면서 쓸모없어지고 있다는 것을 깨닫고 있었다. 버드와이저는 다시 살아난 미국의 '남성다움이라는 이상(프런티어 정신)'과 많은 남성이 이런 이상을 실제로는 거의 달성할 수 없게 만든 '경제적 현실' 사이의 첨예한 긴장을 목표로 삼았다.

○ 대중의 욕망과 불안을 해결하는 정체성 신화를 보여준다

대부분의 아이코닉 브랜드는 대중매체를 통해 만들어졌는데, 주로 텔레비전 광고를 통해서였다. 지난 수십 년 동안 브랜드 매니저들은 어떤 욕망을 불러일으키는 인물이나 대상과 브랜드를 연관시켜야 정체성이 있는 브랜드를 만들 수 있다고 생각해 왔다. 예를 들면 잘생기고 부유하고 매력적인 인물이 하이네켄을 마시거나, 토미 바하마를 입거나, 메르세데스를 몰고 다니는 것과 연결하는 것이다. 수많은 그렇고 그런 브랜드들이 이같이 직접적으로 사회적 지위에 호소하는 전략을 채택하는 반면 아이코닉 브랜드는 그렇지 않다.

책의 뒷부분에서 논의하게 되겠지만, 3개의 아이코닉 브랜드를 생각해보자. 마운틴 듀의 획기적인 광고 중 하나에서는 라스베이거스의 중

저음 가수 멜 토메[1]가 카지노에서 뛰어내리는 모습을 보여준다. 폭스바겐의 경우 어떤 결정적인 순간에 절룩거리는 한 늙은 아프리카계 미국인이 오래된 건물에서 탈출하는 아주 특별한 장면이 등장한다. 1990년대 후반 버드와이저의 컴백은 '늪지대의 두 마리 애니메이션 도마뱀'이 주도했다. 이 광고들 중 어느 것도 전통적인 맥락에서 '소비자의 욕망'이라는 단어와 연결되는 광고는 없다.

브랜드는 정체성 신화를 보여줄 때 '아이코닉 브랜드'가 된다. 여기서 정체성 신화란 소비자들이 매일의 삶에서 일상적으로 접하는 실제 세계에서 나온 것이라기보다는, 상상 속의 세계에서 나온 문화적 불안들을 해소하는 간단하고 단순한 가상의 이야기를 뜻한다. 따라서 이러한 신화에서 표현되는 욕망이란, 글자 그대로의 욕망이라기보다는 일종의 상상 속의 신화 같은 것으로 관객들, 즉 소비자가 열망하는 정체성을 표현하고자 하는 욕망을 뜻한다.

조각을 잘 맞추기만 한다면 정체성 신화는 매우 유용하다. 국가가 문화적으로 형성해온 '문화적 구성물'을 크게 파괴시키지 않는 범위에서 그렇다. 일상생활에서 사람들은 이러한 파괴를 개인적인 불안의 형태로 경험한다. 신화는 이러한 긴장들을 부드럽게 풀어서 사람들을 자신들의 삶에서 목적을 창조하도록 도움을 주고, 스트레스 상황에서 자신이 원하는 정체성을 단단하게 만드는 데 도움을 준다.

학술적 연구는 가장 성공한 문화 상품의 특별한 매력이 바로 이 신

---

[1] 멜 토메(Melvin Howard Tormé, 1925~1999). 시카고에서 태어난 미국의 가수. 1942년에 치코 마르크스 악단을 거쳐서 자신의 그룹인 멜톤즈를 만들어 활약했다. 1947년에 독립한 이후로는 세련된 백인 재즈 가수로 높이 평가받았다. 피아노, 드럼, 작곡 등의 재능도 대단하여 팝과 재즈의 두 방면에서 뛰어난 앨범을 많이 만들었다.

화적 특징들 때문이라고 증명해왔다.[viii] 예를 들면 19세기 허레이쇼 앨저의 가난뱅이에서 시작해 부자가 된다는 스토리의 삼류소설에서부터 셜리 템플의 우울한 시대의 영화, 존 웨인의 전후 서부극, 할리퀸의 로맨스 소설류, 브루스 윌리스·아놀드 슈워제네거·실베스터 스탤론 등이 출연하는 액션영화에 이르는 문화 상품을 말한다. 아이코닉 브랜드도 이와 같은 방식으로 작동한다.

○ 의례를 통해 경험하고 공유하는 브랜드 속에 정체성 신화가 있다

시간이 지남에 따라 브랜드가 신화를 보여주게 될 때 '관객'들은 신화가 브랜드의 표식(브랜드 이름, 로고, 디자인 요소 등) 속에 존재한다는 것을 알게 된다. 이 브랜드는 하나의 상징물이 되는데, 이때 신화는 물질적으로 구체적인 형태를 가지게 된다. 그래서 소비자들이 그 제품을 마시거나, 운전하거나, 입으면서 약간의 신화를 경험하게 된다. 이런 사례는 인류학자들이 모든 일상적인 인간 사회에서 기록한 의례(rituals)의 세속적이고 현대적인 예에 해당한다. 그래서 오히려 현대 사회에서 가장 영향력 있는 신화는 종교적 신화가 아니라, 이런 '사람들의 정체성'을 다루는 신화다.

소비자들은 아이코닉 브랜드를 현실 문제나 갈등에 대한 상징적인 진정제로 사용한다. 소비자들은 자신의 정체성을 드러내는 것에 대한 부담을 덜기 위해 제품을 사용할 때 그 제품이 상징하는 신화를 활용한다. 위대한 신화는 형상화된 이미지, 소리, 겨우 감지할 수 있는 욕망의 느낌을 인식하는 바로 그 순간을 통해, 신화를 소비하는 자신의 소비자들에게 작은 깨달음을 준다. 브랜드 신화를 자신의 정체성으로 활용하는 소비자들은 브랜드에 대한 감정적 유대감을 형성하기 때문이다.

○ 정체성 신화는 대중적 세계관에서 시작된다

정체성 신화는 일반적으로 대중적 세계관에서 출발한다. 이 대중적 세계관은 일상생활 영역뿐 아니라 상업적 영역이나 엘리트가 통제하는 영역과도 구분된다. 대중적 세계관 속에 사는 사람들은 자신들의 행동에 내적 동기를 부여하며, 독특한 정신을 공유한다. 종종 대중적 세계관은 그 사회의 주변부에 존재하기도 한다. 하지만 대중적 세계관을 가지고 있는 사람들을 하나로 묶는 것은 자신이 원하기 때문에 그것을 한다는 것일 뿐(내적 동기), 보수를 받거나 지위나 권력을 추구하기 때문에 행동하는 것은 아니다.

  말보로의 대중적 세계관은 서부 개척자들이었고, 코로나 맥주는 멕시코 해변에 의존했고, 할리 데이비슨은 무법자 폭주족에서 나온 것이며, 나이키는 아프리카계 미국인의 빈민가인 게토(ghetto)에서 빌린 것이고, 마운틴 듀는 산골짜기 애팔래치아에서 온 것이었다. 아이코닉 브랜드에 의해 형성되는 신화는 대중적 세계관으로부터 나오는데, 이 신화가 진정성이 있다는 믿음을 주기 위해서는 이런 신화적 믿음에 의해 인도되는 삶을 살고 있는 '실제 사람들'에게 바탕을 두어야 하기 때문이다.

○ 문화를 선도하는 문화 행동주의자로서 역할을 수행한다

아이코닉 브랜드는 문화 행동주의자와 같은 역할을 하며, 사람들이 스스로에 대해 다르게 생각하도록 권한다. 가장 강력한 아이코닉 브랜드는 선구적이고, 문화적 변화의 최첨단을 다룬다. 이러한 브랜드들은 그저 단순히 소비자 혜택, 브랜드 성격 또는 브랜드의 정서 등을 애써 연결하려 하지 않는다. 오히려 브랜드의 신화는 사람들에게 그 시대에 '이미 받아들여진 생각들'을 다시 생각해보라고 자극한다. 특정 신화의 가치는 신화 자체에 머무는 것이 아니라 그 사회의 정체성 욕구와 연결되어 있기 때문이다.

영화 〈이지라이더(Easy Rider)〉는 1969년 개봉 당시, 그 시대를 상징하는 아이코닉한 영화가 되었다. 왜냐하면 이 서부극 비슷한 히피 영화는 남성성을 대표하는 모델들이 아수라장이었던 전후(戰後)의 젊은 미국 남성들을 유혹하는 새로운 남성다움의 비법을 제공했기 때문이었다. 5년 전인 1964년의 미국 사회였다면, 사람들은 이 영화를 이해할 수 없었을 것이다. 반대로 5년 후인 1974년이었다면, 너무 흔해서 새롭지 않았을 것이다. 이와 유사하게 브랜드의 신화에 의해 만들어진 정체성 가치는 전적으로 브랜드가 특정한 역사적 맥락에 얼마나 잘 맞느냐에 달려 있다.

○ 일관된 커뮤니케이션보다는 획기적인 실행력에 의존한다

아이코닉 브랜드들은 일관성을 전제한 공적 커뮤니케이션을 통해서보다는 단 몇 개의 뛰어난 성과만으로 소비자들을 엄청나게 열광적인 상태로 만든다. 이러한 브랜드들은 문화 속에 자신의 이야기를 만들어 넣기 위해 전형적으로는 상업 매체를 이용한다. 대부분의 커뮤니케이션 전략들은 쉽게 잊힌다. 심지어 나이키 같은 놀라운 실적을 가진 회사들조차도 브랜드가 발휘하는 능력이라고 해봐야 대개 이전의 마케팅 아이디어를 점진적으로 확장하는 데 살짝 보충만 할 뿐이다.

그 나라의 집단적 상상 속으로 녹아들게 하는 것, 브랜드를 하나의 문화 아이콘으로 만들게 하는 것은 소수 브랜드만이 가지고 있던 엄청난 실행력이었다. 코카콜라가 아름다운 젊은이들로 가득 찬 언덕에서 노래를 부르도록 세상에 가르쳤던 1971년,[2] 미국인들은 분열을 초래하던 전쟁 준비를 극복하기 위해 함께 뭉쳐야 한다는 것을 이해하고 있었다. 그리고 해변가 탁자 위에서 끊임없이 울려대는 삐삐가 돌멩이처럼 물속으로 휙 던져지는 코로나 맥주 광고는 1990년대의 맞벌이, 계속되는 야근으로 끊임없는 스트레스에 시달리는 사람들의 분노를 정확히 포착했다. 사람들은 방송 후 몇 주 안에 대다수의 광고를 잊어버린다. 하지만 몇 년, 심지어 수십 년이 지난 후에도 남아있는 것은 그 신화가 제대로 '그 시대와 딱 들어맞았던' 소수의 훌륭한 장면을 연출했던 광고들뿐이다.

○ 문화적 후광효과를 즐긴다

어떤 브랜드가 소비자들이 자신의 정체성을 견고하게 하는 데 유용한 강력한 신화를 전달하기만 한다면, 이 정체성의 가치는 브랜드의 다른 측면의 후광효과를 가진다. 훌륭한 신화는 브랜드의 품질 평판, 특색 있는 혜택, 사회적 지위와 관련된 가치를 높여 준다. 예를 들어 버드와

---

2 1971년 코카콜라의 "힐탑" 광고 "온 세상에 코카콜라를 사주고 싶어요(I'd like to buy the world a Coke)" 캠페인을 묘사.

이저의 "도마뱀" 광고 캠페인이 버드와이저에 새로운 신화를 심어주었을 때, 버드와이저를 마셔본 소비자들은 맥주가 훨씬 맛이 좋다고 평가한다.

이 책의 구성

2장에서 나는 이러한 공리들을 오늘날 당연하게 여겨지는 유력한 '세 가지 브랜딩 모델', 즉 마인드 셰어·감성(emotional)[3]·바이럴(viral) 브랜딩 모델과 비교하여 더욱 발전시키고자 한다. 그리고 오늘날 관습적으로 굳어진 브랜딩 방법으로부터 어떻게 '문화 브랜딩'이라고 하는 낯선 세계로 가야 하는지에 대한 길을 독자들에게 보여줄 것이다. 그 길을 따라가면서 반드시 생겨날 수밖에 없는 반론에도 대응할 것이다. 나는 코카콜라, 코로나 맥주, 그리고 스내플의 짧은 계보학을 이용해서 비교하려 한다.

주요 용어의 해설
• **브랜드 계보(학)**: 브랜드가 정체성 가치를 창출하는 방법을 이해하기 위한 역사적 방법(부록 참조)

_____ **3** 'Emotion'이라는 단어의 번역어는 '감성' 말고도 '정서', '감정' 등이 있는데 심리학 분야에서는 주로 '정서'로 번역하는 경향이 있다. 그러나 이 책에는 이성과 반대되는 개념으로서의 의미를 분명하게 하기 위해 주로 '감성'으로 번역했고, 문맥에 따라 '정서'나 '감정'으로 교차해 번역했다.

- **문화 브랜딩**: 브랜드를 문화 아이콘으로 만드는 공리들과 전략적 원리들에 대한 일련의 집합
- **문화적 후광효과**: 지각된 품질, 주요 카테고리 혜택 이미지 등, 전통적 브랜드 측정 지표상에서 높은 수준의 가치를 보여주는 긍정적인 확산 효과
- **문화 아이콘**: 특별히 어떤 문화나 사회운동의 상징으로 간주되는 인물 또는 사물. 찬양이나 존경을 받을 가치가 있다고 여겨지는 인물, 기관 등
- **계보학적 마인드 셋(mind-set)**: 정체성 브랜드 관리에 필요한 경영적 세계관
- **아이코닉 브랜드**: 문화 아이콘의 정체성 가치에 접근하는 정체성 브랜드
- **정체성 신화**: 문화적 갈등을 해결하는 단순한 구조의 이야기. 문화 아이콘을 위한 전제 조건
- **정체성 가치**: 개인의 자기표현에 기여하는 브랜드에서 파생된 브랜드 가치관의 측면
- **정체성 브랜드**: 소비자와 브랜드 자산에 대한 가치가 주로 그 브랜드의 정체성 가치에서 파생되는 브랜드
- **대중적 세계관**: 사람들의 행동이 돈이나 권력이 아닌 내적 가치에 의해 인도되는 것으로 인식되는 자율적인 장소. 대중적 세계관은 정체성 신화가 구성되는 문화적 원료 역할을 한다.
- **의례 행동**: 문화 아이콘의 소비자가 그 문화 아이콘이 내포하고 있는 정체성 신화를 반복적이고 일상적으로 경험하는 과정

이 책의 나머지 부분은 앞서 제시한 공리들(그림 1-2)에서 나오는 브랜드 전략의 시사점을 보여준다. 이를 위해 마운틴 듀, 폭스바겐, 버드와이저, ESPN, 할리 데이비슨 등 5개 브랜드의 성공을 이끈 전략적 원리들을 해체해서 재구성한다. 지금까지는 문화 브랜딩이 일종의 암묵적인 관행이었기 때문에 나는 탐정 비슷하게 작업했다. 광고대행사의 크리에이터들은 자신이 생각하는 것과 전혀 다른 방향을 제시하는 브랜드 전략과 충돌하는 과정에서 자신들의 내면에서 나오는 육감의 힘을 빌리기도 하는데, 이것이 아주 가끔은 아이코닉 브랜드를 만들어 내기도 한다. 이 책에서 나는 이렇게 지하 깊숙이 처박혀 있는 업계의 관

행들을 분석하고 체계적인 모델로 조직화하여 아이코닉 브랜드가 형성되는 방식을 제시할 것이다.

3장에서 나는 모든 브랜드 전략의 첫 번째 단계인 세분화(segmentation)와 타기팅(targeting)에 대해 다룬다. 나는 마운틴 듀의 사례 연구를 통해 아이코닉 브랜드가 상품 시장이 아니라 신화 시장(myth market)에서 작동한다는 것을 증명하고자 한다. 4장에서는 기존의 '포지셔닝 선언문'[4]에서 등장하는 폭스바겐의 사례를 활용하여 문화적 접근이라는 시도를 자세히 설명하고자 한다. 나는 이것을 '문화 브리프(cultural brief, 문화 전략의 요약 선언문)'라고 부른다. 그리고 5장에서 버드와이저의 사례를 활용하여 브랜드의 문화적·정치적 권위로부터 발생하는 브랜드 자산에 대한 문화적 관점을 제시한다.

6장에서는 ESPN 소비자들에 대한 민족지학적인(ethnographic) 연구를 통해 아이코닉 브랜드 세 부류의 핵심고객들을 묘사하고, 이런 고객을 하나로 묶는 브랜드 충성도의 독특한 네트워크 모델에 대해 전반적인 윤곽을 그리고자 한다. 7장에서는 할리 데이비슨을 이용해서 브랜드의 '공저자(coauthor)'인 문화산업과 대중적 세계관이 어떻게 브랜드의 신화에 함께 기여할 수 있는지를 연구한다. 이 과정에서 나는 할리 데이비슨의 성공에 대한 일반적인 설명이 잘못되었음을 입증하고자 한다. 8장은 마운틴 듀와 버드와이저를 다시 파고들어서 브랜드의 신화를 지속적으로 관리하는 핵심에 대해 파헤친다. 마지막으로 9장은 성공적인 아이코닉 브랜드를 만들고자 하는 기업들을 위한 과제

―――― **4** 마케터들에게는 현대적 고전으로 읽히는 알 리스와 잭 트라우트의 《포지셔닝(Positioning)》이라는 저작에서 나온 22개의 브랜딩과 마케팅에 대한 선언문.

를 제시한다.

이 책 전체를 통틀어 가장 중요한 목표는 독자들을 계보학적 사고방식에 익숙하도록 만드는 것이다. 이것은 브랜드의 신화가 사회의 특정한 긴장을 어떻게 해결하느냐에 따라 의미와 가치가 달라지는, 역사적 실체로서 브랜드를 보는 관점이다. 이를 위해 이 책은 일련의 구체적인 역사적 사례연구로 구성되어 있는데, 이것은 모두 브랜드 계보학에 의존하는 것이다. 이 새로운 방법론은 내가 이 연구를 위해 개발한 것으로 부록에 기술해두었다.

2장

문화 브랜딩은
어떻게 다른가?

아이코닉 브랜드는 내가 문화 브랜딩 모델이라고 부르는 일련의 암묵적인 전략적 원리들에 의해 인도되어 왔다. 이 원리는 전통적인 브랜딩 원리들과는 완전히 다르다. 사실, 문화 브랜딩은 브랜드 매니저들이 수십 년 동안 믿어온 많은 맹신들을 뒤엎는다. 문화 브랜딩이 어떻게 작용하는지를 알기 위해서는 관습적인 사고를 버리고 새로운 마인드 셋을 키워야 한다. 이 마인드 셋을 심기 위해, 나는 세 가지 간단한 사례연구로 시작하려고 한다. 여기서 나는 오늘날의 비즈니스 관행을 지배하는 세 가지 브랜딩 모델과 문화 브랜딩을 대조해보려고 한다.

1970년대 이후, 브랜드 매니저들은 내가 '마인드 셰어 브랜딩'이라고 부르는 인지심리학적 브랜딩 모델에 압도적으로 의존해 왔다. 이후 1990년대에 브랜드의 정서적, 관계적 측면을 무시했다고 믿는 일부 전문가들은 이 마인드 셰어 모델을 확대했다. 이들은 내가 '감성 브랜딩'이라고 부르는 브랜드 모델도 밀었다. 그리고 최근 인터넷의 부상과 함께 또 다른 모델도 역시 인기를 끌고 있는데, 바로 '바이럴 브랜딩'이다.

오늘날 이 세 가지 브랜딩 모델은 브랜드 소유자, 광고대행사 및 브랜드 컨설턴트가 책임을 지거나 맡고 있는 거의 모든 브랜딩 모델의 사실상의 주도권을 가지고 있다. 브랜드 매니저가 브랜드의 정체성 가치를 구축하려고 할 때 이들은 이 세 가지 접근법을 조합하여 활용한다. 표 2-1은 이 세 모델의 핵심 특성과 문화 브랜딩 모델을 비교한다.

내 연구에 따르면 이러한 전통적인 브랜딩 모델은 다른 유형의 브랜딩에 사용될 수 있을지는 모르지만, '아이코닉 브랜드'를 만들지는 못한다. 이 장에서 나는 코로나 맥주(마인드 셰어 브랜딩), 코카콜라(감성 브랜딩), 스내플(바이럴 브랜딩) 등 전통적인 브랜딩 전략들의 모범사례에 자주 등장하는 브랜드들의 짧은 계보를 자세히 설명하면서 '암묵적 문화 브랜딩 전략'이 이들 브랜드들을 아이코닉 브랜드로 만들었음을 증명하려고 한다.

● 표 2-1

4개의 브랜딩 모델의 공통 공리 비교				
	문화 브랜딩	마인드 셰어 브랜딩	감성 브랜딩	바이럴 브랜딩
키워드	문화 아이콘, 아이코닉 브랜드	DNA, 브랜드 에센스, 브랜드 유전자 코드 USP 소비자 혜택, 양파 모델	브랜드 성격, 소비자 경험 브랜딩, 컬트 브랜드, 경험경제	스텔스(stealth) 마케팅, 쿨헌트, 밈(meme), 풀뿌리 대중, 감염, 살포, 전염, 버즈
브랜드 정의	정체성 신화를 수행하는 실행자, 정체성 신화를 담는 물리적·심리적 공간	일련의 추상적인 형용사들의 연상(이미지)	파트너·동반자 관계	하나의 소통 단위·집단
브랜딩 방법 정의	신화를 수행하는 것	연상 이미지를 소유하는 것	고객과 상호작용하고, 관계를 구축하는 것	주요 고객을 통해 바이러스를 확산하는 것
성공적인 브랜드의 조건	첨예한 사회 갈등을 해소하는 신화 제시	일관된 연상 이미지 표현	소비자와의 깊은 대인 관계	(브랜드와 관련한) 바이러스의 광범위한 순환

가장 적합한 응용·적용· 활용	정체성의 영역	기능적 제품 분야, 저관여 제품 분야, 복잡한 제품	서비스 제품, 유통점, 전문 상품	뉴패션, 신기술
기업의 역할	(신화의) 저자 ·작가(창작자)	집사: 모든 마케팅 활동에서 시간이 지나도 변치 않는 브랜드 DNA를 일관되게 표현하는 역할	좋은 친구	드러나지 않는 꼭두각시 주인: 브랜드를 스스로 대변하는 소비자에게 동기를 부여하는 역할
소비자 가치의 원천	정체성을 지지하기	의사결정을 단순화하기	브랜드와 관계 맺기	쿨하고 세련되기
소비자의 역할	• 개인의 역사에 맞게 브랜드 신화를 개인화하기 • 제품을 사용할 때 신화를 경험하는 의례적인 행동	• 반복을 통해 혜택이 뚜렷해지도록 확인하기 • 제품을 구입하고, 사용할 때 소비자 혜택을 지각하기	• 브랜드와 상호작용하기 • 개인적 관계를 구축하기	• 자기 스스로 브랜드를 '만들고', '발견하기' • 구전 효과 확산하기

마인드 셰어 브랜딩에서 문화 브랜딩으로

차별적 판매 제안(USP, Unique Selling Proposition)이라고 하는 마케팅의 원리는 마인드 셰어 개념에 그 뿌리가 있다. 이 USP라는 원칙은 1950년대에 열성적인 광고인들에 의해 주창된 원리로 하나의 단일한 차별적 혜택을 그 제품의 소비자에게 끊임없이 전달해야 한다는 원칙이다. 이 아이디어는 1970년대 초, 알 리스와 잭 트라우트가 업계 사람들이 보는 잡지인 〈광고시대(Ad Age)〉에 이들이 만든 유명한 개념인 '포지셔닝'을 게재하면서 단숨에 떴다. 이들은 나중에 자신들의 베스트셀러인 《포지셔닝: 마음을 얻기 위한 전투》에서 이 아이디어를 확장했다. 이들의 주장은 간단했다. 소비자가 감당할 수 있는 양을 훨씬 초과하는 매스 커뮤니케이션이 범람하는 사회에서 하나의 브랜드가 성공하려면, 그 브랜드는 반드시 잠재 고객의 마음속에 단순하고 주의를 모을 수 있는 위치에 자리를 잡아야 하고, 일반적으로 그 브랜드 제품 범주와 연결된 혜택의 이미지(benefit image)를 가지고 있어야 한다는 것이다.

1970년대 이후, 브랜드는 소비자의 마음속에 부족한 정신적 자원을 놓고 경쟁하는 것이라는 도발적인 주장은 브랜딩에 가장 큰 영향[ii]을 끼쳤다. 학계와 컨설턴트들은 전 세대의 마케터들에게 모든 브랜드는 이러한 원칙에 따라 작동한다고 가르쳤다.

마케팅 강좌를 수강한 모든 사람들은 브랜드 '양파 모델'[1]을 어디에서나 배운다. 상품이나 서비스를 제공하는 아주 견고하고, 오래 지속되며, 객관적인 현실인 '시장 가치'가 양파 모델에 자리 잡고 있다. 이 핵심 시장 가치에 제품과 연결되어 있다고 생각되는 여러 가지가 더해진다. 즉 제품의 혜택, 사용자 속성(사용자 이미지), 정서, 제품의 성격 같은 것들이다. 브랜드의 힘은 이러한 '추상적인 이미지들의 연합'에 있다. 그리고 이 추상적인 것들의 연관성은 소비자들이 제품의 기본적인 기능적 특성에서부터 시작해서 브랜드와 연결된 가치관이나 사고방식, 느낌들이 사다리를 타고 거쳐 올라가며 구성되는 것들이다. 오늘날 마인드 셰어 모델의 관점은 코틀러, 아커, 잘트만 및 켈러 등 주요 학자뿐만 아니라 세르히오 지만[iii]같은 베테랑 컨설턴트에 의해서도 지속되고 있다.

---

1 마인드 셰어 브랜딩 모델을 설명하는 하나의 프레임으로, 가운데에 '브랜드 에센스'를 그려 넣고, 외곽의 몇 개의 원으로 그 브랜드와 연결된 여러 추가적인 개념을 설명하는 '양파 형태'의 브랜딩 모델을 뜻한다.

마인드 셰어는 사실 사람들에게 친숙한 것이다. 예를 들면 프록터 앤 갬블(P&G)이 미국인들에게 크레스트 치약의 차별화된 충치 퇴치 성분을 설득하는 방법으로 치과의사의 권고를 활용하는 방법이나, 유니레버가 도브 비누를 프리미엄 제품으로 올려놓기 위해 소비자들에게 "도브는 한 개당 1/4 정도가 클렌징 크림을 함유하고 있어서 민감한 피부를 부드럽게 한다"는 이야기를 반복적으로 하는 것을 말한다. 수많은 성공적이고 지속가능한 브랜드들은 이처럼 이성적인 주장(치과의사의 추천, 1/4 클렌징 크림)과 감성적인 호소로 뒷받침되는 차별적인 소비자 혜택(충치 퇴치, 부드러움)을 강박적으로 반복함으로써 만들어져 왔다.

오늘날 변형된 형태의 마인드 셰어 개념은 세계에서 가장 유명한 브랜드에 사용되는 사실상 거의 모든 마케팅 전략 문서에서 발견된다. 사실상 동일한 아이디어를 언급하는 브랜드 에센스(brand essence), 브랜드 DNA, 브랜드 아이덴티티(brand identity), 유전자 코드(genetic code), 브랜드 소울(brand soul)은 이처럼 용어는 때때로 바뀌었지만, 이 아이디어는 놀랍게도 1970년대 이후로 일관되게 유지되고 있다.

마인드 셰어 모델에서 말하는 브랜드 전략이란, 소비자의 마음속에 이러한 추상적 개념들로 이루어진 브랜드의 차별적인 위상을 자리매김하는 것으로 시작된다. 브랜드 매니저들은 브랜드 상표를 달고 하는 모든 활동에서 시간이 지나도 일관되게 지속적으로 '브랜드 에센스'가 연상될 수 있도록 보증해야만 한다. 전문가들은 브랜드 매니저들이 시대를 초월한 정체성을 가진 브랜드를 관리하는 '집사'의 역할을 하도록 제안한다.

○ 코로나 맥주의 짧은 계보

멕시코의 코로나 맥주는 1990년대 미국의 가장 성공적인 아이코닉 브랜드 중 하나였다. 현재 미국에 가장 많이 수입되는 맥주인 코로나는 수입 맥주 2위인 하이네켄을 훨씬 앞지른 판매량을 누리고 있다.[iv]

마인드 셰어의 옹호론자들은 강력한 브랜드를 만들기 위해 회사는 우선 경쟁사들이 잡지 못한 중요한 범주의 연상 이미지에 차별화된 콘셉트를 내놓고, 이 브랜드 에센스를 일관되게 전달해야 한다고 규정한다. 하지만 코로나 맥주는 이들 두 단계를 모두 수행하지 않았다.

코로나 맥주가 최초로 '아이코닉'한 지위에 오른 것은 1980년대 중반으로, 1988년경 정점을 찍었다. 당시 코로나는 멕시코에서 가장 싼 맥주 중 하나였는데, 멕시코의 대형 양조장 세르베세리아 모델로의 저가 브랜드였다. 미국 내 유통은 대부분 남서부로 제한되어 있었는데, 이곳은 멕시코계 미국인들이 거주하는 경향이 있었던 곳이었기 때문에 멕시코 문화가 백인계 미국인들에게 영향을 미치는 곳이었다.

1980년대에 "쾌락적인 봄방학을 보내자"는 생각이 갑작스럽게 미국 대학들을 휩쓸며 광범위하게 사람들을 사로잡았다. 언론에서는 이것을 널리 소개했고, 미국 전역의 대학생들은 플로리다의 데이토나 해변, 텍사스의 사우스파드리아일랜드, 그리고 멕시코의 해변 휴양지 중에서 가장 인기 있는 해변으로 몰려들었다. 이 방학은 무절제한 난장판의 축제였다. 일주일 내내 하루 24시간 동안 술을 마시거나, 젖은 티셔츠를 입은 채 경연대회를 하고, 야한 춤을 추고, 성적 탈선을 일삼았다.

한 팩당 4달러 정도인 코로나 맥주의 가격은 확실히 매력적이었다. 여기에 더해 코로나 맥주는 두 가지 이유로 다른 멕시코 맥주들을 앞질렀다. 첫째, 코로나 맥주는 그 상황에 딱 들어맞는 함축이 있는 독특한

_____ 브랜드는 어떻게 아이콘이 되는가

패키지 디자인을 가지고 있었다. 투명하고 반환이 가능한 맥주병에 로고가 거칠게 그려져 있는 곧게 뻗은 병 모양. 이러한 맥주병의 패키지 외형은 '정통 멕시코 맥주'로 여겨졌다. 보다 비싼 멕시코 맥주들이 사용하는 호일 라벨과 밝은 색상의 캔에 비해, 정통 멕시코의 느낌인 색 다르고 덜 산업화된 국가가 만들어 낸 상업적이지 않은 상품의 느낌으로 이해되는 부분이었기 때문이다. 둘째, 이 광란의 방학 기간 도중에 미국 학생들은 코로나 맥주에 라임을 넣기 시작했다. 이것은 사람들이 좋아하는 또 다른 종류의 파티의 의례와 유사한 술이었다. 즉, 데킬라처럼 소금을 약간 핥고, 라임 조각을 빠는 것과 같은 의례를 유발하는 것이 된 것이다.

대학생들이 '관능적 재미'를 이야기하면서 햇볕 내리쬐는 캠퍼스로 돌아왔을 때, 코로나 맥주는 종종 소품 역할을 했다. 대학생들이 대도시 지역에서 직장인의 삶을 시작하자, 유통망이 그대로 따라왔다. 특히 텍사스, 캘리포니아, 애리조나 같은 대도시 지역, 즉 대학생 때 '그 봄방학' 동안 멕시코를 여행했던 사람들의 일부가 사는 곳이 주가 되었다. 코로나 맥주에 얽힌 태양과 방탕에 대한 신화가 퍼지면서 이 맥주는 곧 전국의 젊은 전문직 직장인들 사이에서 선택받은 음료가 되었다. 코로나 맥주는 바와 클럽에서 파티를 하는 데 꼭 필요한 맥주가 되었다.

마인드 셰어의 옹호자들은 코로나 맥주가 맥주 카테고리의 파티 모임이나 파티 참석자의 이미지를 가지고 있다고 설명할 것이다. 그러나 이 설명은 맞지 않는다. 코로나 맥주가 인기를 얻었을 때는, 버드 라이트가 '공식 파티견(犬)'인 '스퍼즈 매켄지(1980년대 후반 버드 라이트 맥주가 광고에서 만들어 낸 가상의 개 캐릭터 이름-옮긴이)'를 내세운 캠페인으로 파격적인 판매 상승을 시작하고 있었던 때였다. 버드 라이트도 역시 뚜렷하게 파티와 관련된 이미지를 소유하고 있었다. 또한 이 두 브랜드뿐만 아니라 다른 맥주 브랜드들도 비록 운이 나쁘긴 했지만 파티 분위기를 전달하려고 했었다.

하지만 맥주를 마시는 사람들은 원래, 파티를 맥주 브랜드와 관련된 일반적인 개념으로는 평가하지 않았었다. 오히려 이들은 맥주 브랜드가 미국 문화에 가장 잘 맞는 파티 이야기를 들려줄 때 비로소 그 맥주 브랜드를 파티와 연결하기 시작했던 것이다. 1980년대에 코로나 맥주와 버드 라이트는 가장 매력적인 파티 신화를 가지고 있었고, 다른 브랜드들은 그렇지 않았다. 파티는 문화적으로 특정한 신화를 구축하기 위한 플랫폼 역할을 하는 활동 중 하나로, 맥주 양조업자들이 이용할 수 있는 몇 가지 범주 혜택 중 하나였다. 코로나 맥주의 성공은 멕시코 '봄방학 신화'에서의 핵심 소품 역할에서 비롯되었다. 이 맥주는 당시 미국 문화에서 유행하고 있었고, 대중소비자들과 가장 크게 공명(共鳴)할 수 있었던 '파티 중심의 신화'를 구체화했기 때문에 성공할 수 있었다.[v]

이것은 소비자들이 브랜드 신화를 만드는 주요 '창작자'로 활동할 때, 즉 브랜드 신화 창작의 주도권을 회사가 아닌 소비자에게 빼앗겼을 때 일어난 좋은 사례이다. 그러나 코로나 맥주가 인기를 얻자 초기에 코로나 맥주의 신화를 전파한 트렌드 리더들은, 너무 대중화된 이 맥주에서 트렌드를 리드하던 인사이더 느낌의 '쿨'함을 더 이상 찾을 수 없었다. 이렇게 코로나 맥주의 이야기는 중요한 특징을 잃어버렸고, 트렌드 리더들은 다른 맥주로 갈아탔다.

코로나 맥주의 미국 유통 업체가 코로나 맥주 신화를 발전시킨 광고를 방송으로 하지 않았기 때문에 핵심고객들은 다른 맥주로 옮겨 가면서 사실상 신화를 잃어버렸다. 코로나 맥주의 유행은 짧게 막을 내렸다. 1990년경에는 매출이 급감하여 1987년 이전 수준으로 되돌아갔다. 이후 5년 동안 이 브랜드는 전성기로 돌아가려고 애썼지만 성공하지 못했다. 다른 맥주들이 젊은이들에게 더 잘 어울리는 파티 음료의 콘셉트로 코로나 맥주를 대체했다. 코로나는 '한때만' 쿨(cool)했던 멕시코 맥주가 되어버렸다.

　코로나 맥주의 다음 행보는 직접적으로 마인드 셰어 법칙을 위반했다. 코로나 맥주의 브랜드 팀은 '파티하기'라는 브랜드 에센스를 팽개치고, "당신의 위도(緯度)를 바꿔라(Change Your Lattitude)"라는 광고 캠페인을 짜냈다. 이 광고는 목가적인 해변 풍경을 묘사했는데, 해변가를 어슬렁거리는 미국인 커플의 시선으로 본 멕시코 해변을 그리고 있었다. 이 광고는 어떤 특별한 활동도, 음악도 없었다. 시간이 정지한 것처럼 보였다. 그 대신 광고의 시청자들에게는 점차 심플한 배경이 소개되고 있었다. 해변, 휴식을 취하는 커플, 그리고 '코로나 맥주' 같은 것들로 말이다.

　광고는 푸른 바다를 먼 거리의 시점에서 촬영한 것으로 흰 모래 위를 쓸고 가는 잔잔한 파도, 익숙한 바닷소리인 기러기, 바람, 파도 소리가 등장하며 평범하게 이어졌다. 이 광고의 결정적인 부분은 무선호출기 '삐삐'가 등장하면서부터 시작된다. 돌멩이 하나가 물수제비로 던져지는 장면이 등장한다. 카메라가 뒤로 빠지고 다음 장면에 한 여자가 아주 편한 자세로 앉아있다. 해변 옆의 테이블 위에는 코로나 맥주, 남성용 시계, 물수제비뜨기 좋은 모양인 작고 납작한 돌멩이 6개, 그리고 '삐삐'가 놓여 있다. 남자 친구의 손이 화면에 쓱 등장하고, 돌멩이를 던져 물수제비를 뜬다. 남자는 계속해서 물수제비뜨는 행동을 반복하는

데, 갑자기 삐삐 진동이 울린다. 삐삐는 테이블을 돌면서 계속 진동한다. 남자의 손은 잠시 머뭇거리다가 마음을 바꿔 삐삐를 물수제비뜨듯 던져버린다. 여자는 당황하지 않고 머리를 뒤로 쓸어 넘기며 무심코 바다를 응시한다. 광고 카피는 "일상에서 훌훌 떠나라"였다. 이 광고는 이후 점점 발전했고, 카피는 "당신의 위도를 바꿔라"로 바뀌었다.

코로나 맥주는 한 방에 떴다. 곧바로 1980년대에 정점을 찍었던 판매량을 훨씬 뛰어넘었다. 이전에 반짝 유명했던 때와는 달리, 코로나 맥주는 이후 10년 동안 지속적으로 엄청난 판매 성장을 유지하며 미국에서 가장 앞서가는 수입 맥주가 되었다.

코로나 맥주의 성공을 어떻게 설명해야 할까? 마인드 셰어의 옹호론자들은 코로나 맥주 브랜드가 '휴식과 기분 전환'의 이미지를 소유할 수 있었기 때문에 성공할 수 있었다고 주장할 것이다. 그러나 이 이미지와 코로나 맥주의 연결은 브랜드의 성공을 설명하지 못한다. 코로나 맥주가 미국에서 상당한 물량으로 유통되기 훨씬 전인 수십 년 전부터 '휴식과 기분 전환은 맥주'는 상품군의 중심적인 이미지였기 때문이다. 버드와이저는 1950년대까지 휴식과 기분 전환이라는 주제를 강조해왔고 다른 맥주 브랜드들도 버드와이저의 선례를 따랐다. 코로나 맥주 광고 이후에도 다른 맥주들은 휴식과 기분 전환이라는 이미지와 연결하는 것을 통상적으로 공유했다. 그렇다면 다른 브랜드보다 소비자들과 더욱 크게 공명한 코로나 맥주의 특별한 표현은 과연 무엇이었을까?

미국의 코로나 맥주 소비자들은 6팩에 7달러 하던 저렴한 맥주를 살 때 일종의 '경험할 기회'를 샀다. 즉, 평온한 해변 휴가에서 노란 액체를 벌컥벌컥 들이켜는 일종의 의식과 같은 행위를 이상적 휴가라고 믿는

_____ 브랜드는 어떻게 아이콘이 되는가

미국인들의 희미한 경험을 샀던 것이다. 새로운 광고 캠페인은 차별적이고 더욱 의미 있는 신화를 개발하기 위해, 그때까지 가치 있다고 여겨졌지만 잠재되어 있었던 코로나 맥주의 문화적 영토, 즉 멕시코 해변을 움켜잡았다. 노동계급의 멕시칸 맥주로서의 뿌리와 '광란의 봄방학'의 명성으로 인해, 코로나 맥주는 겨울 해변 휴가에서조차 핵심소품이 될 정도로 미국인들의 집단적 상상 속에 지워지지 않게 각인되어 있었다. 하지만 이 문화적 자산은 여전히 휴면 상태였고, 활용도가 낮았다.

멕시코 해변은 또 다른 의미도 가지고 있었는데 그것은 코로나 맥주 브랜드 매니저들의 변화된 라이프 스타일이었다. 맥주나 마가리타를 마시며 휴식을 위해 해변에 느긋하게 앉아 있는 것은 모든 것에서 벗어나기 위한 당시 미국인들의 가장 두드러진 로망 중 하나가 되어 있었다. 이 이상적인 휴식은 저개발 국가 해변으로의 탈출과 동일시된다. 이곳은 경쟁이 치열한 회사 생활에서 멀리 떨어진 곳이며 시간이 느리게 흐르는 곳으로, 과로 사회를 사는 미국인들에게는 엄청나게 호소력이 있는 장소였다. 이러한 문화적 기회를 활용하기 위해, 코로나 맥주는 멕시코 해변 이야기를 이용하여 반복적 일상에서 탈출하려는 사람들의 생각 속으로 맥주가 스며들게 했고 코로나 맥주를 연상하게 하는 신화를 창작했던 것이다.

코로나 맥주의 새로운 광고 캠페인은 미국이 막 노동시장에서 엄청난 변화를 겪고 있었기 때문에 매우 강력하게 사람들에게 기억되었다. 한때 보장된 직업이었던 화이트칼라에 경영공학기술의 공정이 적용되고, 외주화가 적용되기 시작했다. 20세기 들어 처음으로 중산층 월급쟁이들은 이제 일상적인 감원과 해고의 대상이 되었다. 일은 매우 경쟁적이 되었고, 일과 관련된 스트레스는 일상생활을 지배했다. 이런 상황

속에서 휴식은 역사적으로 특별한 의미를 지니게 되었다. 1950년대부터 1970년대까지 버드와이저, 슐리츠, 팝스트가 들려주었던 차가운 맥주 한 잔으로 하루의 끝을 식히라는 흔한 휴식의 이야기는 더 이상 의미가 없었다. '일자리'라는 용어가 노동자들의 가정으로 깊숙이 들어오면서, 이 간단한 휴식의 이야기는 더 이상 성립되지 않았던 것이다. 휴식은 좀 더 급진적인 탈출구가 필요했다. 이제 전문직 종사자들은 쥐들이 경주하는 공간 같은 일터로부터 멀리 떨어진 곳으로 떠나는 꿈을 꾸었다.

30초짜리 영상에서 코로나 맥주는 멕시코 해변을 대표한다는 영향력을 이용하여 바쁜 직장생활의 속도에서 벗어나 피난처를 향하고 있는 이 욕구를 집약했다. 이제 코로나 맥주는 사무실에서 정신없이 하루를 보낸 후, 주말이 아닌 평일 밤에도 집에 앉아 맥주를 벌컥벌컥 들이켤 수 있는 완벽한 해독제를 주었던 것이다.

이 목표를 성취하기 위해 코로나 맥주의 브랜딩은 '와일드한 파티'라는 콘셉트에서 '조용한 휴식'이라는 콘셉트로 브랜드 에센스를 바꾸며 마인드 셰어의 원칙을 위반했다. 하지만 소비자들은 화가 난 것 같지 않았다. 그 대신 이야기는 코로나 맥주의 과거 스토리와 연결되었다. 그리고 코로나 맥주는 미국 문화에서 가장 유력한 휴식의 표현 중 하나를 구체화했다. 이 브랜드는 일반적인 방법으로, 즉 사전적인 정의로 축소된 함축적이고 추상적인 개념으로서의 휴식을 표현하지 않았다. 오히려 코로나 맥주는 당시 미국 문화에서는 특별하게 연상되는 휴식의 표현을 사용했다. 즉, '머나먼 멕시코 해변에서 격렬하게 아무것도 안 하는 것'을 말이다.

○ 왜 마인드 셰어 브랜딩은 아이코닉 브랜드를 만들 수 없는가?

아이코닉 브랜드로서 코로나 맥주의 가치는 마인드 셰어 옹호자들이 강조하는 추상적 개념화가 아니라 차별적 신화의 특별한 디테일에 있다. 한발 더 나아가 코로나 맥주는 멕시코에서의 파티 스토리에서 조용한 해변에서의 나 홀로 휴식을 취하는 스토리로 신화를 근본적으로 이동했을 때 성공했다. 더구나 코로나 맥주는 마인드 셰어 옹호자들이 조언하는 것처럼 어떤 대가를 치르더라도 일관성을 유지하기 위해 브랜드를 관리하기보다는, 브랜드 매니저들이 미국 사회의 역사적 변화에 참여하여 미국 사회의 중요한 긴장감을 브랜드 신화에 잘 맞추고 적절하게 조정했을 때 성공했다.

마인드 셰어 브랜딩은 도브나 크레스트와 같은 실용적이고 관여가 낮은 브랜드에는 효과적인 접근법이 될 수 있다. 이는 제품을 몇 가지 주요 혜택만으로 순간적으로 분리해 내기 때문인데, 이것은 소비자의 의사결정을 간소화하는 이점이 있다. 반면, 브랜드를 단지 몇 개의 추상적인 개념으로 압축하는 것은 결코 아이코닉 브랜드로 이끌지는 못한다.[vi]

그렇다면 왜 마인드 셰어 모델은 오늘날의 모든 브랜딩 활동을 그렇게 끈질기게 장악하고 있는 것일까? 브랜드 매니저들은 브랜딩 작업을 쉽게 합리화할 수 있기 때문에 마인드 셰어 모델을 고집한다. 그런데 브랜드가 시대를 초월한 추상적인 실체라면, 하나의 브랜드 전략을 만드는 것은 고통 없는 과정이 된다. 일단 손에 넣기만 하면 계속 손에 남아 있기 때문이다. 그리고 만약 브랜드 관리라는 것이 브랜드가 하는 모든 일에 브랜드의 본질을 표현하는 것이라면, 브랜드 매니저들은 광고주에게 제안한 브랜딩 활동이 브랜드 바이블에 있는 전략에 부합하는

지에 대해 신속하게 의사를 결정할 수도 있다. 물론, 브랜드의 성공을 측정하는 지표도 이 가정으로부터 쉽게 나온다. 일반적으로 마인드 셰어 모델은 브랜드 매니저들에게는 아주 매력적인데, 왜냐하면 그 브랜드의 조직이나 비즈니스 파트너 전체에 대해 처음부터 끝까지 브랜드 전략을 조정하고 통제할 수 있게 해주기 때문이다.

다음 장에서 보게 될 것처럼 정체성 브랜드에 마인드 셰어 원칙을 적용할 때의 문제는 브랜드를 추상적인 용어로 보도록 자극하고, 시간이 지남에 따라 이러한 추상적 개념들을 계속적으로 반복하도록 집중하게 하며, 이로 인해 정체성 브랜드가 소비자에게 주는 가치를 간과하게 한다는 것이다. 정체성의 가치는 '디테일'에 있다. 마인드 셰어 원칙을 따르는 브랜드 매니저들은 일상적으로 이 디테일을 본질적이지는 않은 자잘한 실행단계 수준의 문제라고 생각한다. 브랜드 매니저들은 브랜드를 이처럼 극적으로 단순화함으로써 그 브랜드의 가장 중요한 자산인 광고 표현의 디테일은 전략적으로 별 상관이 없는 것으로 취급한다.

감성 브랜딩에서 문화 브랜딩으로

최근 컨설턴트들은 내가 감성 브랜딩이라고 부르는 혁신적인 새로운 브랜딩 모델을 약속하면서 경영서 시장에 활기를 불어넣었다. 감성 브랜딩은 일종의 마인드 셰어의 확장으로 덜 새로운 모델이다. 감성 브랜딩 모델에서도 마인드 셰어의 기본 가정, 즉 브랜드는 시간이 지나도 모든 브랜드 활동에서 일관적으로 유지되어야 하는 일련의 추상적 개

넘들의 세트로 구성되어 있는데 이것은 여전히 유지되고 있다. 그러나 이름에서 알 수 있듯이 감성 브랜딩은 이 브랜드 에센스가 어떻게 전달되어야 하는지를 강조한다. 즉, 브랜드 매니저는 브랜딩 노력에 더해 감성적인 호소력도 형성해야 하는데, 이것은 브랜딩 과정에서 핵심고객과의 좋은 감성적 관계를 자극하는 데 사용되기 때문이다.

다행히 '감성'은 잘 팔리고 있는 것 같다. 마크 고베의 《감성 브랜딩(Emotional Branding)》이나 스타벅스의 전 임원인 스콧 베드베리가 쓴 《새로운 브랜드 세상(New Brand World)》과 같은 컨설턴트의 책을 생각해 보라.[vii] 고베는 브랜드가 하는 모든 활동이 감정, 성격, 감각 경험으로 가득 차기를 원한다. 베드베리의 작업은 겉으로는 포지셔닝과 같은 유행이 지난 용어를 버리고 브랜드 유전자 코드, 브랜드 에센스 같은 좀 더 트렌디한 용어로 대체하지만, 그럼에도 불구하고 마인드 셰어 패러다임 속에 있다. 그는 과거 수십 년 동안 인기를 끌었던 견고한 인지심리학적 접근법 대신 더 정서적이고 경험적인 방향으로 기울어져야 한다고 주장한다. 즉, 브랜드 매니저들은 다른 브랜드와 차별화된 이미지 연결을 계속 지켜봐야 하고 브랜드가 하는 모든 활동을 통해 이렇게 연결된 이미지들을 일관되고 명확하게 표현해야 하며, 여기에 더해 하나의 브랜드는 그 브랜드의 성격을 강조해야만 하고 고객들과 친밀한 관계도 형성해야만 한다는 것이다.

한 걸음 더 나아가 오늘날 일부 전문가들은 '내부자를 위한 브랜딩'이라는 마법을 통해 전체 조직이 브랜드 정신을 조화롭게 표현해야 한다고 주장한다. 조직은 자신의 정체성을 진정으로 이해하기 위해 내면을 깊이 들여다보고 브랜드 정신을 주입하여, 자신이 하는 모든 일에 이 정신을 표현할 수 있도록 해야 한다는 것이다. 마찬가지로, 의사소통은 브랜드와 고객 사이에 감정적인 연결고리를 구축하는 데 도움이 되는 것이어야 한다. 심지어 일부 컨설턴트들은 조직이 자신의 직원과 고객 모두에 대해 브랜드를 일종의 종교로 여기도록 노력해야 한다고 주장한다. 브랜드가 굉장히 큰 충만한 감정을 가진 상태로 커뮤니케이션이 이루어질 때 고객과 깊은 유대가 형성될 것이라는 것이다.[viii]

○ 코카콜라의 짧은 계보

코카콜라는 감성 브랜딩의 대표적인 예다. 브랜드 매니저들은 코카콜라가 1950년대부터 1980년대까지 미국에서 이 브랜드가 고객들과 함께 만들어온 특별한 유대감을 부러워한다. 코카콜라는 어떻게 이러한 감정적 유대감을 형성하고 유지했던 것일까?

원래 코카콜라는 미국에서 '정신 노동자들'을 위한 신경강장제, 숙취해소제, 각성제로 취급되면서 등장했는데 이때에도 마인드 셰어 기법이 사용되었다. 그러나 제2차 세계대전 중 광고와 홍보를 혁신적으로 사용하는 것을 시작으로 코카콜라는 곧 강력한 아이코닉 브랜드로 탈바꿈했다.

코카콜라는 전선의 부대에 콜라를 보냈고 인쇄 광고를 일제히 쏟아내며 전장에서 장병들의 수고를 칭송했다. 언론은 미국 병사들이 콜라를 애타게 그리워하는 편지를 전장에서 집으로 보내고 있다고 보도했다. 이 생각은 전시(戰時)의 로버트 스콧의 베스트셀러인《하느님은 나의 부조종사(God Is My Co-Pilot)》라는 책에서 인용되었는데, 이 책에서 그는 "미국, 민주주의, 그리고 코카콜라"에 대한 나의 생각이 어떻게 자신의 첫 번째 '일본놈(Jap)'을 격추하는 데 동기를 부여했는지를 묘사한다.[ix] 군부대는 아주 희귀했던 코카콜라를 일종의 종교처럼 열성으로 대했고, 이들의 국가적 자긍심을 확인하는 의례의 하나로 콜라를 마셨다.

그 결과 전쟁이 끝날 무렵 코카콜라는 미국 신화를 대표하는 이미지를 갖게 되는데, 전쟁터에서의 노고에 대한 본보기로서 미국 신화를 대변하게 된 것이었다. 여기서 미국의 신화란, 민주주의를 위해 기꺼이 아들딸을 희생시켜 세계를 구하려는 나라, 전쟁 장비를 만드는 것에 있어서 전쟁 주동 세력을 능가할 수 있는 남다른 근면 정신을 가진 나라, 핵무기 경쟁 시대에 적을 능가할 수 있는 끈질긴 창의력을 지닌 나라를 뜻하는 것이었다. 제2차 세계대전에서 극적으로 표현된 것처럼, 미국 소비자들은 코카콜라를 들이켜면서 미국 정신에서 나오는 국가적 연대감이라는 집단적 감정에 빠져들 수 있었다.

코카콜라 소비자들이 이 기간 동안 이 음료와 상당한 정서적 유대감을 형성했다는 것은 의심의 여지가 없다. 유대감은 1980년대까지 계속되었다. 여기서 중요한 전략적 질문은 다음과 같다. 무엇이 이 연대감을 낳았을까? 홍보와 광고를 통해 전달이 되기는 했지만, 이 시기에 코카콜라의 역사를 잠시만 들여다보아도 소비자들과 브랜드의 정서적 관계 원천의 핵심은 각 병에 담긴 정체성 신화와 관련이 있음을 알 수 있다. 콜라의 전후 성공으로부터 우리가 배워야 할 교훈은 직접적이다. 강력한 정체성 신화를 브랜드에 불어넣으면, 강력한 정서적 유대가 뒤따르게 될 것이라는 것이다.

전후 몇 년 동안 코카콜라는 이러한 영광 속에 푹 빠져 있었다. 미국의 민족주의가 전후의 경제적 힘과 냉전 억제 정책을 중심으로 급상승하면서 코카콜라는 이러한 미국의 방향에 가장 우호적인 입장에 서 있었다. 한편, 미국인들은 큰 회사에서 일을 하게 될 것이고, 정부가 마련한 새로운 교외 지역으로 이사를 하게 될 것이라는 꿈에 들떠 있었고, 코카콜라는 이런 희망에 들뜬 핵가족 중심의 새로운 교외 생활을 옹호하고 있었다. 코카콜라 광고에서 웃는 얼굴로 콜라를 벌컥벌컥 마시는 모든 미국 소녀들은 정숙함과 성적 매력을 엇비슷하게 보여주면서 새로운 미국 생활 방식에 대한 의심할 여지 없는 애국적 환호와 함께 '휴식을 위한 잠시 멈춤'을 가득 채웠다. 미국인들은 코카콜라를 홀짝이는 잠시의 여유로운 순간을 공유함으로써 국가적인 연대감을 경험할 수 있었다.

그러나 1960년대 후반에 이르자 복지 공화국이었던 미국의 축제 분위기는 시들해졌다. 시민권을 위한 저항운동, 안정적인 직장과 중산층 생활에 대한 환상이 깨진 청년 문화, 베트남에서 벌어진 인기 없는 전쟁 등은 모두 미국 사회를 갈가리 찢어 놓고 있었다. 코카콜라의 '교외의 핵가족' 신화는 순진하고 한물간 것이 되었다. 온갖 잡동사니를 끌어모아 만든 '신뢰할 수 있는 미국 사회, 미국 문화'라는 이미지를 통해 소비자들과 다시 연결하려는 시도는 실패했다.[x]

여기에 아이코닉 브랜드의 공통점이 있다. 이 브랜드들은 자신의 신화가 그 나라의 문화적 긴장 상태에 얼마나 잘 반응하는가에 따라 가치가 도출되기 때문에, 격렬한 문화적 변동이 있을 때 브랜드의 신화는 기력을 잃는다. 나는 이러한 변동을 '문화 붕괴(cultural disruptions)'라고 부른다. 문화가 붕괴할 때, 아이코닉 브랜드들은 자신의 신화를 다시 창조해야 한다. 그렇지 않으면 '소비자들과의 연결'이 사라져버린다.

마침내 코카콜라와 광고대행사는 소비자와 다시 공명을 일으키기 위한 코카콜라 신화의 수정 작업에 착수했다.[xi] 이탈리아의 산 중턱에서 촬영된 "힐탑(Hilltop)" 광고는, 두 명의 짧은 머리에 어린아이의 얼굴을 한 소녀가 다음과 같이 노래하는 것으로 시작한다. "세상이라는 집을 사서 사랑으로 장식하고 싶어." 카메라가 좌우로 돌면서, 남녀의 다양한 젊은이들과 함께하는 것이 보인다. 이 젊은이들의 얼굴 생김새와 옷차림새는 다양한 나라 출신이라는 것을 보여준다. 카메라가 이들 모두를 보여주면서 이들의 목소리는 합창으로 더해지고, 마침내 수십 명의 젊은이들이 다음과 같은 소절을 부른다. "전 세계가 완벽한 조화를 이루어 노래하도록 해주고 싶어." 각자 나라의 포크송에서 시작된 것이 평화를 위한 찬송가, 즉 코카콜라를 매개로 한 다음과 같은 찬가로 변해 있다. "나는 코카콜라로, 세계와 함께하고 싶어." 저마다 마치 국기처럼 콜라병을 들고 약간 위를 응시하며 교회 성가대를 암시하는 자신감과 희망찬 목소리로 노래를 부른다. 카메라가 뒤로 빠지면서 헬기로 언덕 위를 찍는다. 청년 수백 명이 언덕에서 거대한 이상(idealism)을 다음과 같이 노래하는 것을 본다. "이것이 진짜다. 오늘날 세상이 원하는 것이 진짜다. 코카콜라."

또다시 코카콜라는 많은 미국인들에게 시민으로서의 정체성을 채워 넣는 것이 상징적 자원으로 유용하다는 신화를 찾아냈다. 여기에 더해 이 신화의 정체성에는 코카콜라와 핵심고객 간의 정서적인 유대감을 새롭게 연결한다는 가치가 있었다.

코카콜라는 기존의 휴식이라는 혜택, '휴식을 위한 잠시 멈춤'의 관점을 극적으로 재해석했고, 이를 통해 미국적 연대감에 대한 새로운 신화를 보여주었다. 코카콜라는 대중매체에 히피-반문화와 평화운동의 이미지를 그렸다. 이것은 이해와 관용을 위한 인도주의적 호소라는 상징적 치료법으로 그 시대의 갈등을 다루기 위해서였다. 찬송가처럼 불리는 포크송을 통해, 그리고 인종과 민족을 넘어 우정과 이해를 갈망하는 노래를 통해, 코카콜라는 세상의 모든 문제를 극복하기 위한 존 레넌의 사랑에 동참하라는 식의 유토피아적인 설교를 전달했다. 이 브랜드의 신화는 소비자들에게 코카콜라를 나누는 것처럼 간단한 행위로도 겉보기에 다루기 힘든 사회적 분열을 치유할 수 있다고 말한다. 이제 코카콜라는 '인류 보편의 화합'을 위한 특효약으로 해석된다. 친구나 낯선 이들과 코카콜라를 마시는 것은 인종, 정치, 성별의 분열을 치유하는 상징적인 행위가 된 것이었다.

미국인들은 이에 즉각 응답했다. 이 광고는 유럽에서 처음 방영되었는데 거기서는 미적지근한 반응만 얻었다. 하지만 미국의 피드백은 즉각적이고 압도적이었다. 이 노래에 대한 요청이 쏟아지는 바람에 이 노래는 코카콜라라는 대사 없이 싱글로 다시 작곡될 정도였다. 이 곡은 재빨리 차트의 꼭대기로 뛰어올랐다.[xii] 코카콜라에 대한 미국인들의 강해진 관계와 정서적 연결고리는 미국 사회를 분열시키고 있었던 첨예한 문화적 긴장 상태를 상징적으로 치유하는 신화의 능력에서 비롯된 것이었다.

10년 후, 코카콜라와 광고대행사는 코카콜라 신화의 초점을 다시 옮기고 브랜드의 감정적인 연결에 다시 불을 붙인다.[xiii] "민 조 그린(Mean Joe Greene)" 광고에서 한 어린 소년이 경기를 마치고 축구 경기장을 떠나던 피츠버그 스틸러의 '무기(Mean)' 조 그린과 마주친다. 명예의 전당에 들어갈 자격이 될 정도의 선수인 그린은 프로 미식축구 역사상 가장 두려운 선수들 중 한 명이었다. 그의 별명이 암시하듯이 그린은 미식축구를 전쟁처럼 임했고, 언제나 승리했다. 그는 공격적인 라인 맨을 압도하고 상대 쿼터백을 제압하는 능력으로 유명한 거대하고 엄청난 능력을 가진 수비수였다.

코카콜라의 광고에서 한 아이는 "미스터 그린?"이라고 묻는 것으로 그 사나운 선수를 막아선다. 힘든 경기를 마치고 어두운 터널 속에서 힘든 듯 절룩거리며 걸어오는 거대한 그린은 작은 소년에게 "그런데 왜?"라고 묻는다. 그 소년은 "도움이 필요하세요?"라고 다시 묻는데, 그린은 그 아이를 내버려 두고 라커룸으로 되돌아가려 한다. 스타의 무덤덤한 겉모습에도 당황하지 않고 그 아이는 "내…… 콜라를…… 드릴까요?"라고 묻는다. "아니. 됐어." 그린이 말한다. "진짜로, 드릴게요." 소년이 답한다. 그린은 마침내 긴장이 풀리면서, 콜라를 받는다. 그리고 경기 때문에 목이 바싹 마른 듯 병의 바닥까지 한 번에 들이켠다. 진지하고 약간 겁먹은 소년은 아무 대가도 바라지 않고 돌아가려 한다. 이때, 조는 그 아이에게 "이봐, 꼬마!"라고 소리친다. 소년이 몸을 돌리자 그린은 소년에게 선물로 자신의 경기 유니폼을 내민다. "우와, 고마워요. '민 조'"라고 아이는 답한다. 그린의 얼굴이 밝아진다. 조의 커다란 미소는 전사(戰士)의 인간적 모습과 소년과의 찰나의 유대감을 보여준다. "코카콜라와 함께, 미소를"이라는 문구가 광고의 끝을 맺는다.

1970년대 후반이 되자 미국의 베트남 상처는 치유되기 시작했다. 청년 문화는 더 이상 위협적이지 않게 되었다. 그러나 인종 간 갈등은 계속 증가하고 있었다. 인종차별을 아주 심하게 받았던 아프리카계 미국인들은 북부의 공업 도시로 모여들기 시작했는데, 이 시기는 농사일을 잃은 소작농들이 비숙련 생산직을 갖기 위해 면화 짜는 기계가 있는 곳으로 대거 이주했을 때였다. 1970년대 미국 산업에 일자리가 줄어들면서 아프리카계 미국 노동자들이 가장 먼저 일을 찾아 떠나기 시작했다. 공장들은 이러한 도시들에서 교외로, 노조가 없는 남부 지방으로, 그리고 해외로 탈출을 시작했다. 이 과정은 흑인 도시 빈민가에 점점 더 실업이 증가하게 했고, 나머지 사회로부터도 고립시켰다. 가족들도 흩어졌고, 공공을 위한 투자는 부족했다. 그 결과, 이러한 게토들은 점점 더 폭력적인 지역이 되었다. 1970년대에 갱단과 마약이 지배하는 새로운 지하경제가 형성되었다는 것은 놀라운 일이 아니었다.[xiv]

게토는 미국에서 가장 심각한 사회 문제가 되었다. 미국 대중매체에는 '돈을 뜯으려고 배회하는 폭력조직'과 이른바 '복지 사모님들'에 대한 당황스러운 이야기로 가득 차 있었다. 편견이 있는 백인들은 게토에서 흘러나온 뉴스로부터 만들어진 상상 속의 위협을 두려워했다.

다시 한번, 코카콜라는 '휴식을 위한 잠시 멈춤'을 중심으로 만들어진 유토피아적인 '힐링의 순간'을 제공했다. 콜라를 마시는 것은 미국 사회의 인종적 분열을 상징적으로 치유하는 마법의 연고를 제공했다. 어두운 터널에서 대면한 흑인 선수와 백인 아이는 대다수 백인들의 집단적 상상 속에서 커져 가는 게토의 악몽을 떠올리게 했다. 즉, 한 순진한 백인 꼬마를 육체적으로 위협하는 흑인의 이미지였다. 그러나 곧 '그린의 무기'가 단지 허세일 뿐이라는 것을 알게 되는데, 실제로 그는 조그맣고 하얀 꼬마에게 진심 어린 애정을 보여줄 수 있는 상냥한 남자였다. 이 광고는 인종 갈등을 억제할 수 없는 나라에 인종적 치유에 관한 이야기를 제공했다. 이런 식으로 코카콜라는 다시 한번 도시가 황폐화되는 진짜 사회 문제들을 잠시나마 잊을 수 있게 도와주었다.

그러나 이 '어쩌다 성공' 이후 20년 동안, 코카콜라 컴퍼니와 많은 광고대행사들은 코카콜라 신화의 또 다른 중요한 성공을 이끌어 내는 데 실패한다. 이들은 엔터테인먼트 분야를 통해 브랜드를 유명하게 만들기 위해 할리우드 연예 기획사를 데려왔다. 이들은 젊은 세대에게 어필할만한 광고를 만들기 위해 그 업계에서 가장 뛰어난 창의적인 전담 외주업체를 고용했다. 이 기간 동안 코카콜라는 재미는 있지만 그다지 인상적이지 않은 많은 광고들을 내보냈다. 하지만 1980년대 이후 세대들 사이에서 코카콜라에 대한 열광을 불러일으킨 광고는 단 하나도 없었다. 사실 코카콜라의 엄청난 브랜드 자산과 미디어 분야에서의 무게감을 고려할 때, 이 브랜드는 업계의 광고에서 최소한 어느 정도의 영향력은 있었어야 했다. 어떻게 이렇게까지 영향력이 줄어들 수 있었을까?

"민 조 그린" 광고 이후, 코카콜라 컴퍼니는 마인드 셰어와 감성 브랜딩의 선도적인 옹호자가 되었다. 이 회사의 전략은 코카콜라의 추상적 연관성(재충전, 진정성, 사회적 유대감)을 발전시키고 고객과의 정서적 유대관계를 짜 맞추는 데 초점을 맞췄고, 그 결과 코카콜라의 방대한 자원을 들여 할 수 있는 가장 재미있고 마음을 끄는 의사소통을 이루었다. 그러나 당시 코카콜라는 스필버그식의 영화적 기법을 결합하여 모방하는 것 이상을 하지는 못했다.

소비자들이 코카콜라로부터 얻는 상품으로서의 혜택은 코카콜라 브랜드가 미국의 이상에 대해 말하는 강력한 정체성 신화를 형성하는 플랫폼으로 작용한다는 것, 그 자체다. 이러한 신화의 관점에서 보면, 억제할 수 없는 강력한 미국의 정신이 항상 분열을 일으키는 사회 문제들을 극복해왔다는 것이다. 전혀 다른 인종과 사회적 계급의 배경을 가진 사람들이 '코크 아메리칸(Coke American)'의 이미지를 공유함으로써 공통의 도덕성에 대한 자신들의 헌신을 되살릴 수 있었다. 코카콜라는 자신의 추종자들을 낙관적이고 끈질기게, 다루기 힘든 사회 문제를 극복하는 미국적 정신의 세계로 불러들였다. 이러한 사회적 도전 과제가 시대와 함께 바뀌면서 코카콜라의 신화는 이것에 따라 달라졌던 것이다.

아마도 코카콜라는 다른 어떤 브랜드도 가질 수 없었던 권위, 즉 미국 시민들이 다 함께 힘을 합쳐 대중의 안녕을 위협하는 사회 문제를 해결하고 하나의 유토피아를 만들어보자는 메시지를 전달할 수 있는 일종의 권위를 얻었을 것이다. 하지만 1980년대 이후 코카콜라는 궁극적으로 코카콜라 고객의 마음속에서 가장 중요한 사회적 이슈를 다루는 데 실패했다. 오늘날 미국은 전 세계 사람들에게 '욕먹는, 말썽 많은 제국'이다. 이러한 글로벌 환경은 코카콜라가 또 다른 신화를 만들어낼 수 있는 강력한 문화적 재료를 제공한다. 그러나 코카콜라의 브랜드 매니저는 마인드 셰어와 감성 브랜딩의 논리에 너무 의존하고 있어서 이런 기회를 몇 번이고 놓쳐버렸다.

코카콜라 컴퍼니가 브랜드의 가치를 잘못 읽고 있다는 강력한 증거는 몇 년 전에 나온 홍보 광고에도 나온다. 회사의 경영자들은 속편을 의뢰할 정도로 "민 조 그린"의 마법을 되찾고 싶어 했다. 새로운 광고에는 볼티모어 오리올스의 유명한 유격수 칼 립켄 주니어가 등장한다. 광고에서 그는 야구장에서 자신의 아들로부터 콜라를 받는다. 립켄의 이 광고는 코카콜라의 브랜드 매니저들이 "민 조 그린"의 광고를 인종 갈등에 대한 상징적 해결책이라고 보기보다는 단순히 유명 스포츠 스타와 꼬마 아이와의 정서적 유대감으로 이해하고 있다는 것을 암시한다. 브랜드 매니저들은 광고 스토리의 디테일을 불필요하다고 제거해버리고, 광고의 역사적이고 특수한 문화적 맥락을 잘라내 버렸기 때문에 광고가 보여줄 수 있는 상징성을 놓쳐버렸다.

오늘날 코카콜라는 향수를 불러일으키는 브랜드로 존재한다. 이 향수는 코카콜라가 최고의 상징적 지위를 누렸던 날들을 회상하게 한다. 현재 코카콜라는 1950년대의 미국 문화를 상징한다. 놀랄 것도 없이, 코카콜라의 최근 몇 안 되는 긍정적인 것들 중 하나는 고전적인 병 디자인을 되살려 플라스틱 용기를 과거의 유리병을 따라 재디자인하여 소비자들이 코카콜라 신화에 빠져들게 하는 과정에서 나타났다.

○ 감성 브랜딩은 왜 아이코닉 브랜드를 만들 수 없는가?

1940년대부터 1980년대까지, 미국의 어떤 브랜드도 코카콜라보다 더 고객들과 강력한 정서적 유대감을 형성하지는 못했다. 그러나 이러한 강한 애착에 대해 단 몇 장의 문서로 정리한다고 해서 그 정서적 유대감이 어떻게 형성된 것인지를 모두 설명하지는 못한다. 감성 브랜딩의 구루[2]들은 브랜드 매니저들에게 자신의 브랜드에 성격을 부여하고, 감성적인 콘텐츠로 소통구조를 만들며, 감성적 혜택을 강조하라고 독려한다. 하지만 이러한 제안들은 일부 상품 범주에 대해서는 적절할지는 몰라도 정체성 브랜드에 관한 한 잘못 생각하고 있는 것이다.[xv] 한발 떨어져 관찰만 하는 사람들은 경솔하게도 브랜드와 그 고객들 사이의 정서적인 유대가 감성 브랜딩 노력의 결과라고 추론한다. 이런 잘못된 결론은, 결과적으로 '소비자들로부터 감정적 반응을 불러일으켜 브랜드의 정체성 가치를 쌓으라'는 식의 잘못된 브랜딩을 수없이 양산했다.[xvi]

오히려, 우리가 일상적으로 목격하는 아이코닉 브랜드와 핵심고객

—— 2 구루(guru)는 산스크리트어로 스승을 뜻하는데, 선생님이나 스승을 구루라고 부른다. 20세기 들어서 특정 영역의 '정신적 스승' 혹은 '대가'의 의미가 되었다.

들과의 정서적 유대감은 브랜드에 의한 강력한 정체성 신화의 결과물이다. 코카콜라는 고객들에게 일반적인 감정 커뮤니케이션을 통해 정서적 유대감을 형성하도록 강요하지 않았다. 광고 시청자의 심금을 울리려는 의도의 감상적인 광고가 요란스럽지 않게 오고간다. 이 과정에서 코카콜라는 다른 아이코닉 브랜드와 마찬가지로 정서적인 유대감을 발전시켰다. 잘 표현된 올바른 정체성 신화는 관객들에게 이미지, 소리, 느낌을 평소에는 거의 느낄 수 없는 욕망에 집어넣는 '인식의 순간'들을 제공한다. 브랜드에서 이런 종류의 정체성을 발견하는 고객들은 강렬한 감정적 유대감을 형성한다. 감정적인 애착은 위대한 신화의 결과인 것이다.

바이럴 브랜딩에서 문화 브랜딩으로

또한 문화 브랜딩은 최근의 또 다른 마인드 셰어 브랜딩 모델의 도전자인 이른바 '바이럴 브랜딩'과도 차별화된다.[xvii] 이 바이럴 브랜딩을 일부 마케팅 관련서 저자들과 브랜드 매니저들은 '풀뿌리 대중'과 '버즈(소문내기)'라고 부른다. 이름에서 알 수 있듯 바이럴 브랜딩은 대중적 영향의 경로, 즉 비기업적 행위자들이 기업 상품의 고객들이 소비하는 브랜드 가치에 영향을 주는 방법에 초점을 맞춘다. 바이럴 브랜딩의 접근법은 대중적 영향력에 대한 고전적인 이론에 뿌리를 둔 사상들이다. 고전적 이론이란 예를 들면 혁신의 확산, 구전효과 그리고 대중 홍보(PR) 같은 것을 말한다. 이런 대중적 영향력에 대한 생각은 1990년대에 두 개의 큰 흐름으로 갈라졌다. 바로 '대중적 마케팅에 대한 냉소주의'와 '인터넷의 등장'이다.

바이럴 브랜딩은 회사가 아니라, '소비자들이' 브랜드를 만드는 데 가장 큰 영향을 끼친다고 가정한다. 냉소적인 소비자들은 더 이상 대중적 마케팅을 담당하는 마케터들의 거창한 선언이나 선서 같은 것에 관심을 기울이지 않을 것이라는 뜻이다. 그 대신 소비자들은 스스로 브랜드를 '찾아내려' 한다. 인터넷은 이 발견을 가속화하기 위한 수단을 제공했다. 그 결과 한때 마케터들이 자극하고 싶어 했던 중요한 과정으로 여겨졌던 것이 이제는 그 자체로 목적이 되는 경우가 많아졌다.

게다가 오늘날 많은 전문가들은 '수면 아래에서의 드러나지 않는 마케팅 활동'을 제안하는데, 이 방법은 영향력 있는 사람들 사이에서 브랜드의 씨를 뿌리는 방법이다. 기본적인 아이디어는 만약 회사가 사람들에게 그 브랜드를 자신들만의 것으로 만들도록 설득하고 바이러스처럼 쉽게 말할 수 있도록 구성할 수 있다면, 인플루언서들은 자신들의 소셜 네트워크를 통해 바이러스가 퍼지는 것처럼 그 브랜드에 대한 사람들의 관심을 다른 사람들에게 빠르게 확산시킬 수 있을 것이라는 것이다. 신(新)경제 시대가 시작될 때, 더글라스 러쉬코프는 자신이 '미디어 바이러스'라고 부르는 것에 대해 세상에 경고했다. 브랜드 매니저는 재빨리 판세를 뒤집고, 바이럴 브랜딩으로 옮겨 가는 것이 '브랜드 천국'으로 가는 가장 빠르고 저렴한 길이라고 생각하고 이것을 결정했으며, 시스템을 통과하는 속도가 빠를수록 브랜드는 더 잘 작동한다는 것이다.

이와 관련된 생각은 잡지 〈뉴요커〉의 작가 말콤 글래드웰이 '쿨헌트'라고 부르는 것이다.[xviii] 이런 관점에서 보면, 브랜드는 더 이상 기업 활동에 의해 주도되는 것이 아니다. 오히려 그 브랜드를 '간택'하고 '인증'해주는 여론을 주도하는 선도 소비자들인 '거리의 트렌드 세터'들에 의해 의미와 가치를 부여받는다. 소비재 회사들은 새로운 트렌드를 찾아내기 위해, '쿨한' 거리에 '문화 탐정'을 보내기도 하는데 주로 가난한 도시의 놀이터나 언더그라운드 클럽과 같은 곳이다. 이 경쟁은 대중적으로 확대되기 전에 가장 최신의, 가장 쿨한 문화를 가장 빠르게 잡기 위한 것이다.

바이럴 브랜딩에서 은밀한 홍보는 브랜딩의 핵심이다. 예를 들어 광고대행사인 DDB는 "잡담의 가치(talk value)"를 핵심역량으로 만드는 것을 자랑스러워한다. 많은 주요 광고대행사와 컨설턴트들은 이와 비슷하게 전문화된 팀을 론칭했는데, 예를 들면 영앤루비컴의 브랜드 버즈 같은 것이다. 이들은 고객사를 위한 바이럴 브랜딩을 제공하기 위해 만들어졌다. 스푸트니크 같은 '뭘 좀 아는' 연구 컨설턴트들은 바로 그 트렌드 세터들의 '엣지(edge)'를 잡아내고, 다국적 기업들에게 보고서를 제공하며 사업을 이어간다.[xix]

요약하면, 바이럴 브랜딩의 접근법은 마케터가 아니라 소비자가 정체성 가치를 창조한다고 가정한다. 이에 따라 정체성을 만드는 브랜딩은 브랜드를 받아들이고 그 가치를 발전시키려고 하는 '바로 그 고객'들에게 은밀하게 씨 뿌리는 과제로 바뀐다. 소비자들이 브랜드가 상징하는 것을 다듬고 연마하고 있을 때 회사는 뒤로 물러앉아 있다.

우리가 스내플에서 보게 될 것처럼, 바이럴 브랜딩의 과정은 브랜딩 노력의 확산에서는 언제나 그렇듯 중요하지만, 바이럴 브랜딩 자체는 아이코닉 브랜드를 만들기 위한 실용적인 접근 방식은 아니다. 스내플의 정체성 가치의 일차적인 원천은 그 회사의 마케팅 활동에서 오는 것이지 소비자들로부터 오는 것이 아니기 때문이다. 그래서 코로나 맥주와 코카콜라처럼 스내플의 노력은 강력한 정체성 신화를 만들어 냈다.

○ 스내플의 짧은 계보

스내플은 종종 바이럴 브랜딩의 전형적인 사례로 인용된다.[xx] 1990년
대 초, 스내플은 뉴욕과 그 밖의 지역에 있는 독특한 분야의 마니아층
에서 엄청난 인기를 끌었고 결국에는 미국 전역으로 퍼져나갔다. 사실
스내플이 아이코닉한 위치에 오른 것은 스내플을 소유하고 있던 기업
주의 독특한 문화 브랜딩 전략 때문이었다. 이 브랜드의 바이럴한 특징
이란 뭔가 와글와글하고, 언더그라운드의 쿨함이 있고, 스내플을 중심
으로 형성된 팬들의 오합지졸 커뮤니티를 뜻한다. 이 모든 것은 브랜드
신화와 소비자들과의 공명이 낳은 결과로 이것은 주스와 차(茶)의 커다
란 병 모양으로 구체화되었다.

　스내플 주스와 차의 상품구성은 세 명의 브루클린 사업가에 의해 설
립되었다. 이들은 작은 회사에서 빈둥거리는 과정에서 '어쩌다 보니'
브랜드 신화를 얻게 되었다. 창업자들은 이 회사의 신제품, 광고, 홍보,
유통, 그리고 심지어 고객 서비스까지 모든 것에서 다른 회사들과는 근
본이 다른 '돈키호테식' 전략적 스크립트를 만들었는데, 이 스크립트는
대기업의 경영방식에 대해 냉소적인 태도를 공감하고 있던 아마추어
들에 의해 운영되던 것이었다. 스내플이 한 것은 코카콜라 컴퍼니, 펩
시코, 그리고 다른 정교한 마케팅 분야의 골리앗들에 의해 행해진 마케
팅과는 정반대의 것이었다. 스내플은 식료품 체인점과 패스트푸드 프
랜차이즈를 찾는 대신 식당, 조제 식품판매점, 길거리 카트, 팝업 식료
품점들에 제품을 유통시켰다. 제품의 경우 창업자들은 계속해서 '이상

하고 겉보기에 좋지 않아 보이는' 혼합 주스를 만들어 냈는데 그중 몇 개는 히트상품이 되었다. 그들은 제품과 포장 아이디어를 가장 열광적인 고객들에게 의존했고, 포커스 그룹 인터뷰니 뭐니 하는 것조차 없이 상품에다가 고객들의 괴상한 요구를 쏟아부었다. 예를 들어 멜론에 애착이 있는 랄프 오로피노라는 고객은 '랄프의 칸탈루프 칵테일'이라는 제품에 영감을 주었는데, 그래서 이 음료의 라벨에 '랄프의 얼굴'을 붙이는 식이었다. 고객들은 이렇게 '이상한 맛'의 음료나 심지어 '아주 나쁜 맛'의 음료도 기꺼이 시음해 보는 것을 좋아했는데, 이 과정은 기업 마케팅의 프로세스와 비교했을 때 전혀 공통점이 없는 너무나 동떨어지는 것이어서 놀라움을 주었다.

광고를 할 때 회사는 여유가 되는 대로 이른바 '셀럽' 비슷한 이들을 기용하기도 했다. 그런데 이 광고는 너무 형편없고 이상해서 당시 점점 더 그 수가 증가하던 '스내플 족'들 사이에서는 고전적 취향의 컬트(종교와 같은 열광적 지지-옮긴이)가 되다시피 하던 것들이었다. 한 광고에서는 카리스마 없는 테니스 선수로 유명한 이반 렌들이 억센 억양으로 "슈나플"이라고 브랜드 이름을 잘못 발음하거나, 또 다른 장면에서는 뜬금없이 록밴드 본 조비의 유명 기타리스트인 리치 샘보라가 출연했는데, 이유는 단순히 창업자 중 한 명이 그의 팬이었기 때문이라거나 하는 식이었다.

스내플의 부상에 특히 중요한 것은 '문제적 디스크자키'인 토크쇼 라디오스타 러시 림보와 하워드 스턴을 대변인으로 기용한 것이었다. 두 사람 모두 스내플에 대한 진정한 애정을 사람들에게 전달했다. 이들은 방송 중에 스내플에게 즉석에서 유료 스폰서십을 이어주기도 했다. 두 가지 다른 대변자들 중 어느 하나를 선택하는 것은 어려울 것이

____ _____ 브랜드는 어떻게 아이콘이 되는가

다. 림보는 반동적 우파의 독선적인 목소리를 대변했으며, 워싱턴 정치인들의 진보적 성향을 타파하기 위해 스스로를 맹목적 지지자인 '디토헤즈(dittoheads, 러시 림보를 따르는 광적인 추종자들-옮긴이)'라고 부르는 성난 백인 남성들의 충성심을 이끌었고(힐러리 클린턴이 이들의 가장 만만한 타깃이었다) 당시의 정치적 물결에 저항했다. 반면 스턴은 나사가 빠진듯하고 정치·사회적으로 혼란스러워 보이는, 웃기면서도 편집증적인 캐릭터였다. 그는 미국 엘리트주의의 '예의 바른 사회'가 의미 없다고 간주한 것들은 무엇이든 찬양했고, 중요하게 여긴 것들은 무엇이든 경멸하며 주류에 반대하는 허무주의적 태도를 낙으로 삼았다. 스턴은 자신의 프로그램에서 가능한 한 성적인 풍자를 많이 넣었는데, 미국의 청교도적인 경향에 대해 허풍이라고 놀리는 것을 좋아했다. 정치와 취향에 있어서는 정반대였지만, 두 라디오자키들은 미국 엘리트들의 우선권과 고급진 취향을 비난하는 미국의 가장 자극적인 포퓰리즘적 목소리라는 점에서는 일치했다.

스내플은 최고의 신뢰를 얻었는데, 이것은 프로페셔널한 마케팅에 대해 아무것도 모르는 세 명의 창업자들이 만든 아마추어다운 회사였기 때문이었다. 또한 그들은 뭔가를 배우는 것에 어떤 관심도 없었다. 이들은 되는 대로 회사를 운영했고 그게 또 재미있어 보였다. 스내플의 고객들은 그 회사를 아는 만큼 그들을 사랑했다.

투자자들이 스내플의 마법을 미국 전역으로 확장하려고 하는 희망을 가지고 스내플 창업자들로부터 다수의 지분을 사들였을 때, 스내플은 엄청난 위험에 직면했다. 그들은 아마추어리즘에 반한 다수의 추종자들을 끌어들였던 스내플이라는 브랜드에 어떻게 전문 마케팅을 적용할 수 있었을까? 마케팅 부서를 운영할 젊은 광고대행사 카피라이터를 고용함으로써, 새로운 소유주들은 브랜드 관리의 전통적인 관행을 일단 피했다. 카피라이터는 뉴욕 광고대행사인 커센바움 앤 본드를 고용하여 전국 단위의 스내플 브랜딩 플랫폼을 만들었다.

이 비정통적인 브랜드 팀은 브랜드 에센스 형용사로 스내플의 이미지를 축약하려고 하거나, 소비자의 '깊은 진심'을 찾으려 한다거나, 브랜드에 정서적으로 연결되어 있는 스내플의 광팬들을 조사하거나 하지 않았다. 오히려 그들은 스내플의 괴상하고 아마추어 같은 마케팅 퍼포먼스를 더욱 확대할 방법을 모색했다. 당시 스내플에 크게 감동한 추종자들로 인해 스내플의 작은 사무실에는 팬레터가 넘쳐났다. 일주일에 2천 통이 넘는 편지가 쇄도했는데, 원본 비디오, 노래, 예술 작품, 시는 말할 것도 없었고, 이 모든 것이 '스내플'다웠다.

이 팀은 스내플의 사무직 여성 웬디에게서 흥행의 조짐이 보이는 이야기를 발견했다. 웬디는 그녀가 할 수 있는 한 최선을 다해 답장하는 역할을 맡았다. 브랜드 팀은 수십 편의 TV 광고, "웬디, 스내플 레이디"에서 독자 편지를 읽어주는 역할로 웬디를 캐스팅했다. 이 광고는 웬디가 실제 스내플 접수 데스크 뒤에 앉아서 별생각 없이 자연스럽고 친근하게 "스내플에서 인사드려요. 안녕하세요!"라고 인사를 던지며 시작되었다. 시청자들은 수다스럽고 통통한 웬디가 할리우드 배우가 아닌 '진짜 직원'이라는 것을 분명히 알 수 있었다. 그녀는 고객으로부터 온 편지를 읽고는 스내플 제품 중 하나에 관한 까다로운 질문을 받았는데 그 질문은 오직 열성 고객만이 관심이 있을 만한 질문이었다. 웬디가 그 질문에 대답한 후 곧바로 한 카메라 제작진이 고객들의 집에 가서 다큐멘터리 스타일로 고객의 반응을 포착한다. 그 장면들 중 어느 곳에도 대본은 없었고 여러 가지 중구난방의 실수들이 편집되지 않

_____ 브랜드는 어떻게 아이콘이 되는가

은 채 방치되는 경우가 많았다. "100%의 내추럴"이라는 문구로 이 광고의 태그 라인이 달렸는데, 이 아이디어는 스내플은 천연 제품일 뿐만 아니라, 더 중요한 것은 '선의의 아마추어들이 경영하는 투명한 회사'라는 생각을 담아냈다는 것이었다. 스내플은 MBA 출신들이나 엑셀 시트나 시장조사가 아닌, 고객들의 아주 사소한 즐거움과 쾌락을 공유하는 '괴짜들'에 의해 운영되는 회사라는 것을 보여주었다.

광고를 보완하기 위해 스내플은 많은 행사를 후원했다. 하지만 코카콜라나 펩시처럼 블록버스터 스포츠, 음악 행사, 유명 인사의 으리으리한 행사는 후원하지 않았다. 대신 대기업 판촉 활동을 흉내 내어 놀리는 이벤트를 진행했다. 미네소타에서 체리 침 뱉기 대회, 뉴욕에서 요요 던지기 대회, 뉴저지에서 갑각류 미인 대회 등이 스내플이 지원하는 경연대회였다.

브랜드 팀은 이런 이벤트들을 재빨리 확대했는데, 이때 창업자들은 우연하게 미국 사회의 급속하게 성장하던 모순에 반응하는 정체성 신화를 발견한다. 왜 스내플이 당시 미국 대중들의 중요한 한 일상의 단면과 심오하게 연관되어 있는지 이해하기 위해 지금부터 우리는 스내플의 아마추어적인 브랜드 성과를, 1990년대 초반에 점점 심각해지고 있던 미국의 사회적 긴장 상황이라는 맥락에서 읽어야 한다. 1980년대 내내 대부분의 미국인들 특히 남성들은 로널드 레이건 대통령이 주장한, 국가의 정치·경제적 위상 복원을 위해 서부 개척자 시대처럼 다시 강해지라는 정신 무장을 지지했다. 열성적인 기업가들, 강화된 비즈니스 관행, 고통스럽지만 필요한 조직 개편으로 레이건은 미국이 다시 세계를 이끌 것이라고 약속했다. 1980년대 후반까지 미국 경제는 노동시장을 축소하고 재설계할 것이라는 끊임없는 위협과 함께 이전보다 훨썬 더 역동적이고 더 위축된 경제구조로 광범위하게 재창조되었다. 수익이 급증하기 시작했고, 미국은 테드 터너, 빌 게이츠 같은 허세 가득한 일련의 기업 영웅들과 마이클 조던 같은 운동선수들의 "저스트 두 잇(Just do it)" 정신을 보여주었다. 기업과 기업 엘리트들은 상당한 이익을 얻었지만, 끊임없는 구조조정은 다른 많은 미국 노동자들을 '맥잡(McJobs, 맥도날드에서 일하는 비정규직-옮긴이)'과 같은 서비스 경제로 내몰았다.

당시에 유행하던 경제이론인 낙수효과에서 '낙수'가 없다는 것이 명백해짐에 따라 이 불일치가 대중문화와 정치 모두의 표면을 부글부글 끓어오르게 만들었다. 1990년대 초, 대중적 반발로 인해 기존의 공화당과 민주당에 대한 대규모의 지지를 철회하고, 로스 페로, 팻 뷰캐넌, 제시 잭슨과 같은 대중 정치인으로 지지 대상을 옮겼다. 미국인들은 굉장히 냉소적이고 허무주의적이었던 '레이건의 미국적 이상'과는 대척점에 있던 것들에 대해 엄청난 욕구를 갖는 것으로 돌변했다. 〈심슨 가족(The Simpsons)〉, 〈비비스와 버트헤드(Beavis and Butthead)〉 같은 텔레비전 프로그램들이 인기를 끌었다. 〈웨인즈 월드(Wayne's World)〉, 〈너바나(Nirvana)〉, 박스형 만화 〈딜버트(Dilbert)〉는 이러한 사회적 긴장을 반영하는 신화를 문화적으로 그리고 선도적으로 그렸다.

스내플은(나중에 알게 되겠지만 마운틴 듀와 함께) 빠른 '불만의 격랑'에 뛰어들어 '유쾌한 반발'을 만들어 냈다. 이 회사는 마케팅 활동을 통해 대기업들과 대기업을 경영하는 고소득 엘리트들이 일을 망쳐놓았을 뿐이라는 신화를 만들어 냈다. 스내플이 휘젓고 다녔던 유토피아에 있는 듯한 이 회사는, 주주들의 이익을 창출하는 것보다는 고객들과 즐거운 시간을 보내는 것에 더 신경을 쓰는 아마추어들에 의해 운영되었다. 아마추어들은 고객들에게 마실 것에서 영감을 받은 것을 시작으로 가장 미친 꿈을 꾸게 했고, 제품과 프로모션을 가지고 미친 듯이 놀았다. 이 신화는 세상을 뒤집어놓았다. 아마추어들이 설탕이 든 음료수병 속으로 우리를 끌고 간 것이다. 병 바닥까지 벌컥벌컥 들이켜고 나면 고객들은 판타지를 경험할 수 있었는데, 이 판타지는 이들이 직면하는 현실에서의 정체성 불안에 대한 위로가 되었다.[xxi]

스내플의 신화가 이러한 사회적 불만의 핏줄을 형성하면서 판매량은 1987년 최대 5천 달러 수준에서 1992년 2억 달러 이상으로 급증했다. 열혈 팬들은 광야에서 울려 퍼지는 스내플의 목소리에 영감을 받았다. 그 후, 대중문화가 반응했다. 1992년부터 1994년까지 반항적인 대중문화가 대중을 열광의 도가니로 끌어올렸고, 웨인즈 월드에서부터 커트 코베인에 이르기까지 이런 대중문화의 분위기에 동참했는데, 이때 스내플 판매는 하늘을 향해 치솟아 1994년에는 7억 달러에 육박했다.

퀘이커 오츠는 이 시점에서 퀘이커의 전문적인 마케팅 운영이 이 브랜드를 더욱 활성화할 수 있을 것이라고 믿고 스내플을 매수했다. 회사는 전통적인 마인드 셰어와 감성 브랜딩 아이디어를 바탕으로 새로운 전략을 시행했다. 퀘이커 매니저들은 스내플의 놀라운 정체성 가치가 만들어진, 반기업적인 아마추어리즘의 신화를 완전히 오독했다. 그들은 림보와 스턴을 해고하고, 보다 전문적이고 전통적인 관리를 위해 '웬디와 "100% 내추럴" 캠페인'을 폐지했다. 그리고 전통적이고 이성적으로 규격화된 신제품 개발을 시행했다. 이 회사는 자사 전문지식을 마인드 셰어 브랜딩에 적용하면 스내플의 가치를 최적화할 수 있다고 생각했다. 하지만 퀘이커는 스내플의 신화를 죽여버렸고, 곧바로 스내플은 아이코닉한 지위를 잃어버렸다. 퀘이커 마케터들은 문화 브랜딩의 원리를 파악하지 못했기 때문에 회사는 매출이 급감했는데, 이때 황급하게 스내플을 팔아서 약 14억 달러의 손실을 보았다.[xxii]

아이코닉 브랜드 vs 패드와 패션

바이럴 모델은 본질적으로 유행에 관한 브랜딩 모델이다.[xxiii] 이 모델은 취향에 관한 트렌드 리더에 의존하는데, 이들은 특정한 브랜드를 사용하고 이야기하면서 트렌드를 설정하고 브랜드의 필수 불가결한 욕구를 만들어 낸다. 따라서 바이럴 브랜딩은 유행 창조자들에게 영향을 미치려고 한다. 바이럴 과정을 통해 수많은 패드(fad, 단기 유행)와 패션(fashion, 중기유행)이 만들어지지만, 아이코닉 브랜드는 이런 유행의 주기 이상으로 작동한다. 사실, 패드의 짧은 유행에 휘말리는 것은 아이코닉 브랜드를 파괴할 수도 있다. 한때 아이코닉한 의류업체 갭은 클래식한 치노 팬츠에 대한 혁신적인 광고를 한 적이 있었는데 이 브랜드가 1997년에서 1998년까지 당시 스윙 뮤직 열풍의 진원지인 치노와 겹쳐지면서 유행을 탔다. 2년간의 명성과 하늘 높은 주가를 누린 이 브랜드는 또 다른 히트작을 내지 못하자 무너졌다. 한편, '갭의 쿨함'을 자기의 일부분으로 갖기 위해 그 브랜드에 새롭게 관심을 가진 당시의 젊은 고객들은 갭의 패션 히트 상품에 대한 갑작스러운 관심이 생겼는데, 이로 인해 갭의 기존 소비자들을 어리둥절하게 하기도 했다.

바이럴 접근법을 통해 개발된 정체성 브랜드는 치명적인 결함을 가지고 있다. 이들에게는 저자가 없다. 이런 회사는 소비자와 문화적 인플루언서들에게 브랜드의 통제권을 넘겨준다. 문제는 이런 브랜드의 영향력을 만드는 저자들, 즉 소비자와 문화적 인플루언서들이 다음 큰일에 영향을 미친다는 것이다. 이들은 브랜드를 유명하게 만들게 되면, 계속 치고 나간다. 그러나 코로나 맥주의 '한 방 성공'이 증명하듯, 유명 브랜드들은 그들의 '엣지'가 고갈되자마자 유행에 민감한 인플루언서들에 의해 버려진다. 제대로 관리된다면 아이코닉 브랜드들은 패드나 패션보다 훨씬 더 오래 지속된다. 문화 아이콘은 유행의 등락 사이클을 타는 대신, 보통 수년간 지속되는 극심한 사회적 긴장을 다루기 때문이다.

○ 바이럴 브랜딩은 왜 아이코닉 브랜드를 만들 수 없는가?

1994년까지 스내플은 많은 사람들에게 화제를 불러일으켰고, 트렌드를 이끄는 쿨한 브랜드로 여겨졌으며, 때때로 강력한 추종자들을 끌어들여 스내플 커뮤니티를 형성하기도 했다. 그러나 이러한 바이럴의 효과는 원인이 아니라 브랜드의 성공에 따른 결과물이었다. 스내플이 이런 바람직한 결과물을 얻게 된 것은 이 브랜드가 설득력 있는 새로운 정체성 신화를 추구했기 때문이었다. 스내플의 '아마추어 회사'라는 신화는 신경제의 노동시장과 이것을 정착시키고 있던 정부와 기업 엘리트 집단들에 대한 혐오감의 대안적 표현이었고, 엉뚱하면서도 별난 방식의 대중적 지지의 표현이었다. 소비자들은 스내플이 이런 방식으로 행동하는 것을 좋아했고, 그래서 이 브랜드에 대해 이야기했으며, 기존의 청량음료와 비교할 때 우선적인 고려 대상이 되었다. 심지어 같은 기분을 느끼는 사람들과 산발적으로 모이는 것을 즐겼다.

스내플이 만들어 낸 입소문은 신화의 힘의 결과였다. 단순히 무언가에 대해 반복적으로 이야기하는 것, 즉 광고에서 캐치프레이즈를 반복하는 것 자체는 특별히 주목할 만한 것이 아니다. 대부분의 이런 캐치프레이즈는 기억에서 빠르게 사라지고 의미로부터 동떨어진다. 사람들에게는 '스스로에 대해 생각하는 데'에 영향을 미치는, 이른바 '훅 들어오는' 이야기들이 있다. 바이럴 모델의 문제점은 어떤 의사소통도 그것이 반복되는 한 좋다고 가정한다는 것이다. 이런 단순 반복보다 훨씬 더 중요한 것은 사람들이 일상생활에서 기억하고 상징적으로 사용하는 것들이다. 스내플은 사람들이 단지 말하는 대상만이 아니었다. 이 브랜드는 말만 하는 대신 1990년대 초 일종의 롤모델 역할을 했다. 이때 스내플은 기업의 활동에 대해 어처구니없는 방식으로, 하지만 매우 의미 있는 비판을 제공하는 약간은 황당한 역할 모델을 했다.

문화 브랜딩의 길

모든 아이코닉 브랜드는 전통적인 모델에서 묘사된 강한 브랜드의 특성을 그대로 가지고 있다. 이들은 차별적이고 우호적인 이미지를 가지고 있고, 입소문을 뿌리며, 깊은 정서적 애착을 가진 핵심 소비자층을 가지고 있다. 그러나 이러한 관찰된 특성은 성공적인 신화 만들기의 '결과'지 원인이 아니다. 브랜드에 내재된 정체성 신화는 고객들로 하여금 제품을 그 상품이 해당하는 범주의 혜택과 연관시키고, 입소문으로 그 신화를 전파하고, 감정을 표현하게 하고, 함께 모이게 한다. 따라서 이러한 활동들은 정체성 가치를 평가하는 데에는 유용한 지표로 작용하지만, 기업들이 어떻게 아이코닉 브랜드를 만들어야 하는가에 대해서는 전략적 도움을 거의 제공하지 않는다.[xxiv]

오히려 브랜드 매니저들이 암묵적인 문화 전략을 적용할 때만 아이코닉 브랜드를 만들 수 있다. 코로나 맥주, 코카콜라, 그리고 스내플의 성공이 이를 뒷받침한다. 초기에는 전통적인 브랜딩 아이디어와 상당히 많이 다르기 때문에 기업들은 이러한 원칙들을 동화시키는 데 어려움을 겪을 수 있다. 이 책의 다음 장에는 문화 브랜딩 전략을 상당히 상세하게 소개하고 있는데, 이 장의 세 가지 사례연구에서 분명히 드러난 가장 어려운 심리 상태의 변화 중 세 가지를 다시 한번 생각하기로 한다.

○ 설득에서 시작해 신화를 만들기까지

전통적인 브랜딩 모델은 여전히 브랜드 커뮤니케이션을 도구적 관점으로 보고 있다. 이러한 모델들은 광고의 목적이 브랜드에 대한 소비자 인식, 즉 품질, 혜택, 성격 및 사용자 이미지에 연결된 연상 이미지에 영향을 미치는 것이라고 가정한다. 커뮤니케이션은 소비자를 설득하는 데 가장 좋은 역할을 할 수 있는 것이라면 어떤 창의적인 콘텐츠라도 이용해야 한다. 그러나 궁극적으로 이 내용은 소비자의 인식을 형성하는 도구적 수사(修辭)일 뿐이지 그 자체가 목적은 아니다. 추정하건대 고객들은 자신을 믿게 하기 위해 준비된 커뮤니케이션을 일단 믿게 되면, 이 수사학적 표현들은 버리게 될 것이기 때문이다.

문화 브랜딩은 이런 접근 방식을 도구가 아니라 '머리 위'에서 커뮤니케이션하는 것으로 바꾼다. 문화 브랜딩에서 커뮤니케이션의 중심은 고객 가치가 된다. 고객들은 이 이야기를 경험하기 위해 제품을 산다. 제품은 그저 고객이 브랜드가 전하는 이야기를 경험할 수 있는 통로일 뿐이다. 소비자들은 일반적인 음료보다 코카콜라, 코로나 맥주, 스내플을 더 많이 마시는데, 이것은 이들 음료에 뿌리박힌 정체성 신화를 마시고 있는 셈이다. 효과적인 문화 전략은 이야기가 있는 상품을 창조하는 것이다. 즉, 고객이 정체성 신화를 경험할 수 있는 차별적인 브랜드 특징인 상표, 디자인 등을 가진 상품을 만드는 것이다.

○ 추상적 이미지에서 '문화 표현'으로

전통적인 브랜딩 모델들은 브랜드가 일련의 추상적인 이미지들의 연합으로 구성되어 있다고 제안한다.[xxv] 그 결과 브랜드 매니저들은 그 브랜드가 소유해야 하는 추상적 콘셉트 이미지에 집착한다. 브랜드 전략 회의가 지속되는 내내 브랜드 매니저들은 어떤 형용사가 브랜드에 가장 잘 어울리는지에 대한 논쟁을 계속한다. 한편으로는 브랜드 지표에 관한 추적 조사는 소비자들이 이 단어들, 주로 형용사들을 브랜드와 연관시키는지 여부를 세부적으로 측정한다.

이와는 대조적으로 문화 브랜딩에서 브랜드의 가치는 구체적인 문화 표현 속에 담겨있다. 즉, 브랜드 신화의 특정한 문화콘텐츠와 커뮤니케이션 속에서의 이들 콘텐츠의 특별한 표현에 담겨있는 것이다. 코로나 맥주의 경우를 보면 이 브랜드는 '멕시코 해변'에 존재하며 '아무 일도 일어나지 않는' 스타일의 광고 속에 존재한다. 1970년대 코카콜라의 경우에는 히피·반문화가 평화와 인종적 조화의 씨앗을 잉태하고 있다는 생각 속에 코카콜라의 브랜드가 존재했다. 스내플 브랜드의 중심에는 목청 좋고 괄괄한 웬디가 스내플 음용자들의 바보 같은 이야기를 소개하는 모습과 하워드와 러시의 신랄한 정치적 독백이 있다. 이러한 문화적 표현들을 마인드 셰어의 방식으로 각각 휴식, 우정, 익살이라는 일반적인 특징으로 추상화해버리면, 브랜드의 가장 가치 있는 자산들을 벗겨내 버리는 것이 된다.

마인드 셰어 원칙을 가지고 아이코닉 브랜드를 만드는 것은 불가능하다. 마인드 셰어는 집중적인 추상화를 요구한다. 브랜드 매니저들은 브랜드의 정제된 핵심을 찾는 과정에서 브랜드에 붙어있던 사회와 역사의 군더더기를 다 체계적이고 깔끔하게 세탁한다. 브랜드 매니저, 광고 기획자, 시장조사 연구원 간의 끊임없는 실랑이는 평이한 문구로 짜깁기된 전략 문서를 내는 것으로 끝맺는다. 마인드 셰어는 '정량화'라는 논리에 의해 추진되는데, 이것은 세상을 단순화하여 측정을 통해 담을 수 있도록 하는 추진력이 되기 때문이다. '형용사를 얼마나 외우기 쉬운가' 하는 것은 '문화적으로 어떻게 받아들였는가'와는 달라서, 기준점 설정을 통해 정량화하고 검증할 수 있는 것이 된다.

그러나 마인드 셰어와 같이 핵심만을 추출하는 전략은 브랜드가 사회에서 '역사적 행위자로서 하는 역할'을 거부하기 때문에 정체성 브랜드를 불가능하게 한다. 소비자의 마음에 초월적인 브랜드의 에센스를 자리 잡게 하기 위한 지속적인 노력을 하고는 있지만, 마인드 셰어 전략은 정체성의 가치가 특정한 역사적 맥락에서 창조되고 변형된다는 것을 인식하지 못한다. 정체성 가치를 만들어 내기 위해서는 브랜드 매니저가 브랜드의 기둥이 되는 것을 구체적으로 나열해야만 한다. 이것은 바로 문화와 사회의 변화 그리고 브랜드가 이런 변화를 담아내기 위해 사용하는 특별한 문화적 표현의 구체적 나열을 뜻한다.

○ 일관성에서 역사적 적합성으로

전통적인 브랜딩 모델들은 브랜드를 관리한다는 것이 조직적이고 경쟁적이며 지그재그로 밀려드는 경쟁적인 압박의 상황에서도 일관성을 주장하는 기술이라고 가정한다. 브랜드 관리는 일종의 집사 역할과 비슷하다는 것이다. 브랜드의 진정한 본질을 찾고 이 본질의 나침반이 가리키는 지점이 지옥이나 높은 파도라고 하더라도 이 방향을 유지하는 역할이라는 것이다.

그러나 코로나와 코카콜라는 둘 다 브랜드 에센스라고 여겼던 초기의 브랜딩에서 벗어나 당시 미국 사회의 변화하는 흐름을 이야기하면서 성공할 수 있었다. 내가 지난 10년 이상 연구해 온 아이코닉 브랜드들 모두 이 상징성을 유지하기 위해 중요한 변화를 해야만 했다. 브랜드 신화에 대한 이러한 수정은 신화가 정체성의 가치를 창조하기 위해서는 당대의 도전적인 사회적 이슈에 직접적으로 개입해야 하기 때문에 필요하다. 코카콜라는 제2차 세계대전에서 나치 독일에 대한 미국의 승리를 축하했고, 1970년대 초에는 베트남 전쟁을 둘러싼 내분을 치유하는 방법을 극적으로 표현하기 위해 방향을 바꾸었으며, 1980년대 초에는 인종 문제를 다루기 위해 다시 이동했다. 원래 대학가의 방탕함과 쾌락을 대표하는 브랜드였던 코로나 맥주는 1990년대에 네트워크화된 자유계약 직업의 압박과 불안을 달래주는 해독제로 진화했다.

마인드 셰어는 브랜드가 초월적 실체로서 역사 밖의 어딘가에 존재한다고 가정한다. 따라서 마인드 셰어 브랜드를 관리하려면 문화와 사회 변화의 격동을 초월한 일관성이 필요하다. 아이코닉 브랜드는 정확히 이와 정반대의 철학을 적용한다. 브랜드는 그 나라의 가장 중요한 사회적 긴장을 다루는 신화에서 비롯된 역사적 실체다. 정체성 브랜드의 경우 성공 여부는 브랜드의 신화가 역사적 변화에 직면해서도 얼마나 그 일관성을 유지하느냐가 아니라[xxvi] 역사적 시급성에 얼마나 잘 적응하느냐에 달려 있다.

브랜드 성장의 열쇠,
신화 시장 찾기

정체성 브랜드는 제품의 시장이 아닌 신화의 시장에서 경쟁한다. 경제
전문가들뿐만 아니라 경영자들에게도 이 개념은 파악하기 어렵다. 시
장은 보통 재료의 제품 특성을 중심으로 견고하게 형성된 것을 뜻하기
때문이다. 경제전문가들은 시장을 대체 가능성의 관점에서 생각한다.
즉, 시장은 소비자들이 그 제품의 기능에 기초한 대체물로 보는 상품들
로 구성되어 있다는 것이다. 텔레비전은 정교한 그림을 전달하는 능력,
신뢰성, 물리적 특징 등을 바탕으로 다른 텔레비전과 경쟁한다.

정체성 브랜드는 다르다. 이들은 문화적 갈등을 해결하는 신화를 보
여주기 위해 다른 문화 상품들과 경쟁한다. 정체성 브랜드는 영화, 음
악, 텔레비전, 스포츠, 책들과 경쟁하고 협력하면서 신화 시장에 참여
한다.

브랜드 전략의 첫 번째 과제는 주어진 시장 내에서 브랜드의 적절한
대상을 정확히 콕 짚어내는 것이다. 마인드 셰어 브랜딩에서 제품 범주

는 목표가 된 대상 고객으로부터의 심리통계적 특성[1]이나 상품으로부터 얻는 혜택 등에 따라 세분화된다. 이와는 달리 문화 브랜딩에서는 브랜드 매니저들이 가장 적절한 신화 시장을 발견하고 확인해야 한다.

신화 시장을 목표로 공략하는 것은 복잡한 일이 될 수 있다. 왜냐하면 이 신화 시장은 가만히 있지 않기 때문이다. 사실 신화 시장은 문화적 붕괴로 인한 것이라 일상적으로 불안정하다. 상징 차원에서 발생한 큰 지진은 사회 전체를 진동시켜 기존 신화의 가치를 산산조각 내고 새로운 신화 창조를 촉발시킨다. 아이코닉 브랜드는 가장 적절한 신화 시장을 목표로 할 뿐만 아니라 문화적인 혼란에 민감해서 기회가 들이닥쳤을 때 목표를 바꾸기도 한다. 성공적인 아이코닉 브랜드들은 혼란으로 인해 생겨난 새로운 신화 시장을 읽어내고 새로운 목표물을 향해 돌아옴으로써 문화적 혼란을 빠르게 뛰어넘는다.

이런 차원에서 민첩하게 움직인 아이코닉 브랜드 중 하나는 마운틴 듀였다. 콜라 전쟁의 최종 승자인 이 브랜드는 1980년대와 1990년대에 다른 탄산음료 경쟁자들보다 더 빨리 매출을 올렸다. 오늘날 펩시코는 매년 40억~70억 달러의 달콤한 노란색 액체를 판매한다. 마운틴 듀는 세븐업, 다이어트 펩시, 닥터 페퍼, 스프라이트, 다이어트 콜라로 계속 도약했다. 코카콜라만이 펩시콜라에 비해 더 클 뿐이다.

일군의 상품들이 계속 전진했지만, 브랜드는 거의 움직이지 않았었다. 반면 마운틴 듀는 주요한 문화적 붕괴 시기에 두 번 재탄생하게 되는데, 이 시기에 미국의 대중문화 속에서 등장하는 새로운 신화 시장

———— 1 일반적인 인구통계적 특성(성, 연령 등)에 따라 고객을 세분화하는 것이 아니라, 고객의 라이프 스타일이나 심리적 특성의 차이에 따라 고객을 구분하는 것.

을 목표로 하게 된다. 이러한 변화들이 바로 놀라운 브랜드 성장의 열쇠였다.

힐빌리 신화

마운틴 듀는 1940년대 후반에 처음 소개되었다. 그 후 경쟁 유통업체와의 갈등으로 인해 시장에서 철수했었다. 이후 1960년에 중부 애틀랜타주 테네시의 한 작은 회사가 오늘날 우리가 알고 있는 이 제품을 다시 출시했다. 비록 마운틴 듀는 코카콜라나 펩시와 직접 경쟁을 하긴 했지만 일정 지역 내에서만 협소한 성공을 거둔 브랜드였고, 이 성공 때문에 1964년 펩시코가 이 브랜드를 사들이게 된다. 마운틴 듀가 빠른 인기를 얻은 것은 창업자의 전략 덕분이다. 이들은 청량음료를 사용하여 당시 미국 사회의 가장 강력한 갈등 중 하나를 다룬 정체성 신화를 창조했던 것이다.

○ 국가 이데올로기: 과학적 관료주의

1950년대와 1960년대의 미국 이데올로기는 제2차 세계대전과 냉전의 영향을 많이 받았다. 당시 미국인들은 미군의 성공이 합리적이고 위계적인 행정력을 가진 군대의 정밀함, 정확성에 의해 만들어졌다고 이해하고 있었다. 미국의 대량생산업체가 전쟁 물자를 지원하기 위해 신속하게 준비하는 능력 그리고 원자폭탄 개발 경쟁에서 이기기 위해 과학 분야에서 대규모로 조직적으로 지원하는 것, 이 모든 것은 새로운 시대가 왔다는 확실한 증거가 되었다. 국가의 이데올로기는 과학적 전문지식과 전문 관료조직에 찬사를 보냈다. 거대하고 합리적으로 집행되고 전문적으로 관리되는 관료제는 과학의 힘을 극대화할 것이었다. 대중문화는 환상적인 새로운 미래를 창조할 과학기술의 꿈을 받아들였다. 미국은 이제 소련이라는 연합국에 대항하여 자유세계를 방어하고 시장을 장악할 수 있는 비밀의 열쇠를 가지고 있었다.

이런 이데올로기 아래에서 견고했던 개인주의에 대한 오래된 생각은 시대에 뒤처지는 것이 되어버렸다. 공산주의를 억누르기 위해서는 모두가 같은 박자에 발을 맞춰야 했던 것이다. 직업 현장에서는 '회사의 지혜'라는 우산 아래 자신의 개성을 숨죽일 수 있을 정도로 성숙했던 직원들이 칭찬받았다. 회사 밖 세상에서는 이러한 이상, 즉 개인주의를 넘어선 합리적이며 전문적인 관료 체제가 현대적 생활 프레임 속에서 강하게 표현되기 시작했다. 주로 할리우드와 메디슨 에비뉴(미국의 광고계를 상징. 한국에서 충무로가 영화계를 뜻하는 것과 유사한 의미-옮긴이)에서 이런 표현들이 잘 팔렸고, 잘 계획되고 정비된 도시 외곽 지역에 사는 핵가족들은 이런 이상을 잘 실천했다. 미국인들은 텔레비전을 통해 도시 외곽 지역 사람들의 라이프 스타일이 재생산되는 것을 보았고, 동시에 광고에서도 이 새로운 라이프 스타일이 반복되는 것을 보았다. 당시의 사람들은 '아버지라는 캐릭터'를 통해 남성들의 감정과 충동을 단단히 묶어두기를 기대했고, 또 실제로 그렇게 묘사했다.

○ 문화적 갈등: 견고했던 미국 사회의 개인주의를 지우다

이 새로운 이데올로기는 남녀 모두에게 많은 갈등을 낳았다. 남성들은 이러한 당시의 이상이 미국의 견고했던 개인주의에 반한다고 판단했고, 이 이상은 강압적이며, 남성성을 약화시키고 있다는 것을 알았다. 윌리엄 화이트의《조직인간(Organization)》과 데이비드 리스먼의《고독한 군중(Lonely Crowd)》같은 책들이 베스트셀러가 되었다. 곧 이러한 긴장을 완화하기 위해 신화 시장이 '훅' 생겨났다.

미국의 대중문화는 대중적 세계관을 활용해서 기존 미국의 이데올로기인 응원(긍정의 신화)과 도전(저항의 신화)의 이야기를 전달했다. 대략 1950년대 중반부터 1960년대 중반의 기간 동안 미국 사회에는 강력한 남성성의 신화에 기반한 5개의 가장 대중적인 세계관이 등장하는데 카우보이 서부 개척자 신화, 로큰롤 신세계 신화, 보헤미안 비트² 신화, 무법 폭주족들의 하위문화 신화, 그리고 힐빌리³의 라이프 스타일 신화가 그것이다.

○ 힐빌리 신화라는 시장

미국이 급속도로 산업화됨에 따라, 특히 애팔래치아와 남부의 상대적으로 사람 손이 닿지 않은 지역들은 미국의 나머지 지역들에 의해 버려진 곳으로 인식되었다. 이 애팔래치아의 가정들(당시 경멸적인 이름인

---

2 물질주의적이고 순응주의적인 미국에 대한 반작용으로 나타난 문학, 예술 분야의 비주류 문화사조. 마약 사용, 성적 자유, 방랑 생활 등이 모두 시대적 분위기를 표현한다. 쿠엔틴 타란티노 감독의 영화 〈원스 어폰 어 타임 인 할리우드(2019)〉에 이런 미국의 1960년대 문화적 분위기가 잘 나타나있다.

3 미국 애팔래치아 산맥 부근의 쇠락한 공업지대인 러스트벨트 지역에 사는 가난하고 소외된 백인 하층민의 삶을 뜻한다. J.D 밴슨의《힐빌리의 노래(Hillbilly's Elegy)》에 잘 소개되어 있다.

'힐빌리들'이라고 낙인이 찍힌)은 시골의 낙후된 삶을 살고 있는 것으로 묘사되고 있었다. 그 결과 많은 대도시에 사는 미국인들은 국가적으로 혼란을 주는 이 사람들을 제거되어야 할 뿐만 아니라 반항적이고 심지어 위험한 사람들로 인식했다. 도시인들은 이 사람들을 '동물적 특성'을 타고났다거나, '상업적 세계'를 벗어나 있는 것처럼 대했다. 이러한 강력한 문화적 잠재력을 부여받은 힐빌리라는 상징은 신화 만들기에 아주 훌륭한 자료들을 제공하고 있었다.

힐빌리는 응원과 도전이라는 국가적 이데올로기 신화를 창조하는 데 사용되었다. 긍정의 신화(응원)는 이 시골 사람들의 '뒤로 물러서는 삶'을 조롱했다. 당시 미국은 세계를 지배하게 되었는데 국가는 행복했지만, 이들의 삶은 국가에 의해 버려진 삶이었다. 힐빌리는 또한 진지하고 가부장적 정책 토론에서 중심 소재거리가 되기도 했다. 한편 마이클 해링턴의 1962년 베스트셀러인《또 다른 미국(The Other America)》이라는 책을 통해, '애팔래치아의 빈민촌 광산 공동체'라는 곳이 '발견'되기도 했다. 해링턴은 이 책에서 새롭게 부유해진 국가가 (어떤 이유로 든) 용납할 수 없어 숨겨두고, 말려 죽이고 있던 이곳에 초점을 맞췄다. 그러나 대도시 중산층들은 해링턴이 언급한 이 '뒤처진 사람들'이 동시대에 살고 있다고 생각하지 않았으며, 인스턴트 커피를 처음 보는 어느 중국 당나라 시대의 신비한 부족에 대해 이야기하고 있다고 인식했을 정도였다.

그러나 이런 힐빌리들의 이미지는 새로 떠오르는 이데올로기에 대항하기 위한 대중적인 무기로도 활용되었다. 1930년대 만화 〈릴 애브너〉에서 만화가 알 캡은 신랄한 사회 풍자를 위해 힐빌리의 '교양 없음'을 과장해서 표현했다. 백인 관객에게 흑인 음악을 들려준 가난한 미시

_____ 브랜드는 어떻게 아이콘이 되는가

시피주(그리고 테네시주이기도 한)의 힐빌리인 엘비스 프레슬리는 젊은 여성들을 자극하는 원초적인 섹시함을 발산했고, 젊은이들을 로큰롤로 몰려가게 했다. 엘비스 프레슬리라는 신화적 캐릭터는 억제되지 않은 '스웩(swag)'과 유혹적인 목소리를 통해 암묵적인 어떤 것을 주장했다. 바로 진짜 남자란 잘 정돈된 교외의 새로운 규범으로 말랑말랑해진 곳에서 발견되는 존재가 아니라, 이것과는 거리가 먼 '시골'에서 발견되는 존재라는 것이었다.[i]

1962년, CBS는 1960년대 두 번째로 인기 있는 텔레비전 프로그램이 된 〈베벌리 힐빌리즈(The Beverly Hillbillies, 산골에 살던 클램펫 가족이 갑작스럽게 부자가 되고 정든 산골 마을을 떠나 베벌리힐스로 이사를 오며 벌어지게 되는 에피소드를 다룬 코믹물-옮긴이)〉를 시작했다. 이 프로그램의 공식적 에피소드는 클램펫 가족이 굉장한 엘리트들 특히 은행가인 보수적이고 비열한 밀번 드라이스데일과의 만남을 중심으로 전개되었다. 이들과의 상호작용 과정에서 극명한 대조를 보여주는데, 클램펫 가족은 속임수, 허세나 가식, 사회적 품위를 갖추지 못했다는 것을 보여준다. 이 프로그램을 흥미롭고 재미있게 만든 것은 클램펫 가족들이었는데, 이들은 부자 동네에 살고 있으면서도 자신의 단점을 인식하는 데 있어 완전 무심하다. 이들은 매회 똑같은 낡은 옷을 입었으며, 할머니는 비틀(닭 요리의 일종-옮긴이)과 스프링 토닉을 만들었고, 엘리 메이는 남자보다 가축들에 더 신경을 썼다. 반면 클램펫 가족은 패션과 화려한 말에는 별로 관심이 없었지만, 베벌리힐스의 비즈니스 클래스보다 더 품위 있고, 더 기지가 넘치고, 종종 더 영리하다는 것을 몇 번이고 보여주었다. 〈베벌리 힐빌리즈〉는 책 속의 지식보다는 실용적인 지식, 자기표현보다는 성격, 매너보다는 전통적인 환대를 옹호하는 하나의 대중적인 우화였다.

○ 마운틴 듀의 힐빌리 신화

마운틴 듀의 창업자들은 유명한 애팔래치아 민요에서 이름을 찾아냈다. 이 이름은 '산 이슬(mountain dew)'이라는 이름으로 알려진 것으로, '밀주를 즐기는 것'을 완곡하게 일컫는 은어 비슷한 표현이다. 이들은 카페인과 설탕을 이용해서 심장을 뛰게 하는 수제 음료를 만들었는데 음료에 밝은 노란색을 입혔고, 거품을 더 작게 내어 단숨에 벌컥 들이킬 수 있게 했다. 그런 다음 이들은 코믹한 힐빌리 캐릭터인, 윌리를 탄생시켰다. 윌리는 마운틴 듀를 마시며 "뿅간다"를 외치는 캐릭터다. 이 브랜딩은 광고, 포장, 심지어 음료를 담는 병을 통해 사방으로 퍼졌다.

이 병의 라벨에는 해트필즈와 맥코이즈가 혈투를 벌이는 것과 같은 애팔래치아식 고정관념을 불러일으키는 그림이 그려져 있는데, 여기에는 맨발인 윌리가 멀리 도망가는 이웃에게 총구를 겨누고 있는 모습이 그려져 있었다. 윌리의 엉덩이에 묶여 있는 것은 일종의 돌로 만든 물병 비슷한 것이었는데, '홈메이드 위스키 병'을 연상시키는 것이었다. 인쇄 광고에는 '마운틴 듀'라는 라벨이 있는 병이 그려져 있었는데 윌리의 손에서 코르크 마개가 폭발하듯 빠지면서 그의 모자에 구멍을 뚫는 모습이 묘사되어 있었다. 광고의 태그 라인인 "야호! 마운틴 듀!"는 "모든 병이 빵빵 터지네"와 "너의 뱃속을 찌르르 간질여 줄 거야"의 의미 모두를 동반했다. 각 병의 라벨에는 가짜 불법 증류기의 이름이 인쇄되어 있었다. 예를 들어 '메리와 캐시에 의해 양조됨'과 같은 식이었다.

1964년 펩시코가 이 브랜드를 샀을 때도 마운틴 듀는 힐빌리 캐릭터를 유지했는데 월리를 클렘으로 개명시켰고, 애니메이션 텔레비전 광고에 등장시킨다. "뷰티풀 샐(Beautiful Sal)"이라고 불리는 전국 단위의 한 광고는 모든 출연진이 '맨발'로 등장한다. 한 쌍의 남부 시골 남자들이 살짝 통통하고 섹시하며 짧은 팬츠에 허름한 드레스를 입고 도도하게 걸어오던 빨강머리 샐에게 구애한다. 샐은 두 촌뜨기 남자들의 꽃을 거절하고, 그들의 얼굴에 있던 모자를 끌어내려 얼굴을 가려버린다. 그리고 클렘이 등장한다. 샐의 절반쯤 되는 키, 클렘은 그녀와 안 어울리는 것처럼 보인다. 그러나 클렘의 큰 모자 속에 있던 큰 키의 마운틴 듀 병이 드러난다. 샐은 클렘의 납작한 머리에서 병을 잡아채고 재빨리 마운틴 듀를 몇 모금 벌컥 마신다. 클렘이 환한 얼굴로 샐을 바라보자, 샐은 다리를 들어 "야호, 마운틴 듀!"라고 환호한다. 그녀의 긴 머리가 곱슬곱슬해진다. 마운틴 듀는 즉각적으로 사람들의 태도를 바꿀 수 있는 정도의 힘을 가지고 있었다고 믿었기 때문에, 샐의 귀에서 터져 나온 과장된 총성[4] 장면에 사람들은 공감한다. 그녀는 흥분한 판다처럼 으르렁거리며 그녀의 넓은 품으로 클렘을 꽉 끌어안고, 질식시키듯 입맞춤한다. 다음 장면에서 치아가 하나뿐인 노인이 등장하는데 그는 모자의 뚫린 구멍 사이로 손가락을 음탕하게 꼼지락거리면서 다음과 같이 말한다. "마운틴 듀가 당신의 뱃속을 찌르르하게 간질일 거야. 왜냐면 개네들은 모든 병들이 빵빵 터지거든."

_____ **4** 이 광고에서 여자 주인공 샐은 마운틴 듀를 마시고 "야호! 마운틴 듀!"라고 소리치며 짜릿해 한다. 머리카락이 말려서 올라가고, 귀에서 총성이 나오는 듯이 섬광이 터져 나오는 과장스러운 장면이 연출되는데, 이 문장은 이 광고에 등장한 장면을 묘사한 것이다.

마운틴 듀는 가상의 남성성을 창조했다. 이 남성성은 반복적인 조직 생활의 일상에서 늘 긴장하고, 감정을 억압하는 당시의 남성성에 반기를 드는 것이었다. 마운틴 듀는 프로이트가 '이드(id, 원초아)'라고 불렀고, 당시 로버트 블라이의 베스트셀러 소설인 《아이언 존》에 나오는 야성적 존재를 칭송했는데, 아이언 존은 사회적 제약에서 벗어나 성적충동, 폭력성 그리고 감각적 쾌락을 분출하는 원초적이며 동물적인 본성을 가지고 있는 존재였다. 마운틴 듀의 힐빌리는 '악마 같은 눈'을 반짝이며 대중들의 내면에 있던 '야성'을 풀어놓아 버린 장난꾸러기였던 것이다.

1960년대에 마운틴 듀의 판매는 비상하기 시작했다. 미국 남동부의 백인 노동자 계층에서 시작해 켄터키와 테네시를 거쳐, 그레이트 레이크주를 지나 미네소타 북부 평원과 다코타스까지 이어졌다. 브랜드의 확산은 마치 레이더가 모든 인구가 집중된 도시를 우회하는 것처럼 독특해 보였다. 마운틴 듀의 신화는 미국 대부분의 백인 소도시 지역, 마을, 시골 지역에서 큰 반향을 일으켰는데, 이 지역들은 펩시코 브랜드 매니저들이 '나스카(NASCAR)'[5]라고 불렸던 곳으로 나중에 매우 인기 있는 명소가 되는 '스톡카 레이싱 경기장'[6]이 된 지역이다. 마운틴 듀의 팬들이 달콤한 노란 액체를 탐닉하자, 이 브랜드는 '조직 생활을 하는 사람들을 최고로 치던 당시의 세상'에서, 마운틴 듀의 팬들 스스로를

───── **5** National Association of Stock Car Auto Racing(전미 스톡 자동차 경주 협회)의 약자. 보통 'NASCAR'라고 하면, 전미 스톡 자동차 경주 협회에서 주관하는 '종합 스톡 자동차 경주 대회'를 일컫는다.

───── **6** 일반 도로는 다닐 수 없는, 오직 레이스만을 위해 제작된 차량을 위한 경기를 '스톡카(Stock-car racing)'라고 하고 이를 위한 경기장을 stock-car racing circuit이라고 한다.

'야인(wild man)'이라고 상상하게 만들었다.

○ 문화 붕괴가 힐빌리 신화를 파괴하다

일련의 파괴적인 국가적 실패는 미국의 이데올로기를 파묻어버렸다. 이 이데올로기는 펩시코에게는 불행이었으나 마운틴 듀의 신화에 자양분을 제공했다. 대규모의 도시 폭동은 '위대한 사회 프로그램'[7]의 한계를 극적으로 보여주었다. 일본 기업들은 미국 기업들이 세계 리더가 아니라는 것을 보여주었고, 아랍의 석유 재벌들은 미국 경제에서의 저력을 보여주었다. 베트콩은 미국의 군사적 우위를 우스꽝스럽게 만들었고, 워터게이트 사건은 정치 시스템에 대한 미국인들의 신뢰를 떨어뜨렸다. 1967년 여름부터 히피-반문화는 방송, 미디어 분야를 장악했다. 평화 운동, 민권 시위와 함께 미디어는 특히 미국에 불고 있던 새로운 문화 현상을 알리는 데 관심을 보였는데, 그 진원지는 샌프란시스코의 하이트-애쉬버리 거리[8]였다. 대중문화는 '사랑의 여름'을 흠뻑 적셨고, 곧 〈랩인(Laugh-In)〉[9]은 최고의 TV 프로그램이 되었으며, 폭스바겐 비틀은 미국이 가장 좋아하는 자동차가 되었고, 미국 중부의 아이

───── 7 '그레이트 소사이어티(The Great Society)' 프로그램은 미국 민주당의 린든 존슨 대통령이 시작한 정책으로(1964~1965) 주된 목표는 빈곤과 인종차별을 제거하는 것이었다.

───── 8 1960년대 중반부터 샌프란시스코에서 인기를 끌기 시작한 히피 문화의 중심거리.

───── 9 당시 미국의 코미디언 댄 로완과 딕 마틴이 1968년 1월 22일부터 1973년 3월 12일까지 NBC 텔레비전 네트워크에서 140회 동안 진행한 미국의 스케치 코미디 텔레비전 프로그램. 미국에서 가장 인기 있는 텔레비전 쇼 중 하나다. 이 쇼의 제목은 1960년대 히피 문화 〈러브인(love-in)〉이나 반문화 〈비인(be-in)〉에 관한 연극으로 당시 민권과 반전 시위 관련 시위에서 흔히 볼 수 있었던 '시위'에서 유래한 용어였다.

들은 미국 국기가 각인된 '나팔바지'를 입고 있었다. 당시 미국은 흑인 민권 운동, 평화 운동, 히피-반문화, 여성운동 등 가장 급진적인 대중들의 도전에 의해 영감을 받으면서 새로운 이념적 가능성을 실험 중이었다.

이런 시대 배경에서 힐빌리들의 '야성'에 대한 찬사는 무의미해졌다. 그 대신, 사람들은 이 힐빌리들을 미국 정치의 더 반동적인 약간의 흐름과 연관시키기 시작했다. 즉 이들 힐빌리들은 인종과 성 평등에 반대하는 남부의 백인(1972년 영화 〈서바이벌 게임〉[10]에서 묘사된 바와 같이)으로 간주되기 시작했던 것이다.

힐빌리들을 주인공으로 하는 텔레비전 프로그램인 〈베벌리 힐빌리즈〉와 〈히호(Hee-Haw)〉는 취소되었다. 마운틴 듀의 판매량은 떨어졌다. 다양하고 새로운 브랜딩의 노력은 그 추락을 막지 못했다. 힐빌리는 광고에서 새로운 창의적인 아이디어에 의해 대체되었다. 이 시도들은 최근 트렌드를 보여주는 현대적인 장면들에 기존의 '빵 터지는 마운틴 듀'를 배치하는 것들일 뿐이었다. 하지만 이런 아이디어들이 매출을 늘리지는 못했다. 1970년대에 들어서면서 브랜드는 곤경에 빠졌다. 마운틴 듀를 또 다른 강력한 국가 브랜드로 만들겠다는 펩시의 은밀한 계획은 꿈만 같아 보였다.

—— **10** 원제는 〈Deliverance〉로, 국내에는 개봉되지 않았으나 1990년에 〈서바이벌 게임〉이라는 제목으로 비디오로 출시되었다. 미국의 시인이자 소설가인 제임스 디키의 동명 소설을 영화화하였으며, 1972년 존 부어만이 감독을 맡고 존 보이트와 버트 레이놀즈가 주연했다. 이방인의 시선으로 미국 사회를 비판한 최고의 작품이라는 평가를 받았으며, 그해 아카데미상 작품상과 감독상에 노미네이트되었다.

○ 문화 붕괴 뒤집기

문화가 끊임없이 움직인다는 직관적인 생각과는 달리, 사회가 효율적으로 기능하기 위해서는 이데올로기가 상대적으로 안정되어 있어야 한다. 국가 이데올로기는 스티븐 제이 굴드의 '단속평형이론'[11]과 같은 효과를 발휘한다. 즉, 상대적 안정성이 길어지면 때때로 국가는 급진적인 변화로 인해 붕괴된다는 것이다. 시민들이 국가의 이데올로기에 대한 신뢰를 잃어가면 다양한 정책적 실험이 이어지고, 국가를 형성한 역사적 구성요소가 재조명되며, 사회는 마침내 새로운 합의에 도달한다. 이러한 이데올로기의 변화가 일어나면 사람들은 스스로의 역할에 대한 이해와 자신들의 욕망을 조정해야 하는 압력을 강요받게 된다.

새로운 신화 시장은 이러한 새로운 욕망을 중심으로 성장한다. 가장 성공적으로 새로운 신화를 보여주는 문화산업 분야의 모범사례는 문화 아이콘이 된다. 이 문화 아이콘들은 독특한 '아우라(aura)'의 후광을 받고 있었는데, 이 아우라는 선견지명과 카리스마에 의해 만들어진 문화적 리더십이 제공하는 것이었고, 이 시기는 대중의 정체성에 대한 욕망이 가장 클 때였다.

펩시코는 브랜드를 해체하기보다는 이데올로기의 혼란을 이용해 마운틴 듀의 정체성을 높이면서 문화적 캐즘[12]을 넘어가고자 했다. 그러

———— **11** 단속평형이론(punctuated equilibrium theory)은 미국의 고생물학자이자 진화생물학자, 과학사가인 스티븐 제이 굴드와 나일스 엘드리지에 의해 1972년 주장되었으며, 유성생식을 하는 생물 종의 진화 양상은 대부분 기간 동안 큰 변화 없는 안정기와 비교적 짧은 기간에 급속한 종분화가 이루어지는 분화기로 나뉜다는 진화 이론이다.

———— **12** 캐즘(chasm)은 지각변동으로 지각이 단절된 것을 의미하는 지질학 용어였으나, 미국의 컨설턴트인 제프리 무어가 미국의 벤처업계의 성장과정을 설명할 때 이 용어를 사용하면서 비즈니스에서 통용되게 되었다. 신상품 혹은 신기술이 시장 진입 초기에서 대중화로

나 마운틴 듀는 하룻밤 사이에 회복되지는 않았다. 국가가 시대적 도전들을 실험 중이었듯, 마운틴 듀도 역시 별 성과는 없었다. 그러다 마침내, 마운틴 듀는 1970년대 후반에 이르러 새로운 문화적 발판을 발견하게 된다.

'레드넥'이라는 신화

1970년대 후반 새로운 이데올로기가 형성되기 시작했는데, 월스트리트 프론티어들은 마운틴 듀의 이전 이야기들과 잘 어울리는 새로운 신화 시장을 만든다. 상당한 실험을 거쳐 마침내 펩시코는 마운틴 듀의 광고에 '레드넥(redneck)'의 신화를 재구성해서 보여주게 되는데, 이것은 이 음료의 고객들에게 힐빌리 시절보다 훨씬 더 많은 정체성의 가치를 만들어 내는 신화였다.

○ 국가 이데올로기: 월스트리트 프런티어

로널드 레이건은 새로운 이데올로기로 미국을 자극했다. 새로운 이데올로기란 세기가 시작되는 시점(1901년)에 테디 루스벨트(제25대 미국 대통령 테어도어 루스벨트의 별칭-옮긴이)에 의해 나왔던 미국의 비전을 되살린 것이었다. 즉, 국가가 글로벌 파워를 확장하기 위해서는 프런티

시장에 보급되기 전까지 일시적으로 수요가 정체되거나 후퇴하여 단절되는 현상을 말한다.

_____ 브랜드는 어떻게 아이콘이 되는가

어 정신을 중심으로 결집해야 한다는 생각이었다. 레이건은 서부 개척 시기의 카우보이 이미지를 세계의 각축장이 된 글로벌 경제에서 새로운 영웅의 모습으로 활용했다. 여기에는 만약 이 비전이 강력하게 추구하게만 된다면 해외의 경제적 위협으로부터 미국 경제를 구할 수 있을 것이라는 생각이 깔려 있었다. 레이건은 미국의 남성들을 꼬드겨, 당시 미국의 쌍둥이 위협들(소련 공산주의와 일본의 경제적 위협)에 맞서게 했다. 이렇게 하기 위해 레이건은 영화에서 카우보이와 액션 히어로로 등장한 많은 자신의 배우 친구들(존 웨인, 클린트 이스트우드, 찰턴 헤스턴, 아놀드 슈워제네거, 실베스터 스탤론)에게 의지했다. 스탤론의 두 번째 영화 〈람보(Rambo: first blood part 2)〉는 레이건 행정부 시절의 대표작이었는데, 이 영화는 반항적인 베트남 참전 용사가 전투 중에 실종된 군인들을 구하기 위해 무능한 정부 관료주의를 극복하는 모습을 묘사했다.

레이건은 과거에서 찾아낸 인물들로 효과적인 은유를 제시했지만, 대중매체는 곧 이를 다시 다듬어 미국 경제가 해체되고 있다는 것을 이해시키는 것에 활용했다. 당시 미국 경제의 구조조정은 적어도 대중의 상상 속에는 월스트리트의 도널드 트럼프와 이반 보이스키[13]나 당시 인기 드라마였던 〈달라스〉[14]의 J. R. 유잉(Ewing)으로 대표되는 새로운 마키아벨리적인 무자비한 경영자에 의해 주도되는 느낌이 있었다. 마

───── **13** 미국의 유명 주식투자자(1937~). 1986년 12월 〈타임(TIME)〉지 표지에 실리기도 한 전설적인 투자자였으나 이후 내부자 거래로 유죄를 선고받았고 1억 달러의 벌금을 부과받았다고 알려진다.

───── **14** 1978년부터 1991년까지 방영된 미국의 TV 드라마 시리즈. 여기에 등장하는 허구의 인물이 J. R. 유잉인데 탐욕스럽고 자기중심적이며 비도덕적인 성향을 가진 사기꾼이자 석유왕으로 묘사된다. 극 중에서 끊임없이 자신의 적들의 부를 약탈하기 위해 부차적인 음모를 꾸민다.

치 미국의 경제를 살리려면 무자비한 속임수로 부와 권력을 좇는 새로운 종류의 공격적인 경영자가 필요하다고 이야기하는 것 같았다. 도시에 사는 전문직들은 당시 경제 상황에서 새로운 카우보이로서의 역할을 재빨리 파악했다. 1980년대 중반이 되자 카우보이 부츠로 치장하고 주말이면 도시의 카우보이 술집으로 향했던 것이다. 언론은 이들 MBA와 변호사들에게 찬사를 보냈으나 이들의 수억 달러의 연봉은 주당 80시간의 중노동을 담보로 맞바꾼 것이었다.

○ 문화적 갈등: 여피족은 영웅이 아니다

1978년부터 노동자 계층은 대공황 이후 가장 급격한 소득 감소에 직면한다. 그 결과 '마운틴 듀 지지자'들은 실업률이 증가하고, 실질 임금이 하락했으며, 각종 수익이 사라졌다. 노동자들이 젊은 시절 꾸던 풍족한 삶에 대한 꿈, 안정된 일자리를 통해 월급이 올라가는 꿈은 사라져 가고 있었다. 남성들은 더 이상 자신들이 성공적으로 생계 유지를 담당하는 가장이라는 것을 상상할 수 없었다. 반면 점점 더 많은 여성들이 가족의 생계를 유지하기 위해 아르바이트를 찾아야 했다. 미국 북부의 많은 부분이 러스트 벨트가 되었다. 미시간주 플린트와 같은 곳에서는 실업률이 20%에 육박했다.

레이건에서 시작해서 자동차 회사 최고경영자인 리 아이어코카에 이르기까지 리더들은 이런 국가적 위기에 대응해서 노동자 계층의 남성들에게 국가를 응원하기 위해 희생을 받아들일 것을 요구했다. 이런 국가의 요구는 가부장적 명령인 "남자답게 받아들여라"는 선배 세대의 말을 떠오르게 했고, 이 말은 크게 주목받았다. 애국심은 당시 시대

_____ 브랜드는 어떻게 아이콘이 되는가

적인 명령이었다. "미국을 구매하자(Buy American)"는 문구의 자동차 범퍼 스티커가 자동차를 장식했다. 많은 미국의 노동자들은 이 도전을 미국 시민권에 대한 일종의 의무로 받아들였다. 그리고 이런 분위기는 역사적인 결과로도 나타나는데, 민주당에 대한 전통적인 충성 지지자들도 자신의 지지를 뒤집고 1980년과 1984년 선거에서 레이건의 편을 들었다. 그러나 언론에서 이 남성들, 즉 남성 노동자들이 '새로운 프런티어 영웅들'로 찬사를 받는 경우는 드물었다. 반면 언론에서 주목하던 이들 여피족(Yuppies)[15]들은 애국자가 아니었다. 이들은 해외로 취업하는 것에 거리낌이 없었다. '터프'하지도 않았으며 키슈(달걀, 우유에 고기, 야채, 치즈 등을 섞어 만든 파이의 일종-옮긴이) 파이와 기름기가 적은 담백한 요리를 먹었고, 조깅을 좋아했다. '더 나쁜 것'은 이들은 자신의 국가와 공동체, 가족을 위해 열심히 일하기보다는 'BMW와 롤렉스'를 위해 열심히 일했다는 것이다.

○ 레드넥이라는 신화 시장

그 대신 많은 노동자 남성들은 힐빌리의 후손인 '레드넥'이라는 대중적인 세계관을 기반으로 한 새로운 저항 신화에 동조하고 있었다. 레드넥은 하나의 반동적인 존재로, 1960년대 무렵부터 시작된 미국의 탈공업화라는 경제적 환경이 만들어 낸 문화적 변화에 저항하는 존재였다.

─── **15** Young Urban Professionals의 머리글자 YUP에 히피(hippie)를 본떠 만든 단어. 도시의 젊은 지식노동자 특히 뉴욕을 중심으로 한 도회 근교의 25~45세까지의 사무직에 종사하는 회사원들을 이와 같이 불렀다.

풍족한 삶을 살고 있는 도시 중산층의 상상 속 미국 남부의 시골은 이 레드넥들에 의해 구성된 고립되고 낙후된 사회로 그려졌다. 이렇게 폄하된 집단의 구성원인 레드넥들은 이른바 힐빌리들과 동일한 '문제적 가치'를 가지고 있다고 생각되었다. 도시 중산층은 레드넥을 편협하고, 천박하며, 게으른 것으로 이해하고 있었다. 이들은 도시 중산층이 선호하는 인종차별 금지, 성평등과 환경 보호와 같은 사회 개혁에 저항하는 후진적인 '꼰대'들이었다.

비도시 노동자 계층은 '레드넥'과 같은 모욕적인 단어를 뒤집어서, 힐빌리 때와 같은 패턴으로 '명예의 배지'라는 별칭으로 의미를 뒤바꾸었다. 곧 남부 연합 깃발 아래 한 무리들이 무장했다. 남부연합의 깃발은 그 집단의 상징이 되었으며 다수의 레드넥 신화가 갑자기 생겨나기 시작했다. 서던 록이라는 새로운 음악 장르가 인기 있는 장르로 떠올랐는데, 레너드 스키너드, 찰리 대니얼스 밴드, 아웃로스, 블랙 오크 아칸소 같은 밴드들이 인기를 얻었다. 1970년대 중반 무렵, 레너드 스키너드의 〈스위트 홈 앨라배마(Sweet Home Alabama)〉 같은 노래가 라디오에서 히트곡이 되었는데, 이 곡은 거칠고 고달프지만 남자다움을 드러내는 것에 대한 자부심과 반항심에 대한 공감을 노래한다.

1978년, 새로운 텔레비전 시리즈인 〈해저드 마을의 듀크네 가족(The Dukes of Hazzard)〉[16]은 대도시 외곽 지역에서 빠르게 큰 인기를 끌었다. 듀크네 가족은 조지아 시골에 사는 대가족이었다. 헝크의 사촌 보

---

16 1979~1985년까지 미국의 CBS에서 방영한 액션 코미디 TV 시리즈. 7개의 시즌에 걸쳐 총 147편이 방영되었고 당시 최고의 TV 시리즈였다.

____ 브랜드는 어떻게 아이콘이 되는가

와 루크는 고물 처리장에서 '리 장군(General Lee)'[17]이라는 이름의 개조 자동차를 만들었는데, 그 자동차의 지붕에는 미국의 남부연합을 상징하는 깃발을 그렸다. 보와 루크는 빠르고 위험한 운전을 좋아했고, 대부분의 시간을 부패한 지역 보안관을 아슬아슬하게 따돌려가면서 스릴 넘치는 자동차 추격전에 보냈다. 이 프로그램은 매주 같은 신화를 시청자들에게 전달했다. 회사 일에 매몰된 남자보다는 위험한 흥분을 즐기는 남자들이 더 섹시하고 영웅적이라는 것이다.

○ 마운틴 듀의 레드넥 신화

펩시코와 광고대행사 BBDO는 1960년대부터 이어온 마운틴 듀의 힐빌리라는 관점을, 레이건의 월스트리트 프런티어 시대의 '레드넥 관점'으로 교체했다. 이 브랜드 팀은 특히 드라마 〈해저드 마을의 듀크네 가족〉의 레드넥 신화를 직접적으로 빌렸다. 예를 들어 1981년의 "로프 던지기(Rope Toss)"라는 광고는 우거지고 언덕이 많은 지역에서 10대들의 비공식적인 야외 활동을 보여준다. 짧은 반바지와 운동화 차림의 건장한 청년이 강 위에 선반처럼 튀어나온 바위 위에 서 있다. 그는 또래 친구들과 함께 매듭을 만든 밧줄을 타고 타잔 스타일로 강을 건너기 위해(건너편에서 밧줄을 보내면 이어서 잡으려고) 완벽한 타이밍을 기다린다. 맞은편 둑에서 네 명의 10대 소녀들이 그가 중간쯤에서 밧줄을 잡게 하기 위해 다른 빈 밧줄을 던진다. 느린 동작으로 촬영된 장면에

---

17 미국의 남북전쟁 당시, 남부연합의 총사령관을 맡은 '로버트 에드워드 리 (1807~1870)'의 별칭. 최후엔 패배했으나 미국 역사상 굴지의 명장으로 명성이 높았다.

서 그는 첫 번째 밧줄을 놓고 두 번째 밧줄을 잡자 유연한 몸이 팽팽해지고, 물결치는 가운데 밧줄 바꿔 잡기를 완벽하게 실행한다. 이어 다른 강둑으로 안전하게 안착한다. 열광하는 소녀들은 소년의 통과의례에 환호성을 지르며 흥분하고, 스카이콩콩처럼 뛰어오르며 그를 맞이한다. 갑자기 화면이 전환되면서 흠뻑 젖은 히어로가 차가운 마운틴 듀한 병을 움켜쥐고 있는 것이 클로즈업된다. 그 장면이 끝날 무렵 소년은 바람을 쐬러 올라오지 않고 녹색의 병을 닦아낸다. 그리고 래브라도리트리버처럼 젖은 머리카락을 마구 흔들어 대면서 물을 떨어낸다. 소년은 눈을 감았지만 입을 크게 벌린 채 카메라를 마주한다. (소리는 나지않고) 입 모양은 "아아!"라고 짜릿함을 외치면서 장면은 멈춘다.

1980년대 내내 이어지는 광고에서 마운틴 듀는 다양한 버전의 야생에 관한 광고를 선보였는데, 그 중심 공간은 시골의 물웅덩이였다. 광고에서의 연기는 소년들이 소녀들을 꼬시기 위한 허세가 대부분이었고, 흥분시키고 물에 빠뜨리는 것을 중심으로 전개된다. 이것은 관능적인 분위기의 광고 속에서 시청자에게 '갈증 해소'에 대한 암시를 보다쉽게 하기 위한 장치였다.

1980년대 중반, 기업의 임원들이 카우보이 복장을 유행처럼 입고 다닐 때 마운틴 듀는 "온 나라를 시원하게(Doin' It Country Cool)"라는 새로운 캠페인으로 더욱 공격적으로 대응했다. 전에는 잘생기고 옷을거의 안 입은 젊은 남성들이 자신들을 보기 위해 줄을 선 젊은 여성들에게 깊은 인상을 주기 위해 쉬지 않고 운동을 했었다. 하지만 이번 남자들은 카우보이 모자를 썼고 이전의 모험에 비해 훨씬 더 영리했다. "말로 타는 수상스키(Horse ski)" 광고는, 카우보이 모자를 쓴 셔츠를입지 않은 남자들이 말을 타고 강둑을 내려가는 것으로 시작된다. 시청

_____ 브랜드는 어떻게 아이콘이 되는가

자들은 또다시 새로운 세계로 이끌려 들어간다. 강둑에 남녀 한 무리가 모여 있다. 이들 중 한 명이 물에 떠 있는 다른 사람에게 올가미 밧줄을 던진다. 말에 박차를 가하며, "야호!" 하고 외쳤고, 말은 강바닥을 달려 내려간다. 물에 빠진 남자(브래드 피트, 첫 출연자 중 한 명)가 수상스키를 타고 나타나더니 말 뒤로 끌려간다. 이후 10여 개의 유사한 광고가 제작되었는데, 비슷한 장면들이 결합되어 이 레드넥 신화에 강력하고 새로운 설정을 제공한다. 여피족들이 '비싼 장난감(BMW나 롤렉스)'을 구입하는 것들과는 달리, '카우보이 문화'는 패션으로 구매할 수 있는 것이 아니었다. 이들은 '진짜 카우보이'였다. 이들은 자신들이 가지고 있는 것만으로 자신들의 놀이를 만들 만큼 충분히 창의적인 사람들이었다. 로프 던지기와 같은 퍼포먼스는 레드넥의 대중적 세계관을 지지하는 것이었지만, 한편으로 이 메시지는 '카우보이가 되고 싶어 하는 월스트리트'를 한쪽으로 밀어내는 의미도 있었다. 마운틴 듀는 이러한 신화적인 미니드라마를 통해 남성미가 넘치는 남자라면 '땀 한 방울도 안 흘리는 일'이 아니라, '위험하게 놀기 위해' 사는 것이라고 암묵적으로 주장했던 것이다.

○ 문화 붕괴가 레드넥 신화를 파괴하다

당시 미국의 이데올로기가 월스트리트의 약탈자들을 영웅으로 대우하는 분위기에서 허약하고 응석받이 같은 월스트리트의 여피족들에게 마운틴 듀의 이야기는 설득력이 있었다. 이들이 평소 접근할 수 없는 종류의 정력적이고 운동선수 같은 노동자 계층의 남성성에 대한 이야기가 있었기 때문이다. 그러나 1987년 레이건이 퇴임하고, 스캔들이 월가를 뒤흔들고, 주식시장이 폭락하면서 미국 사회는 월스트리트의 프런티어들에게 급속도로 환멸을 느끼게 되었다. 가장 좋은 것을 독점하고 쌓아두려는 탐욕은 프런티어의 정신에 맞지 않았다. 레이건이 약속한 경제계 스타들의 실제 모습은 모험적인 기업가라기보다는 특권을 가진 내부자에 불과했다는 사실 또한 마찬가지였다.《뒷거래하는 야만인들과 월가(Barbarians at the Gate and Wall street)》같은 제목의 베스트셀러와 영화들이 폭발적으로 쏟아져 나왔는데, 이 책과 영화는 차익거래에 대한 이들의 탐욕과 사치를 맹비난하는 것이었다. 이 시대는 갑자기 막을 내렸다. 새롭고, 더욱 공격적이고, 보다 개인주의적인 프런티어의 정신이 자리를 잡아가면서 마운틴 듀의 레드넥 신화는 이전의 힐빌리 신화와 비슷하게 '현실 문제에 무관심' 차원의 수순으로 움츠러들었다.

슬래커 신화

이러한 혼란에 대응해서 펩시코는 마운틴 듀의 신화를 버리고 BBDO와 협력하여 새로운 광고를 실험했다. 그리고 3년간의 시행착오 끝에 마침내 마운틴 듀의 팬들이 직면한 새로운 갈등을 다루는 새로운 신화를 찾아냈다.

○ 국가 이데올로기: 프리에이전트 프런티어

1980년대 말, 월스트리트가 대기업을 해체하고 구조조정을 마치면서 새로운 조직 형태, 즉 네트워크로 연결된 회사가 구체적인 형태를 띠기 시작했다. 특히 이들 애자일(agile)[18] 기업은 글로벌 네트워크를 기본으로 생산을 계속 아웃소싱했다. 또 핵심이 아닌 모든 기업의 기능을 공격적으로 아웃소싱하고 인건비를 줄여 기술에 과감히 투자하며 화이트칼라 업무를 합리화하는 공정 공학(process engineering) 기법을 사용했다. 모든 계층의 노동자들은 이제 자신의 이익을 위해 경쟁하고 싸운다는 홉스주의 철학에 입각한 승자독식 노동시장에 직면했다. 기업들이 성과중심적 능력주의를 선호하여 연공서열제도를 포기함에 따라 모든 회사의 업무가 가장 재능 있고, 가장 뛰어난 노동자에게 주어졌다.

신경제가 등장하면서, 레이건의 프런티어 신화를 강화하는 버전이 하나 등장하는데 영웅적인 개인의 업적을 찬양하는 버전이었다. 월스트리트의 약탈자들은 사라졌다. 이제 그 자리에 성공한 모험가, 기업가, 운동선수들이 등장했다. 미국은 영웅적인 개인의 성취, 새로운 영역을 정복한 탐험가, 그리고 가장 치열한 전투에서 거둔 선수의 승리를 찬양했다. 마이클 조던과 그가 얼굴마담이 된 미국 프로 농구(NBA)는 그 시대를 상징하는 영웅이었다. 전문직에 있는 사람들은 더 이상 값비싼 외식과 롤렉스를 즐기지 않았다. 이제 그들은 열띤 경쟁에 뛰어들기 위해 자신의 몸을 단련했다. 거친 바다와 산에 맞서 자신의 의지를 시험하기 위해 황야로 향했다. 스포츠 유틸리티 차량(SUV)의 인기가 폭

_____ **18** '애자일(민첩한)'이란 본래 소프트웨어 개발 방식의 하나로 통용되던 용어로, 작업 계획을 짧은 단위로 세우고 시제품을 만들어 나가는 사이클을 반복함으로써 고객의 요구 변화에 유연하고도 신속하게 대응하는 개발 방법론을 뜻한다. 최근 애자일이란 용어는 소프트웨어 개발에 국한되지 않고 조직과 사업 등 기업경영 전반으로 사용 범위가 확산되고 있다.

발했고 몬태나 목장은 새로운 프런티어의 꿈이 되었다. 여기에 딱 맞는 이름을 가진 SUV '포드 익스플로러'는 사람들에게 '인생에 경계는 없는 법이다'라고 말한다. 한 인간의 남자다움이란 정신과 육체의 강인함이 요구되는 극히 어렵고 때로는 위험한 도전이라는 난관에서 드러나기 때문이다.

○ 문화적 갈등: 일을 통한 '남성성 드러내기'라는 농담

이 새로운 버전의 프런티어 이미지는 높은 직위의 관리자들과 전문가들뿐만 아니라 이러한 지위를 얻기 위해 경쟁했던 사람들을 고무시켰다. 하지만 많은 노동자들은 임금 하락의 압력과 고용 안정성이 없는 비정규직 노동시장으로 내몰렸고, 억압적이고 전문성 없는 단순 업무를 하는 맥잡 같은 일자리를 통해 성장하는 서비스 경제의 노동시장으로 내몰렸다. 중하위 계층의 일자리들도 이러한 사회적 분위기에 몰리게 되었다. 지속적인 인원 감축과 구조조정은 노동자들의 스트레스를 작업 현장에서 사무실로 옮겨 갔다. 대학 교육은 더 이상 전문적인 경력을 보장하지 않았다. 열심히 일해서 탄탄한 경력을 쌓는 일이 점점 복권에 당첨되는 것처럼 되었고, 이 복권에 당첨될 확률마저도 매년 점점 낮아져 갔다.

계약직 프런티어와 노동의 현실 사이의 긴장감은 생각보다 대단한 것이었다. 많은 청년들이 텔레마케터, 소매점의 점원 같은 취업에 뛰어들던 바로 그때, 대중문화는 '시장, 기술, 거친 파도, 암벽'을 정복하고 '월화수목금금금'으로 일하는 최고경영자들을 찬양하고 있었다. 설상가상으로 미국 전역의 부모들은 이처럼 치열하고 경쟁적인 취업 시장에 놓여있는 자신의 자녀들을 단단히 마음먹게 하고 더욱 강하게 몰아 부쳤다.

〈로잔〉과 〈심슨 가족〉 같은 인기 있는 TV 프로그램들은 일과 기업에 대해 새로운 냉소를 표현했다. 맥잡 생활을 풍자한 〈딜버트〉가 국민 만화로 떠올랐다. 러시 림보, 팻 뷰캐넌, 제리 브라운, 하워드 스턴, 로스 페로와 같은 대중적인 인기를 가지고 있는 '혹평가'들은 수백만 명의 팬들을 끌어모았다.

부모들의 불안감은 '슬래커(slacker, 게으름뱅이)'라는 새로운 별명을 만들어 냈다. 그들은 이 단어를 피터 팬에 비유했다. 즉, 어른으로 성장해서 자신의 진로에 대해 진지하게 접근하기보다 돈키호테처럼 몽상적인 문화 활동을 추구하려는 젊은이들과 비슷하다고 보았다. 슬래커들은 성인이라면 자연스레 받아들이는 도전 의식이라는 성숙함이 결여된, '종잡을 수 없는 좀비'로 그려졌다.

이 별명은 그럴듯한 직업 전망이 없는 젊은이들에게는 이중의 비난이었다. 첫째로, 미국 사회가 이전에는 노동자 계층에게 돌렸던 육체적 활력과 대담함에 대한 지지와 찬양을 이제는 경영자들에게로 돌린 것이었다. 동시에 이런 상황에서 직접 전망이 없는 노동자들을 슬래커라고 비난하는 것은 일종의 뒤통수 때리기였다. 젊은이들은 일과 교육에 에너지를 적게 투입함으로써 경제적 인센티브가 작아지는 시대적인 추세에 '합리적'으로 대응하고 있는 것일 뿐이었다. 하지만 여기에 더해 미국 사회는 그들이 그렇게 하는 것에 대해 부도덕하다고 말하고 있었다. 이러한 사회적 긴장감은 이를 화해시킬 수 있는 신화 상품(myth products)에 대한 엄청난 수요를 불러일으켰다.

○ '슬래커'라는 신화 시장

이런 불안감을 먹이 삼아 거대한 신화 시장이 갑자기 생겨났는데, 이 시장은 '슬래커'들을 일종의 영웅으로 활용했다. 더글라스 커플랜드는 그의 소설 《X세대(Generation X)》에서 문화 아이콘의 하나로 '슬래커'라는 단어를 ('맥잡'이라는 단어처럼) 만들어 냈고, 이들은 새로운 노동시장의 분위기로부터 최대한 멀리 떨어져 있는 영웅적인 모습을 상상했다. 같은 해, 리처드 링클레이터의 다큐멘터리 〈슬래커〉는 별나고 매력적인 사람들의 공동체에 대한 흥미로운 이야기를 들려주었다. 이들은 함께 모여 사는 사람들이었는데, 아메리칸 드림을 좇는 데는 별 관심이 없는 사람들이었다. FOX, MTV, ESPN과 같은 텔레비전 방송사들은 슬래커의 특징을 재빨리 파악하여 중요한 '엣지'가 될만한 것들을 찾아냈다. 그리고 이를 강조한 프로그램을 만들었다. 바로 '직접 하기', '과장되게 우상 파괴하기', '극단적인 남성성 과시', 그리고 '대중문화 재활용하기'였다.

직접 하기(Do-it-yourself, DIY). NBA와 같은 프로 스포츠 리그에서 볼 수 있는 것과 같이 규칙에 기반해서 경쟁자들을 압도하는 식의 스포츠보다는 슬래커 문화는 혼자서 직접 하는 DIY 운동, 즉흥적인 운동, 참가자들이 기업의 간섭을 최소한으로 하는 스포츠를 선호했다. 예를 들어 스케이트보더 들은 많은 사람들이 위험하다고 여기는 야외 공간을 선호했는데, 콘크리트 계단과 제방뚝, 높은 도로 난간, 분수, 조각상 등이었다. 그들은 판자를 모아 난간을 만들고 시내 광장(자유롭게 접근할 수 있었지만, 종종 금지되기도 한)에 있는 동상들을 뒤엎을 수 있는 공공장소를 찾아다녔다.

_____ 브랜드는 어떻게 아이콘이 되는가

DIY의 감성은 음악과 또 다른 문화예술 분야에도 적용되었다. 로큰롤은 항상 DIY였다. 서프 록은 1950년대의 로커빌리 록커들과 1960년대의 사이키델릭 운동이 그랬던 것처럼 금지된 음악 비슷하게 시작되었다. 한때 주변부 장르였던 이들은 곧 대중문화와 대기업의 일부가 되었다. 1970년대 미국의 밴드 레이먼즈(1974년 결성된 미국의 1세대 펑크 록 밴드-옮긴이)와 영국의 섹스 피스톨스(영국을 대표하는 펑크 록 밴드-옮긴이)에 의해 불붙은 펑크 록이 사회운동이 되어서야, 사람들은 그 정신의 중심이 대중 상업 문화에 대한 저항의 역할을 떠맡은 반항적인 DIY 운동을 보게 되었다. 이 아이디어는 1980년대 미국의 인디(독립) 음악계에 뿌리를 내렸고, 1990년대 초 너바나의 기상천외한 급부상과 함께 마침내 전국적인 주목을 받게 되었다. DIY의 미학은 자넷 잭슨의 CD를 듣기보다는 젊은이들이 자신들만의 음악을 만들어야 한다고 주장하는 듯했다. 슬래커 문화는 도시의 아프리카계 미국인의 아날로그 힙합과 시너지를 발견했다. 힙합은 턴테이블과 오래된 음반만 있다면 누구나 즐길 수 있는 음악을 만들 수 있고, 누구나 뮤지션이 될 수 있다는 뜻이었다.

과장되게 우상 파괴하기(Melodramatic iconoclasm). 슬래커 문화는 미국 이데올로기가 가장 소중하다고 여겨왔던 가치와 규범을 산산조각 냈다. 만화 〈심슨 가족〉은 1990년대에 청소년 TV를 지배하는 장르를 열었다. 이 장르에 포함된 다른 콘텐츠로는 〈비비스와 버트헤드〉, 〈웨인즈 월드〉, 〈사우스 파크(South Park)〉, 〈잭애스(Jackass)〉, 그리고 제리 스프링어와 제니 존스가 각각 이끄는 타블로이드 토크쇼[19]가 있다. 당시의 박장대소를 유발하는 즐거움은 중산층 사회의 규범을 무지막지하게 훼손하는 데서 비롯되었다. 1960년대의 반문화(counterculture)는 새로운 규범을 가지고 실험한 반면, 슬래커는 허무주의적이면서도 재치 있는 전략을 취하면서 큰 혁신을 일으키기보다 기존 사회의 '예의 바름'을 비웃고 조롱했다.

극단적인 남성성 과시(Extreme manhood). 슬래커는 새로운 미국 이데올로기하에서의 남성성의 표현, 즉 가장 거친 곳에서 경쟁하고 기꺼이 위험을 감수하는 것을 받아들이기 위해 아드레날린을 극단까지 끌어올렸다. 이른바 익스트림 스포츠라 불리는 스포츠가 대유행했는데, MTV와 ESPN은 남성들이 전에는 결코 시도조차 하지 않았던 '미친 스턴트'를 하기 위해 신체에 해가 가는 것을 두려워하지 않고 보여주는 스포츠를 홍보하기 시작했다. 이 당시 'WWF 스맥다운'과 같은 올스타 레슬링은 최고의 예능으로 자리 잡았다. 남성들은 과도하게 폭력적인 비디오 게임을 통해 '남성성의 판타지'에 흠뻑 빠져들어 시간을 보냈다.

대중문화 재활용하기(Recycling pop culture). 마케터들이 텔레비전, 패션, 음악에서 '복고 소비'라고 부르는 것은 이 DIY에서 깊은 영감을 받은 것이다. 1970년대 후반, DIY의 반문화주의자들은 전후 문화의

_____ **19** 논란의 여지가 있고 선정적인 주제를 강조하는 토크쇼 장르의 하위 장르. 1980년대 중반부터 미국에서 시작되었고, 1990년대 말까지 최고 시청률을 달성했다.

유물들을 뒤지기 시작했는데, 키치(kitschy, 약간은 천박스러워 보이는-옮긴이)한 느낌의 허름하고 천박한 옷, 기괴하고 독특한 느낌의 집 장식, 그리고 마케터들이 잘 듣지 않던 독특한 음악 장르들을 찾아내기 시작했다. 나중에 슬래커들은 텔레비전 프로그램과 난해한 영화 장르를 이 목록에 추가했다. 놀이의 특정한 스타일과는 상관없이 그 밑바탕에 깔린 미학적 감각은 그대로였다. 이것은 기업들이 상품화한 것을 받아들였다기보다는, 슬래커 반문화주의자들이 지금까지 쓸모없게 되어 버려졌던 것을 새롭게 되살린 것이었다. 탁월하게도 슬래커들은 기업에게 가장 가치 없는 것을 가져다가 창의력과 상상력의 힘으로 그것을 가치 있게 만들 수 있다는 것을 보여주었다. 마케팅은 필요 없었다. 1993년에 흥행한 영화 〈웨인즈 월드〉는 이 아이디어를 언더그라운드 문화에서 청년 문화로 옮겼고, 아이러니하게도 기업 마케팅에 이 DIY의 문화 코드를 제안하기에 이른다. 비슷한 시기에 너바나라는 록 밴드는 〈스멜즈 라이크 틴 스피릿(Smells Like Teen Spirit)〉이라는 곡으로 젊은 층을 대표하는 밴드로 자리 잡았다. 커트 코베인이 마케터들과 대중매체를 조롱한 이 엄청난 히트곡은 결국 그들에게 꺼지라고 말하는 것이었다.

○ 마운틴 듀의 슬래커 신화

마운틴 듀의 레드넥 신화는 새로운 대중문화인 슬래커의 세계 안에서 사용하는 언어로 변형되었다. "두 더 듀(Do the Dew, 듀 한번 하자)"라는 카피로 상징되는 매우 성공적인 광고 캠페인은 슬리커 신화 시장에서 구할 수 있는 엄청난 양의 원천 자료를 끌어냈다. "던 댓(Done That,

이미 했어)"이라는 광고가 첫 돌파구였다. 광고는 낭떠러지에서 뛰어내리는 남자의 머리칼이 날리는 장면으로 시작한다. 그 남자는 좁은 협곡의 강바닥을 향한 절벽의 끝에서 뛰어내린다. 트래시 메탈 사운드와 함께 절벽에서 떨어지면서 이 스카이다이버의 신체를 밀착해서 보여주는 장면이 이어진다. 음악이 갑자기 멈추고 카메라는 모하비 사막처럼 보이는 곳에서 싼티 나게 차려입고 헬스장에서 근육만 키우는 것처럼 보이는 네 명의 젊은이들을 향한다. 그 남자들은 일종의 '거리의 동지애' 속에서 서로 연결되어 있다. 네 명 각자는 빠르게 카메라를 향해 화면을 연속적으로 낚아채며, 시청자들을 향해 방금 본 스카이다이빙에 대해 이렇게 말한다. "했네. 했어. 나도 갔었지. 나도 했었지."

카메라는 20피트 높이의 폭포에서 다이빙하고 있는 운동선수가 배위의 급류를 '서핑'하는 액션 장면으로 다시 돌아온다. 네 명은 모하비 사막의 선인장 사이 장면으로 다시 나타나, 위험한 활동을 금세 지루하다는 듯 말한다. 네 명의 심드렁한 말투는 화면의 절반을 차지한다. 그들의 건방진 몸짓은 카메라에 대한 두려움이 없었고, 자신의 말을 더확실히 강하게 표현하기 위해 카메라 쪽으로 몸을 기울이기까지 한다. 다른 광고나 비즈니스에서 하듯 '남성 호르몬이 유도한 경쟁하는 젊은남자애들(내가 더 잘해 하는 식으로 서로 뽐내는 것)'의 모습을 패러디하면서, 네 남자들은 앞선 사람들을 무모한 애들로 치부한다.

시끄러운 음악이 다시 시작된다. 카메라는 갑자기 한 정글 속에 있는마운틴 듀의 자판기 앞에 멈춘다. "후아!", "전혀 해본 적 없어!", "전혀들이켜 본 적도 없어!" 마운틴 듀 캔이 자판기에서 포탄처럼 날아가서개인의 손에 꽂힌다. 네 남자는 캔을 낚아채서 사막의 태양 아래에서단숨에 들이켠다. 듀를 만끽한 그들은 재빨리 반복해서 말한다. "했네",

"했어", "좋았어", "끝내주네."

이어진 세 편의 속편에서 스턴트들은 북극의 빙산을 지나 헬리콥터 뒤에서 수상스키 타기, 이집트의 스핑크스에서 줄지어 스케이트 타기, 아마존에서 악어와 씨름하기, 런던의 빅벤 시계탑에서 플랫폼 점프하기 등 점점 더 환상적이고 우스꽝스러워졌다. 급기야 스키 선수가 절벽에서 출발하고, 급격하게 떨어지며 시야에서 사라진다. 곧 그는 공중제비를 하며 낙하산을 펼친다. 이 남자들은 햇빛이 쨍쨍한 모래언덕 앞에 나타나 이런 액션을 다음의 표현으로 일축해 버린다. "심심해", "올드해", "좋아", "따라 한 거야." 암벽등반가가 머리부터 밀어 올라가고, 산악자전거 선수가 화염의 벽 앞에서 뛰어오르고, 서퍼가 사막의 모래언덕에서 튀어 오르고, 스쿠버 다이버가 식인 상어를 기르고, 스노보더가 가파른 비탈길에서 무지막지하게 곤두박질쳐도, 그 '남자 녀석들'의 태도는 점점 더 '적극적으로' 무관심해진다. "너무 뻔해", "시시해", "지루해", "이거 참 멍청하군!"

이 광고들은 왜 그렇게 시니컬했을까? 유명 장면들은 극적인 액션영화 같은 영상처럼 익스트림 스포츠를 사용했지만, 이 장면들은 과거 마운틴 듀 광고가 그랬던 만큼 광고에 영향을 주지는 않았다. 오히려 이 캠페인의 성공은 광고를 통해 어떻게 이런 스턴트들이 '무모한가'를 보여준 데에 있었다. 이 캠페인으로 마운틴 듀의 레드넥을 상징하던 정신과 특징들은 슬래커들의 일상적인 양식으로 바뀌게 되었다. 세 가지의 슬래커적인 요소들이 서로 짜여져 이 모든 차이를 만들었던 것이다.

첫째, 익스트림 스포츠는 경쟁이 아니라 DIY를 추구하는 과정에서 제시된 것이라는 점이다. 당시의 가장 존경받는 주인공들은 가장 광적이고 경쟁적인 운동선수가 아니라 엉뚱하고 기발한 기술로 위험할 수도 있는 탐구를 하던 가장 창의적인 사람들이었다. 마운틴 듀의 세계에서 남자들은 '우쭐 게임' 같은 것을 했는데, 이 바보 같은 게임에서는 가장 미친 짓과 가장 아슬아슬한 스턴트를 발명하는 것 외에 중요하게 다루어지는 것은 아무것도 없었다. 이 광고는 전문직 종사자들이 주중에는 세상을 바꾸는 혁신을 하고, 주말에는 전사 캐릭터로 탈출 놀이를 하면서 스스로를 영웅으로 생각했을지 모르지만, 그들은 너무 심각하게 고민하는 척하고 너무 상상력이 빈곤하다고 지적했다. 이 남자들은 심지어 이 점을 강조하기 위해 회사의 건물을 놀이터로 사용하기도 했다.

둘째, 마운틴 듀의 팬들은 자신들이 만나는 위험한 상황들을 어쩌다 마주친 것은 아니었다. 이들은 당시의 이데올로기가 내포하고 있던 것을 훨씬 뛰어넘어 '미친 짓'을 일부러 찾아다녔다. 이들은 목숨이 오락가락하는 상황에서 아드레날린이 솟구치는 스릴이 주는 성취감을 위해 살았다. 이런 삶에 대한 태도는 노름꾼이 판돈을 터무니없는 수준까지 올리는 것처럼 더 극단적이고 위험천만한 것을 찾게 했고, 결국 그런 행위를 일종의 '남성성이 이룬 성취'로 생각하는 모든 행동을 웃음거리로 만들었다.

마지막으로, 이 광고의 궁극적인 영웅들은 익스트림 스포츠의 열성적 팬들도, 심지어 약에 절은 슬래커 극단주의자들도 아니었다. 마운틴 듀의 비딱한 세계관으로 보자면, 진정한 힘을 가진 사람들은 '독특한 취향을 강하게 주장하는 소비자'들이다. 마운틴 듀의 팬들이 특별한 운동 능력을 가진 것도 아니었다. 그러나 익스트림 스포츠를 논평하는 사람처럼 이들은 대단한 스턴트 액션에 대해 전문적인 견해를 가진 것 같은 뉘앙스를 풍겼다. 그리고 이들은 이 기준을 올림픽 심판처럼 까다롭

_____ 브랜드는 어떻게 아이콘이 되는가

게 강요했다. 슬래커들은 노동자로서는 아무런 힘이 없었다. 하지만 이들은 자신의 의견을 드러냄으로써 기업과 경영자에게 이들의 의지를 강하게 주장할 수 있었다. 마운틴 듀의 이런 남성성에 대한 새로운 시각은 새로운 노동시장에서 좌절한 남성들에게 묵직한 풍자를 분명하게 보여주었는데, 즉 새로운 노동시장이라는 것도 이들이 가지고 있는 '초 울트라 까칠한 취향'으로 여전히 좌지우지할 수 있는 힘이 있다는 뜻이었다. 실제로 이들은 기업들이 자신들의 모든 '변덕'에 따라오도록 강요할 수 있었다.

신화 시장은 어떻게 작동하는가

펩시코와 BBDO는 이 브랜드의 신화를 두 번이나 재창조했기 때문에 마운틴 듀를 엄청난 재정적인 성공으로 이끌었다. 미국의 이데올로기가 바뀔 때마다 마운틴 듀는 그 지지자들 사이에 불안을 야기했던 새로운 문화적 갈등을 발견했다. 즉, 남성성을 조직에 순응시키는 것에서부터 시작해서 미국 사회의 영웅으로 여피족들을 칭송하는 것까지, 그리고 무지막지한 노동시장에서 엄청나게 과격한 남성성을 드러내 보이기까지 마운틴 듀는 새로운 문화적 갈등을 발견했던 것이다. 신화 시장은 당시의 시대정신 즉, 힐빌리, 레드넥, 그리고 슬래커들 각각으로부터 얻어진 시대적 긴장감을 중심으로 형성된 것이었다. 문화산업은 이들의 정체성 신화를 창조하기 위해 이런 대중적인 세계관으로부터 아이디어를 발굴하기 시작했고, 마찬가지 방식으로 마운틴 듀도 그렇게 했다(그림 3-1).

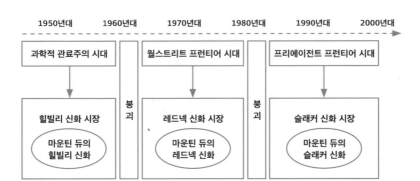

세 가지 신화 시장을 새롭게 만들어낸 마운틴 듀 신화

문화 전략의 첫 번째 단계는 현재 대중문화에서 펼쳐지고 있는 신화 시장에 대한 전체 지도를 그리는 것이다. 거기에서 그 브랜드에 가장 적합한 신화 시장을 찾아 공략하는 것이다.[ii] 이렇게 하기 위해서는 브랜드 매니저들이 신화 시장을 형성하는 세 가지의 기본적인 구성요소를 이해할 필요가 있다. 바로 국가 이데올로기, 문화적 갈등, 그리고 당시의 대중적 세계관이다.

○ **국가 이데올로기**

국가가 제대로 기능하기 위해서는 도덕적 합의를 필요로 한다. 시민들은 국가를 인정해야 하고, 국가의 제도를 받아들이고, 그 제도의 개선을 위해 노력해야 한다. 국가는 무엇이 좋고 무엇이 정의로운지를 규정하는 일련의 가치들을 중심으로 구성된다. 이러한 도덕적 명령은 사람들로 하여금 사회가 정의한 성공과 존중에 맞춰 노력을 하게 하며, 동시에 국가의 목표를 추구하도록 강제한다. 이것이 국가의 이데올로기다. 즉, 개인, 가족, 공동체의 열망으로 구성된 일상생활과 국가의 열망 사이를 연결하고 강화하는 사상의 체계다. 비록 교과서에 나온다고 해도 한 나라의 이데올로기는 강요되거나 책을 통해서만 학습할 수 있는 것은 아니다. 이것이 효과적으로 작동하기 위해서는 그것을 깊이 느끼고 자연스러운 사실로 당연하게 받아들여지게 해야 한다. 국가 이데올로기는 대개 신화에 대한 소비자 요구의 가장 강력한 근원이 되기는 하지만, 종종 집단 정체성을 형성하게 하는 다른 근거들, 특히 종교와 민족성과 교차하고 경쟁한다.

이데올로기는 결코 직접적인 선언적 진술로 표현되는 것이 아니다. 대신 이데올로기는 신화를 통해 전달된다. 다양한 미국 신화는 국가가 작동하는 데 대단히 중요하다. 예를 들어 '자수성가한 사람'은 성공에 대한 국가의 생각이 경제적 지위를 근거로 경로가 구성되어 있다는 것을 말해주며, '프런티어'는 국가의 사명이 세계의 다른 국민 또는 민족을 유토피아적인 이상향으로 문명화하는 것이라는 것을 선언한다. 또 '인종적 용광로(melting pot)'는 이민자들이 어떻게 사회 속으로 통합되는가에 대한 이상을 표현한다. 이와 같은 신화들은 시민들이 국가 건설 프로젝트에 어떻게 연관되어 있는지, 즉 미국인들이 개인으로서 어떻게 스스로를 국가의 경제와 정치 시스템을 구성하는 팀의 일원으로 생각하는지에 대해 우려를 담고 있다. 이러한 신화들은 보통 개인적 성공과 남성다움(남자가 되기 위해 필요한 것) 이상을 중심으로 구성된다. 신화들은 당대의 사회 이슈를 다루기 위해 계속해서 업데이트되는데, 이 신화의 진화를 추적하는 것은 신화 시장의 지도를 그리는 데 있어 핵심이라고 할 수 있다.

○ 문화적 갈등

미국인들은 단순히 그들이 미국 시민이라는 이유만으로 그 나라의 이데올로기에 자연스럽게 적응하지는 않는다. 오히려 이러한 이데올로기와의 공감을 만들어내기 위해서는 별도의 작업이 필요하다. 그런데 일상적 삶의 환경은 그렇게 하는 것을 더 쉽게 하거나 혹은 더 어렵게 만들 수도 있다. 많은 사람들이 국가가 설정해둔 이상을 열망하지만, 자신들의 삶이 그 이상향에 맞추는 방법을 발견하는 것에는 어려움이 있을 수 있다.

이데올로기와 개인의 경험 사이의 이러한 긴장은 강렬한 욕망과 불안을 낳고, 이 긴장감을 풀어주려는 상징적 해결 방법에 대한 수요를

● 그림 3-2

신화 시장의 구조

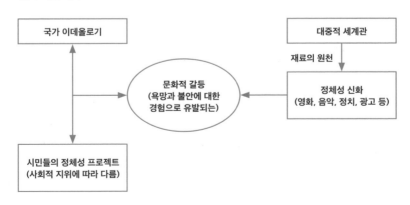

_____ 브랜드는 어떻게 아이콘이 되는가

부채질한다. 국가 이데올로기는 '삶의 모델'을 만든다. 이 모델과 일상 생활 사이의 괴리는 새로운 문화적 수요를 낳는 엔진으로 작용하여 이러한 차이를 관리하는 신화의 수요를 창출한다.

이러한 긴장은 특히 국가의 이데올로기가 바뀔 때 특히 극심하다.[iii] 문화적으로 동요하는 시기는 무수히 많은 갈등 덩어리를 낳으며, 이는 결국 사회 전체에 파문을 일으키는 강렬한 소비자의 불안과 욕망의 확산을 만들어 낸다(그림 3-2).

○ 대중적 세계관

신화는 시대정신이 반영된 대중적 세계관을 원재료로 한다. 마운틴 듀는 그 시대의 다른 문화 상품들과 마찬가지로 당시의 '반란군'들인 힐빌리와 슬래커들을 대중적 세계관의 하나로 빌려왔다. 대중적 세계(관)는 활동을 통해 독특한 이데올로기, 즉 시대정신을 반영하는 일종의 집단과 비슷하다. 대중들은 이 대중적 세계관을 진정성이 있다고 인식하기 때문에 이들(집단)은 강력한 문화적 근거지를 갖는다. 이렇게 '지각된 진정성(perceived authenticity)'은 다음 세 가지 특성에서 비롯된다.

1. 시대정신이 반영된 대중적 세계관은 '민속 문화(folk cultures)'로서 인식된다. 이 정신은 참여자들의 집단적이고 자발적인 산물이다. 이 정신은 강요된 것이 아니다.

2. 대중적 세계관 속에서의 활동은 참가자들에게 본질적 가치가 있는 어떤 것으로 인식된다. 이들은 상업적 또는 정치적 이해관계에 의해 동기부여가 되지 않는다.

3. 이런 인식이 강화되면, 대중적 세계관은 종종 상업과 정치의 중심에서 멀리 떨어진 곳에 놓이기도 한다. 상업화된 세계(예를 들어 스포츠와 음악산업)의 경우, 참여자들이 대부분의 아이템들이 상업화되는 과정과 싸워야 하기 때문에 이러한 대중적 세계관은 유지하기가 훨씬 더 어렵다.

대중적 세계관은 사람들의 행동이 이익보다는 신념에 의한 것이라고 가정하는 곳에 자리하고 있다. 미국 신화의 원천 자료들은 대중들의 욕망이 가장 진실한 형태를 취하는 곳, 즉 이해관계를 따르지 않은 곳이라면 어디든 존재한다. 이 세계관에 기반한 대중주의(populism)는 사회제도에 의해 양산된 행동보다는, 사람들이 자신의 신념에 따라 행동한다고 믿는 모든 곳(예를 들면 사회 변화가 시작되는 최전선, 보헤미아의 공동체, 낙후된 시골구석, 이민자 및 아프리카계 미국인 이웃들, 청년 하위문화 집단 등)에서 번창하기 때문이다. 최근에는 '유년 시절'이 브랜드 신화가 주목하는 가장 강력하고도, 시대정신을 반영한 대중적 세계관이 되고 있다.

시대정신을 반영한 대중적 세계관을 가진 집단은 아이코닉 브랜드들이 자신의 신화를 만들어 내기 위해 사용하는 원재료를 공급하는 역할을 한다. 신화를 소비하는 사람들은 실제로는 이 대중적 세계관에 거의 머무르지 않는다. 오히려 신화는 이들 신화를 소비하는 사람들의 현실 세상과 상상의 연결고리만을 제공한다. 대중적 세계관이 제공하는 진정성은 신화에 신뢰를 더하는 역할을 한다. 이 신화는 실제 이 세계관을 가진 집단에 기반을 두고 있기 때문이고, 그래서 소비자들은 이 신화가 완전히 허구적인 것은 아니라고 믿을 수 있기 때문이다. 암묵적으로 이들은 "세상에는 정말로 이런 세계관 속에서 사는 사람들이 실재하기 때문에 이런 가치들 중 일부를 내 자신의 삶에도 끌어들일 수도 있겠다"고 생각하게 된다.

○ 신화 시장

국가 이데올로기의 갈등은 신화 시장을 만든다. 다양한 문화 상품들은 가장 설득력 있는 신화(국가의 이데올로기적 갈등을 강화하는 상징물들을 자양분 삼아 제공하는 이야기들)를 제공하기 위해 경쟁한다. 역사적으로 미국 사회는 어느 시점에나 수많은 첨예한 문화적 갈등이 있어 왔다. 그리고 각각의 갈등은 독특한 신화 시장(Myth Markets)을 낳는다.

신화 시장이라는 것을 직접적으로 표현하지 않더라도 국가 이데올로기를 기저에 깔고 있는 대중들의 일상적 대화라고 생각해보자. 이데올로기는 서로 다른 관점을 가진 다양한 경쟁자들에 의해 시작된다. 이들 경쟁자들(나는 이 '경쟁자'의 의미가 일종의 모든 형태의 대중문화라고 본다)에 의해 영화, 텔레비전 프로그램, 음악, 책, 잡지, 신문, 스포츠, 정치, 라디오 토크쇼, 비디오 게임, 그리고 여기 특별히 관심 있는 브랜드들이 만들어진다. 우리는 보통 대중문화를 가벼운 오락거리와 시사적인 뉴스 정도로 생각하는데, 경제 산업적으로는 중요할지 몰라도 문화적으로는 사소하다. 대부분의 경우 대중문화를 이렇게 특징짓는 것은 어느 정도 사실이다. 반면, 신화는 단순한 오락이나 뉴스 그 이상의 의미를 갖는다. 신화는 우리가 국가의 문화 속으로 관여해 들어가는 주요 매개체가 되기 때문이다. 다른 문화 상품들과 마찬가지로 하나의 브랜드는 주로 광고를 통해 이야기를 신화와 연결한다. 그리고 나서 고객들이 제품을 일종의 의례로 생각하면서 소비하고, 그 이야기들을 소비를 통해 반복해서 경험한다.

아이코닉 브랜드들이 자신들의 신화를 완전히 독창적인 재료로 출발해 발전시키는 경우는 드물다. 오히려 다른 문화 상품에 의해 이미 유통되고 있던 기존의 신화를 빌려와서 여기서 뭔가를 더하는 것이 보다 전형적이다. 그래서 일반적으로는 다른 문화 상품에 기생하는 하나의 아이코닉 브랜드가 영화, 텔레비전 프로그램 등과 같은 다른 문화 상품들과 정면으로 경쟁하는 일은 거의 없다. 신화를 대중에게 보여준다는 측면에서 브랜드는 결코 영화나 정치인, 뮤지션들과 경쟁이 될 수 없다. 기껏해야 60초 광고(예를 들어 나이키의 "레볼루션" 광고나 애플의 "1984" 광고)로는 존 웨인의 영화나 로널드 레이건의 연설, 커트 코베인의 콘서트와 경쟁할 수 없기 때문이다.

하지만 브랜드는 신화와 물질적인 연결고리를 제공한다는 점에서 이러한 덧없고 단편적인 작품(영화)이나 캐릭터들(정치인 등)에 비해 장점이 있다. 브랜드는 신화를 매일 사용하는 상품에 섞어 넣는 것이기 때문에, 침실에 걸린 영화배우 포스터나 가끔 경험하는 공연이나 콘서트가 할 수 없는 방식인 의례, 즉 자신의 행동을 통해 신화를 본능적으로 반복 경험할 수 있는 능력을 제공할 수 있다.

소수의 예외(폭스바겐과 나이키)를 제외하고 일반적으로 브랜드들은 여러 매체들(영화, 텔레비전 방송, 음악, 언론, 출판)에서 유통되는 재료들을 재활용하기 때문에 새로운 표현 문화를 그다지 많이 만들어 내지는 않는다. 마운틴 듀의 힐빌리 신화는 릴 애브너의 만화(밀주를 마시고, 맨발로 뛰는 것 등의 정형화된 이미지)에서 빌려왔고, 〈베벌리 힐빌리즈〉는 같은 시대의 다른 신화, 〈베벌리힐스〉로 인해 알려지게 되었다. 마찬가지로 마운틴 듀의 레드넥 신화는 텔레비전 프로그램인 〈해저드 마을의 듀크네 가족〉에 의해 실제로 영향을 받았다. 그리고 슬래커 신화의 브랜드는 영화 〈웨인즈 월드〉와 MTV의 익스트림 스포츠에 의해 엄청난 영향을 받았다. 아이코닉 브랜드들은 보통 다른 대중문화 상품들이 주도하는 신흥 신화 시장에 뛰어든다. 4장에서는 이 아이코닉 브랜드들이 단순히 모방만 하는 것은 아니라는 점을 설명할 것이다. 이들은 이러한 문화적 재료들을 재활용하면서 독특한 관점과 미적 감각을 발달시킨다.

신화 시장은 문화적 혼란이 닥치면 결국 무너진다. 결과적으로, 아이코닉 브랜드는 그들의 오래된 신화를 버리고 새로운 신화 시장으로 도약하는 수정된 버전을 만들어야만 '아이코닉'한 것으로 남을 수 있다. 마운틴 듀는 미국 문화에서 상당히 다른 시기에 걸쳐 문화 아이콘의 위치를 유지할 수 있었다. 왜냐하면 미국의 이데올로기가 과학적 관료주의에서 월스트리트 프런티어로 이동할 때 이 브랜드는 각각의 이데올로기가 만들어 내는 새로운 갈등을 겨냥해 자신의 신화를 재창조했기 때문이다.

전략의 중심인
문화 브리프

아이코닉 브랜드가 되기 위해서는 그 사회의 갈등을 브랜드에 가장 유리한 방향으로 목표를 잡아야 할 뿐만 아니라 정확한 방향의 신화, 정확한 방향으로의 마케팅 계획을 세우고 실행해야 한다. 마인드 셰어 브랜딩과 감성 브랜딩에서의 스토리텔링은 일종의 실행 이슈 정도로 취급하면 된다. 바이럴 브랜딩에서는 영향력 있는 인플루언서들이 브랜드 스토리를 주변에 퍼뜨려야 할 것 같은 책임감 같은 것을 갖는다. 반면, 문화 브랜딩에서는 이야기 자체가 전략의 중심이 되어야 한다. 왜냐하면 추상적 개념어가 아닌 '신화의 질'이 브랜드의 정체성 가치를 견인하기 때문이다. 브랜드 전략이 시장 성과에 영향을 미치기 위해서는 브랜드가 무슨 이야기를 들려줄지, 어떤 방식으로 말할지를 직접적으로 제시해야 한다.

통상적으로 포지셔닝 선언문은 브랜드 전략의 핵심이다. 그래서 전형적인 포지셔닝 선언문은 브랜드가 가지고 있어야 하는 일련의 연상 이미지들(편익, 품질, 사용자 이미지 등)과 이러한 연상 이미지를 고객에게 알리기 위한 속성들, 그리고 이런 브랜드 콘셉트를 잠재 고객에게 어떤 톤과 성격으로 전달할 것인가를 확인해주는 역할을 한다. 광고 목적상 브랜드의 포지셔닝은 크리에이티브 브리프(creative brief)[1] 까지 확대되지만 내용은 거의 같다. 전체적으로 포지셔닝 선언문은 그 브랜드의 상품 범주 내에서의 다른 브랜드들과 상대적 포지셔닝에 대한 주장이며 추상화된 연상 이미지들에 기초한다. 예를 들어 1990년대에 펩시코가 사용한 마운틴 듀 포지셔닝 선언문을 크리에이티브 브리프의 관점으로 살펴보자.

> 흥분과 모험, 재미를 열렬히 받아들이는 18세 남성들에게 마운틴 듀는 활력이 넘치고, 갈증을 가라앉히며, 독특한 레몬 향을 가지고 있기 때문에 다른 것보다 상쾌한 맛이 나는 탄산음료다.[i]

이 선언문은 연령과 심리통계학적 관점에서 목표 고객을 정의한 다음, 광고 기획자(혹은 카피라이터)들에게 그 음료가 흥분과 활력을 주는 효과, 갈증을 가라앉히는 능력, 그리고 그 음료의 독특한 레몬 향과 같은 구체적 혜택(또는 편익)의 상세 리스트를 전달하도록 직접적으로 지시한다. 이 선언문을 3장에서 설명한 마운틴 듀의 슬래커 신화와 비교하고, 무엇이 빠져 있는지 주목하라. 이 선언문은 구체적인 제품 혜택과 제품 경험에 초점을 맞추고 있을 뿐, 슬래커 신화는 광고 기획자(크리에이터)들이 마운틴 듀의 신화를 어떻게 꾸며야 하는지를 직접적으로 지시하는 내용을 포함하고 있지 않다. 결과적으로, 이 선언문이 제

_____ 1 크리에이티브 브리프란 광고를 만들기 전에 광고주와 마케팅리서치, 광고 기획자 등 프로젝트에 참여한 모든 스태프들이 염두에 두어야 할 광고의 목표와 마케팅 전략, 광고 전략이 함축되어 있는 내용을 서식으로 작성한 것을 말한다.

공하는 지침에는 전략적 가치가 빠져 있다. 물론 "두 더 듀" 캠페인은 이 가이드라인에 적합하기는 하다. 그러나 수백 개의 다른 그저 그런 아이디어들도 마찬가지다. 브랜드 전략을 '추상화된 연상 이미지 단어의 집합'으로 보는 것은 브랜드 매니저들로 하여금 브랜드에 별로 중요하지 않은 문제에 집중하게 하는 동시에, 정작 가장 중요한 전략적 질문은 '행운과 (담당 광고 기획자들의) 헌신'에 맡긴다는 것과 같다. 이 점에서는 확실히 펩시코도 예외가 아니다. 역사적으로 보면, 문화 아이콘이 되는 아이코닉 브랜드는 브랜드를 좀 더 '일상적인 목표'를 향해 나아가게 하는 전략임에도 불구하고(즉, 평범해 보이는 전략에도) 잘 구축되어 왔다.

문화 브랜딩은 상업 예술가들에게는 브랜드에 맞는 스토리를 만들어내도록 유도하고 부적합한 스토리를 배제하는 전략적 방향을 필요로 한다. 그렇게 함으로써 문화 전략은 브랜드에 대해 왜곡하고 인위적으로 협소하게 만드는 관련 지침들을 피해야 한다. 즉, 문화 브랜딩은 전형적인 마인드 세어적인 지시를 버려야 한다. 이러저러한 혜택을 팔고, 그러저러한 감정을 표현하고, 이런저런 방식으로 사용 중인 제품을 보여주고, 배우들을 캐스팅해서 우리의 고객들이 '그들'처럼 되기를 열망하도록 부추기는 것들을 버려야 한다는 것이다. 대신 브랜드 전략은 그 시대의 특정한 문화적 갈등을 해결하기 위해 브랜드가 어떤 종류의 이야기를 해야 하는지를 규정하는 방향으로 나아가야 한다.

문화 브리프를 구성하는 요소

포지셔닝 선언문에 대한 문화 마케팅 관점에서 유사한 과정은 '문화 브리프(크리에이티브 브리프와 유사한 개념-옮긴이)'라고 할 수 있다. 문화 브리프는 세 가지 요소로 구성된다.

신화적 처방: 스토리텔링이 중심이 되는 영화·텔레비전 산업에서의 스토리는 줄거리, 캐릭터, 배경설정 등이 요약되어 있는 문서를 통해 연출된다. 광고에서 이런 방식은 대개 광고대행사들이 광고주들에게 제안하는 크리에이티브에서 흔히 발견되는 것이다. 그러나 정체성 브랜드에게 크리에이티브란 소비자들에게 단순히 혜택(또는 편익)만을 전달하기 위한 도구가 아니다. 오히려 정체성 브랜드들은 문화 속에서 구체적인 역할을 요구받는다. 브랜드 매니저들은 이러한 처방을 계획하고 준비하는 데 아주 긴밀히 관여해야 한다. 스토리의 윤곽과 요약이 '적시'에 발생한 문화적 갈등을 얼마나 잘 다루는지를 신중하고 조심스럽게 고려해야 하기 때문이다. 이렇게 하지 않는다면 브랜드 매니저들은 필연적으로 브랜드 전략에 대한 책임을 다른 조직에 떠넘길 것이기 때문이다.[ii]

대중적 세계관의 진정성: 브랜드 신화는 대중이 믿을 만하다고 인식하는 원천 자료를 대중적 세계관에서 찾는다. 하지만 브랜드는 단순히 유망한 대중적 세계관의 요소들을 끌어다가 대중을 위해 포장만 바꾼다고 효과가 나오는 것이 아니다. 많은 회사들이 이렇게 시도했지만 실패했기 때문이다. 오히려 아이코닉 브랜드들은 대중적 세계관 내에서 그 브랜드들의 실제 행동을 통해 믿을 수 있는 위치를 차지하려고 한다. 대중소비자들은 이 브랜드가 대중적 세계관과 진정한 유대관계를 맺고 있는 것이지, 단순히 기생하는 것이 아니라는 것을 인식해야 한다. 브랜드가 소비자들로부터 진정한 존경을 받는 경우는 두 가지를 소비자들에게 잘 전달할 때다. 바로 '능력과 신의'다. 모든 대중적 세계관은 그 세계만의 관용적 용어들과 독특한 문화 코드를 가지고 있다. 브랜드는 이러한 문화 코드와 관용적 표현들에 대한 미묘한 뉘앙스를 드러내는 표현들을 통해 '능력과 신의'를 보여준다. 어떤 대중적 세계관을 가진 집단을 하나로 묶는 접착제는 그 세계관이 표현하는 독특한 정신이다. 브랜드는 이러한 당대의 시대정신에 대응하기 위해(때로는 맞서기 위해) 기존의 광범위한 인기를 포기함으로써 대중적 세계관에 대한 신의를 보여준다.

미학적 카리스마: 신화로 대중을 사로잡으려면, 아이코닉 브랜드의 커뮤니케이션은 카리스마를 보여줘야 한다. 즉, 이들이 말하는 대중적 세계관을 집약적으로 드러낼 수 있는 차별적이고 약간은 의무적인 느낌의 분위기를 풍겨야 한다는 것이다. 성공한 정치 지도자나 사회 운동가처럼, 아이코닉 브랜드는 그 브랜드의 대중적 세계관과 유기적인 방식으로 연결된 독특하고 강렬한 미학적 스타일을 채택함으로써 팬들이 자신들의 세계관에 동조하게 한다.

요약하면, 브랜드 신화는 브랜드의 대중적 세계관에 기반해 거기 맞는 스토리를 구현하고 카리스마 넘치는 미학과 연결되어 보일 때 성공한다. 이 장에서 나는 광고대행사 도일 데인 번른바흐(DDB)가 만든 폭스바겐의 오리지널 신화에 대한 문화 브리프를 역추적해 다시 분석해 볼 것이다. 그런 다음, 35년 뒤 아놀드 커뮤니케이션스가 발전시킨 두 번째 신화, "드라이버스 원티드(Drivers Wanted)" 캠페인을 들여다볼 것이다.

DDB의 보헤미안 신화

1970년에 폭스바겐 비틀은 미국에서 가장 강력한 아이코닉 브랜드 중 하나였다. 폭스바겐은 매년 비틀을 40만 대 이상 팔고 있었고 자동차 시장의 약 5%를 점유하고 있었으며, 대중문화에서도 누구나 탐나는 자리를 차지하고 있었다. 비틀을 이렇게 예고된 성공으로 이끈 광고 캠페인은 DDB에 의해 만들어졌으며 당시 DDB는 '크리에이티브 혁명'을 이끈 업계의 전설이었다. 이전의 캠페인에 비해 비틀의 캠페인은 더 스마트해 보였는데, 왜냐하면 보다 더 많은 인문학적 교류와 예술적 교류를 통해 대중을 참여시켰기 때문이다. 이 시대는 발포성 진통제인 알카셀처에서 세븐업, 브래니프 항공과 같은 크리에이터(광고 기획자)에 의해 주도된 캠페인이 이어진 시대였다. DDB에서 성공을 거둔 경험이 있는 경영진들에 의해, 분사된 많은 광고대행사들도 이런 분위기를 이어갔다.

DDB가 광고에 미친 영향도 심오했지만, 폭스바겐에 대한 이 광고대행사의 작업도 중요한 유산을 남겼다. 이런 브랜딩은 과거에는 그 중요도에 비해 전혀 주목받지 않았던 것이었다. 레오 버넷의 말보로 캠페인, 마운틴 듀 캠페인과 같이 소소한 노력들과 마찬가지로, DDB는 브랜드를 문화의 아이콘으로 만드는 기초적인 신화 제작의 원리를 고안하는 데 도움을 주었다. 이 원리를 이해하려면 폭스바겐 광고 캠페인이 다른 광고에 비해 어떻게 달랐는가가 아니라, 당시의 미국 문화를 어떻게 접목시켰는가를 살펴볼 필요가 있다. 폭스바겐 캠페인은 어떻게 이 '괴상한 차량'에게 그렇게 특별한 정체성의 가치를 부여한 것일까?

○ 관습에 순응하는 사람들의 갈등을 타깃으로 삼기

제2차 세계대전 이후 미국의 이데올로기는 '좋은 삶[iii]'에 대한 합의된 관점을 중심으로 조화를 이루어 가고 있었다. 가족 잡지에 심리 전문가의 코너가 늘어났고, 황금시간대 TV 프로그램에서, 할리우드에서, 메디슨 에비뉴(미국의 광고계)의 광고에서, 심지어 연방정부가 주는 보조금에 의해서, 점점 증가하고 있던 '좋은 삶'에 대한 기대감은 당시 새로 계획되고 정비된 교외에서도 확인할 수 있었다. 미국인들은 최신 가전제품으로 가득 찬, 목장이 딸린 집을 꿈꿨다(코카콜라, 버드와이저, 캠벨스, 메이태그와 같은 국민 브랜드 광고는 핵가족의 라이프 스타일을 받아들인 듯 보였고 집 밖에는 물론, 최신 기술과 디자인을 반영한 새로운 모델의 자동차가 주차되어 있었다). 마케터들은 이런 상품들을 끊임없이 열광적으로 팔았다. 광고는 한결같이 새로운 미국인들의 생활 방식(좋은 삶)을 진정으로 즐길 수 있는 유일한 방법이라면서 '최신의', '과학적인', 그리고 '가장 진보된' 신제품들을 열렬히 선전했다.

디트로이트의 자동차 디자인과 광고는 이 신화에 발맞춰 움직였다. 미국인들은 회사의 서열대로 자신의 위계를 정하던 시대였고, 제너럴 모터스(GM), 포드, 크라이슬러는 그들에게 그 서열에 알맞은 차를 제공했다. 디트로이트가 그들의 삶에 딱 맞는 자동차를 만들 것이기 때문에 그 선택에 대해 별로 걱정할 필요는 없었다. 가족들이 사회적 위계의 사다리를 오르자 GM은 각 단계(서열)별로 차량을 제공했다. 쉐보레는 뷰익을, 올즈모빌은 캐딜락을 배정하는 식이었다.

급증하는 자동차 공급에 수요를 맞추기 위해 자동차 업계는 자동차의 가치가 빠르게 시들해지도록 자동차에 '현대적인 스타일의 표식'을 달아주었다. 각 모델의 연식, 연도마다 제조업체는 매년 모델을 변경하여 구형 디자인을 더 이상 쓸모없는 구닥다리로 만들어 유행에서 밀어냈으며, 최신 파리 스타일의 디자인처럼 사람들이 늘 '신상'을 원할 수 있도록 했다. 당시 자동차 광고들은 과대광고의 전형이었다. 화려함, 높은 사회적 지위, 남성성이 목표였고, 이러한 이상향은 종종 잡지에서 자동차 후드 위의 아름다운 여성들과 함께 자동차의 섹시한 센터 폴드 샷(centerfold shots, 잡지 한가운데 접어 넣는 부분의 사진, 주로 섹시한 여성의 사진-옮긴이)으로 전달되었다(물론, 새로운 '여성의 차'였던 스테이션 왜건은 빼고). 디자인과 광고는 화려한 장식(자동차의 화려한 특징, 최신형 요란한 자동차 부품, 그리고 삶을 편안하게 영위하게 하는 것들)을 강조했다. 결과적으로, 당시 미국인들은 자동차를 살 때 말 그대로(그때 자동차 회사가 제안한 그대로) 아메리칸 드림의 한 조각을 사고 있었던 것이다.

많은 사람들 특히 젊은이들, 도시 사람들, 그리고 교육받은 중산층들은 이처럼 과도하게 각본에 따라 순응적으로 소비하는 방식에 합의하는 듯했다. 하지만 이렇게 관료주의적인 방식으로 표준적인 삶의 형태를 고수하라는 압력을 쉽게 받아들이지 못하는 사람들에게는 이런 식의 규범들로 '미리 포장된' 자동차를 운전한다는 것이 일종의 압박으로 느껴졌다. 왜냐하면 당시 자동차라는 것은 '1950년대의 삶의 규칙'에 순응한다는 일종의 상징 중 하나였기 때문에, 자동차라는 상품의 카테고리는 이런 시대적 갈등이 점점 커져 감에 따라 목표로 삼을 만한 절호의 기회를 제공하고 있었기 때문이다.

당시 폭스바겐 비틀은 도로에서 가장 못생기고 신뢰도가 낮은 자동차 중 하나로 여겨지고 있었다. 값싸고 기동력 있고 오래가는 반면 때가 되면 고장이 나기도 했으며, 매우 작지만 뭔가 단단한 느낌이 나는 차였다. 무엇보다도 비틀은 세련된 다른 디트로이트 디자인 자동차에 비해 뭔가 시대착오적인 느낌이었고, 매력이 없다는 평가를 받고 있었다. 또한 히틀러가 '국민차'로 개발한 자동차였기 때문에, 나치 독일과 연결된 이미지는 여전히 이 브랜드를 괴롭혔다. 1959년 DDB가 이 프로젝트를 맡았을 때 비틀의 디자인은 이미 15년이 지난 한물간 것이었는데, 이때 디트로이트는 자동차 모델의 디자인을 빠르고 극적으로 변경하고 있던 시기였다. 미국의 좋은 삶이라는 이상향의 관점에서 보았을 때 비틀은 모든 면에서 실패한 듯 보였다.

하지만 DDB의 캠페인은 문화 브리프의 세 가지 요소를 암묵적으로 깔고 가면서도 이런 겉으로 보이는 비틀의 결함들을 완전히 뒤집어 버렸다.

○ DDB의 신화 처방

이 캠페인의 고전적인 광고를 살펴보자. 1960년, 인쇄 광고인 "레몬"은 폭스바겐의 품질 관리 부서가 자동차의 결함을 최소화하기 위해 '길이'를 설명하는 광고였다. 비틀의 사진은 인쇄 광고에서 흔히 볼 수 있는 예쁘게 찍은 제품 사진으로 보였다. 그러나 광고의 카피는 독자들에게 이 차가 결함이 있다고 말했다. 이 광고의 텍스트는 폭스바겐의 까다로운 품질 관리 기준에 관한 것이었다. 한 대의 비틀이 독일 볼프스부르크의 생산 라인에서 나온다. 자동차 앞 좌석의 사물함에 흠집이 나고 라인에서 벗어난다. 검사관들은 그것을 발견해서 수리를 위해 차를 돌려보낸다.

광고는 분명히 품질 관리에 관한 것이었지만, 광고의 하위 텍스트는 보다 직접적으로 미국의 디트로이트와 미국 소비자 광고를 겨냥한 것이었다. 디트로이트가 경이로운 기술의 스타일과 성능을 과장하는 것에 비해 폭스바겐은 대담하게도 '흠 있는 차'에 관심을 가졌고, 자동차의 '문제'를 자랑스럽게 알리기 시작했다. 폭스바겐은 광고를 매개로 당시의 통념을 장난스럽게 조롱했던 것이다.

이어지는 광고에서 폭스바겐은 자동차에 관한 기능적 장점을 교과서적으로 강조하면서 비틀을 팔았는데, 이때 강조한 것들은 좋은 연비, 빈틈없는 구조, 최고 수준의 엔진, 중고차 판매 시 좋은 가격 등이었다. 폭스바겐은 정확히 실용적이고 검소한 사람들을 겨냥했다. 그러나 이처럼 실용적이지만 불편한 주장들(때로는 비틀 자신에 대한 '셀프 디스'로 볼 수도 있는)은 당시 허세로 가득했던 디트로이트 산업을 겨냥한 일종의 무차별적인 공격이었다. 겉으로 보기에 이렇게 볼트와 너트를 손으로 조립하고, 뭔가 단단하고 견고하게 만들어 파는 듯한 폭스바겐의 모습은 사실 속임수에 가깝게 과장 광고하는 차량들에 반대하는 브랜드로 폭스바겐을 자리매김하는 절묘한 수단이었다. 폭스바겐은 당시 미국의 소비주의 평론가 밴스 패커드(미국의 언론인이자 사회평론가. 특히 소비주의에 대한 신랄한 비평가-옮긴이) 등이 경고했던 대부분의 기만적인 자동차 마케팅에서 거의 비껴나 있었다.

폭스바겐은 고객들에게 당시 광고업계의 전형적인 분위기로부터 자유로운 자동차를 제공했다. 고객들에게 이렇게 말했다. "당신은 너무 샤프하고, 개성이 강해서 남들에게 휘둘리지 않아. 우리는 어떠한 위선과 가식 없이 단지 당신에게 도화지를 한 장 건넬 뿐이고, 당신이 누구인가 하는 것을 그려 넣는 것은 당신에게 달렸지." DDB의 광고는 비틀을 타는 사람들이 마케터들에게 의존하기보다는 자신들의 차로 스스로의 이야기를 만들 수 있도록 했다. 그리고 이들은 바로 그 일을 했다. 많은 사람들이 비틀을 가족의 일원으로 취급했고, 마치 애완동물처럼 비틀에게 이름을 지어주었던 것이다.[iv]

DDB의 신화적 처방은 다음과 같이 요약할 수 있다. 폭스바겐은 당시의 대중문화에 반대한다. 특히 당시 광고업계에서 제안했던 강요된 생활양식과 취향에 반대한다. 폭스바겐은 고객이 세련되고 아름다운 것을 스스로 정의할 수 있는 지적이고 창의적인 사람이 되는 세상을 만든다. 그래서 폭스바겐은 그들의 자동차가 어떻게 만들어지고 판매되는지에 대해 모호하지 않은 분명한 팩트를 제공하고, 약간은 잘난 척을 하지만 나랑 친한 똑똑한 친구의 역할을 한다.

○ 예술 분야에서 진정성 얻기

1959년 DDB가 폭스바겐 프로젝트를 맡았을 때, 미국의 새로운 이데올로기에 대응하여 형성된 갈등은 이미 당시의 대중적 세계관을 중심으로 몇 개의 강력한 신화 시장을 자극하기 시작했다. 마운틴 듀는 조직에 순응하는 사회적 분위기에 대응하는 힐빌리를 이용한 반면, 폭스바겐은 이와는 다른 대중적 세계관을 겨냥했다. 대중문화 속에서 이 순응성(conformity)을 받아들이고 있었던 뉴욕과 대도시 중심의 보헤미안 예술계였다.

1950년대 과학주의적 관료제 이데올로기에 대한 가장 격렬한 저항은 지식인과 예술가들로부터 나왔다. 라이트 밀스, 윌리엄 화이트, 데이비드 리스먼과 같은 사회 비평가들은 새로운 이데올로기가 사람들을 레밍(쥣과의 포유류-옮긴이)처럼 나약하고 순종적으로 만들고 있다고 질타했다. 드와이트 맥도날드와 같은 문학 비평가들은 높은 문화적 수준이 퇴행하는 것에 대해 초조해했다. 그리고 추상적인 예술을 추구하는 인상주의자들과 예술가들은 당시 예술을 일종의 도구적 성격으로 받아들이는 것에 직접적으로 도전하는 미적 예술 운동을 일으키고 있었다.

DDB의 광고는 주요 해안 도시 지식인들의 상상력을 빠르게 사로잡았다. 이것은 놀라운 일은 아니다. DDB의 크리에이티브는 아방가르드(예술, 문화, 사회에 대한 실험적이거나 급진적이며, 비정통적인 작업과 작가 모두를 이르는 말-옮긴이)의 특성을 띤 사교계의 성격과 가까웠기 때문이다. 왜냐하면 DDB의 핵심 임원들은 당시까지 아이비리그 출신의 남성들이 지배했던 안정적인(하지만 지루하기도 한) 비즈니스에서 일하던 유태인 출신의 도시인들이었기 때문이다. 폭스바겐 캠페인을 통해 이 크리에이티브는 예술계 동료들이 '힙(hip)'하고 흥미롭다고 느낄 만한 광고를 전달하려고 노력했는데, 이것은 당시 지배했던(지금도 마찬가지지만) 고객 중심적 접근법을 위반하는 완전히 새로운 접근법이었다. 비틀의 브랜딩은 당시 광고업계의 전형적인 광고에 적대적인 것으로 악명 높은, 뉴욕의 '까칠한 보헤미안'들을 실제로 감동시키는 광고를 만들기 위한 공동 노력의 결과물이었다.

DDB의 문해력: 이 캠페인은 진정성을 얻기 위해 당시의 대중문화와 문화적 분위기에서의 광고에 대한 예술계의 경멸을 받아들여야 했다. 게다가 폭스바겐은 지식인 계층 또는 정신노동자를 이끄는 멤버가 되리라는 기대를 받은 상태였기 때문에 디트로이트(당시 주류 자동차업계)를 향해 경멸을 퍼부어야 했다. 그 비판은 역설적이어야 했고 단순히 직접적인 공격이 아니라 물밑에서 해야 했다. 진짜 '교묘한 전략'은 자동차가 더 보헤미안 중심의 이미지로 대체되는 것을 피하는 것이었다. 왜냐하면 보헤미안들은 이런 '손장난'을 쉽게 꿰뚫어 볼 수 있을 것이기 때문이었다. 그래서 오히려 폭스바겐 광고는 보헤미안 내부자로부터 다음과 같은 결론을 내리도록 해야만 했다. "폭스바겐은 '우리 중 하나'이기 때문에, 그 회사의 어떤 종류의 상업화된 이미지도 차에 넣고 싶지 않다."

그리고 실제로 이것을 DDB가 했다. 1960년, 폭스바겐은 초기의 중요한 인쇄 광고인 "씽크 스몰(Think Small)"에서, 기존 자동차 모델에 암묵적으로 존재하던 '차가 크고 비싸면 그 자동차 주인의 사회적 지위가 높을 것 같은 이미지'의 가부장적 위계 구조를 공격했다. 디트로이트 업계의 상징 경쟁에서는 자동차의 크기와 엔진의 크기가 '남성다움'의 상징이었던 것이다. 프로이트의 심리성적(psychosexual) 문화 코드는 사방에 널려 있었고 좀처럼 사그라지지 않았다. 그리하여 매년 판돈(자동차를 사야 하는 기본 비용)이 올랐다. 광고 제작자들은 심지어 차를 더 크게 보이게 하기 위해 사진 보정 기술을 사용하기도 했다.[v]

DDB는 다른 방법을 취했다. 자동차의 상층부와 정사각형 정면에서 비틀을 촬영해서 매우 작고 둥그런 자동차를 심지어 더 작게, 더 여성스럽게, 더 '차가 아닌 것처럼' 보이게 했다. '작게 생각하라'는 선언은 디트로이트 업계의 마초적인 태도에 대한 매우 인상적인 '좌파적' 공격이었다. 폭스바겐은 "씽크 스몰" 두 단어와 아무 내용 없는 심플한 사진을 통해 당시 자동차 업계의 풍조를 조롱했고, 자동차를 보다 여성스럽고 보헤미안적인 감성으로 대체했다.

DDB 캠페인의 마법은 광고를 통해 비순응주의자들의 이상을 직접적으로 응원하고 북돋는 방식을 채택하지 않고, 디트로이트 업계 밖에서 일어나고 있는 일에 대해 보헤미안 내부의 언어로 말했다는 것에 있다. 연기가 자욱한 언더그라운드 재즈 클럽이나 시 낭송도 없었다. 폭스바겐은 모방을 통해 반문화에 편승하려 하지 않고 영리하고 창의적인 보헤미안 내부자처럼 행동했다.

DDB의 지조(fidelity): 폭스바겐은 더 넓은 대중에게 다가가기 위해 결코 자신의 관점을 확장하려 하지 않았다. 오히려 폭스바겐은 비판의 수위를 높였다. 예를 들어 더 비싼 모델을 사려고 애쓰는 디트로이트의 고객들에게 폭스바겐은 다음과 같이 한 소리 한다. "눈높이 좀 낮춰 살아라(Live below your means)." 10년 넘게 이어지는 광고에서 폭스바겐 브랜드는 소비자 취향을 좌우하는 디트로이트 업계에 대해 점점 더 많은 언어유희와 교묘한 말장난을 퍼부었다.

심지어 구매하는 대중소비자를 실제로 공격하는 듯한 이런 독특한 아이디어를 지키려는 폭스바겐의 의지는 아이코닉 브랜드들 사이에서는 유사한 패턴의 메시지였다. 폭스바겐이 예술계에 영향을 미치는 가치관을 오래 고수하면 할수록 이 관점에 대한 존중은 더욱 높아졌다. 이것은 단순히 회사가 물건을 좀 더 팔려고 한다는 뜻이 아니었다는 것이다. 이것은 폭스바겐이 재미있는 차를 통해 표현한 확고한 철학이었다.

이 캠페인은 대중소비 시장을 반대하는 관점을 옹호하는 데 너무나 설득력이 강했기 때문에, 이후 보헤미안들의 히피-반문화가 전 방위적으로 폭발했던 시기에 이 문화를 지지하는 사람들에게 비틀은 아주 기본적이고 당연한 선택이 되었다. 히피들에게 마약, 철학, 새로운 삶의 환경, 모든 종류의 실험을 통한 자아의 창조적 복원은 그 당시의 질서와 같았다. 그리고 이러한 문화적 실험으로 비틀은 실험자들에게 빠르게 선택되었다. 비틀은 자유분방한 사람들이 실존적 실험을 추구하는 이동 가능한 공간을 제공했다. 사람들은 "사랑을 해. 전쟁 말고(make love, not war)"라는 주문 비슷한 구호 때문에 히피들과 비틀을 연결하기 시작했고, '사랑 벌레(the love bug)'라고 부르기 시작했다. 같은 제목의 영화도 덩달아 히트를 쳤다.

폭스바겐은 히피를 타깃으로 해서 많은 돈을 벌지는 못했다. 하지만 1960년대 미국 문화에서 히피 정신이 엄청나게 영향을 미치고 가치를 인정받을 때, 비틀은 다른 미국인들이 히피의 세계에 접근할 수 있는 하나의 상징이 되어 있었다. 폭스바겐 비틀은 문화 아이콘이 되었다. 아주 간결한 형태로 이 자동차는 창의적이고, 관능적이며, 자유주의적인 감성을 구체적 형태로 보여주었고, 이것은 사람들로 하여금 당시의 과학주의적-관료제 이데올로기를 통해 느끼는 불안감을 넘어설 수 있게 했다.

주류 미국 사회가 이 히피들의 철학과 실험에 반응하기 시작했을 때, 록 음악에 심취하고 구레나룻을 기르고, 브래지어를 벗어 던졌다. 비틀은 이러한 철학을 담아줄 아주 적합한 그릇이었다. 그래서 반문화가 주류가 되었을 때, 다시 말해 해안 도시와 대학가 주변부 일부 팬의 활동에서 출발해 당대의 시대정신이 되었을 때 폭스바겐 판매는 폭발했다.

만약 당신이 비틀의 영업 담당자로 그 당시 일리노이주의 피오리아 도시에 비틀을 몰고 가봤다면, 마치 모든 사회규범이 도발의 대상이 되는 문화 변혁의 소용돌이에 있는 것처럼 느낄 수 있었을 것이다.

○ DDB의 미학적 카리스마

1950년대와 1960년대 초의 자동차 광고는 모두 과장 광고였다. '가장 큰, 가장 빛나는, 가장 최신의, 가장 섹시한, 가장 모던한, 가장 세련된……' 이렇게 말만 번드르르한 주장들이 난무했다. 인쇄 광고는 패션 잡지의 모델처럼 자동차에 매력을 주기 위해 만들어졌을 뿐이었다. 폭스바겐은 절묘한 유머 감각과 높은 수준의 현대적 미니멀리즘을 추구한 디자인을 결합한 미학, 즉 당시의 광고 분위기와는 반대되는 안티테제(antithesis)를 제시했다.

폭스바겐 인쇄 광고는 디트로이트 업계에서 날카로운 유머를 던지는 영리한 헤드라인으로 유명해졌다. 하지만 일부 텔레비전 광고는 훨씬 더 강력한 일침을 지니고 있었다. 폭스바겐의 가장 도발적인 광고 중 하나인 "자동차 쇼"는 1949년을 배경으로 한 자동차 쇼의 허구적인 내용을 보여준다. 폭스바겐 경쟁사의 자동차 진열 전시관을 가득 채운 군중들. 데소토(1960년대 크라이슬러에서 출시된 자동차 모델-옮긴이)를 판매하는 현란한 말솜씨의 아나운서는 "미래의 자동차, 모두가 원하는 자동차"라고 말한다. 스튜드베이커(1852년에 설립되어 1967년에 해산된 자동차 제조사로 미국 인디애나주에 본사를 두었다.-옮긴이)를 미는 한 사회 고위층 인사는 "롱스커트가 패션계의 다음 유행이 될 것이고, 스튜드베이커는 자동차계의 다음 모습이 될 것"이라고 강조한다. 한 과학자는 "내년에는 미국의 모든 자동차에 구멍이 뚫릴 것이다"라고 강연한다. 한 여성 아카펠라 그룹이 "1949년형 허드슨이 당신을 위한 차가 될 거야"라고 노래한다. 한편, 한 정직해 보이는 세일즈맨이 텅빈 폭스바겐 전시실 앞에 서서 다음과 같이 선언한다. "그래서 …… 폭스바겐은 끊임없이 변화하고, 발전하고, 개선할 것이다. 유행에 따라가기 위해서가 아니라, 더 나은 차를 만들기 위해서." 전시된 폭스바겐 모델은 예년과 동일했다. 유행을 좇는 군중들은 세일즈맨을 무시했다. 하지만 폭스바겐은 건조한 말투로 《벌거벗은 임금님》에서의 꼬마처럼, 디트로이트가 '옷을 입지 않고 있다'는 사실을 모든 사람들에게 까발렸다.

당시 경쟁사들이 전달하고 있던 인쇄 광고들이 대체로 가장 낮은 수준의 문화 코드였던 것에 비해, 폭스바겐 인쇄 광고의 지배적인 코드들 (즉, 짧게 끊어치는 많은 선언적인 문구들과 함께 깔끔하게 떨어지는 자동차의 흑백의 이미지를 특징으로 하는 그림들)은 인텔리 느낌의 교양 있는 관점을 반영하고 있었다. 다른 제조사들이 번쩍번쩍하고 틀에 박힌 묘사와 과장스런 카피를 사용한 반면, 폭스바겐은 소박하고 엄격한 미니멀리즘[2]으로 대응했는데 이 철학은, 루드비히 미스 반 데르 로에[3]의 초고층 건물과 임스의 가구와 같이 형태와 기능을 균등하게 맞추는 것을 강조하는 후기 모더니즘의 사조였다.

폭스바겐 TV 광고에서는 이와 같은 미적 요소들을 필름에 담았다.

—— **2** 단순함을 추구하는 1960년대 예술 및 문화 사조. 불필요한 것을 제거하고 사물의 본질만 남기는 것을 추구하는 특징이 있다.

—— **3** 루드비히 미스 반 데르 로에(Ludwig Mies van der Rohe, 1886~1969)는 독일의 건축가로 발터 그로피우스, 르 코르뷔지에와 함께 근대 건축의 개척자로 꼽힌다. 그의 고층 건물에 대한 미니멀리즘은 현재까지 절대적인 영향을 미친다.

가장 유명한 광고 중 하나는 "제설차" 광고다. 이 광고는 제설차 운전사가 눈보라 속에서 운전하는 이야기를 보여주는데, 후륜구동 엔진인 비틀의 더 나은 구동 능력을 표면적으로 부각시킨다. 하지만 시청자들을 놀라게 한 것은 25초쯤에 나오는 눈보라를 뚫고 자신의 제설차를 운전하는 장면이었다. 이 장면은 결정적으로 "당신이 광고를 보고 있다"는 것을 등장인물 없이 목소리만으로 알려준다.[4] DDB는 TV 광고에서도 인쇄 광고와 같은 방식으로 파격적 미니멀리즘을 보여주었다.

마인드 셰어가 문화 아이콘을 파묻다

하지만 역설적이게도 DDB와 나머지 광고업계는 폭스바겐의 성공으로부터 잘못된 교훈을 얻었다. 여기서 잘못된 교훈이란, 광고대행사가 파블로프의 추종자가 아닌 아티스트로 역할을 하게 하면 소비자들이 광고와 이어지게 되고(상업적 관계를 넘어서서) 그 결과는 놀라울 것이라는 것을 폭스바겐이 증명했다는 것이고, 이것을 광고업계 모두가 믿었다는 것이다. 통제받지 않는 자유로운 창의성이 산업의 표준이 되었다. 광고 회사의 경영진들은 자신들이 전위적이고 진보적인 아방가르드적인 예술적 흐름에 들어가 있다고 생각했다. 그러나 1970년대 중반에 이르자, 이런 창의성은 갑자기 사라졌다. '창의성이 위대한 광고를

---

4 이 광고는 https://www.youtube.com/watch?v=ABcckOTVqao에서 확인할 수가 있는데, 눈이 쌓여 다른 차는 통행이 힘든데 폭스바겐은 매우 역설적이게도 여유 있게 눈 위를 지나가고, 자신의 제설차를 운전하여 다른 차를 위해 길에 있는 눈을 치우러 간다.

이끈다'는 새로운 원칙을 따랐던 광고대행사들은 한결같이 사업적으로 좋은 성과를 내지 못했다. 비슷한 몇 개의 히트작과 실패작이 있었을 뿐이었다. 광고대행사들과 광고주들은 창의성이 브랜드 가치를 창출하는 데 필요한 요소이기는 하지만, 충분한 요소는 아니라는 것을 알게 되었다.

1970년대 초에 이르자 폭스바겐이 비틀의 캠페인을 전개하기 위해 희생양으로 삼았던 과학주의적–관료제의 이데올로기는 박살이 났고, 비틀 신화도 함께 무너졌다. 미국이 이데올로기적 혼란과 자기탐닉의 시대로 접어들었을 때, 폭스바겐은 교육받은 중산층에게는 최고의 문화적 권위자로 남아서 새로운 방향을 제시했을 수도 있었다. 그러나 이런 문화적 권위를 갖기 위해서는, 폭스바겐과 DDB가 당시의 베트남 전쟁, 아랍 석유 금수 조치, 워터게이트 사건 등 사회 붕괴적 사안을 정면으로 직시해야만 했다. 이런 이데올로기적 큰 흐름을 유도하는 새로운 신화를 담은 광고를 다시 제작했을 때만이 비로소 가능한 것이었다.

대신 폭스바겐은 지난 10년간 축적한 소중한 문화적 권위를 완전히 내팽개쳐 버렸다. 창의성만이 폭스바겐의 성공을 이끈다는 가정하에, DDB는 우선 새로운 형태의 변화를 제시한 영리한 광고를 시도했다. 이후 브랜드 팀이 자신감을 잃어버리자, 광고는 그때까지 폭스바겐의 정체성을 관리하는 데 도움이 되었던 미국의 대중소비자들에게 이야기를 들려주기 위한 모든 노력을 팽개치고 마인드 셰어 기법으로 되돌아 가버렸다.

1972년 폭스바겐은 비틀의 더 큰 버전인 슈퍼 비틀을 선보였다. 제품 차원에서는 라인 확장이 완벽하게 설득력이 있었다. 경쟁사 대비 폭스바겐의 눈에 띄는 약점 중 하나는 작은 실내 공간과 트렁크 공간이었기 때문이었다. 그러나 이전의 폭스바겐은 다른 제품과 특징을 비교해서 파는 것이 아닌 세계관을 팔았다. 더 큰 비틀은 괜찮아 보였지만, "씽크 스몰"이라는 브랜드의 정신을 스스로 비난하는 듯한 느낌은 별로 괜찮아 보이지 않았다. 그럼에도 불구하고 폭스바겐은 그렇게 밀고 나갔다. 어떤 한 장면에서, 큰 코가 특징인 코미디언 지미 듀란테는 슈퍼 비틀이 그의 코처럼 충분히 크며, 그리고 그의 여자 친구들이 보기에도 충분히 크다고 선언한다. 신형 슈퍼 비틀은 "내부가 너무 커서, 밖에서 보기 전에는 폭스바겐인지 모를 거야"라고 말한다. 이것은 폭스바겐이 디트로이트 업계가 평소 주장하는 '작은 차는 뭔가 문제가 있다'고 하는 자동차 크기에 대한 콘셉트를 그대로 인정한 꼴이었다. 폭스바겐은 경쟁자의 면전에서 노골적으로 문제를 지적하는 이전의 반골적인 태도 대신, 이제 자신의 '작은 사이즈'에 대해 사과하고 있는 것이다! 더욱이, 마케팅 상황에서 흔해 빠진 경쟁자처럼 이제 유명 연예인을 대변인으로 활용하고 있었다!

슈퍼 비틀 이후 폭스바겐은 '비틀 계급'이라고 하는 아주 특별하지만, 모순적인 브랜딩을 시작했다. 광고는 영화배우 자자 가보[5]를 출연시켜 비틀을 '고급지게' 연출했다. 자자 가보는 주로 세련된 유럽 귀족역을 맡아온 영화배우였다. 그녀의 여동생 배우 에바 가보는 TV 시리즈인 〈그린 에이커(Green Acres)〉에서 유명해졌는데, 이 드라마에서 그녀는 언니와 비슷하게 귀족적이고 우아하지만, 농장 생활이 어떻게 돌

_____ 5   자자 가보(Zsa Zsa Gabor, 1917년 2월 6일~2016년 12월 18일). 헝가리의 배우. 비엔나에서 무대 경력을 시작했고 1941년에 헝가리에서 미국으로 이민을 갔다. 공식 결혼만 9차례 했고, 본업인 배우보다 화려한 사생활로 더 유명했다. 성적 매력을 극대화한 배우의 원조격이다.

아가는지 전혀 모르는 우둔한 도시 여성 역을 맡았다. 이 새로운 한정판 자동차 모델은 '거대한 딱정벌레(La Grand Bug)'라는 별명을 얻었다. 여기에 프랑스 이미지를 이용해 폭스바겐을 상류 계급적 느낌의 자동차로 판매하려는 끊임없는 노력이 있었다! 이때 폭스바겐 브랜드는 지난 10년의 여정을 함께한 팬들을 버렸다. 한편으로 일반인들에게 폭스바겐은 그저 뭔가 앞뒤가 안 맞는 브랜드였을 뿐이었다.

이 브랜드는 처음으로 이제 막 진보적 입장이 된 중산층들 사이에서 문화적인 콘셉트에 대해 경쟁을 하는 것 대신, 디트로이트와 일본의 자동차 제조사들을 상대로 이전에는 전혀 경쟁하지 않았던 마인드 셰어의 관점에서의 경쟁을 하고 있었다. 1975년 폭스바겐은 '래빗'을 비틀의 대체품으로 소개했다. 래빗은 대단한 발전을 이룬 자동차였다. 새 디자인은 훨씬 더 잘 빠졌고, 해치백 디자인은 더 기능적이었으며, 쉽게 고장 나지도 않았다. 래빗은 큰 성공을 거두었어야 마땅한 모델이었다. 그러나 래빗의 성공은 DDB가 폭스바겐 신화를 새로운 시대에 맞게 재해석할 것을 요구하고 있었다. 하지만 그렇게 하는 대신 브랜드 팀은 미국 자동차 산업의 오랜 진부함(cliches)을 선택했다. 래빗의 훌륭함과 대중적 인기를 심하게 잘난 척했던 것이다.

- 1975년 출시한 래빗은 "3,500달러 이하의 가격대에서는 세계 최고의 차"라고 페이지 전체를 할애하여 거대한 헤드라인을 달고, 거침없이 자랑했다.
- 1978년 래빗을 위한 캠페인 슬로건은 "폭스바겐이 다시 뛴다(Volkswagen Does it Again)"였다. 한 인쇄 광고 카피는 다음과 같았다. "그냥 멋진 차야. 맞아, 이 차는 큰 장점이 있어. 멋진 차로 시

작해서 훨씬 더 좋은 차를 만들었어. 전 세계 100만 명이 넘는 사람들이 그 차를 살 만큼 감명을 받았거든."

10년 전이었다면, 폭스바겐은 이런 과장 광고를 일종의 패러디라고 할 수 있었을 것이다. 하지만 지금의 폭스바겐은 가성비가 좋다고 주장하는 '그냥 자동차'에 불과했다. 하지만 당시 혼다와 토요타를 상대로 성능을 측정한 결과 소비자들은 폭스바겐이 부족하다는 것을 알게 되었다. DDB는 이후 20년 동안 이 부분을 설명하느라 애를 썼으나, 예전의 비틀을 통해서 표현되었던 폭스바겐의 예전 신화를 다시는 되살릴 수는 없었다.

1980년대 내내 폭스바겐은 새로운 모델들로 골프, 제타, GTI를 선보였는데, 이 모델들은 자동차 전문지로부터 좋은 평가를 받았다. 비록 이 모델들이 판매량 면에서 큰 성과를 얻지는 못했지만, 이들 모델들은 폭스바겐 브랜드에 새로운 차원을 추가하는 데 도움을 주었다. 이 자동차들은 모두 미국인들이 독일 제품과 관련되어 있다고 생각하기 시작한 '파워 핸들링(taut handling)'을 특징으로 했다. 폭스바겐은 더 고가의 자사 브랜드인 BMW, 메르세데스, 아우디, 포르쉐의 엔지니어링 기술을 차용하는 데 성공했다. 폭스바겐은 '독일이 제작한 폭스바겐'이라는 태그 라인을 사용해 독일 기술 전통의 계승자로 자사의 자동차 모델들을 설득하는 데 성공한 데다가 가격은 더 합리적 수준으로 저렴했다. 폭스바겐은 여전히 마인드 셰어 브랜딩의 소비자 혜택이라는 측면에서 경쟁을 하고 있었는데 특별히 잘하지는 못했다. 그러나 1990년대에 들어오면서 이 새로운 혜택을 강조하는 포지셔닝은 브랜드를 재활성화시킬 신화에 중요한 플랫폼을 제공하게 된다.

1990년이 되자, 폭스바겐의 경영진은 절박해졌다. 폭스바겐의 미국의 영업 기반은 상당히 줄어들어 있었고, 남아있던 딜러들 중 많은 이들은 폭스바겐의 고위 관리자그룹에 합류했는데 이들은 DDB의 경영진을 다시 불렀다. 폭스바겐 북미 담당 사장은 DDB에게 획기적이고 창의적인 아이디어로 이 상황을 돌파할 수 있는 마지막 기회를 주기로 결정했다.

5개월간의 시행착오 이후, DDB의 카피라이터는 독일어 사전에서 모호한 뜻을 가지고 있는 전문 용어를 갑자기 발견하게 되는데, 그 용어는 '파버뉘겐(Fahrvergnügen)'이라는 단어였다. '운전의 즐거움'을 뜻하는 '파버뉘겐'이라는 단어는 이후 전체 광고 캠페인의 가장 중요한 기초가 되는데, 이 생각의 바탕은 폭스바겐은 '운전자를 위한 자동차'가 되어야 한다는 생각이었다. 폭스바겐 브랜드는 단순히 어딘가로 가기 위해 차를 몰기보다는 운전을 좋아하는 사람들을 챔피언으로 대해야 한다는 것이었다.

광고는 폭스바겐을 운전하는 한 가족을 보여준다. 이들은 도로 위가 아니라 단순한 흑백 만화 풍경으로 둘러싸인 검은 선 위에 있다. 음악은 단조로운 전자음이다. 기계음 같은 목소리가 다음과 같이 나온다.

시동을 거는 순간 시작된다. 폭스바겐만의 특별한 경험이. 빠른 가속도, 통제감, 마치 내 몸의 한 부분인 것 같은 놀라운 반응성. 이 경험은 다음의 단어로 요약된다. '파버뉘겐.' 이것이 폭스바겐이 자동차를 만드는 이유다.

이 캠페인이 상당한 관심을 끌었지만 많은 부분이 긍정적이지는 않

_____ 브랜드는 어떻게 아이콘이 되는가

았다. 광고가 불러일으킨 어딘가 인위적으로 밝은 느낌은, 그것을 설명하는 내레이션과 관계없이 광고 시청자들로 하여금 운전의 즐거움을 불러일으키지는 못했다.

아놀드의 인디 신화

1993년경. 독일 폭스바겐 AG의 고위 경영진은 자금난에 허덕이는 미국 시장에서 손을 떼고 미국을 배제한 글로벌 전략으로 돌아가기로 결정했다. 마지막 배수진으로, 폭스바겐은 DDB를 해고했다. 그리고 이 사업만은 구제해보기 위해 마지막 한 방을 준비했다. 폭스바겐 북미지사는 회사의 자금 여유를 살펴보고 난 뒤 특별한 좋은 평판이 있지도 않고, 심지어 자동차 산업의 경험이 전혀 없는 보스턴 출신의 다크호스 광고대행사 아놀드 커뮤니케이션즈를 선택했다.

아놀드가 개발한 "드라이버스 원티드" 캠페인은 결과적으로 1990년대의 가장 매력적인 브랜드 캠페인 중 하나가 되었다. 그리고 폭스바겐 브랜드의 정체성 가치는 1960년대 후반에 가까운 수준으로 다시 회복하게 된다. 2000년대 초반인 현재, 폭스바겐 북미지사는 비틀이 최고의 판매를 기록했을 때와 거의 비슷한 수준으로 자동차를 판매하고 있으며, 경쟁사들에 비해 상당한 가격 프리미엄을 갖고 있다. 세기의 가장 성공적인 아이코닉 브랜드 중 하나가 수십 년의 미숙한 브랜딩으로 인해 가사 상태에 가깝게 되었다가 불과 4년 만에 회복했다는 사실은 얼마나 놀라운 일인가.

폭스바겐 신화는 앞서 폭스바겐의 보헤미안 신화에서 설명한 것처럼 핵심 요소인 '창조적 개성'을 채택했다. 하지만 1990년대 후반, 미국이 신경제에 진입했을 때 미국의 특정 문화 상황에 맞게 적절하게 스토리를 수정했어야 했다. 마운틴 듀와 마찬가지로 폭스바겐은 브랜드에 적합한 강력하고 새로운 문화적 갈등을 목표로 하고, 브랜드의 신화를 재해석할 브랜드에 딱 맞는 대중적 세계관을 선택했었다. 그러나 이 과정에서의 타기팅은 성공을 위해 필요하기는 했지만, 충분하지는 않은 타기팅이었다. 브랜드 계보에서 드러났듯 폭스바겐은 적절한 진정성과 카리스마 넘치는 미적 감각을 지닌 독창적인 신화를 만들어 냈을 때에야 비로소 이 목표 안에서 성공을 거뒀기 때문이다.

○ 미국 이데올로기: 보헤미안 프런티어

'폭스바겐의 때'는 우연하게 다가왔다. 당시 미국 사회는 새로운 국가 이데올로기가 지배력을 얻고 있었다. 즉 보헤미안 프런티어가 부상할 때였는데, 이것은 폭스바겐의 부활을 돋보이게 하는 완벽한 배경이었다. 미국은 금융, 소프트웨어, 엔터테인먼트, 법률, 의학, 교육 등 지식 산업이 전통적인 제조업을 대체하는 경제체제로 빠르게 전환하는 중이었다. 이 경제체제는 당시 노동부 장관인 로버트 라이시가 '기호 분석가'라고 부르는 고도로 훈련받은 의욕 넘치는 전문가들, 즉 컨설턴트, 엔지니어, 과학자, 변호사, 은행가, 프로그래머, 회계사, 상업 예술가들에게 엄청난 프리미엄을 주었던 시기였다. 이 새롭고 지식 중심의 경제 조직은 일의 기능적인 측면에서 새로운 가치관을 가져왔다. 가장 가치 있는 지식을 창출하는 작업에는 창의성과 통상적이지 않은 문제 해결 방법이 필요했다. 기업들은 이전과 같이 합리화된 프로세스, 분리된 작업 세분화, 그리고 그것이 어떻게 이루어졌는지를 반복적으로 점검하거나 피드백을 주고받는 과거의 방식으로는 이러한 새로운 지식 창출의 작업에 접근할 수가 없었다. 기업은 직원들이 자신의 일에 더 독립적이고 진취적인 접근을 유도해야 할 필요가 있었다.

이에 대한 반응으로 기업과 피고용인 사이에 자유계약직이라는 새로운 접점이 형성되었다. 보헤미안 프런티어들은 1990년대 초반의 치열한 승자독식의 노동시장과 보헤미안들의 예술적 성향을 결합시켰다. 혁신에 박차를 가하고, 창의성을 요구하는 비즈니스를 위해 경영자들은 예술가의 가치를 일터에 엮어 넣어야 했다. 예술적 가치에 영감을 주었던 신화들, 특히 보헤미안 프런티어를 중심으로 형성된 신화들은 주로 1960년대의 히피-반문화에 크게 의존한 것이었다. 한때 혁명적 반문화의 시험대였던 음악, 패션, 가치관은 그 창의적인 혁신 때문에 이러한 비즈니스를 기반으로 한 신경제 철학의 신화적 중심이 되었다.[vi] 잘나가는, 특히 실리콘 밸리에 있는 기업인들이 1960년대의 예술적 가치를 당시 복지부동의 공공기관과 경제적 가치를 구속하고 있던, 경직되고 낡은 사고방식에 대한 투쟁의 외침으로 활용했다. 〈와이어드(wired)〉 매거진과 같은 새로운 미디어들이 이러한 급진적인 창의성에 박차를 가했고, 버닝 맨 페스티벌[6] 같은 행사는 IT기업의 개발자들에게는 일종의 성지순례 같은 것이 되었다.

소프트웨어 회사, 할리우드 제작사, 광고대행사 등 창작 콘텐츠를 전

───── 6 버닝 맨(Burning Man)은 미국 네바다주 블랙록 사막에서 개최되는 행사를 말한다. 일 년에 한 번 8월의 마지막 월요일부터 9월 첫째 월요일인 노동절까지 개최된다. 버닝 맨이라는 이름은 토요일 자정, 도시의 상징으로 공간의 중심의 사람 모양의 조형물 더 맨(The Man)에 불을 내고(burn), 그것을 완전히 소각하는 것에 유래한다.

문으로 하는 첨단 지식 기업들이 예술적 활동의 일환으로 자신의 일을 재창조하기 시작했다. 최고의 일터는 이제 보헤미안 스타일을 모델로 했다. 즉, 당신이 원할 때 출근하는, 게으름을 일종의 훈장 같이 여기는 직업들이 모델이 되었는데, 이런 일들은 느슨해 보이기도 했지만 반면 완전히 멋지다고 생각한 프로젝트에는 마치 지옥에서처럼 전력을 다해 일하는 직업이기도 했다. 이런 일터에서는 위계질서도 없고 정해진 형식도 없었다. 이런 일에서 협동은 존재하지 않도록 설계되어 있었다. 한편, 이 조직들이 상업적 행위와 관련이 있다는 모든 암시는 슬쩍 뒷방에 밀어두었는데, 왜냐하면 창의적인 조직구성원들이 하는 일을 예술적 동기를 위해 뭔가 발명하는 것처럼 가장하기 위해서였다. 사실 이것은 관객에게 뭔가를 보여주는 무대 위에서 하는 비즈니스와 같은 것이었다. 예술과 상업적 행위와의 갈등은 끝났고, 예술이 승리한 것처럼 보여주려 했다. 신경제 노동자들은 자신들의 창조적이고 기술적 탁월성에 대한 내적 기준(스티브 잡스의 표현에 의하면, '불가사의하게 위대한')에 맞춰진 프로젝트에 전념해야 했는데, 이 열정은 필연적으로 시장의 동의를 이끌어냈다. 보헤미안 프런티어의 새로운 영웅들은 돈키호테식의 취미 활동을 추구하기도 했지만, 이들은 자신들의 '창의적인 방랑벽(일정하지 않은 창의성과 성실함)'을 상업적 이익을 추구하는 자본주의적 방식으로 활용하기 시작했다. 이것은 1980년대 월스트리트 프런티어들에게 있었던 열풍과 매우 유사한 것이었다.

○ 보보스의 갈등을 목표로 하다

이 새로운 이데올로기의 중심에는 저널리스트 데이비드 브룩스가 '부르주아 보헤미안'의 줄임말인 보보스라고 부른 사람들이 있었다.[vii] 이들은 지식경제의 중심에 있는 고학력 전문가들(즉 전통적인 정의에 의한 약 상위 5%의 상위 중산층)이었다. 보보스에게 삶이란, 일에서건 여가에서건 전적으로 개인의 표현과 자아실현에 관한 것이라고 생각하고 있었다. 이들은 기발한 취향을 유쾌하게 표현하는 나름의 라이프 스타일을 만들어내면서 살고 있었다. 이들에게 인생은 창조적이고 모험적인 비즈니스여야 했다. 인생은 백지의 도화지고, 개인은 그 속에 특별한 경험을 그려 넣는 그림이었다. 열정적인 프로젝트를 수행하는 것이 삶의 원칙이었다. 그 사람이 하는 모든 일은 개인을 드러내는 일종의 선언과도 같은 것이었다.

보헤미안 프런티어의 이데올로기는 일을 자신을 표현하기 위한 하나의 공론장으로 한 차원 올려놓았지만, 과거의 관료주의적 삶의 특징들은 대부분 여전히 그 자리에 있었다. 심지어 몇몇 분야는 이전보다 관료주의가 더 심해졌다. 중상류층 미국인들이 보보스의 가치에 집착하게 된 반면 상업적 행위가 예술이 되고, 일상생활이 일종의 자아실현 프로젝트가 되기를 추구했던, 보보스의 유토피아적인 일을 실제로 허용한 직업의 비율은 극히 미미했던 것이다. 일례로 당시 뉴스 보도에 따르면 어느 CFO(최고재무담당임원)는 자전거 배달원과 직업적 구분이 모호한 상업 예술 분야의 겉보기에만 멋져 보이는 직업들을 과장하기도 했다. 그러나 대부분의 보보스는 여전히 의사, 변호사, 홍보 담당자, 은행가 등 주류의 업계 또는 회사에서 일했다. 그리고 이런 회사들 업무의 대부분은 완화적인 복장 규정에 관계없이 1990년대에 들어 점점 더 '합리화'가 되는데, 이때는 경영진들이 전문직 노동자들에게 더 높은 생산성을 짜내기 위해 애쓰던 시기였다. 보보스는 자신들의 직장 생활이 고객의 요구를 충족시키는 데 급급하고, 업무는 반복적이며, 자신들의 역할은 항상 위에서 떨어지는 명령을 실행하는 것임을 알아가고 있었고, '예술적 자아개념'을 유지하는 것이 어렵다는 것을 깨달았다.

일단 직업적인 진로에 올라타게 되면 보보스는 대학에서 소중히 여겨온 보헤미안적 이상을 현실과 타협해야 했다. 일은 그들 속에 갇혀있는 보헤미안적 욕망을 억압했다. 그 결과 보보스는 자신들의 취향을 여가 생활과 소비를 통해 충분히 표현하기 시작했는데, 왜냐하면 이들은 자신들의 이상에 대한 상징적인 표현을 움켜쥐고 싶어 했지만 8시에 출근해서 8시에 퇴근하는(8 to 8) 직업에서는 더 이상 실제 삶을 영위할 시간이 없었기 때문이었다. 이러한 갈등은 보보스로 하여금 비상업적 음악 장르, 독립 영화들, 오래된 맛집과 같은 장인정신이 담긴 음식, 체험적 휴가 등 인디·얼터너티브 아티스트 등의 새로운 보헤미안 세계를 접할 수 있는 거대한 '인디 신화 시장'이라는 문화 상품 시장을 형성하게 했다.

○ 아놀드의 신화 처방

아놀드 커뮤니케이션즈는 "삶이라는 길 위에는 나그네들과 드라이버들이 있다. 드라이버스 원티드"라는 태그 라인을 붙인 광고 캠페인을 통해 경제적으로 큰 성공을 거두었다. 폭스바겐은 "드라이버스 원티드" 캠페인을 7개의 시리즈 광고로 시작했는데, 모두 일과 여러 복잡한 기술들에 짓눌려 사는 30명의 전문직들이 음악을 요란하게 튼 채 시골에서 폭스바겐을 빠르게 몰며 자유를 만끽하는 모습을 묘사했다. 운전 장면은 MTV 비디오와 같은 스타일의 이미지에 의존해서 로큰롤의 변화무쌍함과 기교 비슷한 주행을 보여준다. 하지만 상당한 미디어의 무게감과 눈에 확 띄는 소개에도 불구하고, 이 장면들은 어느 하나도 눈에 띄지 않았다.

처음으로 무관심을 깨는 광고는 자동차 리스 패키지 홍보에 관한 것이었다. 겉보기에 이 광고는 '카푸치노 걸'이 폭스바겐 골프 모델에 대한 제품 평가로 보일 수도 있었는데, 에너지가 넘치고 누가 봐도 뉴욕의 스페셜티 커피 유통 분야에서 일하는 것처럼 보이는 젊은 여성이 등장한다. 그녀는 맨해튼의 비좁은 거리를 돌아다니면서 빠른 속도로 자신의 업무에 대해 설명한다. "난 방금 도시로 이사했어. 그런 거 같지? 그리고 나는 매우 다양한 목적의 차가 필요해. 그래서 나는 폭스바겐 골프를 새로 리스했어. 좋았어, 훌륭해. 나는 카푸치노 기계를 팔 거야. 때로는 큰 것을 움직여야 할 때도 있고, 또 때로는 작은 것을 움직여야 할 때도 있지. 분명한 건, 하지만 난 항상 움직여야 한다는 거야." 그녀는 자신이 서비스하는 카페에서 직원들과 잡담을 나누고, 좁고 벽돌로 된 시내 거리 한복판을 걸으며, 정신없이 번잡한 도시의 교통체증을 뚫고 차를 몬다. 그녀는 커다란 스테인리스 커피 잔을 차 트렁크에서 꺼내며 폭스바겐 골프에 대해 "모든 것이 꼭 들어맞네"라고 말한다. 그녀는 자신의 주차장으로 몰래 들어가려는 다른 차를 발견하고, 앞을 가로막는 차를 향해 운전석 창문 밖으로 몸을 내밀며 "이봐!"라고 외쳤고, 활기차 보이는 그녀는 여느 때처럼 다시 거리에 나타나서 카메라를 향해 "카페인을 줄여야겠어"라고 말한다. 마지막 장면에서 지붕 위에 두 대의 자전거가 얹혀 있는 그녀의 빨간 폭스바겐 골프가 도시를 빠르게 빠져나간다.

광고를 본 시청자들은 그녀가 고등교육을 받은 젊은 여성임을 알 수 있었다. 그녀는 분명하고 자신만만하게 자신을 표현한다. 이 모습은 중산층의 교양과 대학 교육을 받은 모범적인 보보스의 사례로 보인다. 그녀가 보여주는 모습은 상대적으로 부유한 월스트리트나 매디슨 애비뉴 같은 훨씬 더 권위 있고 보수가 좋은 일자리를 쉽게 얻을 수도 있었음을 암시한다. 하지만 그녀는 자신의 열정을 선택했고 커피를 팔면서 보헤미안적인 삶을 선택했다는 것이다.

이 '허세가 없는' 광고는 보보스적인 삶의 핵심적이고 실존적인 딜레마에 대해 이야기했기 때문에 화제에 올랐다. 즉, 보보스의 이상(열정적인 프로젝트로 일을 대하는 것과 개인적인 창의성을 추구하는 것)을 동시에 추구해서 경력을 쌓아야 성공할 수 있다는 것은 일종의 악마의 계약이라는 것이다. 이 광고에서는 한 여성이 등장한다. 이 여성은 회사의 경력에 대해 '필요 없어'라고 말할 수 있는 자신감을 가진 여성이다. "카푸치노 걸" 광고는 도시에서의 '다운사이징'된 생활을 감수하면서 전문직의 직업적 경력을 거부하는 배짱을 가진 여성을 그렸다. 그녀의 일상은 전문직이 아닌, 경력이 안 되는 직업의 번잡함과 거리의 삶이다. 그리고 바로 이것이 전문직에서처럼 그녀의 시간이나 정신 에너지를 소모하지 않기 때문에, 그녀는 다른 일에 에너지를 집중할 수 있는 것이다.

폭스바겐은 이 30초 동안 보보스 생활의 중심적 불안 중 하나를 알아보고 이해하고 있는 브랜드라는 것을 설득력 있게 보여주었다. 하지만 카푸치노 걸이 자신의 골프로 만들어 낸 세계에는 신화적인 힘이 부족했다. 이 캠페인에 별 반응이 없던 초기 시점과 마찬가지로, 폭스바겐의 광고는 시골길을 지나며 자동차를 운전하는 세계를 보여주었다. 1950년대 로큰롤이 부상한 이후 부르주아 규범에 반항하기 위해 시끄럽게 울리는 록 음악과 함께 차를 타고 빠르게 시골로 빠져나가는 모습은 전형적인 문화 코드였다. 비치 보이스에서 조나단 리치맨, 브루스 스프링스틴에 이르기까지 뮤지션들은 이런 장면을 전형적인 반항적 모습으로 그려왔다. 시끄러운 음악 소리와 함께 차를 빠르고, 신나게 운전하는 것은 보보스의 불안에 대한 독창적인 해결책도, 설득력 있는 해결책도 아니었다.

하지만 1997년을 시작으로 광고대행사 아놀드는 이 결함을 바로잡았다. DDB의 기존 작업을 완전히 재해석했다. 그리고 보보스의 갈등을 해결하는 데 효과가 있는 방식으로 창의적이고 설득력 있게 신화를 만들어 냈다. 깔끔하고 영리한 광고들이 쏟아지던 가운데, 4개의 광고가 새로운 신화의 모범으로 눈에 들어왔다.

"일요일 오후" 혹은 "〈다다다(Da-Da-Da)〉"로도 알려진 이 광고는 이후 10년 동안 가장 영향력 있는 광고 중 하나가 된다. 광고는 일요일마다 두 명의 젊은이가 노동자들이 모여 사는 동네와 공업지대를 지나면서 하릴없이 어슬렁어슬렁 길을 헤매는 모습을 담았다. 실제로는 로스앤젤레스에서 촬영되었지만, 광고의 장소는 일반적으로 TV에 자주 나오는 로스앤젤레스의 상업지역은 피했다. 실제 로스앤젤레스는 선탠을 즐기고, 노출이 심한 배우들의 도시였기 때문이다. 광고는 무질서하게 펼쳐져 있는 텅 빈 콘크리트의 로스앤젤레스를 보여준다. 이 도시에 다른 차들은 보이지 않는다. 한 대의 차가 빈 버스 정류장에서 마치 영원히 정지 신호등을 기다릴 수 있을 것 같이 기다린다. 여기는 한낮의 로스앤젤레스였지만, 대기질이 좋지 않아 태양 빛이 그림자 하나도 만들지 못한다.

첫 장면부터 시청자를 확 끄는 것은 믿을 수 없을 정도로 명랑하고,

가볍고, 흥겨운 1980년대 클럽 히트작 〈다다다〉였다. 독일의 미니멀리스트(가능한 한 단순하고 최소한의 요소를 통해 최대의 효과를 이루려는 사고방식을 지닌 예술가-옮긴이) 팝 아티스트 '트리오'가 작곡한 이 곡은 단순한 2코드 멜로디와 반복적인 타악기 리듬의 중독성 있는 장르 곡이었다. 1980년대 초는 북미나 유럽 어디에서도 반복적인 중독적 리듬의 곡조를 듣지 않고는 댄스 클럽에 들어갈 수 없었을 정도의 시대였다. 그러나 1997년이 되자 이런 음악풍은 사람들의 관심 레이더에서 사라졌다. 결과적으로 이 곡의 사용은 전혀 예상치 못한 것이었다. '힙'하지도 않았고, 복고적이지도 않았다. 하지만 평범한 장면을 강조하면서도 진부하지만 귀에 꽂히는 곡조는 뭔지 모를 '게으른 추진력'을 제공했다.

폭스바겐 샷건을 타고 가면서, 보조석에 앉아있는 깔끔해 보이긴 하지만 별 특징 없는 아프리카계 미국 남성이 음악의 박자에 맞춰 오른쪽 엄지손가락과 집게손가락을 벌렸다가 닫았다가 한다. 손가락은 눈과 태양 사이에서 춤을 춘다. 운전대를 잡고 있는 똑같이 깔끔한 백인 남성은 그를 무시한다. 다음 장면에서 흑인 남성은 팔과 손으로 옆 사람을 놀리듯 무술 포즈를 하며 허공을 가르고 쿵푸 영화를 흉내 내는 모습이 묘사된다. 운전사는 여전히 그에게 무심하다.

그리고 나서 보조석의 남성은 한 손으로 익숙한 어린이 장난감, 즉 플라스틱 바닥의 아래쪽을 누르면 관절이 움직이는 형태의 작은 조형물을 가지고 논다. 다른 절제된 동작들과 마찬가지로, 이 조각상의 춤도 음악의 비트에 맞춰 움직인다. 차가 정지 신호등에서 멈추고, 방향지시등이 박자에 맞게 반짝거린다. 운전사는 낯선 지역에서 잠시 방향을 찾는다.

_____ 브랜드는 어떻게 아이콘이 되는가

남자들은 계속해서 차로 어슬렁거리다가 주택가로 들어선다. 운전사는 대시 보드에 손을 뻗어 손가락으로 얼룩 같은 것을 닦아낸다. 광고는 다시 노래의 리듬에 맞춘다. 먼 거리의 화면으로 붉은색 차가 특별히 더 황량해 보이는 로스앤젤레스 강의 다리를 건너는 것을 보여준다. 햇볕은 쨍쨍한데 물이 거의 없어 바닥이 보이는 콘크리트 배수구다. 살짝 미소를 지으면서 음악에 맞춰 부드럽게 움직이던 두 남자는 음악에 맞춰 풍선껌의 풍선을 터뜨린다.

이들은 길가의 쓰레기통 옆에 잘 닦여진 버려진 녹색 안락의자를 발견한다. 다음 장면에서 의자는 차 뒤 칸에 있지만 등장인물들은 여전히 무심한 표정이다. 갑자기 운전사가 몇 번 코를 킁킁거리더니, 그 의미를 알아챈 옆 좌석 친구를 시큰둥하게 쳐다본다. 둘은 의자를 힐끗 돌아본다.

다음 장면에서 차가 또 우회전 모서리를 돈다. 그리고 다시 버려진 의자가 보인다. 매번 같은 광고에 따라 나오는 한 여성의 정해진 멘트 "드라이버스 원티드"가 나오고, 이번에는 새로운 단서가 붙는다. "독일 기술이 만든, 폭스바겐 골프. 당신의 일상에 딱 들어맞거나, 아니면 완벽하게 '그런 게' 없거나."

"일요일 오후" 광고는 최고의 반(反)광고였다. 광고는 뭔가 추하고 볼품없는 것들(지저분한 풍경, 냄새나는 의자)과 예상치 못한 동작들(관절 장난감, 쿵푸, 얼룩 문지르기)로 마구 엉켜있다. 자동차는 '인상적인 턴'이나 '가속' 없이 움직인다. 그 차는 찰나의 승부를 내야 하는 금쪽같은 광고 시간 중 몇 초를 정지등을 기다리는 장면으로 낭비해버린다. 트리오의 곡은 그 광고에서 보여주는 소박하고 평범한 상황을 '창의적인 반응'으로 재해석하게 하는 즉흥적인 기본 뼈대가 되었다. 남자 승객들은 완벽하게 무덤덤한 모습이었지만, 반대로 사소한 일에 완전히 몰입한 모습을 보여주었다. 그들은 비트에 맞춰서 아무렇게나 움직이고, 아무렇게나 닦고, 무술 하는 손짓을 했다.

이 광고는 보보스적인 세계관에서 운전과 운전자가 무엇을 의미하는지에 대해 새롭고 설득력 있는 아이디어를 제시했기 때문에 효과가 있었다. 이전 "드라이버스 원티드" 광고들에서 나왔던 운전에 대한 문자 그대로의 해석은 사라졌다. 이제 운전사가 된다는 것은 창의적인 배우처럼 자신의 삶 속에 들어간다는 것이며, 또한 이것은 마치 자신의 지금까지의 문화 경험이 만든 우상을 파괴하는 프로듀서로 참여한다는 것을 의미했다. '보조석의 승객'은 대중매체의 관점을 과도하게 받아들였던 관객이었던 반면(관심을 끄는 동작을 과잉으로 하면서), '운전자'는 앞으로 나아가면서 온갖 종류의 즉흥적이고 소소한 재미를 발견하는 창의적인 사람으로 비춰진다. "일요일 오후" 광고는 충분히 색다른 세계관과 새로움에 대한 의지만 있다면, 남들은 시시하게 여기는 것들에서도 작지만 많은 즐거움을 찾을 수 있다고 주장했다.

폭스바겐의 새 히어로는 창의적인 염세주의자였다. 이 아웃사이더는 '일렬로 함께 전진하는 세계'에 뭔가 삐딱하게 맞서고 있는 사람으로 자신만의 세계를 상상했다. 자동차는 당시의 제도적 틀로부터 자유로운, 히어로가 창조할 수 있는 자율적인 공간이 되었다. 이러한 선구적인 노력에 힘입어 브랜드 팀은 이 신화를 멋지게 장식한 3개의 광고를 추가로 제작했다.

"동시성(Synchronicity)" "일요일 오후"의 속편인 "동시성"은 다시 폭스바겐에 탑승한 두 사람이 등장, 주변의 평범해 보이는 일상을 관찰한

———— 브랜드는 어떻게 아이콘이 되는가

다. 광고에서 30대 초반의 한 커플이 등장하는데 좁고 오래된 뉴올리언스 거리를 따라 그들의 제타(폭스바겐 모델)는 천천히 움직인다. 이 광고의 예술적 지향점은 대학 교육을 받은, 창의적인 직업을 가진 도시 노동자들을 향해 있다. 두 등장인물(남녀) 모두 갈색 머리였고, 둘 다 검은색만 입었고, 차도 검은색이다. 차 안의 커플과 거리에서 벌어지는 일들 사이를 오가며 장면이 교차된다.

운전사, 한 명의 남자, 쑥 들어가는 카세트테이프, 그리고 나른한 비트의 일렉트릭 댄스음악이 시작된다. 바로 이어 자동차에 탄 커플을 둘러싼 지나는 사람들과 주변의 사물들이(앞 유리에 들이치는 보슬비를 닦아 내는 와이퍼, 사람들의 발걸음, 인도를 쓸고 있는 빗자루질, 가로등에 기댄 아이가 던진 요요) 신비롭게 이 나른한 비트의 일렉트릭 댄스음악과 박자를 맞춘다. 자동차가 신호등을 지날 때 빨간불도 비트에 맞춰 반짝인다. 보도에서 드리블이 되던 농구공도 마찬가지로 박자를 탄다. 시청자들은 점점 더 황당한 얼굴로 반복적으로 리듬을 타는 주변을 둘러보는 커플의 얼굴을 본다. 창밖 남자들은 음악에 맞춰 리듬을 타며 박스 던지며 트럭의 짐을 내린다. 코너에서 빨간색 픽업트럭이 거대한 웅덩이의 물을 폭스바겐의 앞 유리에 튀긴다. 그때까지도 차의 방향 지시등이 박자를 맞추고 있다. 마치 찬물 한 양동이가 꿈에서 운전자들을 깨운 듯 동기화의 효과는 사라진다. 남자는 마치 TV 시리즈 X-파일에서 나온 것과 비슷한 멘트를 낮고 곧은 목소리로 말한다. "재밌군." 파트너는 동의하듯 끄덕인다. 차는 우회전 한다. 클로징 장면에서 카메라는 점점 뒤로 빠지면서 그들 앞에 있는 텅 빈 거리를 높은 곳에서 내려다본다. 다른 움직이는 차량은 보이지 않는다. 갑작스런 빨간색 픽업트럭 역시 사라지고 없다.

폭스바겐의 새로운 운전자 감성이 여기서 나타났다. 커플은 마치 누에고치 같은 차 안에서 세상 밖을 유심히 살펴보았는데, 여기에는 기묘한 미적 쾌락을 포함한 시선이 있었다. 이 시선은 겉보기에는 진부해보이는 일상적 활동을 유심히 관찰하고 해석하게 했다. 폭스바겐은 자신을 예술가라고 상상하는 모든 이들을 불러 모았다. 이 브랜드는 일상은 누구에게나 하나의 캔버스가 될 수 있다고 선언했던 것이다.

"대탈주(Great Escape)" "대탈주(스티브 맥퀸 주연의 1963년 영화 〈대탈주〉의 제목을 패러디한 광고 제목명-옮긴이)" 광고는 폭스바겐의 가장 자신감 있고 모험적인 광고였다. 이 광고로 인해 폭스바겐의 가치관은 완전히 새롭고 예상치 못한 곳에 자리 잡게 된다. 요양원에 사는 한 흑인 노인 남성. 장면은 방 안의 거울 앞에 당당하고 나이 든 남성이 서서 넥타이와 모자를 고쳐 쓰는 것으로 시작된다. 그는 지팡이를 움켜쥐고 부지런히 방을 나와 요양원의 복도로 들어선다. 복도를 천천히 걷던 그는 지나가는 간호사에게 자신의 모자 끝을 잡고 목례하고, 약간 엉큼하게 몸을 돌려 유혹을 뿌리치지 못한 채 그녀의 엉덩이를 보고 감탄한다. 분명히 그녀도 그 엉큼한 영감을 알고 있었던 듯하다. 왜냐하면 그녀 역시 등 뒤로 돌아보고 그에게 쏘아보는 시선을 날렸기 때문이다. 그런 사소한 비난을 슬쩍 지나쳐버리고, 노인은 미소를 지으며 복도를 계속 몰래 걸어 어딘가를 빠져나가려다 '끔찍한 장면'을 맞닥뜨린다. 여기서 끔찍한 장면이란 노인들의 '건강 체조 수업' 시간이다. 노인은 재빨리 그곳을 우회하여 간호사 데스크를 지나치고, 어떤 문을 밀고 밖으로 나간다. 그 문에는 '정문을 이용하세요(Please use the front door)'라고 쓰여 있다. 노인은 햇볕이 쨍쨍한 사막 같은 주차장 쪽으로 걸음을 옮긴

　　　　　　　　　 ____ 브랜드는 어떻게 아이콘이 되는가

다. 은빛 폭스바겐 제타 한 대가 미끄러지듯 그의 앞에 멈춰 서 있다. 노인은 뭔가를 알아보고 기뻐서 활짝 웃는다. 차 안에는 젊은 흑인이 바로 정면을 바라보며 장난스럽게 웃는다. 그리고 '도망친 영웅'을 환영하며, 인사를 건넨다. "할부지(Grandpop)." 노인은 차에 올라 빙긋 웃는다. "이봐, 부~부~(Boo-boo, 여기서는 자동차를 뜻하는 속어-옮긴이) 제시간에 와줘서 좋군."

차는 사막의 고속도로 쪽으로 사라진다. '부~부~'는 선루프를 연다. '할부지'는 고개를 뒤로 젖히고 햇빛을 어느 정도 느낀 다음 창밖으로 손을 뻗어 바람을 타고 헤엄치는 듯한 손짓을 한다. 장난기 가득한 몸짓은 "〈다다다〉" 광고에서 등장하는 친구들의 행동에서 빌려왔다는 것을 완곡하게 암시한다. 주변은 오직 모하비 사막의 풍경만이 펼쳐진다. 자동차는 라스베이거스가 134마일 남았다는 도로 표지판을 지나쳐 달려간다. 노인은 창밖으로 모자를 던진다.

이 광고에서 '요양원에 갇힌 듯한, 취향이 까다로운 노인'이라는 비유는 합리화된 회사 생활로 포장된, 전문직 보보스들의 숨 막히는 생활에 대한 효과적인 메타포였다. 그 할아버지는 드라이빙을 하는 동안 표현의 자유를 만끽하면서, 질서 있고 꽉 짜인 정해진 일상을 탈출한 또 다른 영웅이 된다. 그의 열광적인 모자 던지기, 장난기 가득한 서핑 손동작, 그리고 손자와 나눈 미묘한 친밀감들은 시청자들에게 마치 사막을 달리는 것과 같은 단순한 행동도 답답한 현실을 벗어나게 하는 초월적인 경험일 수 있다고 말하고 있었다.

이 광고의 사운드트랙은 재즈의 텍스처 앙상블 스타일을 창시한 유명 재즈 아이콘인 찰스 밍거스의 고전적인 프리재즈 컴포지션(즉흥 연주의 한 종류-옮긴이)이었다. 밍거스는 불같은 성격의 소유자로, 열정적인 보헤미안적 삶을 살았다. 광고에 등장하는 노인도 비슷한 경향, 즉 성숙하지만 여전히 왕성한 열정을 지니고 있었다.

"은하수(Milky Way)" 이 4부작의 마지막 작품인 "은하수"는 다양한 인종이 타고 있는 달리는 차를 통해 10대들의 이야기를 들려준다. 하늘을 보며 뭔가를 명상하는 듯한 10대들은 한적한 시골길에서 카브리오 컨버터블(지붕 없는 차)을 타고 보름달 아래를 조용히 드라이브한다. 닉 드레이크의 잊히지 않는 발라드 〈핑크 문(Pink Moon)〉이 깔린 밤의 영상. 이미지는 차갑고, 푸른색이다. 10대들은 개울에 반사되는 달과 반딧불, 눈부신 시골 별자리의 모습을 보며 곰곰이 생각에 잠겨있다. 이들은 보이지는 않지만 달은 우리와 무언가 연결되어 있고, 감정적으로 끌림이 있다는 것을 친구들과 함께, 그리고 동시에 깨닫는 듯 보인다.

아이들은 파티로 왁자한 여름 별장의 어두운 진입로에 차를 세웠으나 아무도 차에서 내리지 않는다. 그들은 서로의 눈을 부드럽게 돌아보며, 조용하고 미묘하게 눈빛을 교환한다. 그들 중 아무도 말을 하지 않는다. 운전자는 차를 후진하고, 방향 지시등이 번쩍거리며 다시 도로를 향한다. 그리고 몸을 뒤로 젖히고 달빛에 흠뻑 젖어든다.

아이들은 단순하지만 훨씬 더 심오한 즐거움에 흠뻑 빠져드는 완벽한 밤을 위해, 통상적인 10대 문화를 규정하는 코드들(시끄러운 음악, 파티, 성적인 쾌락)을 빼먹는다. 광고는 바람을 머금고 우주를 응시하며 보다 영적이고 상상력을 자극하는 경험을 위해, 멋진 파티를 쿨하게 날려버리는 10대들을 묘사한다. 이것은 폭스바겐이 개인적 자율성과 미학적 경험에 대한 감수성을 중요하게 생각한다는 것을 보여주는 또 하나의 독창적인 발상이었다. 이 걸작 광고 속에서의 자동차는 또다시 미학적 감수성과 관행을 깨뜨리는 쾌락을 경험하게 하는 매개체로 작용하는데, 이때 미학적 감수성과 우상 파괴의 경험은 역설적으로 '정상적인 행동'을 통해서 이루어진다. 이 "은하수" 광고는 첫 방영 이후 2년 동안 방영되었을 정도로 인기를 끌었다.

아놀드의 광고 캠페인에 대한 신화적 처방은 다음과 같이 요약할 수 있다. 폭스바겐은 운전하는 사람들의 세계를 적극적으로 지지한다. 즉, 드라이버들은 자신이 찾은 일상적인 상황을 캔버스로 생각하고 개인의 미적 표현, 일상에서의 예술적 느낌을 즉흥적으로 만드는 사람들이라는 것이다.

'쿨'은 '좇을 수 있는' 대상이 아니다

말콤 글래드웰은 정체성 브랜드의 핵심 도구가 된 아이디어인 '쿨헌트(Coolhunt)'라는 개념을 대중화하는 데 일조했다. 그러나 사실 '멋지고 트렌디하다'는 뜻의 '쿨'에 '좇는다'는 뜻의 '헌트'가 합쳐진 것은 용어의 모순이다. '쿨'의 본래 뜻은 '예술적으로 선두에 선다'는 의미를 포함하며, 문화를 선도한다는 의미를 갖는다. 따라서 당신이 만약 어떤 것을 '좇고 있다면', 당신은 이미 '쿨'하지 않은 것이다. '쿨헌팅(Coolhunting)'은 어떤 브랜드나 대세에 기생하는 전략의 일종일 뿐이다. 브랜드들은 '핫(hot)'한 문화적 가치가 있는 곳들을 공략하기 위해 경쟁하고 협력관계를 붙잡으려 노력한다. 하지만 이런 접근 방식은 정의상 문화적 아이콘을 만들어낼 수 없다.

DDB의 광고는 결코 강한 비트나 히피-반문화라는 유행이나 트렌드에 올라타려고 하지 않았다. 거기에는 어떤 록 음악도, 섹스도 없었고, 그래픽과 디자인 분야에서도 그 시대의 다른 브랜드들이 훔쳐볼 만한 마약쟁이 팝 아티스트 피터 맥스[7] 스타일도

—— **7** 피터 맥스(Peter Max, 1937~). 주로 밝은 색상을 사용한 것으로 알려진 독일계 미국인 예술가. 1960년대의 시각 예술과 문화, 특히 사이키델릭 예술과 팝 아트와 관련이 깊은 아티스트.

없었다. 사실, 그 광고들은 단연코 히피스럽지 않았다. 그럼에도 폭스바겐은 히피-반문화에서 가장 강력하고 오래 지속되는 '쿨'한 브랜드의 상징이 되었다. 마찬가지로 아놀드의 "드라이버스 원티드" 광고는 당시 인디 분야의 트렌드와는 거의 상관없는 따분한 설정에다가 지극히 평범해 보이는 일상적인 플롯에 의존했다. 두 차례의 특별한 광고를 통해 폭스바겐은 '쿨'함을 모방하거나 좇지 않았다. 오히려 폭스바겐 브랜드는 당시의 예술계에, 한 명의 교양 있는 동료 여행자 정도로 포지셔닝 했다. 각각의 경우에서 브랜드는 반문화의 정신을 받아들이고 그 문화의 내부로부터 창의적인 것들을 이끌어냈다.

아이코닉 브랜드는 기존 문화를 모방하지 않으며, 새롭게 떠오르는 트렌드를 잡으려 하지도 않는다. 그들은 예술적 기법을 사용하여 이를 보는 관객들의 생각과 행동을 변화시키려 유혹하는 문화혁신가들이다. 그래서 '트렌드를 이끈다'는 것은 사실 문화적 변화에 대한 피상적인 접근을 뜻하는 것일 뿐이다. 아이코닉 브랜드는 사람들이 국가의 이상(국가가 추구하는 이상)과 관련하여 자신을 이해하는 방식에 영향을 미치는 방식으로 더 깊은 수준에서의 문화를 변화시키는 데 도움을 준다.

○ 진정한 시대정신의 목소리: 인디 아트 월드(The Indie Art World)

아놀드는 보헤미안의 예술적 감수성을 현대적인 맥락으로 재현함으로써 폭스바겐의 새로운 신화를 시작했다. 과거와 마찬가지로 보헤미안들은 주로 미국의 대도시와 대학가에서 생겨났다. 새로운 보헤미안 생활의 중심에는 인디, 즉 심플함을 추구하는 얼터너티브 문화(일종의 과거 현학적인 형태의 문화에 저항하는 대안 문화-옮긴이)가 있었다. 인디는 1980년대 초에 시작되었는데, 1970년대 후반 영국 펑크 반문화가 미국으로 옮겨 오면서 시작되었다. 미국 사회에서 펑크 운동은 영국과는 달리 결코 노동자 계급의 정치적 표현으로 받아들여지지는 않았는데, 이것은 이들 노동자 계급이 미국의 계급 정치에 대해 침묵하고 있었기 때문이다. 그 대신 미국의 펑크는 아이젠하워 시절에 '비트'[8]들이 그랬던 것처럼, 레이건 시대를 통해 부글거리던 불만이 관통하던 언더그라운드 문화콘텐츠 시장에 보헤미안적인 영감을 주었다.

단계적인 대중적 감각 vs 조직적인 대중적 감각

진정성 있는 대중적 감각을 키우는 데는 단계적인 대중적 감각과 조직적인 대중적 감각이라는 두 가지 뚜렷하게 다른 경로가 있다. 우리는 코카콜라, 말보로, 마운틴 듀, 폭스바겐, 버드와이저 같은 브랜드에서 사용된 단계별 대중적 감각을 발견한다. 이들 브랜드는 제품을 생산하는 '회사와는 무관한 별도의 신화'를 발전시킨다. 이들 브랜드의 진정성은 그 브랜드가 실제로 그 대중적 세계관에 참여하고 있는 것인지 여부가 아니라, 이것과는 별개로 그 브랜드가 그 대중적 세계관을 얼마나 잘 묘사하는가에서 비롯된다. 한편 스내플, ESPN, 파타고니아, 할리 데이비슨, 나이키 같은 브랜드들은 브랜드 형성기 동안 조직적인 대중적 감각에 의존해왔다. 이런 경우 대중적 세계관 안에 회사가 존재한다. 그리고 그 신화는 대중적 세계관 내의 동료 내부자들뿐만 아니라 회사 정신의 하나의 표현이기도 하다. 조직적인 대중적 감각에 의존하는 브랜드들은 '회사의 핵심 정신을 표현하기 위한 방법'의 차원으로 브랜드를 발전시킨다.
점점 더 많은 브랜드들이 '진정성 인식 경쟁(어떤 브랜드가 진정성을 보여주는가)'을 함에 따라, 미국인들은 '단계적인 정체성 브랜드(회사의 정체성과 시대정신이 따로 노는)'에 대해 점점 더 냉소적이 되어가고 있다. 그래서 미국 소비자들은 실제로 '걸어 다닐 수 있는' 브랜드(실제 그 신화를 내면화한 회사)에 상당한 프리미엄을 부여하고 있다. 대중적 세계관 내에서 신뢰할 수 있는 지위를 가진 기업은 그다지 많지 않다. 그래서 실제로 그것을 하는(신화의 세계를 기업의 정신과 일치시키는, 여기서는 조직적인 대중적 감각을 가진 기업-옮긴이) 기업은 진정성 측면에서 엄청난 신화적 이점을 가진다.

_____ **8** 비트(Beat) 문화. 1950년대에 시작된 문화 운동으로 정치, 사회 문제를 도외시한 채 마약, 재즈, 섹스, 선불교의 수양 등 고도의 감각적 의식을 통해 개인적 해방과 정화, 계시를 추구했다. 샌프란시스코와 뉴욕 등지의 보헤미안 예술가 그룹이 그 중심을 이루었다.

1960년대 이후 미국인들의 주류 생활도 크게 변했기 때문에 '보헤미안의 시니컬한 느낌의 비평'도 함께 움직였다. DDB가 1960년대에 건드린 보헤미안의 가치는 당시의 무차별적인 대량 마케팅과 기업의 관료주의의 강압으로 사람들을 순응하게 만드는 것에 반대하는 것이었다. 1990년대에 이르러서는 이런 1960년대 문화적 아젠다의 상당 부분이 대중문화에 흡수되었다. 시장은 폭스바겐의 '까칠한' 비판(소비를 통해 개성을 표현하려는 욕구)을 '시장 세분화'와 '반항적 상품'이라고 이름표를 붙여 쉽게 정리해버렸다. 그리고 시장에서는 '반문화의 상징 폭스바겐'처럼 '반문화'라고 하는 그럴듯한 포장을 유지하고 있었지만, 실제 현실에서의 회사 생활은 훨씬 더 '합리화'되어 더욱더 힘들어졌다.

그래서 1990년대에 보헤미안들은 일상생활이 수동적으로 반복되는 것을 강하게 거부했다. 보헤미안들은 단순히 문화적 순응을 거부하는 것 이외에도 한발 더 나아갔는데, 그것은 소비자가 된다는 생각을 거부하는 것이었다. 인디 문화 편에 있던 사람들은 이제 마케터들이 반순응주의 가치관을 과장되게 이용하여 브랜드를 광고한다는 사실을 잘 알고 있었다. 그래서 그들은 아무것도 원하지 않았으며 소비하려 하지 않았다. 새로운 보헤미안들은 삶에 대한 수동적 접근 차원이었던 소비자주의를 거부했던 것이다. 그 대신 문화 생산자의 역할을 자처했다. 이들은 음악, 영화, 그리고 다른 형태의 대중문화에 깊고 강렬하게 관여했다. 이들은 대량 판매되는 제품을 구매하기보다는 상업적이지 않은 음악, 영화 및 예술을 제작하는 자신들의 동료인 '반순응주의자들'을 지원하는 것을 선호했다. 이들은 또한 중고품 가게에서 먼지가 쌓이고 있던 특이하고 이상하게 취급되던 '문화 쓰레기'들을 구해 재사용했다.[viii]

인디 감성의 중심은 '믹스 앤 매치(mix-and-match, 어울리지 않는 것 끼리 대충 짜 맞추는 것-옮긴이)'의 절충이었다. 더 모호하고 터무니없고, 우스꽝스러울수록 더 좋다는 것이다. 얼터너티브 문화주의자들은 제2차 세계대전 이후 미국이 인위적으로 만든 유물을 샅샅이 뒤지기 시작했다. 중고 샵 패션은 20세기 중반의 '키치(kitschy)' 인테리어 스타일로 빠르게 확산되었다. 잘 알려지지 않은 음악 장르에 대한 관심은 25센트짜리 뽑기 깡통 자판기에서 나오는 잡동사니 상품처럼 퍼졌다. 하와이안 기타 음악, 1950년대의 컨트리 뮤직, 뮤지컬 전문 노래, 슬픈 노래 전문 가수, 라틴 재즈 등의 목록은 잡다하고 넓고 깊었다. 밴드에서 연주하는 것은 쿨한 것이었고, 이것은 인디 세계에 거주하며 일상을 보내는 시민권의 일부였다. 그러나 정말로 인상적인 것은 이 얼터너티브 문화주의자들이 일본 만화, 진공관 오디오, 쿠르드 민요 등 이전에는 사람들이 전혀 찾지 않던, 19세기 귀족들이나 할법한 아마추어의 취미들(문화적 재료)을 지칠 줄 모르는 열정으로 파헤치고 있었다는 것이다.

인디 문화에 대한 아놀드의 문해력. "드라이버스 원티드" 캠페인 2년차에 폭스바겐 광고는 일반 대중에게는 별 영향을 미치지 않았지만, 인디 문화에 익숙한 사람들에게는 상당한 호감을 형성했다. 이것은 보헤미안 라이프 스타일의 사람들에게는 상당히 점수를 따는 일이었다. "스피드 레이서" 광고는 1960년대 만화를 흉내 내어 GTI 모델을 등장시킨다. 이 만화에서 진지한 캐릭터의 젊은 주인공 '스피드 레이서'는 경주 전에 자신의 자동차인 '마하 5'가 고장난 것 같다고 한탄한다. 그는 경쟁자가 고의적으로 그렇게 방해했다고 믿는다. 대신 그는 폭스바겐 GTI를 받는다. 그와 그의 동료들은 GTI의 스피드와 핸들링에 놀란다. 이들은 경주에서 우승한다. 유치하고, 우스꽝스러우며, 부자연스러운 이 광고는 원작 만화의 주제곡과 함께 끝난다.

제너럴 모터스와 토요타의 전통적인 금속 자동차 광고와는 달리, 아놀드가 광고를 애니메이션화하기로 선택한 것은 1960년대 DDB가 훅 치고 들어왔던 광고를 연상시키는 대담한 것이었다. 이 선택은 GTI 모델의 홍보에 대한 진지한 관심을 부정하는 일종의 패러디로 보였다. 그리고 폭스바겐이 "스피드 레이서"라는 광고를 선택한다는 것은 인디적 취향에 대한 강력한 '끄덕임'을 뜻했다. 이 일본 애니메이션은 영어로 더빙되었고 미국 어린이 세대를 위해 오후 텔레비전 방송 시간대에 방영되었다. 1990년대 일본 애니메이션은 미국 상업 예술계에서 꽤 인기를 끌게 되었고, 일본 애니메이션을 추종하는 컬트도 양산되었다. 심지어 MTV에서는 일본 애니메이션을 방송하기까지 했다.

"스피드 레이서" 광고와는 별개로, 아놀드는 광고의 사운드트랙에 의도적으로 다양하고 차별화된 음악을 선택함으로써 폭스바겐 입장에서의 인디 문화 이해라는 관점을 확립할 수 있었다. "은하수" 광고의 전체적인 분위기를 만든 닉 드레이크의 곡 〈핑크 문〉이 대표적이다. 아름답지만 약간 슬픈 느낌과 우울한 분위기의 이 발라드 곡은 광고에 이상적이기도 했고, 또한 '진정성'을 형성하는 도구로서도 중요한 역할을 했다. 드레이크는 1970년대 초 영국의 포크 록계에 등장한 신비한 인물이었다. 어린 나이에 그는 새롭고 낯선 기타 코드와 잊지 않는 목소리를 청취자들에게 완벽하게 전달했다. 그는 몇 장의 앨범을 발표했는데, 우울하고 어쩌면 정신분열증을 앓고 있던 상태에서 1974년에 약물 과다복용으로 사망했다. 그 이후 인디 언더그라운드에서 그의 명성은 점점 높아졌다. 1999년 폭스바겐이 그의 곡을 선택했을 때 드레이

____ 브랜드는 어떻게 아이콘이 되는가

크의 음악은 막 CD로 발매된 상태였다. 드레이크 곡들을 창의적이고 적절한 방식으로 사용하고, 그 곡에 꼭 맞는 분위기의 광고를 내어놓자 사람들은 폭스바겐을 인디 문화계의 진정한 목소리를 전달하는 대변인으로서 엄청난 권위를 부여하기 시작했다. 폭스바겐의 대중 취향 저격 능력은 광고 방송 이후 드레이크 CD의 엄청난 판매량으로 입증됐다. 〈핑크 문〉 앨범은 광고 첫 방 이후 3주 만에 지난 25년 동안보다 더 많이 팔렸다.[ix]

아놀드의 음악 선택은 대부분 이런 종류의 차별적인 취향을 반영했다. 하지만 때로는 폭스바겐 광고는 의도적으로 장점이 불분명한(헷갈리는) 노래들을 담기도 했다. 하지만 이러한 특이한 선택도 인디적 감성에서는 미묘하게 동의가 되는 어떤 것이었다. 마치 인디 보헤미안들이 구세군 냄비를 돌아다니며 자선하듯(별로 인기는 없는 행동이지만 자부심있는 일을 하듯) 폭스바겐도 단연 인기 없는 노래를 자신 있게 들려주었다. 〈다다다〉 곡 외에도 또 다른 광고에는 스틱스의 곡 〈미스터 로보토 맨〉이 있었는데, 이 곡은 1970년대 싸구려 음악으로 불리던 곡 중의 하나였기 때문에 이 밴드의 팬들도 소장용으로 이 앨범을 가지고 있기엔 뭔가 부끄러운, B급감성의 음악들이었다. 하지만 이런 자신감 넘치고 괴짜스러운 선택들은 폭스바겐이 아웃사이더로 찌그러져 있기보다 당당하게 인디 세계에 자리 잡고 있음을 보여주었다.

인디 문화에 대한 아놀드의 신의. 아이코닉 브랜드들은 대중적 시대정신을 지지한다는 것을 보여주기 위해 기회가 있을 때 기꺼이 그들의 신의(fidelity)를 보여준다. 이런 종류의 희생은 진정성을 얻기 위한 가장 효과적인 수단 중 하나다. 반대로 대중적 세계관과의 연결을 주장하다가 대중의 이익보다는 상업적 이익 동기로 행동하는 브랜드는 천박하고 기회주의적인 것으로 인식된다.

폭스바겐의 "드라이버스 원티드" 광고는 꾸준히 인디 가치를 내세웠다. 예를 들어 "일요일 오후" 광고를 론칭했을 때 폭스바겐은 대중적으로 진정성 측면에서 점수를 땄다. 당시는 엘런 디제너러스의 유명한 프로그램이 인기였는데, 이때 엘런은 레즈비언이라고 커밍아웃을 한 시기였다. 이 프로그램에 광고를 협찬한 브랜드의 많은 광고주들이 여성 동성애를 묵인한다고 시청자들이 오해할지 모른다는 우려 때문에 프로그램에서 광고를 내렸다. 그 프로그램의 협찬 광고를 둘러싼 대중적 관심은 흥미롭게도 프로그램을 일종의 거대한 미디어 이벤트로 만들었다. 사람들의 눈은 진행자 엘렌뿐만이 아니라 어떤 광고주가 레즈비언이 진행하는 프로그램과 '기꺼이' 연관되려 하는가에도 쏠렸다. 이런 격론이 일던 분위기에서 폭스바겐은 많은 도덕적인 보수주의자들을 적으로 만들었으나, 이와 똑같은 크기의 많은 새로운 팬을 얻었다.

엘런에 대한 입장 정리는 또한 의도치 않은 광고의 숨은 문화 코드 읽기를 촉발시켰는데, 이것은 나아가 '인디 덕후 인증'의 하나가 된다. 남성 동성애자 커뮤니티에서는 "일요일 오후" 광고가 동성애 커플을 그린 것으로 해석되기 시작했던 것이다. 이러한 추가적인 광고의 해석은 매우 적극적으로 다양성을 지지하는 보헤미안들 사이에서 폭스바겐의 신뢰도를 높이는 데 더욱 기여했다.

폭스바겐의 신의를 가장 성공적으로 보여준 것은 광고에서 자동차가 어떻게 보여지느냐에서 시작된다. 자동차 업계의 관례는 항상 광고가 자동차를 화려하게 보여줄 때 소비자는 설득된다는 가정에 의해 주도되어 왔다. 자동차의 우아한 외모를 과시하는 것은 미래 이 차의 소

____ 브랜드는 어떻게 아이콘이 되는가

유자에게 이 우아한 외모의 수혜자가 될 것이라는 것을 설득하려는 것이다. 과거 이런 업계의 관행에 반대한 DDB 캠페인에 고개를 끄덕이면서 아놀드의 광고도 자동차 업계의 오랜 관습에 반대했다. 예를 들어 한 광고는 자동차 지붕에 더러운 매트리스를 묶은 폭스바겐 골프모델을 보여주기도 했던 것이다.

폭스바겐의 가장 대담한 충성도는 2000년 슈퍼볼에서 광고에서 나왔는데, 폭스바겐이 광고계의 가장 큰 행사라고 불리는 곳에 광고를 낸 것은 그때가 처음이었다. "나무" 광고는 매우 정적인 광고였는데, 심지어 당시의 폭스바겐 관점에서도 그랬다. 광고 시간 60초의 대부분 동안 커다란 단풍나무 주위에 두 남자가 서 있다. 산발적으로 뭔가를 떨어뜨리기 위해 공이나 원반 같은 것을 던진다. 한 부스스한 아이가 신기한 듯이 광경을 바라본다. 마침내 남자는 돌로 목표물을 맞힌다. 그러나 장난감을 떨어뜨린 것이 아니라(그렇게 기대했을 수도 있지만), 나뭇가지에 걸린 풀사이즈 폭스바겐 GTI를 떨어뜨리는 데 성공한 것이다. 그 차는 엄청난 굉음을 내며 떨어졌고, GTI가 무사히 착륙하자 나뭇잎과 작은 잔가지들이 그 위로 우수수 떨어진다. 돌을 던진 친구는 비꼬는 투로 충고의 한 방을 날린다. "다음에는 클러치 너무 빨리 빼지 마(Next time, don't let the clutch out so fast)."

〈USA 투데이〉의 여론조사에 의하면 "나무" 광고는 좋은 평가를 받지는 못했다. 업계 관계자에 따르면 이 광고가 실패한 것은 폭스바겐이 슈퍼볼에 대해 너무 무지하다는 것이었다. 그러나 사실은 정반대였다. 폭스바겐은 아주 근본적이고 상징적인 쿠데타를 일으킨 것이다. 전 세계의 시청자들이 가장 많이 시청하는 슈퍼볼 같은 미디어 행사에서는 시청자들이 가장 재미있다고 평가할만한 것에 맞춰 모든 광고주들이 자신의 전략적 목표를 기꺼이 수그리는 데 반해, 폭스바겐은 이런 전형적인 게임을 거부했다. 그 대신 '반항적인 폭스바겐'이라는 이미지를 광고에 들이민 것이다. "나무" 광고는 폭스바겐 비틀의 1960년 인쇄 광고인 "레몬"을 아놀드의 버전으로 재연한 것이었다. 이 브랜드는 이 회사의 최고 성능의 자동차를 최소한의 아첨으로 보여주며(슈퍼볼의 룰에 대한 아첨), 이 행사가 요구하는 대량 생산 가치에 대한 플레이를 거부함으로써 인디 가치에 대한 충성을 선언했다. 폭스바겐 브랜드는 최소한의 방식으로 폭스바겐의 최고 성능의 자동차를 보여주었다. 동시에 슈퍼볼 이벤트에서 요구하는 대량생산의 가치를 거부함으로써 인디적 가치에 대한 연대 의식을 선언한 것이었다.[x]

○ 아놀드의 미학적 카리스마: 독립 영화

"드라이버스 원티드" 광고가 효과를 거두기 위해서 아놀드는 인디 반문화가 매스 마케팅(mass marketing)에 접목되는 것을 극복하기 위한 카리스마 넘치는 미학적 소재를 찾아야만 했다. 비틀 광고에서 보여준 형식주의와 비교우위를 꼬집는 유머보다, "드라이버스 원티드" 광고에서는 독립 예술 영화 업계의 관습을 중심으로 한 미학적 접근 방식을 선택했다.

1990년대 중반, 자동차 업계는 독특하고 차별적인 상품의 가치를 개발하려는 브랜드에게는 낮은 수준의 당근을 제공했다. 제품 중심이라는 전통적인 브랜드 관리의 논리가 지배하고 있었기 때문에 제너럴 모터스, 포드, 크라이슬러, 토요타 모두는 자동차 경영진에게 중요해 보이는 유일한 규칙들에 따라 예측 가능한 광고를 제작했다. 예를 들면

_____ 브랜드는 어떻게 아이콘이 되는가

철로 된 외관을 보여준다든가, 승객보다는 자동차를 강조한다든가 하는 식이었다. 이미지는 있었지만 캐릭터나 이야기 플롯은 없었다. 대신 자동차는 자체로 어떤 이야기를 찾아 헤매는 영웅으로, 구불구불한 태평양 해안 도로나 놀라울 정도로 산이 많은 황무지 한가운데를 질주하는 영웅으로 웅장하게 묘사되었으며, 이런 식의 광고들이 쏟아졌다. 화려하고 섹시한 광고들은 자동차 자체를 가장 빛나게 했던 것이다.

폭스바겐은 이런 미학적 관점을 뒤집어 버리는 광고를 만들었다. 광고는 자동차의 '철(steel)'에 집중하기보다 인물(캐릭터)과 이야기 구조를 강조했다. 폭스바겐은 당시의 주류 자동차 광고의 주인공으로서 자동차를 다루기보다 영화 속 일종의 소품처럼, 영화에서 다룬 것과 비슷한 방식으로 관객에게 보여주었다. 이 브랜드 팀은 자동차를 지적 영화광들이나 좋아할 것 같은 캐릭터의 하나로 만들어버렸는데, 자동차를 확 드러내어 과시하기보다는 단순히 흥미로운 스토리라인을 지원하기 위해 마치 소품처럼 선택된 장면만을 제시하는 식이었다. 이 광고에는 매력이 있으면서도 기이하고, 뭔가 상태가 안 좋은 캐릭터들이 등장했고, 일반 광고에서 흔히 볼 수 있는 번지르르하게 잘 빠진 스타일이 빠졌다. 이런 폭스바겐의 독특한 접근법을 증명하듯, "은하수" 광고는 보헤미안들에게 영향력이 있는 언론 중 하나인 빌리지 보이스에 의해 '톱 10 영상'으로 선정되기까지 했다.[xi]

또 다른 좋은 예는 아놀드가 독립 영화 제작자 에롤 모리스에게 폭스바겐 파사트 모델의 광고 감독을 맡긴 4개의 시리즈다. 모리스는 다큐멘터리 영화 〈더 씬 블루 라인(The Thin Blue Line, 1988)〉과 애완동물 묘지를 다룬 〈게이트 오브 헤븐(Gates Of Heaven, 1978)〉으로 유명한 가장 존경받는 인디 다큐멘터리 감독 중 한 명이었다. 인디 스타일로 만들기 위해 유명 감독들이 광고에 여러 번 고용되었었다. 인상적인 것은 아놀드는 모리스를 제대로 활용하기 위한 충분한 관심과 지식을 보여주었다는 것이다. 애플이 리들리 스콧과 "1984" 광고를 위해 몇 년 전에 했던 것처럼, 아놀드는 유명한 감독을 섭외하고 그를 믿고 맡기는 방식보다는 감독의 이전 모든 작품 살펴보고 그 해당 작품에 딱 맞는 광고를 제작했다는 것이다. 폭스바겐 브랜드 팀은 '우리 안전의 비밀은 너와 함께'라는 태그 라인을 활용해 '고백 스토리' 시리즈를 개발했다. 이것은 모리스가 자신의 트레이드마크인 별난 인터뷰 스타일을 보여줄 수 있는 영화였다. 모리스는 인터뷰 대상자들로부터 진저리가 쳐질 정도로 불편할 수 있는 그리고 막다른 골목으로 모는 듯한 고백 인터뷰를 진행해왔는데, 이 고백에서 인터뷰 대상자들은 자신들의 삶에서의 독특한 것들과 개인적인 디테일들을 사실적으로 묘사했다. 또한 이 시리즈의 광고에서는 모리스가 선호하는, 호기심을 유발하는 음악이 사용되기도 했다. 관객들에게 무언가 흥미로운 것이 밝혀질 것을 심오하게 기대하게 하는 클라리넷 곡과 테레민(악기의 양쪽에 위치하는 두 개의 안테나에서 발생되는 전자기장을 손으로 간섭시켜 소리를 내는 악기-옮긴이) 음악은 마치 옛날 무성영화나 전쟁 전의 순회 마술쇼에서 훔쳐 온 것처럼 들린다. 카메라 프레임도 기묘하게 설정하는데, 일반적으로 눈이 찾을 것이라고 예상하는 중앙의 피사체를 중앙이 아닌 모든 곳으로 분산함으로써 통상적인 프레임을 분해한다.

대부분의 광고는 몇 개 유형의 은유법을 사용하기는 하지만, 종종 등장하는 것은 예전에 있던 것에 대한 클리셰(cliches, 판에 박힌 듯 쓰는 문구나 표현, 상투적 줄거리를 표현할 때 쓰는 말-옮긴이)나 비유들인데 이것들은 시청자의 눈을 끌기는 하지만 진부하다. 반면 폭스바겐의 미학은 도발적인 은유들로 시청자들이 상상력을 발휘하도록 요구하는 문학적 장치를 배치하여 이를 기초로 만들어졌다. 예를 들어 1998년에 출시될 예정이었던 새로운 제타와 골프 모델에 대한 기대감을 높이기 위해 제작된 광고인 "도그(Dawg, Dog와 발음은 같지만 '녀석, 놈' 정도의 뜻을 가진 단어로 흑인이나 젊은이들이 쓰는 비속어-옮긴이)" 광고를 보자. 텁수룩한 털로 덮인 개 한 마리가 뭔가 비공식적인 느낌으로 식탁으로 들어간다. 탁자 아래에 앉아 테이블 위에 있는 선풍기 바람을 맞는다. 긴 정지 화면 같은 시간 동안 시청자들이 들은 것은 선풍기 소리와 개가 헐떡거리는 소리뿐이다. 뭔가 불만족스러운 듯한 개는 식탁 의자에 깡충깡충 뛰어올라 앉아 선풍기 바람을 얼굴에 직접 맞는다. 폭스바겐은 이 미스터리한 이야기를 풀어주기 위해 마침내 한 마디를 준비한다. "준비해, 새로운 폭스바겐이 오고 있어." 폭스바겐의 미학은 그 신화가 지지해온 창의성과 자연스러우면서도 즉흥적인 행동의 정신을 보여주었다.

창의성을 전략과 연결하기

문화 아이콘이 되는 브랜드를 만들기 위해서 브랜드 매니저들은 사회의 갈등에서 적합한 타깃을 찾아야 할 뿐만 아니라, 이러한 갈등을 해결하기 위한 설득력 있는 신화를 개발해야 한다. 특히 폭스바겐이 문화 아이콘의 지위로 다시 복귀한 것이 보여주는 흥미로운 점은, 1994년에 폭스바겐의 브랜드 팀이 바뀐 광고대행사로 하여금 처음부터 목표 조준점을 '사회적 갈등의 적절한 지점'에 두도록 했다는 것이다. 그러나 이 팀들은 이후 3년이 지난 1997년까지는 성공적인 폭스바겐 신화를 엮어내지 못했다. 마침내 광고가 3개의 문화 브리프 원형에 불을 붙여 신화를 쏘았을 때, 폭스바겐 정체성의 가치는 한 방에 떴다.

오늘날의 전략은 소비자들이 브랜드에 대해 가장 중요하게 생각하는 것, 즉 신화를 만들어 내지 않기 때문에 정체성 브랜드와 연결고리가 없다. 문화 브리프는 가치 있는 신화를 만드는 데 필요한 전략적 방향을 창의적인 파트너들에게 제공할 수 있다.

DDB의 폭스바겐 캠페인은 모든 이로부터 칭찬받았지만, 또 동시에 모든 이로부터 오해를 샀다. DDB 폭스바겐 캠페인은 경영진의 지시에 의해 창의적인 혁신을 주도하고 있다는 찬사를 자주 받는다. 이제 광고는 더 이상 로서 리브스와 데이비드 오길비의 '차별적 판매 제안(USP)'와 같은 개념을 담고 있는 1950년대의 과학적 광고 규칙을 담은 교과서를 따르지 않는다. 비평가들은 DDB의 광고가 파블로프식의 반복(자극-반응, 반복)이 아닌 '똑똑한 유머'와 '예술성'을 광고에 등장시킨 것에 대해 환영한다.

재미있는 것은 브랜드 매니저들이 또다시 '위대한 창의력'을 부르짖고 있다는 것이다. 브랜드 매니저들은 위대한 창의력을 위해 주먹을 휘두르고, 광고대행사들은 위대한 창의력을 과시한다. 최근 책들은 현대의 시장 경제에서는 '창의적이고 재미있는 이야기(라는 산업)', 그리고 '보여지기 위한 경험(산업)'의 중요성이 급속하게 확장되고 있다고 기록하고 있다. 그러나 마인드 셰어 브랜딩, 감성 브랜딩, 바이럴 브랜딩 모델을 사용하는 브랜드 매니저들은 창의성이란 어떤 마술 같은 것이라서 통제할 수 없는 대상이라고 이해한다.

그러나 폭스바겐의 브랜드 계보가 보여주듯이 브랜딩에는 순수한 창의성이라는 게 없다. 아놀드의 후기 작품뿐만 아니라 DDB의 광고에

_____ 브랜드는 어떻게 아이콘이 되는가

도 재기 발랄한 예술적 광고는 있다. 이 캠페인들에 주목해야 하는 이유는 이 캠페인들이 순수한 창의적 재능 혹은 천재성의 결과가 아니라는 것이다. 동시대의 많은 광고들은 창의적인 열정과 상품의 가치 제고라는 측면에서 경쟁했다. 이러한 캠페인은 창의성을 활용했기 때문에 눈에 띄기는 하지만, 이 창의성은 암묵적인 문화 전략을 근거로 활용했기에 두드러졌다. DDB의 선례를 따르려고 했던 많은 모방자들이 알아낸 것처럼, 앞뒤 시대적인 맥락 없이 극도로 창의적으로만 만들려고 하는 광고는 사실상 거의 통하지 않는다. 일반적인 예술적 기법을 브랜딩 공식처럼 다루는 것은 이전에 있었던 로저 리브스의 '차별적 판매 제안 (USP)'과 같이 '공식에 의거한 과학만능주의'와 다를 바 없다.

오늘날 브랜딩에서 창의성을 추구한다는 것은 일종의 시대적인 맥락을 배제한 무정부주의적인 지향과 비슷한 것인데, 왜냐하면 기존의 브랜딩 모델들은 창의적 콘텐츠를 체계적으로 관리할 수 있는 이론적 틀이 부족하기 때문이다. 문화 브랜딩은 창의성을 전략적 목표에 맞추도록 유도한다. 브랜드 매니저들은 그 브랜드에 가장 적절한 신화 시장을 선택한다. 그런 다음 가장 설득력 있는 신화를 만들어 낼 특정한 종류의 이야기, 의사소통의 문화 코드, 대중적 세계관의 표현 등에 대한 창의적인 가이드라인, 즉 크리에이티브 브리프를 사용하여 신화 만들기를 지시한다.

5장

문화적 · 정치적 권위 활용하기

브랜드 전략을 짜려면 브랜드로부터 한발 물러나 브랜드를 일종의 전략적 자산으로 봐야 한다. 브랜드의 경제적 가치(브랜드 자산)는 그 브랜드가 충성 고객으로부터 창출할 것으로 예상되는 미래 수익의 흐름에 기초한다. 이는 다른 동등한 상품과 비교해서 가격 프리미엄을 기꺼이 지불하려는 고객의 의지에서 잘 드러난다. 이러한 미래의 기대 매출을 관리하기 위해서는 현재의 브랜드 가치를 어떻게 얻게 되었는지에 대한 정교한 이해가 필요하다.

마인드 셰어 모델에서 브랜드 자산은 브랜드와 연결되어 있는 이미지들과의 연결 강도와 타 브랜드와의 차별성을 바탕으로 한다. 소비자의 마음속에 자리 잡은 브랜드 에센스는 브랜드 자산의 원천이다. 뿌리가 단단할수록 브랜드도 더 튼튼해진다.[i]

바이럴 브랜딩 모델에서는, 브랜드 자산이 영향력 있는 인물과 그 브랜드와의 관계를 얼마나 유지할 수 있는가에 달려있다. 가장 영향력 있고 유행을 주도하는 사람들 사이에서 확실하게 자리 잡고 있는 브랜드는 높은 브랜드 자산을 가지게 되기 때문이다. 바이럴 모델에서 브랜드 자산을 관리한다는 것은 브랜드를 지속적으로 최신 유행에 민감한, 숨이 짧은 상품목록에 넣는 것과 같은 불안정한 비즈니스를 포함한다.

아이코닉 브랜드를 브랜드 자산으로 이해하려면 어떻게 해야 할까? 그리고 브랜드 가치를 높이기 위해서는 브랜드 자산을 어떻게 배치해야 할까? 아이코닉 브랜드의 경우 브랜드는 하나의 상징이기 때문에 브랜드 자산은 개인 소비자와 그 브랜드와 관계에 따른 영향력이라기보다는 일종의 집단적인 현상이다. 브랜드의 이전 신화들의 성공은 평판을 쌓는다. 이런 브랜드는 특정한 사회적 욕망과 불안을 해소하는 데 유용한 이야기를 들려주는 것으로 유명해진다. 공식적으로는 브랜드의 과거 신화를 통해, 문화적 권위와 정치적 권위라고 하는 두 가지 종류의 자산이 성장한다. 정체성 브랜드는 브랜드 매니저가 브랜드의 신화를 재창조하는 과정에서 이 두 가지 유형의 권위를 끌어낸다면 성공할 수 있다. 나는 버드와이저의 계보를 이용해서, 브랜드 자산의 문화 모델을 보여주려 한다.

버드와이저의 계보

안호이저-부쉬처럼 미국의 문화적 변화에 능숙하게 대응한 회사는 거의 없다. 그러나 1990년대 상당 기간 동안 이 회사의 대표 브랜드인 버드와이저는 크게 뒤떨어졌다. 아이코닉 브랜드는 사회적 갈등에 대한 신화적 해결책을 만들어냄으로써 지속성을 얻기 때문에, 이러한 사회적 갈등들이 변화할 때 브랜드는 생명력을 유지하기 위해 신화를 수정해야 한다. 버드와이저는 1990년대 초반 바로 이런 상황에 직면했다. 버드와이저는 1980년대에 10년 동안 가장 영향력 있는 신화 중 하나인

"당신을 위한 버드(The Bud's for You)"로 상한가를 쳤다. 그러나 1990년경 브랜딩이 빗나가기 시작했고 버드와이저는 7년간의 추락에 빠져들었다. 이러한 혼란을 극복하기 위해 안호이저-부쉬는 다양한 마인드셰어 전략으로 고군분투했지만 그때마다 실패했다. 마침내 버드와이저는 "도마뱀"과 "와썹(Whassup)"이라는 두 개의 동시 광고 캠페인으로 '아이코닉한 가치'를 회복했다. 이 광고 캠페인은 1990년대의 사회적 긴장을 정확하게 말해주는 새로운 버드와이저 신화를 함께 만들었던 것이다.

재무적 성과는 인상적이었다. 1997년부터 2002년까지 안호이저-부쉬의 영업이익률은 약 18%에서 거의 24%까지 상승했고, 월가는 스탠더드 앤 푸어스(S&P) 500지수가 바닥이었던 5년 만에 140%까지 주식이 급등하며 열광적 반응을 보였다. 버드와이저의 브랜딩 노력은 브랜드의 가치를 높이는 결과를 가져왔는데, 안호이저-부쉬가 역사상 최저에서 출발한 버드와이저의 가격을 주요 수입 경쟁사들에 근접하는 가격 수준으로 공격적으로 밀어붙일 때 이 가격을 사수하는 데 중요한 역할을 했던 것이다.[ii]

안호이저-부쉬는 버드와이저를 20세기 초에 전미 시장에 출시했는데, 이는 전국 단위로 확장한 가장 초기 맥주 중 하나였다. 그리고 버드와이저를 전국 잡지에 대대적으로 광고하기 시작했다. 1950년대까지 버드와이저는 교외 여가 생활이라는 미국의 새로운 목가적인 삶을 향유하도록 일하는 남성들을 북돋우는 신화를 제공했다. 버드와이저 광고는 남자들에게 그들의 가족과 친구들과 여유로운 활동을 하면서 얼마나 좋은 시간을 보낼 수 있는지를 보여주었다. 이 광고로 버드와이저는 미국에서 가장 잘 팔리는 맥주가 되었다. 그러나 브랜드의 리더십은 곧 슐리츠 맥주와 신생 밀러 하이라이프에 의해 도전을 받게 된다. 지금부터는 1970년대에 베트남 전쟁 직후 버드와이저의 신화가 베트남 전쟁 반대 시위와 경제의 쇠퇴, 워터게이트 사건에 부딪혀 산산조각이 나면서 어떻게 추락했는지에 대한 버드와이저의 브랜드 계보를 살펴보고자 한다.

반동적 남성 신화 시장에서의 맥주 전쟁

마운틴 듀와 폭스바겐처럼 버드와이저도 1960년대 후반 미국 사회의 문화적 혼란을 맞으면서 비틀거렸다. 버드와이저의 '교외에서의 평온하고 좋은 삶'에 대한 신화는 당시 파괴적일 정도로 국가의 실패 목록에 올랐고, 세탁물처럼 쓸려 지워져 버렸다. 대규모 도심에서의 시위와 시민 불복종은 '좋은 삶'이라는 이전의 가치가 베트남 전쟁 이후에는 아프리카계 미국인들에게는 그다지 '좋지 않다'는 것을 보여줄 뿐이었다. 또 한편에서는 미국 기업들이 주요 제품 분야에서 더 이상 세계 선두 주자가 아니라는 것이 일본 기업에 의해 입증되기 시작했다. 아랍의 석유 카르텔은 미국의 경제력이 이전에 알고 있었던 것보다는 훨씬 더 취약하다는 것을 보여주었다. 베트남 공산당은 미국 펜타곤의 군사기술적 우위를 전혀 가치가 없는 것으로 만들어 버렸다. 워터게이트는 미국의 정치체제에 대한 미국인들의 신뢰를 추락시켰다. 그리고 급증하는 여성운동은 집안의 가장으로서의 전통적인 남성의 역할을 위협하기에 이르렀다.

많은 중산층의 미국 남성들, 특히 해안가 도시의 남성들은 '제국으로서의 미국'이라는 생각을 포기했고, 문화 혁명을 시작했다. 이들은 느슨해지는 사회적 관습 그리고 여성과 흑인이 평등해지는 것을 받아들였다.

그러나 이른바 '중간 정도의 미국인(Middle America, 리처드 닉슨의 유명한 표현인 '침묵하는 다수'라고 말한 사람으로 여기서는 미국의 중부 지역과 경제적 차원의 중간계층을 모두 포괄하는 의미로 쓰인다-옮긴이)'들의 반응은 전혀 달랐다. 특히 백인 노동계급의 남성들은 미국의 정치·경제적 쇠퇴에 맞서 남성의 권력을 방어적으로 선언한 공격적인 남성적 이상에 매료됐다. 이 남성들은 미국의 어려움과 여성의 영향력이 증가하는 것을 남성성의 위기로 경험했으며, 이런 통제력의 상실은 남성들의 상당한 불안을 야기했다. 남성들 중 많은 이들이 국가가 너무 여성스러워지고 있다고 느낀 것이다.

맥주 시장은 특히 이렇게 떠오르는 정서에 발 빠르게 대응했는데, 왜냐하면 핵심고객이 남성 및 노동자 계층이었기 때문이다. 버드와이저, 밀러("밀러 타임" 광고 캠페인), 슐리츠("슐리츠 없이는 맥주도 없다" 광고 캠페인) 모두는 새로운 미국의 신화를 만들기 위해 치열하게 싸웠다.[iii] 이런 신화는 남성적 힘을 되찾으려는 이들 남자들의 욕망에 대한 반응이었다. 버드와이저는 집에서, 저녁 파티에서, 그리고 수영장에서 친구들과 함께 맥주를 마시는 여유로운 장면을 삭제해버렸다. 그 대신 버드와이저는 가슴을 울리는 '맥주의 왕'이었다. 무모하리만큼 저돌적인 경주용 자동차 운전사와 행진하는 밴드 음악이 버드와이저를 챔피언으로 치켜세웠고 마찬가지로 맥주 마시는 사람들이 스스로를 '왕'이라고 생각하도록 격려했다.

버드와이저는 '회사' 자체를 미국의 군사력과 경제적 힘의 회복, 그리고 가족의 왕으로 돌아오기를 갈망하는 남성들을 위한 롤모델로서 제안했다. 광고는 단순히 버드와이저가 '맥주의 왕'이라고 계속해서 선언했다. 안호이저-부쉬는 사실상 다음과 같이 말하고 있었다. "우리가 모델이다! 우리는 성공했고 여기에 우리의 비밀이 있다. 우리는 '승리하는 태도'를 가지고 있다. 정부, 군대, 그리고 많은 기업들이 이상적 남성성을 충족시키지 못하고 있는 동안 버드와이저는 훌륭히 해내고 있지 않은가!" 안호이저-부쉬는 승리자의 정신을 가졌고, 이를 증명하기 위해서는 제품도 완벽해야 했기 때문에 최고 품질의 재료와 가장 노동 집약적이고 비용이 많이 드는 공정을 사용했다. 이런 정신으로 삶에 접근하는 사람은 누구나 승자, 왕이었다. 물론 '버드와이저 애주가'들은 이런 정신 승리의 무대에서 맨 첫 번째 열에 앉는 VIP였다.

이 가슴 뛰게 하는 신화는 버드와이저를 맥주 시장의 전쟁터에 계속 머물게는 했지만, 슐리츠와 밀러가 제시한 신화에 비해서는 두각을 나타내지 않았다. 버드와이저가 밀러 광고의 '힘든 일을 마친 후 자기에게 주는 선물'이라는 콘셉트를 베끼고 그것을 좀 더 잘 다듬은 후에야, 버드와이저는 문화 아이콘의 지위로 치고 올라갔다.

"당신을 위한 버드"

버드와이저가 문화 아이콘의 위상에 오른 것은 로널드 레이건이 옹호한 새로운 미국의 이데올로기 때문에 가능했다. 미국의 경기는 1970년대 후반에 바닥을 쳤는데 인플레이션이 두 자릿수를 기록했고, 이후 인플레이션을 바로잡는 과정에서 심각한 경기 침체로 인해 실업률이 치솟았던 것이다. 일본 기업들의 진출이 이어졌고, 미국은 이란 대사관에 갇힌 미국인 인질들을 구출하기 위해 1년 동안이나 당혹스럽고 어려운 기다림의 시간을 겪어야만 했다. 당시의 문화적 긴장감은 특히 남성들에게는 굉장히 높은 수준으로까지 이어졌다. '이전의 영광스러운 시절'로 돌아가는 것을 고무시킬 목적의 새로운 국가적 신화에 대한 요구가 급증했다. 그리고 당시의 영화와 텔레비전 프로그램과 함께 그 요구에 응답한 사람은 바로 로널드 레이건이었다.

레이건은 미국이 '프런티어 국가(개척자들의 나라)'로서 그 뿌리로 돌아갈 것을 요구하면서 모든 계층의 사람들과 연결되었다. 그는 서부영화에서 존 웨인의 '프런티어 맨'에 대한 묘사뿐만 아니라 클린트 이스트우드의 더티 해리와 실베스터 스탤론의 람보와 같은 현대의 프런티어를 모방하도록 미국 남성에게 요구하면서, '행동하는 남성'이라는 사상을 부활시켰다. 당시 미국 사회는 새로운 행동하는 영웅을 필요로 했다. 비전과 배짱, 할 수 있다는 정신을 가진 개인이, 흔들거리는 사회제도를 바로 잡고 극단적으로 창의적인 상품을 발명하며, 환상적일 정도의 새로운 시장을 만들고, 멀리 있는 이교도들을 정복하는 그런 영웅을 말이다. 레이건은 스스로를 정부라는 관료조직과 공산주의의 위협에 맞선 현대의 행동가로 내세웠다. 레이건이 무아마르 알 카다피, 마누엘 노리에가, 산디니스타(니카라과 민족 해방 전선, 사회주의 정당), 소련을 적대시하자 모든 계층의 미국 남성들은 레이건의 이런 영웅적 비전을 중심으로 결집했고, 유권자로서 역사적인 변화를 선택했다. 레이건의 '정신적, 육체적 무장'에 대한 요구에 고무되어 한평생 민주당원이었던 많은 백인 노동자들조차 상당수가 레이건에 대한 충성으로 옮겨 갔다.

경영자들과 전문가들은 레이건의 '행동 요구'라는 문구의 의미를

'월가와 텍사스 오일을 기반으로 한 새로운 금광 찾기(gold rush) 운동'
차원으로 해석했는데, 이것은 '실리콘 밸리(첨단기술)'와 '보스턴(금융)'
을 첨단 기술로 연결한다는 의미였다. 이제 살벌한 개인주의적 경쟁이
존경받기 시작했고, 돈이 최고가 되는, 돈이 지배하는 세상을 만들기
위한 열렬한 탐구가 시작되었다.

노동자 계급의 미국 남성들은 이 요구에 더 집단적으로 응답했다.
레이건의 선언은 하나의 민족주의적 요구로 이해되었는데, 국내 산업
의 악화를 반전시키고, 국가적인 명분을 중심으로 모이는 미국 남성들
의 집단적인 노력을 통해 미국의 힘을 회복하자는 것이었다. 미국의 남
성들은 전쟁에 대한 요구라고는 들었지만, 직접적인 군사적인 형태의
전쟁이라기보다는 경제적 차원이라고 이해했다. 많은 노동자들은 산
업활동이 사라진 것을 해외로부터의 공격적인 경쟁 탓으로 돌렸다. 특
히 당시 일본은 산업 생산에 있어서 더 효율적이었고 공격적으로 미국
에서 점유율을 차지하고 있었다. 결과적으로 미국 남성들은 게임의 수
준을 한 단계 올려야 한다는 말을 들었다. 레이건, 리 아이어코카, 그
리고 경제 및 정치 지도자들은 새로운 활력과 희생으로 미국의 힘을
회복하는 것을 돕기 위해 다른 나라들에 도전했다. 당시의 남성들은
많은 분야에서 이 전투의 외침에 귀를 기울였다. '바이 아메리칸(Buy
American)'이라는 자동차 범퍼 스티커가 대부분의 해안 도시까지 이
어져 등장했다.

노동자들은 이 국가적 프로젝트를 지지하며 결집했지만, 역설적으
로 많은 대기업들은 지속적으로 임금이 더 낮은 해외 지역으로 일자리
를 공격적으로 옮겼고, 노동을 사람이 아닌 기술로 대체하기 위해 노력
했다. 미국의 노동자들은 그들의 노동력에 의존하는 '부활하는 미국'을

필사적으로 믿고 싶었지만, 이들은 당시 미국의 경제계가 이들과는 다른 의도를 가지고 있다는 상당한 증거와 맞닥뜨려야 했다. 레이건의 새로운 이데올로기와 노동자 계급의 실제 직업 상황 사이의 이러한 갈등은 새로운 신화에 대한 엄청난 요구를 낳았다.

○ 신화 처방: 노동하는 남성은 행동하는 장인이다

버드와이저는 노동자 계급의 남성 입장에서 레이건의 '위대한 미국을 복원하기 위한 전투에 대한 외침'을 받아들였다. 당시의 많은 노동자들은 해고당하고, 상당한 임금과 복리 후생의 삭감을 강요당하거나, 저임금 서비스직으로 내몰리고 있었다. 강력한 지도자의 페르소나를 선택한 버드와이저는 노동자들의 노력에 찬사를 보냈고, 제대로 된 가치관을 가지고 각자의 일에 접근하자고 제안했다.

 "당신을 위한 버드"라는 론칭 광고에서 내레이터는 노동자들의 다음과 같은 말로 어깨를 토닥인다. "힘든 하루를 보낸 모든 이들에게, 이 버드와이저는 당신을 위한 것이다." 경적을 울리며 활기찬 인사말이 내레이터의 목소리와 함께 귀를 찌른다.

이 버드와이저는 당신을 위한 거야.

당신처럼 그렇게 열심히 하는 사람은 아무도 없어.

자, 여러분 자신을 위해 건배해줘.

당신도 알고 있잖아. 말이 아니라 일로, 행동으로 보여주고 있는걸.

당신이 하는 모든 일에, 맥주의 왕이 끝까지 함께할 거야.

_____ 브랜드는 어떻게 아이콘이 되는가

광고는 각계각층의 블루칼라 노동자들의 퍼레이드를 보여주었는데, 이들은 저마다 완벽한 기술과 열정으로 자신의 역할을 다하는 사람들이었다. 열차 기관사, 벌목 노동자, 건설 노동자, 트럭 운전사, 농부, 요리사, 어부, 용접공, 창문 세척 노동자, 권투 선수, 이발사, 농산물 운반업자, 육가공 노동자, 경찰관이 등장했다. 실베스터 스탤론의 〈록키〉의 한 장면처럼, 한 노동자는 거꾸로 매단 소고기를 펀칭백으로 사용했다. 버드와이저는 인종, 지역, 나이와 상관없는 모든 남성들을 응원했다. 이들은 '자신의 손'으로 일했다. 노동자들은 모두 자신의 일을 사랑하고 '할 수 있다'의 태도로 일에 임하는 결의에 찬 사람들로 묘사되었다.

이 캠페인이 전개되면서 광고는 더욱 흥겨워졌고, 때때로 진부하고 촌스러운 감정으로 빠져들어 갔다. "당신은 힘이 있어, 시대의 남자야, 당신은 일을 정말 잘해.", "당신은 미국을 계속 전진하게 하고, 젖과 꿀이 흐르게 하며, 당신은 국가의 근육이고, 희망이고, 힘이며, 국가를 계속 성장하게 해." 그러나 버드와이저가 누구의 편을 지지했는지에 대해서는 단호한 입장이었다. 버드와이저는 성실하게 일을 하는 남성들, 즉 소명 의식과 숙련된 기술로 일하는 남성들에게 경의를 표했다. 소명 의식은 타고난 만족감을 요구했으며, 숙련되고, 여유 있는 유머와 단호함을 필요로 했다. 그 결과 미국은 '일'했고, 그 일이 다시 그를 '남자'로 만들었다. 버드와이저는 노동자들이 함께 미국의 산업에 참여하면, 나라가 활기가 넘칠 것이라는 것을 암시했다. 노동자들의 공헌을 기뻐하며, 노동자들은 영웅적인 형제애를 형성했고, 일이 끝날 무렵에는 우정과 연대감으로 다른 남성들과 함께 모였다. 버드와이저는 남성들에게 숙련된 육체노동을 통해 다시 부활할 수 있다는 희망을 주었다.

버드와이저의 신화 처방은 다음과 같이 요약할 수 있다. 노동자들 역시, '행동하는 사람'이다. 재능과 순진할 정도로 열정적인 정신을 통해 미국의 재기에 결정적인 역할을 하는 장인들인 것이다. 버드와이저는 이 남성들에게 이들이 종사하는 산업과 기술을 묘사한 초상화를 바치며 경의를 표한다. 이 '무대 뒤' 직업들이 사실은 경제의 중심적인 역할을 하고 있음을 보여준 것이다.

○ 진정한 대중들의 목소리: 숙련된 장인

버드와이저의 노동에 대한 관점은 당시의 경제 현실과는 완전히 반대 방향이었다. 당시 미국은 기술의 발전과 글로벌 아웃소싱으로 많은 산업 생산 일자리가 없어지면서, 후기 산업 사회가 되어가고 있었다. 버드와이저는 텔레비전 광고를 이용하여 '숙련 노동'이라는 장인들이 생각하는 이상적 가치가 여전히 존재하고, 부활할 수 있다고 주장했다. 버드와이저는 이 작업을 가장 중요하게 만들기 위해 '무대 뒤'에서 남성들이 숙련된 기술로 성실하게 노동하는 몇 가지의 프로젝트를 극적으로 묘사했는데, 여기에는 숙련된 기술을 배우는 과정, 도시를 지원하는 것, 스포츠 팀과 국가적 프로젝트를 지원하는 과정이 담겨 있었다.

- 미국 올림픽 대표팀을 위해 맞춤형 자전거를 만든 자전거 장인 편. "기계로는 올림픽용 자전거를 만들 수 없다. 각 튜브가 무게와 전진 운동량을 전달하기 위해서는 맞춤형으로 장착되어야 하기 때문이다. 결국 '챔피언은 챔피언을' 타야 한다."
- 자유의 여신상을 둘러싼 비계(scaffolding)를 작업한 용접공과 리벳공(riveter) 편. "이 버드와이저는 자유에 대한 미국의 자존심을

복원하고 있는 동료들을 위한 것이다."

- 몰락하고 있는 산업도시에서 일하는 노동자들이 역경을 딛고 힘을 합쳐 도시를 다시 살리는 계획을 세우는 광고. "그들은 이 도시가 끝났다고 말한다. 당신은 '절대 안 돼!'라고 말한다."
- 마이너리그에서 활약하는 흑인 야구 심판. 메이저 리그로 승진했을 때, 그는 심판의 볼 판정에 이의를 제기하는 노련한 감독에 대해 자신의 입장을 고수해야 했다. 결국 심판은 감독의 존중을 받았고 게임 후 함께 버드와이저를 즐긴다.

버드와이저는 장인주의적 노동의 부활과 이런 영웅을 추적하는 도전적인 집단 프로젝트를 지지했다. 이런 종류의 노동이 다시 번창할 수 있다는 낙관론을 형성하기 위해 버드와이저는 이러한 가치들이 여전히 존재하는 직업들을 찬양했다. 대중적 관점에서 대량생산이 일어나기 전인 지난 세기를 되돌아보면, 노동자들은 여전히 엄청난 존경을 받았었다. 왜냐하면 그들은 기술과 사심 없는 헌신과 열정을 가지고 노동을 대했기 때문이다. 이 남성들은 미국의 국가적 건강성에 기여하기 위해 그 일을 제대로 해내는 데 절대적으로 전념했던 영웅들이었다. 버드와이저는 모기업인 안호이저-부쉬의 오랜 충성심에 바탕을 두고 이 '세상의 소금' 신화를 확실하게 지지할 수 있었다. 1970년대 내내 안호이저-부쉬는 가족 소유의 회사로서 양조업에 대한 헌신과 책임을 주장해왔고, 각 세대의 부쉬(Busch)들은 '클라이즈데일'을 이 유산의 상징으로 사용하면서 양조업에 전념했다. 안호이저-부쉬는 라이벌인 밀러 브로잉 컴퍼니(필립 모리스가 사업 다각화 전략으로 소유하고 있던)에 대한 무언의 반대를 담아 실제로는 가장 큰 수제 맥주 회사는 자신들이라고 주장했다. 광고에는 부쉬가(家)의 멤버들이 흑백 사진으로 회사의 역사를 설명하고, 양조 과정을 자랑스럽게 기록하고, 맥주를 따르는 올바른 방법을 시청자들에게 강의하는 모습이 담겼다. 1980년대 내내 안호이저-부쉬 광고는 시청자들에게 이들이 버드와이저 맥주를 마시는 이유와 전혀 다르지 않게, 버드와이저 자체도 장인들에 의해 만들어져 왔다는 것을 상기시켰다. 부쉬가의 남성들 역시 장인들이었기 때문에 미국의 노동자들이 추구했던 것과 똑같은 가치를 지지했던 것이다.

○ 미학적 카리스마: 서사 영화

"당신을 위한 버드" 광고는 겉보기에는 평범해 보이는 일상적인 일(노동)을 영웅적으로 만들기 위해 서사 영화 스타일을 사용했다. 이런 장엄함은 마치 미식축구 영화의 하이라이트를 연상시키는데, 느리고 깊은 바리톤 목소리의 내레이터에 의해 더욱 강화된다. 여기에 카메라는 아래에서부터의 프레임(앙각)을 잡아 일하는 노동자들의 삶을 실체보다 크게 부각시켜 존경을 표현했다. 자전거 만들기, 금속 다듬기, 야구 심판의 볼 판정 등 평범해 보이는 일상적인 노동이 생과 사를 넘나드는 드라마처럼 극적으로 묘사되었다.

　내레이터의 목소리를 통해 버드와이저는 마치 상사가 말하는 것처럼 전능한 권위를 가지고 버드와이저를 마시는 사람들의 노동을 극찬했다. 이 페르소나는 결정적이었다. 이것은 사실상 버드와이저가 미국 기업들의 실제 목소리를 뒤바꿔버린 것인데, 당시 미국의 기업들은 노동자의 숙련된 기술에는 거의 관심이 없었고, 대신 임금의 양보와 삭감에만 혈안이 되어 있었다. 버드와이저 신화에서 노동자들은 마침내 자

_____ 브랜드는 어떻게 아이콘이 되는가

신의 공헌과 헌신을 존중해주고, 노동의 가치를 이해하고, 칭찬을 적절하게 분배하는 상사를 얻게 된 것이다.

제조업에서 서비스직으로 빠르게 이동하는 경제 환경에서 "당신을 위한 버드" 광고는 일하는 남성들과 강력하게 연결되었다. 그리고 이 노동자들은 버드라는 브랜드에 특별한 상징적인 의미를 부여함으로써 보답을 했는데, 업무 현장이라는 불확실성에 직면했을 때 항상 입고 있는 '상징적인 갑옷'의 느낌으로 의미를 부여한 것이다. 이 광고 캠페인은 버드와이저를 미국 노동자들에게 가장 설득력 있고 소중한 문화 지도자 중 하나의 아이콘으로 확고히 자리 잡게 했다.

문화적 붕괴: 구조조정에 대한 냉소

1980년대 후반, 미국 기업들은 세계 시장에서 지배적 위치를 다시 점유하고 있었다. 노동자들은 이 과정에서 힘든 희생을 받아들였다. 더 낮은 임금, 더 긴 시간 노동, 그리고 더 힘들어진 생산 목표. '중성자탄' 잭 웰치는 제너럴 일렉트릭 노동력의 25%, 10만 명이 넘는 노동자들을 해고했다. 비경영직 노동자의 실질소득이 10% 이상 감소했다.[iv]

그래서 경제가 마침내 좋은 성과를 내기 시작하고 생산성이 과거 주요 경쟁국인 독일과 일본을 앞서게 되었을 때, 미국의 노동자들은 지난 10년 동안 그들이 한 희생에 대한 보상을 기대했다. 하지만 이들이 발견한 것은 업무의 구조조정이라는 명목 아래 한층 더 공격적인 노동 합리화였다. 노동자들에게 안전한 생계를 제공하는 '돈 버는 아빠 가장' 모델로 다시 돌아가기보다, 미국의 CEO들(주가를 올리기 위해 필요한 모든 것을 할 수 있는 상당한 스톡옵션으로 동기부여를 받는 사람들)은 그들의 조직으로부터 훨씬 더 많은 생산성을 쥐어짰다. 그 결과 기술 투자, 프로세스 엔지니어링, 2차 노동시장으로의 아웃소싱을 통해 모든 기업활동 비용의 합리화가 진행되었고, 이것은 향후 10년간 기업이익 성장의 주요한 원동력이 되었다.

1990년대 초의 불경기와 실업률 증가로 비전문직 남성들은 마침내 국가 또는 자기 자신에 대한 믿음을 잃었다. 그리고 자신들의 일이 꿈꾸던 존경받고 안정적인 삶으로 다시 돌아갈 것이라는 믿음을 급속도로 포기하기 시작했다. 버드와이저의 영웅적인 장인 신화는 결국 단번에 산산조각 났다. 포퓰리즘 정치가 급증하기 시작했다.

안호이저-부쉬는 이 지각변동에 느리게 반응했다. 대신 안호이저-부쉬는 집단적인 노동을 중심에 둔 남성성의 이상을 되살리기 위해 농장에서 흔히 하는 내기 속에서 오래된 상징을 끌어냈다. "메이드 인 아메리카(Made in America)" 광고는 나이아가라 폭포 위를 나는 대머리 독수리, 슬로모션으로 달리는 클라이즈데일즈, 군인들, 그리고 시상대에 오른 미국 올림픽 챔피언의 모습을 나란히 세웠다. 놀랍게도 버드와이저 광고의 내레이터는 미국 노동자들의 사면초가에 처한 당시의 상황을 인정했다.

세상 누구도 내가 살면서 해온 일들에 대해 신경 쓰지 않는다고 생각한다면 나는 여전히 열심히 일하고 있다는 뜻이고, 그 일을 제대로 하는 것에 신경 쓰고 있다는 뜻이다. 메이드 인 아메리카. 이것은 내게 큰 의미가 있다. 나는 미국, 그리고 미국의 품질을 믿는다. 미국을 위해 건배. 미국을 위해 나는 최선을 다한다.

버드와이저는 이 광고를 일종의 고백으로 사용했다. 기업주의에 충실한 미국 사회는 더 이상 노동자들을 신경 쓰지 않았다. 그래서 노동자를 신경 쓰는 척하는 것은 무의미했다. 그럼에도 불구하고, 명예를 건 남성들은 그들의 강한 애국심 때문에 계속해서 열심히 일을 해야만 했다. 아마도 안호이저-부쉬는 걸프전이 그런 정서를 자극하기에 충분한 은폐를 제공했다고 생각했겠지만 '메이드 인 아메리카'를 찬양하는 것은 버드와이저를 마시는 이들에게 해외로 계속 넘어가 버리고 있는 직업들을 상기시켜주는 것만 같았다. 점점 늘어나고 있는 월마트 선반에 물건을 채우는 일군의 사람들은 얼굴을 찡그릴 뿐이었다.

○ 전통적인 방식의 브랜딩 실험, 실패하다

장인정신의 신화가 설득력을 잃자 안호이저-부쉬는 대체 광고를 통해 새로운 실험에 들어갔다. 7년 동안 브랜드 팀은 당시의 시대정신과 공명하는 새로운 광고 캠페인을 찾기 위해 애썼다. 그러나 브랜드 팀은 버드와이저의 신화를 재창조하기보다는 기존의 마인드 셰어와 바이럴 브랜드 모델로 되돌아가 버렸다. 안호이저-부쉬의 브랜드 팀은 브랜딩 교과서에 나오는 대로 소비자를 유혹하는 트릭을 통해 효과가 있을 것 같은 다양하고 창의적인 아이디어를 만들어 냈지만 매번 공허한 결과만이 돌아왔다.

브랜드 에센스. 브랜드 팀은 먼저 "어떤 것도 버드와이저를 이길 수 없다(Nothing Beats a Bud)"라는 광고 캠페인에 희망을 걸었는데, 이 캠페인은 미국인들의 노동에 대한 극적 서사를 버리고 대신 단순히

1970년대부터 계속해온 버드와이저의 브랜딩을 되살리려 노력했다. 광고는 '전형적인' 미국적 일상의 포괄적인 몽타주를 보여주었다. 작은 마을에서 하는 조깅, 이발소, 졸업장을 흔드는 여대생, 군복 차림의 젊은 남자, 차를 세차하고 근육을 만드는 남자, 몇몇 카우보이, 야구 경기를 보는 남자, 수화로 말하는 청각장애인, 콧방귀를 날리는 여자, 남자들에 둘러싸인 한 여자. 물론 몇 초 동안 '빠짐없이' 클라이즈데일은 등장한다. 이런 미국 문화의 모자이크식 짜깁기는 버드와이저의 브랜드 에센스가 결국은 미국적인 전통적인 남성성에 기반하고 있다는 것을 전달하기 위한 것이었다. 가슴을 울렸던 버드와이저의 서사는 1970년대에 머물러 있었다.

미국을 위해 건배. 강한 사람, 어려움을 극복한 사람들을 위해 건배.

당신은 할 수 있는 모든 것을 하고 있어.

우리도 당신에게 최선을 다하고 있어.

우리의 최선을 능가하는 것은 없어, 버드와이저.

버드와이저를 이길 수 있는 것은 없어.

맥주의 왕과 함께 건배하고 응원하자.

버드와이저를 이길 수 있는 것은 없어.

나는 그들의 변화를 봤어.

나도 충분히 보아 와서 잘 알아.

그러니 너의 색깔을 보여줘.

우리의 최선을 이길 수 있는 것은 없어.

버드와이저를 이길 수 있는 것은 없어.

(아메리칸 베스트)

또다시, 브랜드 에센스(Brand Essence Again). 두 번째 광고 캠페인은 버드와이저의 DNA에 다시 불을 붙이면서 같은 아이디어를 실험했다. 이때는 이전과 다른 더 나은 창의성을 가지고 있었다. 버드와이저 브랜드의 성공은 미국 노동자 남성들의 세계 속에 있었기 때문에, 버드와이저가 가지고 있는 지배적인 이미지들은 '미국인', '남성적인', '클래식한(고전적인, 전통적인)', 그리고 '일하는 친구들을 위한' 등이었다. 그래서 브랜드 팀은 "항상 진실하다. 당신을 위한 버드" 광고에서 버드와이저를 진짜 남자들을 위한 미국의 고전으로 소개했다. 한 광고는 광고 CM송을 사용하여 청바지, 야구, 그리고 아름다운 금발(1980년대의 유명한 쉐보레 캠페인을 연상시키지만 미국 가정에서 흔히 나오는 애플파이 장면은 뺐다)처럼, 버드와이저는 미국인들에게 고전적이고 친숙하다는 것을 시청자들에게 알려주었다. 또 다른 광고는 차고를 보여줬는데, 그 차고에는 어떤 남자들이 있었고, 낡고 오래된(하지만 수집할 만큼의 가치는 있는) 자동차를 수리하고 있었다. 그들은 말싸움을 하고 있었는데 역대 가장 고전적인 자동차 메이커와 모델에 대한 것이었다. 소비자들이 믿음을 주었던 버드와이저는 과거의 영광 위에 갇혀 있었다.

맥주, 섹스를 부르는 약물. 버드와이저 브랜드가 가라앉고 있는 동안 다른 브랜드들은 남성들을 위한 '섹스 물약'으로 맥주를 파는 데 더욱 성공하고 있었다. 버드와이저는 다양한 광고를 통해(예를 들어 "버드와이저가 남자들이 가지고 있는 '여성에 대한 꿈'을 실현시켜 줄 것이다" 같은 광고들) 경쟁자들로부터 이 공통의 욕망을 선택받기 위해 노력했다. 한 악명 높은 광고에서 두 명의 멋진 남자가 영화 〈위험한 청춘(Risky Business, 톰 크루즈 주연으로 1983년에 개봉한 영화-옮긴이)〉을 흉내 내며 속옷과 살짝 가리는 겉옷만 입고 사막 하이킹을 하는 모습을 보여준다. 다른 광고에서 또 다른 멋진 남자가 수건을 펼치자 수영복을 입은 세 명의 아름다운 여성이 나타난다. 위에서 살펴본 이들의 수영복에는 버드와이저 로고가 선명하게 박혀있다.

쿨헌트. 다른 몇몇의 광고들은 버드와이저를 유행하는 대중문화의 흐름과 억지로 엮으려고 애를 썼다. 이러한 부자연스러운 노력 중에는 아프리카계 미국인 랩 음악과 버드와이저라는 이상한 대칭으로 연결된 몇 개의 광고가 포함되었다. "옥션" 광고에서는 한 순회공연 중인 랩 그룹의 버스가 사람들이 사는 마을과 엄청 떨어진 외곽 지역에서 타이어가 펑크가 난다. 언제든 모든 상황에서 '힙합할 준비'가 되어 있던 이 뮤지션들은 도움을 구하기 위해 옥수수밭을 헤치고 나갔고, 동물을 경매하고 있던 한 무리의 농부들을 우연히 만난다. 경매인이 "어떻게 파는 건지는 알겠는데, 비트가 빠졌어"고 말하는데, 래퍼들이 그 자리를 치고 들어온다. 불빛이 희미해지고, 턴테이블이 등장하고, 래퍼 일행은 전형적인 경매 패터(Patter, 경매할 때 속사포처럼 말하는 사람-옮긴이)를 레코드 스크래치(레코드를 손으로 엇박자 주면서 소리 내는 방법-옮긴이) 박자에 맞춰 랩을 한다. 광고는 "요! MC 카우셀러! 버드! 프레시!(Yo! MC Cowseller! Budd! Fresh!)"라는 랩으로 끝이 난다.

버즈. 마침내 안호이저-부쉬는 버드와이저의 30년 이상된 광고기획사 달시를 해고했다. 그리고 버드 라이트에서 획기적인 일을 하고 있던 DDB 시카고에 사업을 넘겨주었다. 아이러니하게도 달시가 이 프로젝트를 잃기 전에 마지막으로 낸 광고는 수년 만에 처음으로 관심을 모은 광고였다. 배경은 어두운 습지 한가운데 있는 통나무 오두막 주점 외곽이다. "개구리" 광고에는 귀뚜라미가 뒤에서 운다. 그 와중에 개구리 세마리가 등장한다. 시청자들이 뭔가 이야기가 펼쳐지기를 기다리는 동안, 어느 샌가 개구리의 '개굴개굴하는 소리'가 그 광고의 이름(광고 상표)을 그대로 읊조린다. 개구리들은 "버드(Bud)", "와이즈(weis)", 그리고 "얼~(er)"라는 음절을 끊어서 따로따로 그리고 연속해서 개굴개굴한다.

　DDB는 그 콘셉트를 그대로 딱 집어 들었다. 그리고 시청자들이 적어도 그 광고를 일종의 재미로 삼아 이야기할 만한 개구리 광고를 줄줄이 만들었다. 이것은 귀여웠고, 히트한 농담이 되었고, 개구리들은 사람들에게 웃음을 안겼다. 다만 불행히도 이 광고는 버드와이저의 정체성 가치를 구축하는 데는 거의 도움을 주지 못했다. DDB는 버드와 짝을 이룬 개미와 맥주를 훔치는 장난꾸러기 바닷가재 등으로 콘셉트를 확장하려 했다. 하지만 "개구리" 광고처럼 이런 아이디어들도 의미 있는 브랜딩 작업에는 실패했다. 입소문 전략은 버드와이저 브랜드의 가치에는 큰 도움이 되지 못했다.

"도마뱀" 광고

안호이저-부쉬가 전통적인 브랜딩 공식을 이용해 버드와이저를 되살리려고 애쓰는 동안 당시는 엄청나게 새로운 '슬래커 신화 시장'이 등장했다(마운틴 듀 계보에 쓴 것처럼). 버드와이저 브랜드의 회복은 새로운 슬래커 신화를 생각해 내면서 시작되는데, 이 슬래커 신화는 기본적으로 남성다움이라는 것이 '힘든 하루의 일'에 달려있다는 생각에 대해 극도로 냉소적인 태도를 취한다.

○ 도마뱀 신화 처방

버드와이저의 "도마뱀" 광고 캠페인은 지난 10년의 기간 중 가장 효과적이고 오래 지속되는 브랜딩 노력 중 하나였다. 이 광고는 4년 동안 텔레비전으로 방영되었고 라디오에서도 연속으로 몇 년 동안이나 계속해서 방송되었다. "도마뱀" 광고에 숨겨진 창의적인 아이디어는 믿을 수 없을 정도로 단순한 것이었다. 안호이저-부쉬는 이전에 "개구리" 광고 캠페인을 2년 동안 진행했었다. 이 광고 캠페인을 확장하기 위해, 안호이저-부쉬는 또 다른 광고기획사이자 안정적인 굿비 실버스틴 앤 파트너스에 일을 맡겼다. 굿비는 존재하지 않을 법한 콘셉트를 생각해 냈다. 습지에 사는 질투심 많은 도마뱀은 이제는 유명인이 된 개구리의 늪을 없애고 싶어 한다. 암살자(가 되고 싶어 하는) 루이는 도마뱀 친구 프랭키와 개구리의 늪지대에서 서로를 위로한다. 루이는 버드와이저 광고에 출연하고 싶었고, 경쟁 상대인 개구리들을 능가할 기회를 얻기 위해 무엇이든 시도할 준비가 되어 있는 것 같다. 프랭키는 세상 돌아가는 걸 좀 아는 닳고 닳은, 하지만 별 의욕은 없는 친구였고, 루이를 위로하고 루이의 열성적인 야망을 자제시키려 한다.

　모든 행동은 두 마리의 관찰자를 중심으로 일어나는데, 이들은 아주 최소한으로 그 상황에 개입해서 주변에서 일어난 일을 관찰하고 있었다. 시트콤 드라마 〈사인펠드〉[1]처럼 광고 캠페인은 실질적인 활동이 거의 없이도 많은 성과를 만들어 냈다. 게다가 〈사인펠드〉 같은 쇼들을 모방하는 "도마뱀" 광고는 전적으로 당시의 대중문화들을 반사적으로 보여주고 있었다. 이 광고는 이전의 개구리 광고가 어떻게 만들어졌는지에 관한 것이었다.

도마뱀 광고는 완전히 웃기는 광고였다. 다만 "개구리" 캠페인이 생각 없이 웃기기만 하는 광고였던 것에 비해, "도마뱀" 광고에서의 유머는 노동하는 삶에 대한 짓궂은 풍자에 의지했기 때문에 브랜딩 측면에서는 훨씬 효과적이었다. 이 풍자가 어떻게 작동했는지 이해하기 위해서는 광고를 해부하여 그 광고가 어떤 부분을 비틀어서 웃음을 유발했는지 그 전제를 밝혀야 한다.

광고의 줄거리는 이전의 "개구리" 광고를 통해 개구리들이 스타 반열에 오른 것에 대한 도마뱀 루이의 강한 시기심과 개구리를 대체하려는 루이의 돈키호테식 임무를 중심으로 전개된다. 동료 도마뱀 프랭키와의 농담을 통해 루이는 버드와이저 개구리 세 마리가 광고에 캐스팅되었고 스타가 되었으며, 많은 출연료를 받는 것에 대해 분개한다.

루이: 걔들이 개구리를 캐스팅했다는 걸 난 도대체 믿을 수 없어! 우리 오디션은 흠잡을 데가 없었거든. (카메라에 보이는 자세를 취하며) 우리는 제대로 했어. (혀를 날름거리며) 우리의 혓바닥도.

―― 1 〈사인펠드(Seinfeld)〉. 미국 NBC에서 1989~1998년까지 9년 동안 4개의 시즌과 총 180회를 방영한 미국의 시트콤. 미국의 1990년대를 풍미했던 작품으로 시트콤의 대명사로 불린다. 이후 〈프렌즈〉라는 작품에 많은 영향을 주었다.

프랭키: 개구리가 맥주를 잘 팔잖아. 바로 그거야. 마케팅 제1법칙.

루이: '버드와이저 도마뱀'으로 엄청 뜰 수 있었는데…….

프랭키: 다른 오디션이 있을 거야.

루이: 아, 그래? 무엇을 위해서? 버드와이저였어, 친구. 이제 판이 엄청 커졌어. 저 개구리들도 그 대가(보상과 처벌의 의미를 동시에 포함하고 있다–옮긴이)를 엄청나게 받게 될 거야.

프랭키: 놔둬, 루이. 그냥 놔둬.

　루이는 너무 질투가 나서 개구리들을 암살하려는 상상을 한다. 슈퍼볼 경기 광고에서 보여준 한 광고에서 루이는 담비를 고용해 바의 입구에 걸려 있는 버드와이저 전기 간판의 지지대를 절단하라고 지시하기에 이른다. 담비가 표지판에 오르자 루이는 몰래 담비가 표지판을 파괴하면서 개구리를 감전시키라는 임무를 잘 수행하기를 바라면서 지켜본다. 루이는 "나는 전기 기사가 아니라 말하긴 좀 뭣하지만, 위험할 것 같다"라고 말한다. 간판이 떨어져 늪 전체로 전기가 흐르자, 개구리들은 감전되어 지글거리면서 연기가 난다. 루이의 꿈이 마침내 이루어진 것 같다. "프랭키, 결국 모든 개구리가 울어야 할걸" 하고 루이가 히죽거리며 읊조린다. 하지만 불행히도, 개구리들은 암살 시도에도 살아남을 만큼 충분히 강하다는 것을 증명한다. 황당해하던 루이는 결국 다시 개구리를 없애 이들이 받던 주목을 뺏기 위해 더 추악한 음모를 꾸밀 뿐이다.

　분통 터져하는 루이에게 안호이저–부쉬는 횡설수설하기만 하는 담비를 루이의 대리인으로 만들어준다. 화가 난 루이는 담비가 명백히 암살자로서 능력이 부족하다며 비난한다. 프랭키는 루이의 화를 잠재우

　　　　　　　　　　　　　_____ 브랜드는 어떻게 아이콘이 되는가

면서 담비가 스타로서의 잠재력이 있다고 제안한다. 프랭키에 따르면 담비는 '베레모를 쓰고 있는 유명한 프랑스 감독처럼' 보인다고 말한다. 루이는 제정신이 아니었다.

캠페인이 시작된 지 몇 년 만에 루이는 마침내 개구리 중 한 마리를 대신할 수 있게 된다. 하지만 그때도 루이는 큰 역할은 아니었다. 그때 개구리들은 실제로는 말을 할 수 있는 '터프한 개구리'라는 것을 드러냈는데, 루이가 그들을 조롱하며 보낸 세월을 대갚음하려는 듯 긴 개구리 혀로 루이를 때리기 시작했다.

루이가 자신의 과시적 욕망을 추구하는 정점에 다다랐을 때(뭔가 웃기면서도 안타까움이 공존한다) 그는 '늪지대의 대통령 선거'에 출마한다. 하지만 루이는 케네디 느낌이 나는 거북이 후보와 맞서는데, 거북이는 루이의 '더러운 과거'에 대한 광고를 특집으로 한 흑색선전 캠페인으로 인상적인 선거판을 연출한다. 루이는 선거에서 패배하고, 다시한번 자신의 나뭇가지에 앉아 다른 동물들이 권력과 명성을 누리는 것을 고통스럽게 견뎌야 했다.

사실 루이는 승자들이 유명 셀럽이 되는 당시 미국의 새로운 노동시장(이 노동시장은 엄청나게 경쟁적이면서도 동시에 유혹적이었다)에 스스로 들어가는 것을 허락한 그 노동자들의 목소리였다. 루이는 로스앤젤레스, 실리콘 밸리, 워싱턴 D.C. 그리고 뉴욕과 같은 경제와 문화의 핫플레이스에서 흘러 다니는 행동의 일부라도 흉내 내기 위해 안달을 했다. 하지만 그가 얻은 것은 안달한 만큼의 신경증과 과도한 집착이 전부였다.

프랭키는 쿨하면서, 다소 냉랭하게 슬래커 같은 느긋한 태도로 루이에게 대응한다. 프랭키는 자신의 뒷마당인 늪에 머물면서, 저 너머의 세계에 대해 냉소적이고 비판적인 태도를 취한다. 프랭키는 게임이 어떻게 작동하는지 이해하고 있다. 그는 자신이 이길 수 없는 경기에 굳이 말려 들어가고 싶어 하지 않는다. '명예와 돈의 문'이 이미 닫혔는데, 왜 귀찮게 하지? 궁극적으로 유일하게 합리적인 선택은 게임과 감정적으로 한발 떨어져서 방관자로서 게임을 그저 '구경'하는 것이다.

루이의 이런 수동적이면서도 공격적인 이중적 행동은 놀랍게도 근면, 숙련을 향한 헌신, 사회의 존중 사이의 인과관계를 보는 데 혼란스러워하는 남성들의 새로운 시대정신을 정확하게 건드렸다. 남성들은 루이가 새로운 제도 속에서 성공하려고 하는 노력에 공감했고 그가 몇번이고 실패했을 때 루이의 고통을 함께 느꼈다. 루이는 스타덤의 유혹을 뿌리칠 수가 없었지만, 이런 유혹은 희비극적인 코미디를 만들어 낼 뿐이었다. 하지만 결국 미국의 남성들은 프랭키가 옳다는 것을 알았다. 이들은 프랭키의 냉소적 세계관에 즐거워했다. 즉, 한발 물러서서 느긋하게 앉아 긴장을 풀고, 방관하며, 웃고 있는 것이 더 낫다는 것이었다. 남성들은 게임의 규칙을 완전히 거부했고, 그렇게 함으로써 자신의 자주적이고 독립적인 특권을 주장했고, 역설적으로 더 '슬래커적인(느긋한) 남성성'을 얻을 수 있었다.

"도마뱀" 광고는 당시 미국 남성들이 정면으로 마주하기 어려운 생각에 맞설 수 있게 풍자를 사용했기 때문에 시청자들을 사로잡을 수 있었다. 남자다움이라는 낡은 모델을 포기하고는 있지만, 광고는 여전히 한발을 붙잡고 있다. "도마뱀" 광고는 다음과 같이 단순한 진실을 밝힌다. '넌 영웅이 아니야, 사회가 널 그냥 두지 않을 테니까. 그래서 어쩌라고? 압박에서 벗어나라는 거지. 지금의 불합리함, 부조리를 즐기라고! 등을 기대고, 편안히 앉아서.'

_____ 브랜드는 어떻게 아이콘이 되는가

"도마뱀" 광고 캠페인에 대한 신화적 처방은 다음과 같이 요약할 수 있다. 오늘날에는 오로지 '어리바리한 이들'만이 아메리칸 드림을 좇아 성공의 사다리를 오르면서 존경을 받기 위해 노력한다. 이제 유일하고 진정한 선택지는 남성들이 이러한 게임에서 손을 떼고, 그 대신 성공을 위한 경쟁에 속아 넘어간 사람들을 조롱함으로써 쇼를 즐기는 것이다.

○ 미학적 카리스마: 애니메이션 속 보르쉬 벨트 코미디언

"도마뱀" 광고는 당시 사회를 풍자한 것이었다. 많은 위대한 풍자가 그랬던 것처럼, 이 광고 캠페인은 색다른 장소와 색다른 시기에 시작되었는데, 어떤 시청자들도 소외시키지 않는 방식으로 당시까지 사람들에게 신줏단지처럼 다뤄져 온 신념(사회적 성공에 대한 신화, 경쟁의 가치 등)을 푹 찔렀다. 이전 "개구리" 광고에서부터 그대로 옮겨 온 광고 세트 디자인과 그래픽으로 만들어진 동물들은 시청자들에게 광고가 아닌 디즈니–픽사 애니메이션 영화를 떠올리게 했다. 그러나 도마뱀들은 늪지대의 다른 동물과는 전혀 달랐다. 이들의 속사포 같은 대화는 마치 빠르게 짤막한 농담을 던지며 연기하는 보르쉬 벨트[2] 코미디언들이나 브롱크스에서 어딘지 불쌍하게 앉아있는 이탈리안 노인들을 떠올리게 했다.

버드와이저는 가시 돋친 말을 직접 한 것이 아니다. 애니메이션 도마

―――― 2　여기서 보르쉬 벨트(Borscht Belt)는 유태인 코미디 스타일을 뜻한다. 실제 보르쉬 벨트는 1920년대부터 1970년대까지 유태인들에게 인기 있었던 뉴욕 북부의 한 지역을 말하는데, 이 당시 유행했던 코미디 스타일을 따 '보르쉬 벨트 코미디언'이라고 부른다. 이 유머는 주로 자기 비하, 모욕, 불만, 결혼, 우울증, 말다툼과 같은 것을 특정으로 한다.

뱀의 몸으로 옮겨 그 도마뱀의 불완전한 벙긋거리는 입을 통해 시청자들에게 당시의 금기시되는 생각(사회적 성공이나 경쟁의 가치)을 유쾌하게 즐길 수 있는 이야깃거리로 만들어버렸다. 이 우스꽝스러운 '만들어진 생명체'들에게는 고통스럽고 깊은 개인적 진실을 말하는 것이 허용되었기 때문이다.

○ 이민자들의 세계에서 진정성 인정받기

이 캠페인은 중산층 노동시장의 규범과는 거리가 먼, 이민자 영역의 대중적 세계관에 초점을 맞췄다. 이 선택은 독창적이고 설득력이 있었다. 하지만 도대체 어떻게 수년간 '기업의 치어리더' 활동을 했던 버드와이저가 이런 관점에서 벗어나게 되었을까?

대중을 향한 진정성은 대중적 세계관에서 출발한 문해력과 시간이 지나도 그 가치에 진심을 다하는 신의를 통해 얻을 수 있다. 당시 버드와이저는 이민자들의 냉소적인 견해(세상을 향한)를 옹호할 수 있는 권위라 할 만한 것이 없었다. 과거 버드와이저는 남성들에게 그들의 직장과 국가를 위해 열심히 일하는 것에 대해, 선한 투쟁을 계속하도록 동기를 부여하면서 문화 아이콘이 되는 가치를 얻었었다. 그런데 이제는 입장을 바꿔 열심히 노동하는 것을 찬양하는 신화에서 이것을 조롱하는 신화로 갈아타기 위해서는, 버드와이저가 진정성이라는 차원에서 오래된 그 관점을 포기하고 참회하는 장면을 보여주어야만 했다. '도마뱀'은 마조히즘적인(피학적인) 광고처럼 보였다. 이 광고는 안호이저-부쉬가 어렵게 얻어온 평판을 깎아내리는 것 같았다. 전통적인 브랜딩 기준으로 볼 때, 광고 캠페인이 보여준 회사에 대한 불경한 듯 보이는 행동은 일관성의 법칙을 위배한 것이었다. 루이는 지속적으로 안호이 저-부쉬 경영진의 마케팅 의사결정을 비웃고 조롱했다. "그들이 쓴 대본 들어 봤어? 버드-와이스-얼. (비꼬는 듯) 창의적이기도 하네! 이런 광고를 하는 사람들은 도저히 이해가 안 돼." 루이는 안호이저-부쉬가 그 광고에 많은 돈을 쓴다고 놀렸다. 이 광고들은 버드와이저가 지난 50년 동안 옹호해온 사실상 모든 것을 모독했다. 즉, 사람들을 독려하는 영웅적 자질, 헌신적으로 일하고, 기업을 운영하는 것, 안호이저-부쉬 제국에 대한 존경과 같은 것들을 말이다.

이 광고는 심지어 그 브랜드의 다른 광고들까지 공격했다. "와썹(Whassup, 안녕?+뭔일?+별일? 정도가 섞인 관용의문문-옮긴이)" 광고가 사람들의 주목을 끌었을 때, 성격에 딱 맞게 루이는 이 광고를 믿을 수 없어 했다. 그는 혀를 날름거리면서 시위하듯 그 캠페인을 놀려댔다. 루이는 심지어 이사회 의장인 어거스트 부쉬 3세가 양조장과 관련된 가족사를 재조명하는 광고를 조롱하기도 했다. 어거스트의 분명하지만 멈칫거리는 연설 말투를 흉내 내며 루이는 늪 지배자들의 조상과 늪의 역사를 서사적 용어로 낭송했다.

많은 광고들이 광고에 흔히 등장하는 상업적 자만심을 반사적으로 조롱했다. 과거의 폭스바겐 광고, 에너자이저 토끼, 스파이크 리가 만든 나이키 광고 시리즈, 조 이스즈(1980년대 일본의 이스즈 자동차를 대변하는 광고 모델로 등장한 가상의 인물-옮긴이), 리틀 시저즈(미국에서 3번째로 큰 피자 체인 브랜드-옮긴이), 그리고 스프라이트의 "목마름이 이끄는 대로 따르라(Obey Your Thirst)"가 가장 두드러졌다. 그러나 오직 "도마뱀" 광고 캠페인만이 자신의 제품을 만든 회사에 KO 펀치를 날리는 것처럼 보이는 대담성을 가지고 있었다. "도마뱀" 광고는 버드와이저가 남성들의 노동에 대한 옹호자로서 스스로 만든 역사적 지위를 포기한 명백한 불복종 행위였다. 버드와이저는 '전능한 권위(버드와이저 음용자들이 맥주의 왕으로 대우했던 권위)'의 망토를 포기했다. 그리고 겸손하지만 더 '느긋한 친구'와 같은 가치 있는 역할을 맡았다. 버드와이저가 이 새로운 역할을 대중에게 믿을 수 있게 전환하는 유일한 방법은 이전의 역할로부터 분명한 거리를 두는 것이었다.

문화적 · 정치적 권위의 힘

다른 어떤 브랜드도 침범할 수 없는 아이코닉 브랜드만의 신화적 영역. 신규 브랜드가 아이코닉 브랜드의 스토리텔링 영역에 침범하려고 하면, 소비자들은 즉각적으로 이 '신참'을 진짜가 아니고, 독창적이지도 않다고 하며 간단히 거부해버린다. 수년 동안, 코카콜라의 고참 경영진들은 마운틴 듀가 자사 브랜드의 점유율을 깎아먹는 것을 질투 어린 시선으로 지켜보았다. 회사가 더 이상 이 상황을 견딜 수 없게 되자 1996년 서지(Surge)라는 브랜드를 론칭한다. (마운틴 듀를) 그대로 본뜬 이 청량음료는 영리한 기획사인 레오 버넷이 광고 캠페인을 담당했는데, 이 광고는 '느긋한 남성성에 대한 우화'를 흑인들을 통해 전달했고, 10대 남성을 겨냥한 이 광고들은 엄청난 '군자금'의 지원을 받았다. 10대들은 한동안 이 브랜드에 관심을 가지는 듯 보였으나 이내 버려버린다. 서지는 2년도 안 되어 사람들의 기억에서 사라졌다. 코카콜라는 최대 경쟁자를 제압하려는 헛수고로 수억 달러를 내던져 버렸다. 마운틴 듀는 '야생에서의 슬래커'라는 신화를 가지고 있었다. 그 브랜드의 권위는 의심의 여지가 없었다. 서지는 전혀 믿음이 안 가는 침입자였다. 코카콜라는 마운틴 듀와 같은 아이코닉 브랜드에서 브랜드 자산이 어떻게 작동하는지 이해하지 못했기 때문에 실수를 많이 했다. 마운틴 듀를 뛰어넘는 새로운 문화적 기회를 포착하기보다는 마운틴 듀 신화의 한 조각을 단순히 잡으려고 했던 것이다.

마운틴 듀처럼 브랜드 자산이 강하게 나타난다는 것이 아이코닉 브랜드의 전형적인 모습이다. 소비자들은 그들이 좋아하는 아이콘이라면, 매력적인 다른 경쟁자들이 그 싸움에 뛰어들어도 프리미엄을 지불하며 아이콘을 기꺼이 고수한다. 마운틴 듀의 팬들이 서지를 그렇게 간단히 물리칠 정도의 특별한 매력이란 과연 무엇이었을까? 마운틴 듀의 브랜드 자산은 전형적인 마인드 셰어 모델에서 정의하고 있는 자산, 즉 차별적 범주라는 이미지에서 시작된 것은 아니다.[v] 그보다는 소비자들의 일상에서 민감하게 느끼는 부분의 불안을 해소해주는 신화를 아이코닉 브랜드가 보여주기 때문에 소비자들은 이 브랜드에 눈을 돌린다. 소비자들은 그 브랜드가 어떤 '이미지 형용사'를 소유하는가 하는 것에는 관심이 없다. 이들은 브랜드가 자신의 정체성을 대리해서 완성해 주는 것에 관심을 가진다. 브랜드 자산은 브랜드 신화에 대한 사람들의 역사적 의존성에서 비롯된다. 만약 한 브랜드의 이야기가 과거에 정체성의 가치를 제공한 적이 있었다면, 이후의 사람들은 그 브랜드에 비슷한 이야기를 할 수 있는 브랜드 권위를 부여한다.

우리는 소비자들의 대화 속에 흔히 등장하는 기업과 브랜드를 두 개의 별개의 캐릭터로 이해해야 이러한 자기희생이 어떻게 버드와이저 정체성의 가치를 높이는 데 기여했는지 이해할 수 있다. 오랜 세월 동안 버드와 안호이저-부쉬는 같은 목소리를 냈다. 이들 권위주의적이고 성취 지향적인 인물들은 자신들의 업적에 자부심을 갖고 있었고, 자신들의 권위로 맥주 마시는 사람들(고객들)을 선택하려 했다. 과거의 모델이 버드와이저의 지지자들 사이에서 신뢰를 받지 못했기 때문에, 새로운 도전은 어떻게 이 새로운 전략을 지지자들에게 믿게 하고, 정치적으로 갈라진 반대편으로 넘어가느냐 하는 것이었다.

안호이저-부쉬의 암묵적인 전략은 버드와이저가 미쳐 날뛰게 하고, 바트 심슨(TV 애니메이션 시리즈 〈심슨 가족〉에 주인공으로 등장하는 캐릭터-옮긴이) 타입의 캐릭터처럼 그 아버지 회사를 공격하도록 하는 것이었다. 버드와이저는 자신의 회사에게 사악한 채찍질을 가함으로써 같은 방향을 하고 있는 지지자들과 합류한다. 안호이저-부쉬는 이 거래에서 두들겨 맞으면서도 등장하지는 않는다. 관객들은 모든 것이 허구라는 것을 잘 알고 있었고, 시청자들은 이 유머러스한 자기 고백에 대해 안호이저-부쉬에게 신뢰를 주기 시작했다. 시청자들은 신경제에 대한 적대감을 흡수하고, 농담의 대상이 되려는 회사의 의지를 존중하기 시작했다.^{vi}

"와썹"

버드와이저는 "도마뱀" 광고를 통해 노동자 남성들의 일상적 불안감에 가까이 다가섰고 이것으로 브랜드 정체성을 다시 불러일으켰다. 버드와이저 브랜드는 국민들이 직면하고 있는 사회경제적 변화를 인식하고 이에 대응함으로써 이전의 권위를 회복했다. 그러나 프랭키의 해결책(맨 뒷자리에 거리를 두고 앉아서 관찰하고 비평만 하는 것)은 만족스럽지 않았다. 버드와이저는 여전히 긍정적인 신화가 필요했다. 남성들이 연대를 형성할 수 있는 이상적인 남성성의 세계가 필요했던 것이다. DDB의 "와썹" 광고는 2000년에 "도마뱀" 광고를 보완하기 위해 시작된 캠페인으로, 도마뱀 광고에서 누락된 연결고리를 제공한다.

○ "와썹"의 신화 처방

"와썹" 광고는 "도마뱀"이 버리고 간 것을 집어 들었다. "트루(True)"라고 불리는 이 캠페인의 오프닝 광고는 "도마뱀" 광고가 열어놓은 풍자 광고라는 공간에 버드와이저의 '새로운 남성성 신화'를 넣은 것이었는데, "트루" 광고는 대략 30대 정도인 아프리카계 미국인들이며 독신인 것으로 보이는 이들이 어떻게 어울리는지를 보여주는 것이 이야기의 첫 시작이었다. 오프닝 장면은 각자 자신의 아파트에 사는 두 명의 친구가 버드와이저를 마시면서 TV로 어떤 경기를 관람하는 장면을 보여준다. 텔레비전의 경기 장면이 살짝 비춰진다. 긴 소파에 널브러져 소파와 하나된 느낌으로, 등장인물은 자신이 보고 있는 경기와 뒤엉켜 버드와이저 마시는 것이 생활 습관의 하나인 듯 보인다.

아프로(Afro) 헤어스타일(1970년대 유행했던 흑인들의 둥글고 펑퍼짐한 곱슬머리 모양-옮긴이)을 하고 멜빵 청바지를 입은 '빕맨(Bib Man)'이 편한 자세로 소파에 몸을 깊숙이 넣고 있는 그의 친구에게 전화를 한다. 옷은 응원하는 복장 같은 캐주얼 차림이었지만, 전화를 받은 남자는 분명 경제적으로 독립적이고, 꽤 괜찮아 보이는 성인으로 보인다. 빕맨의 친구 레이는 빡빡 깎은 머리와 단정하게 손질한 수염을 가진 호리호리한 남성인데, 주말 오후에는 늘 똑같은 모습이다(버드와이저, 카우치 소파, 그리고 TV 경기 중계 화면). 그는 첫 벨소리에 바로 전화를 받는다. 그가 보여주는 장면은 그가 대화 자체에 대해서는 별로 적극적이지는 않지만, 누군가 그에게 전화해서 활기를 주면 더 좋아할 것이라는 것을 시사한다.

두 사람은 어떤 특별한 의도도 없는 '아프리칸 아메리칸식의 인사'를 주고받는다.

빕맨: 와썹?

레이: 별거 없어. B(brother의 줄임말인 bro를 다시 줄인 말. '뭐해?', '형제'의 뜻-옮긴이).

그들은 아무 일도 일어나지 않고 있다는 것을 알고 있었는데, 아마

대부분의 시청자들도 이 상황이 뭔가 '전형적인 장면'이라는 것을 광고의 분위기로 쉽게 직감할 수 있다.

레이의 룸메이트인 '저지(Jersey)맨'은 밝은 노란색 미식축구 유니폼을 입고 뒤쪽 부엌으로 들어가 두 손을 들어 과장되게 "와썹?"이라고 레이에게 인사한다. 레이가 다시 "와썹?"으로 답한다.

한쪽 통화가 끝나자, 다른 쪽에서 빕맨을 바꿔주었고, "요(Yo), 누구?"라고 유쾌하게 묻는다.

잠시 후 저지맨은 부엌 전화의 연장선을 집어 들었고, 세 남자는 장난스럽게 즐거워하는데 서로에게 "와썹?" 하며 인사하는 장면을 돌아가면서 보여준다. 저지맨이 말을 자르고 빕맨의 룸메이트에 대해 물어본다. "두키(Dookie)는 어디?"

빕맨은 "요, 두키!"라고 말하고, 컴퓨터에 앉아 있는 빡빡 깎은 테디 베어 같은 인상의 한 남자가 전화를 집어 든다. 다른 친구들에 비해 안정감 있고, 진지해 보이는 두키는 뭔가 집중하면서 일하고 있는 것 같았다. 그는 조용하게 "요(Yo)"라고 답한다.

저지맨은 한층 더 흥분해서 "와썹~~~?"이라고 소리 높여 외치는데, 그럼에도 불구하고 두키는 약간 쿨하고 절제되고 좀 더 길게 뺀 내리깐 목소리로 "와썹~~~~~~~"이라고 반응한다.

다시 "와썹~" 소리 지르기 릴레이가 시작되고, 각 남자들은 수화기 속에 자신만의 의미를 담은 "와썹~"을 전달한다. 네 남자들은 "와썹"을 말할 때, 턱 앞까지 혀를 오래 내밀었는지를 확인하며 머리를 기울인다.

이 "와썹"의 합창은 분리되어 각자 시작되었다가 잠시 중단되고, 그러다가 집단적인 웃음으로 모인다. 저지맨 옆에 있던 부엌의 인터폰에

_____ 브랜드는 어떻게 아이콘이 되는가

서 벨이 울리자 그가 전화를 받는다. 다음 장면에는 가죽 재킷을 입은 한 남자가 아파트 입구에서 맥주 6병 팩을 들고 서 있는 모습이 나타난다. 그는 또 자신만의 스타일로 인터폰에 대고 "와썹?"을 외친다.

남자들은 모두 한 번 더 "와썹"을 외친다. 그리곤 갑자기 연료가 다 떨어진 불처럼 훅 꺼진다.

저지맨은 전화를 끊고 맥주 팩을 가져온 손님을 들여보내기 위해 문으로 향한다. 두키는 전화를 끊고 컴퓨터 화면에 시선을 돌렸고, 빕맨과 레이는 TV 경기 중계를 다시 응시하며 원래 상태로 돌아간다. 마치 좀 전의 소리 높인 즐거움은 전혀 일어나지 않았던 것처럼, 이들은 똑같은(아마도 수백 번은 했을 법한) 일상적인 대화를 다시 시작한다.

> 빕맨: 그래서, 뭐?(Whassup?)
> 레이: 별거 없어. 친구. 여기 앉아서 경기 보고 있어. 버드와이저 때리면서.

좀 전의 대화처럼, 그리고 어쩌면 수없이 많은 다른 대화처럼 그들은 모두 고개를 끄덕이며 다음과 같이 되뇐다. "진짜지. 진짜야(True. True)." 버드와이저 로고가 새겨진 검은색 타이틀 마지막 화면에는 광고 태그 라인인 '트루'가 보인다.

마지막 장면은 시청자들에게 실제로 일어나는 일상적인 일에 대해 떠올리게 했다. 빕맨은 특별한 일이 있어서 레이에게 전화한 것은 아니다. 그는 단지 그의 친구와 빈 시간을 나누고 싶었다. 아무것도 하지 않는 상태라는 것이 이 사람들 생활의 중심이었고, 심지어 심오한 부분이었다. '아무것도 하지 않는 것'이 바로 그들이 친밀감을 형성하고, 아무 말도 하지 않고도 깊은 우정을 표현하는 방법이었다. 아무 말도 필요가 없었다. 왜냐하면 그들은 모두 같은 방식으로 세상을 경험했기 때문이다. 그 방식은 수년간 함께 어울려 다닌 경험을 통해 동시에 만들어 낸 방식이었다. TV 중계방송과 버드와이저는 이러한 견고한 연대감이 깔려 있는 '단단한 붙박이' 같은 것이었다.

이어지는 광고들은 "와썹" 광고의 아이디어를 기반으로 한 미니시리즈 같은 광고였다. 이 광고들은 〈사인펠드〉 시트콤이나 "도마뱀" 광고와 비슷했고, '별일 없는 것'을 콘셉트로 했다. 광고는 같은 아파트를 배경으로 했다. 같은 카메라 앵글로 촬영되었고, 배우들도 같은 옷을 입었다. 이것은 그들의 생활이었다. 남자들은 스포츠를 보고, 버드와이저를 마시고, 서로 잡담이라는 것을 하기는 했지만 말은 거의 없었다. 다섯 명의 남자 모두는 서로에게 전화를 걸어 농담을 던지는 것 말고는 시간을 채울 만한 것을 찾을 수 없었고, 이것은 시청자들에게 '이게 무슨 일이지?'라는 궁금증을 던졌다. 시청자들은 이 상황을 해석해야 했을 것이다. 미니시리즈가 늘어나면서 더 많은 단서가 주어졌고, 우리의 '와썹' 친구들이 그들의 친목 모임 밖의 사람들과 충돌하는 에피소드도 포함되기 시작했다.

"와썹"을 할 수 없는 여성들. "와썹" 세계에서의 삶은 아주 살가운 친구들의 모임에 대한 충성도를 중심으로 돌아간다. "와썹"은 남자들만의 클럽이었던 것이다. 여자 친구들도 거의 들어올 수가 없었고, 아내의 흔적도 그 어느 곳에서도 찾아볼 수 없었다. 모든 관계와 약속은 기본적으로 남자들만의 유대 관계에 맡겨진다. 재미있고 전략적이고 효과적인 것으로 평가받는 몇 개의 "와썹" 광고들은 남성들 사이의 연대

_____ 브랜드는 어떻게 아이콘이 되는가

감과 여자 친구에 대한 욕망 사이에서의 긴장감을 이용했다.

"여자 친구" 편에서, 두키는 여자 친구와 소파에서 꼭 껴안고 있다. 두키는 여자 친구의 집에 있었기 때문에 텔레비전은 피겨 스케이팅에 맞춰져 있다. 광고는 두키에게 부드럽고 상냥한 시선만을 이끌어 내고 있다. 여자 친구는 TV에 빠져 있다. 그녀는 눈물을 흘리며 감정에 압도되는 것을 버티기 위해 두키의 팔을 움켜쥔다. 전화벨이 울리자 두키는 덤덤하게 답한다. 그리고 전화 상대방인 친구들은 모두 "와썹?"이라고 외친다. 세 명의 친구는 술집에서 텔레비전 경기를 보고 있었고, '네 번째 순서'인 두키를 여자 친구 집에서 찾아낸다. 두키는 자신의 상황 때문에 아주 작은 목소리로 답한다. 그는 여자 친구 반대 방향으로 고개를 돌리며 그녀에게는 들리지 않게 "와썹?"이라고 속삭인다. 불행히도, 두키의 노력은 그가 여전히 '형제 같은 친구'라는 것을 친구들에게 확신시키지 못한다. 친구들은 두키가 일부러 의도하고 작게 말하려고 한 것은 아니라는 것을 눈치채고 있었다.

친구들의 '빈정 상함'을 감지한 두키는 여자 친구에게서 팔을 빼고 전화기 방향으로 돌아앉으며 친구들에게 자신이 여전히 친구들 편이라는 것을 확신시키려 한다. 그는 친구들에게 경기 중계를 보면서 버드와이저를 마시고 있다고 말한다. 친구들이 두키의 말을 다 듣기도 전인 바로 그때, 여자 친구는 이 알리바이를 뭉개 버린다. TV 아나운서가 스케이트 선수의 멋진 움직임을 묘사하자, 여자 친구는 "예스, 예스!"라고 소리를 크게 질렀기 때문이다. 여자 친구를 외면한 상태로 두키는 얼굴을 찡그린다. 그는 그녀가 소리 지른 것을 더 설명하고 싶지 않다. 술집에서 친구들은 높은 비명 소리를 듣고 늘 하던 농담을 접고 진지하게 묻는다. "너 지금 무슨 경기를 보고 있는 거니?" 이 장면에서, 친구들은 두키가 경기를 보고 있다는 것을 믿지 못한다. 다시 두키의 소파장면으로 돌아가자 여자 친구의 목소리는 더욱 높고 격렬해진다. "예스, 예스!" 그녀가 외친다. 두키는 얼굴을 찡그리고, 입을 다물고 있을 뿐이다. 친구들이 오해를 풀고, 이 난처한 상황에서 벗어나길 바랄 뿐이었다.

이 농담 같은 광고는 '와썹의 의례'가 이 친구들이 어떻게 끊임없이 서로에 대한 약속을 확인했는지를 보여주는 절묘한 방법이었기 때문에 제대로 작동했다. 많은 남성들만의 사교 모임에서는 '결석한 멤버'를 확인할 때, 전화기 넘어 "예스, 예스!"라는 여성의 고성을 들으면 그 친구가 성적으로 '정복'하고 있다고 이해하면서 미소 지을 만한 충분한 이유가 된다. 이 광고의 경우 친구들은 두키가 같이 보아야 한다고 생각하는 경기 중계를 보고 있지 않다고 생각했다. 두키는 자신의 '두 가지 경쟁적인 약속'을 교묘하게 잘 처리하기를 원했다. 즉 그는 친구들을 잃기 싫었고, 동시에 여자 친구를 실망시키기도 싫었다. 그가 처한 어려움은 시청자들에게 웃음을 선사한다.

이와 비슷하게 "여자 친구들의 습격(Girl Invasion)" 편에서 '와썹' 남자들은 큰 경기를 보고 있다. 이전의 카우치 소파에 널브러져 있는 일상과는 완전히 다르게, 이들은 경기 장면 내내 적극적으로 몰입하고 있다. 두키의 여자 친구는 그의 거대한 허벅지 위에 걸터앉아 있다. 남자들은 선수들의 플레이에 감탄하며 하이파이브를 하는데, 이때 두키는 여자 친구가 허벅지 위에 앉아 있는 것을 잊은 듯 이리저리 거칠게 휘두른다. 인터폰이 울리고, 남자들 중 한 명이 답하자 한 무리의 여자들이 "와썹~?" 하고 소리 지른다. 남자들은 혼란스러워한다. 그들은 분명히 더 이상 손님이 올 거라 생각지 않았고, 여자들을 초대해서 함께 경기 중계를 보려 하지도 않았다. 서로가 상대에게 누구를 초대했냐고 물었고, 각자는 어깨를 으쓱하며 부정적으로 응한다. 두키의 여자 친구가 수줍게 웃는다. 사내들이 신음 소리를 낸다. 두키는 뭔가를 아는 듯 자책하며 고개를 젖힌다. 여자들이 쏟아져 들어오면서 아파트 문에 서 있는 저지맨에게 코트를 건네준다. 이들은 아파트에 들어오면서 한 무리의 술 취한 여대생들처럼 두키의 여자 친구를 껴안으며 흥에 겨워 소리 지른다.

다음 장면에서는 모두가 거실에서 비좁게 들어와 경기 중계를 보고 있는 모습이 보인다. 남자들의 얼굴에는 '오늘 망했네' 하는 표정이 역력하고, 팀이 이겨도 이 망쳐진 상황을 되돌릴 수 없다는 느낌이 든다. 소파 뒤에 서 있던 여자들 중 한 명이 텔레비전을 가리키며 "어머머, 저 사람 머리 큰 거 봐. 저 사람 머리 좀 보라고!" 장면이 블랙 스크린으로 전환되며 '트루'라는 타이틀이 나온다. 목소리가 겹쳐지며 같은 여자가 "34번!" 하고 다시 소리 지른다. 두키가 망연자실한 채 신음한다. "오…… 이런……."

두 광고 모두에서 '와썹?' 인사는 단순한 캐치프레이즈가 아니라 '공유된 세계관'을 여는 열쇠의 역할을 한다. 두키는 여자 친구 앞에서 "와썹"이라고 크게 소리칠 수가 없었다. '와썹'은 형제애 같은 연대감에 대한 완전한 표식이어서 여자 친구 앞에서 그 말을 사용하는 것은 완전히 부적절한 것일 수도 있었다. 마찬가지로 그 남자들의 여자 친구들은 그 말을 흉내는 냈지만 그 뒤에 숨어 있는 의미에 대해서는 전혀 알지도, 신경도 쓰지 않았다. 여자 친구들이 아무 생각 없이 아무렇게나 그 단어를 사용하게 되자, 남자들은 뭔가 민망했다. 그런데 역설적이게도 그 용어가 쓰이는 방법과 함축된 의미 모두를 보호함으로써 남자들은 '그들의 용어'가 '남성 전용'이라는 것을 보여주었다.

"와썹" 할 수 없는 전문가들. 마찬가지로 '와썹 클럽'은 노동자를 위한 것이지, 전문직과 회사의 임원들을 위한 것은 아니었다. 광고대행사 굿비가 제작한 "왓 알 유 두잉(What Are You Doing, 지금 뭐해)?" 광고에서는 버드와이저의 정신과는 정반대인 수입 맥주 하이네켄을 마시는 남성들이 등장한다. 풍자적으로 세 명의 남성들이 등장하는데, 월가의 젊은 직장인이거나 실리콘 밸리의 전문직 종사자들이다. 이들은 이전의 흑인 친구들을 대신한다. 한 인도계 여피족 남성이 테니스 라켓을 손에 들고 클럽에서 막 돌아온다. 그는 뭄바이, 델리 혹은 심지어 서울에서 온 새로운 이민자들을 상징한다. 이들 이민자들은 하이테크 기술이 확장하던 시기에 미국의 경제 엘리트층에 합류한 사람들이다. 그는 못 말릴 정도로 쾌활하다. 세 사람 모두 아이비리그의 옷을 입고 있었는데, 그 옷들은 1980년대 비싼 사립학교를 묘사했다. 예를 들면 요란한 격자무늬 셔츠, 안쪽에 셔츠를 입고 그 위에 다시 입은 빳빳한 목깃이 솟아있는 골프셔츠와 어깨에 느슨하게 걸치는 전형적인 모습의 스웨터들이다.

"트루" 광고의 친구들과는 극명하게 대조적으로, 이 남자들은 '왕의 영어'를 구사하는데, 이것은 "와썹"을 대체한다. "왓 알 유 두잉?" 그리고 소파에 앉아 있는 남자는 이전 광고의 대사인 "경기 중계 보고 있어. 버드와이저 한 병 때리면서" 대신 "시장 상황을 보고 있어. 수입산 한 병 때리면서"라고 말한다. 그리고 "진짜지, 진짜야" 대신, 여피족들은 서로에게 "그게 정확하지, 그게 맞아(That is correct, that is correct)"라고 답한다. 인도 남성이 부엌에서 등장하자 "무선전화기 받아"라는 말을 듣는다. 그가 전화를 받자, 인도식 억양으로 열광적으로 소리를 지른다. "왓 알유 두잉~?" 이 익살스러운 장면들은 이전 "와썹" 광고의 장면과 비슷하게 펼쳐졌다. 마치 '젊은 CEO들의 사교클럽' 같은 어투와 습관들이 과장되게 전개된다. 이 남자들은 고통스러울 정도로 뭔가 뻣뻣했고, 아주 약간의 즉흥적인 스킬조차 부족했다. 그들은 사회적으로 '와썹 친구들'의 반대편에 있는 사람들이었다.

이 패러디는 당시 미국의 기업문화에서 여전히 정체성과 연대를 찾아 헤매는 남성들을 맹비난한 것이었다. 이 광고는 수입 맥주를 즐기는 사람들은 자신의 직업을 통해 성취감을 느끼고, 직업적 삶에 모든 에너지를 바치는 사람들이라고 말하는 것이었다. 결과적으로 그들은 당시의 사회적 분위기에 무지한 사람들이었다. 이들은 대중문화에 대한 지식이나 이해가 없었다. 그리고 이들은 회사의 '기계적인 대인 관계' 방식에 아주 깊이 사회화되었기 때문에 즉흥적인 대화를 나눌 수 없다는 것이었다. 왜냐하면 이들은 '와썹' 뒤에 숨어있는 미묘한 의미의 '그늘'에 대해 전혀 알지 못했기 때문이다. 그들은 앵무새처럼 따라 할 뿐이었다. 그들은 이 "와썹" 문구를 자신들도 거리에서 떠도는 유행을 잘 아는 사람이라는 것을 서로에게 알려주기 위한 '쿨한 유행어' 정도로, 마치 '아메리칸 탑 40' 정도의 라디오 히트곡처럼 다루었다. 소수의 엄선된 은어들에 의해 만들어지는 강렬한 연대감은 사무실에서 일어나는 일에 초점을 맞춘 전문직 종사자들에게는 이해하기 어려운 문화 코드인 것으로 비춰진다.

마지막 장면에는 원래 "와썹" 광고의 남자 두 명이 가죽 소파에 앉아 있는 모습이 등장한다. 이들은 어리둥절해 보이는데, 심지어 약간은 기분 나빠하는 듯 보인다. 이 사람들은 방금 텔레비전에서 여피들이 등장하는, 같은 버드와이저 광고를 보고 있다. '와썹 친구들'을 통해 여피족들을 비웃어 줌으로써 시청자들은 자신들이 최소한 그 '젊은 전문직 애들'보다는 대인 관계에서 더 전문가이고 세련된 사람들이라는 것을 상상할 수 있었다. 더 나아가 시청자들은 '와썹 친구들'과 미국 사회의 엘리트 집단이 분리되는 것에 대해 기분 좋게 느낄 수 있었다.

"와썹"은 진정으로 형제 같은 동지애를 공유하는 남성들만이 이용할 수 있는 것이었는데, 이런 사회적 연대는 단지 인간을 도구로 대하며 치열하게 경쟁을 시키는 중산층들의 노동환경을 벗어나 '질적으로 좋은 시간(편안하고 안락한 시간)'을 보내려는 남성들 사이에서만 발전할 수 있는 것이었다. 여성과 전문가 집단들도 '와썹의 동지애'에 필사적으로 참여하고 싶어 했지만, 이들은 단지 이 용어가 수년간의 공유된 경험을 바탕으로 한 더 깊은 친밀감의 표현이라기보다는 하나의 '표면적인 은어 코드'로만 이해했던 것이다. 사회계층과 성별을 편협하게 분리하고 배제한 이 용어의 불가침성은 (역설적이게도) 노동하는 남자들의 남성성을 '진실하게(true)' 표현함으로써, '와썹이라는 신뢰성'의 핵심을 형성했다.

이 우화는 "와사비(Wasabi)" 편으로 확대된다. 광고 캠페인의 스타로 떠오른 두키는 이번에도 여자 친구와 함께, 초밥집에 있다. 시청자들은 그녀의 뒷모습만을 본다. 일본인 웨이터는 평소와 같이 그들의 음식을 서빙하고, "와사비"라고 소개하면서, 녹색 고추냉이를 작은 그릇에 담아 식탁 위에 올려놓는다. 장난기 섞인 미소를 지으면서 두키는 "와사비"를 반복했다. '와사비'는 '와썹?+비'를 연상시킨다. 웨이터가 천진난만하게 "와사비"라고 고개를 끄덕인다. 이후 두키는 이번에도 그 말을 반복한다. 그리고 이번에는 좀 더 힘을 주면서 "와싸~비?!!"라

_____ 브랜드는 어떻게 아이콘이 되는가

고 말을 하고, 혀를 날름거린다. 여전히 두키의 장난스러운 표정에 눈치를 못 챈 웨이터는 또다시 순진하게 '와사비'를 되풀이한다.

배경에 있던 초밥집 셰프들(이해할 수 없는 말을 일제히 외치곤 하는)이 칼을 치켜들고 "와사비!"라고 함께 외친다. 두키는 이 분위기에 편승해서 셰프들의 열정을 북돋우고 혀를 움직이며 보통은 '와썹 친구들'과 있을 때 하는 것 같은 마치 바보 같아 보일 수도 있는 행동을 한다. 리듬을 타고 외침이 반복되자 소리가 커지며 두키와 일본 남자들 사이의 동지애가 점증되기 시작한다. 그리고 이것은 모두 그 '우스꽝스러워 보이는 단어'인 "와썹" 주변에서 일어난 즉흥성에 바탕을 두고 있었다. 두키의 여자 친구는 마침내 참을 만큼 참다가, 손으로 접시를 튕길 정도로 세게, 마치 판사가 의사봉을 두드리는 것처럼 탁자를 내리친다. 그녀의 경고에 두키는 움찔하며, 주변 남자들의 행동이 멈춘다.

그 장면에는 버드와이저가 옹호하는 노동하는 남자들의 자연스러운 유대감과 두키의 이성 관계 사이에서의 긴장감이 작용했다. 여자 친구는 자기 남자를 설득해서 저녁 식사하러 나갔고, 마침내 두키를 '와썹 친구들'로부터 끌어냈다. 하지만 심지어 이곳에서도 당신이 상상할 수 있듯, 아프리카계 미국식의 라이프 스타일에서 벗어난 낯선 사람들 사이에서조차, 두키는 여자 친구를 배제하는 방식으로 연결되었다. 그녀는 그 '와사비 놀이'가 전혀 재미있지도 않았고, 끼어들 가치도 없다고 생각했던 것이다.

"와사비" 광고는 영리한 방식으로 노동하는 남성들, 심지어 이방인들까지도 본능적으로 남성적 친밀감을 공유하는 모습을 표현했다. 이 유대감은 말수가 적은 남자들의 세계에서 이들의 위치에 대한 공감에 바탕을 둔 것이었다. 게다가 그 광고는 지역화된 노동의 환경에서도 공감이 여전히 존재한다는 것을 보여주는데, 이것은 '와썹' 스타일의 상호작용이 만들어 내는 유쾌한 순간이 노동 속으로 엮여 들어갈 수 있다는 것을 뜻한다. 스시 셰프들은 손님들을 위해 자신의 노동을 보여주는 일종의 장인이었다. 이런 장인의 영웅주의를 치켜세우는 예전의 버드와이저 신화 대신 '와사비' 속 신화는 새로운 버드와이저 이상을 제시했다. 이제 노동은 그저 진지한 하나의 이벤트라기보다는 남자들이 친밀감을 찾을 수 있는 많은 즉흥적인 놀이 중 하나일 뿐이었다.

'와썹' 세계의 친구들은 그들의 비밀 코드, 즉 하나의 인사말인 "와썹"을 건네는 다양한 상황들을 중심으로 친밀감을 형성했다. 친구들은 서로를 너무 잘 알고 있었기 때문에 말할 것이 있을 때 실제로 투덜거리고 징징거릴 수 있었다. 이 변형된 형태의 남성들의 소통 언어인 "와썹"은 남자들의 다양한 성격들뿐 아니라 다양한 상황이 요구하는 감정들도 반영했다. 아무 말도 하지 않으면서도 모든 것을 말하는, 완전히 뚜렷한 남성적인 의사소통 방식이었다.

남자들이 자신이 만든 것이나 자신이 사회에 공헌한 것에서 연대감과 확신을 찾는 데 어려움을 겪었을 때, 그들이 보아야 하는 곳은 어디일까? "와썹"은 겸손하면서도 단언하듯 답한다. 이 세계관에서의 남성성은 군인들, 운동선수들, 카우보이들, 심지어 자유의 여신상 꼭대기에서 일하는 용감한 용접공들의 영웅적인 행동에 바탕을 둘 필요는 없다고 말한다. 남자다움이란, 이성과 나누는 사랑, 충직한 우정, 그리고 친밀감 속에 있다는 것이다. "와썹"은 예전 슬래커들의 경멸 섞인 조롱을 '심오한 무언가'로 바꿨다. 남성들의 자존감을 이루는 궁극적인 무게중심은 촘촘히 짜인 '남성 친구들의 써클'으로부터 나왔다는 것이다.

신화적 처방인 "와썹"은 다음과 같이 요약할 수 있다. 오늘날 남성들

_____ 브랜드는 어떻게 아이콘이 되는가

은 서로 어울리는 형제애와 친밀감을 발견하고, 서로와 소통하는 데 사용하는 자신들만의 폐쇄적인 문화를 만든다. 영웅적인 노력은 더 이상 보상을 받지 못하기 때문에, 이들은 존경을 받기 위해 직업적 성공에 의존할 수는 없다. 왜냐하면 영웅적인 노력이라는 게 더 이상 그 정도의 보상을 돌려주지 않기 때문이다. 그래서 남자들의 정체성은 가까운 친구들과의 동지애를 통해 자라나야 한다는 것이다.

○ 도시 아프리카계 미국인들 사이에서 진정성 얻기

안호이저-부쉬가 설정한 "와썹" 스토리의 사회적 환경은 사실상 이전 신화와 반대되는 것이었다. "당신을 위한 버드" 광고에서 버드와이저는 노동 현장 뒤, 용광로 같은 미국 사회에서 실제로 일을 가능하게 해온 미국 남성들의 영웅적인 노력을 옹호하는 것이었다. 당시 버드와이저의 영웅들은 도시, 교외, 시골, 흑인, 백인, 히스패닉, 그리고 생산직과 서비스직에 종사하는 사람들을 모두 포괄했다. 아프리카계 미국인들을 전략적으로 등장시켰다기보다는 통계적 역할(균형을 맞추는 차원에서)로 활용되었다. 이에 반해 '와썹'으로 재탄생한 버드와이저의 세계관에 초점을 맞춘 아프리카계 미국인의 삶은, 정확히 그 층의 효과를 위해 오롯이 이들의 여가 스타일과 이들의 언어습관에 기대어 다시 제시된 것이었다.

　　1950년대 미국의 비트 문화[3]는 도심 속 흑인 힙스터의 원시적인 관

―――― 3　비트(Beat)라는 말은 음악이나 선(禪), 마약을 통해 지복(至福, beatitude)에 도달한다는 데서 비롯되었다. 비트 문화의 출발지는 1950년대 샌프란시스코, 뉴욕, 로스앤젤레스

능미와 세련된 감수성을 숭배하는 것을 중심으로 한 미학적 세계관을 구축했다. 이후 아프리카계 미국인 게토 지역, 특히 도시의 독신 흑인들은 미국적 신화 작업에 사용되는 가장 강력한 대중적 세계관을 표현하는 소재 중 하나였다. 도시의 흑인 문화는 '힙'하고 자유분방함으로 대표되는 반면, 전문가와 경영자의 라이프 스타일의 중심인 것으로 생각되는 백인 중산층 남성들은 뭔가 고루하고 조용한 모습을 보여 왔기 때문이다.

　미국의 흑인들은 인종차별에 맞서는 아이러니한 반문화를 발전시켜 왔다. 따라서 백인들의 시선에서 보면, 도시에 사는 흑인 남성들은 (사람들을 순응적이고 도구화시키는) 당시 미국 이데올로기의 압력으로부터 스스로를 분리해내는 것에 가장 성공한 사람들이라고 이해되는 측면이 있었다. 이 같은 '흑인 남성'이라는, 통일되고 견고한 특성은 백인 남성들의 입장에서 보았을 때 반항적인 남성 신화에 대한 완벽한 세계관이 될 수 있었다. 최근 몇십 년 동안 미국의 중산층 엘리트에는 백인들과 비슷한 정도의 수로 미국 이데올로기에 헌신하는 아프리카계 미국인 남성들이 포함되어 있었다. 하지만 미국의 문화적 상상 속에서 흑인 남성들은 일상적인 수고를 위로하는 자신들만의 문화와 즐거움을 더 많이 만들 수 있는 사람들로 여전히 남아있었다.

　"와썹"은 노동에 초점을 맞추지 않은 다섯 명의 아프리카계 미국 남성들을 소개한다. 이들은 블루칼라도 화이트칼라도 아닌 것 같아 보인

같은 대도시의 카페와 살롱들이었고, 전후의 물질적 풍요로움 속에서 인종차별, 반공, 종교적 편견에 가득 차 있던 미국 사회에서 진정한 인간 해방을 위해 탈출을 시도한 것이 비트 문화의 시초였다.

　　　　　　　　　 ____ 브랜드는 어떻게 아이콘이 되는가

다. 오직 두키만이 책상에서 하는 일에 막연한 애착 같은 것이 있어 보인다. 오히려 시청자들은 이들의 은어 비슷한 언어습관 때문에 이 친구들이 도시의 흑인 동네에서 자랐고, 다 큰 성인이 되어도 여전히 힙합 문화에 갇혀 있다고 여긴다.

친구들은 친목을 위해 딱 맞춤형의 흑인 영어만을 사용한다. "와썹, B"와 "트루"는 모두 아프리카계 미국인들의 일상적인 대화체 표현이었다. '와썹'이라는 숙어는 적어도 1920년대부터 흑인들의 도시 문화에서 이미 통용되던 말이었다. 더 가까이는 흑인 코미디언 마틴 로런스가 버드와이저 캠페인이 시작되기 전부터 자주 던진 말이다. 이전에는 젊은 백인 남자들이 흑인 남성과 연결되어 있는 반항적인 태도의 이미지를 따라 하기 위해 이 표현을 사용하기도 했었다. "와썹" 광고는 백인 남성들에게 힙한 흑인 남성들의 일상생활과 그들이 어떻게 서로와 상호작용하는지를 이해할 수 있는 열쇠를 주었다.

많은 대중문화가 도시의 아프리카계 미국인 장르에 의해 지배되는 세대 속에서 자란 젊은 남성들에게는, 흑인 친구들을 신화적인 인물로 보는 것이 흔한 일이었다. 그러나 마흔이 넘었거나 나이가 그쯤 되는 버드와이저의 팬들, 특히 대도시에서 떨어져 사는 남성들에게 이 광고는 엄청난 양극화를 일으켰다. 나이든 백인 버드와이저 팬들은 처음에는 "와썹" 광고를 좋아하지 않았다. 그래서 안호이저-부쉬의 고객 센터에 항의가 쇄도하기도 했다. 그러자 많은 마케터들이 다른 광고를 끌어냈는데, 그럼에도 안호이저-부쉬의 고참 매니저들은 자신들의 주장을 고수했다. 이들은 이 캠페인이 어떻게 될지를 보기 위해 광고에 힘을 좀 빼고 방송하기로 결정했다. 몇 달이 지나자 이 캠페인은 젊은 층에게 울리는 공명이 너무나 강해서 나이 든 버드와이저의 팬들이 새롭게 떠오르는 대중적 지지에 굴복해 버렸다. 회사가 나이 든 백인 버드와이저 팬들을 대상으로 시장조사를 하기 위해서 다시 갔을 때 이미 이들의 의견은 뒤집혀 있었다. 결국 '와썹 친구들'은 '호감 가는 녀석들'인 것으로 결론이 난 것이었다.

이 초반의 적대감은 아이코닉 브랜드들이 내놓은 신화의 중요한 속성을 보여준다. 이러한 신화들은 문화를 모방하기보다는 문화를 선도하기 때문에 '반드시' 전통적인 생각에 도발적인 태도를 취한다는 것이다. 만약 광고가 경쟁 이데올로기에 단단히 묶여 있는 사람들을 배제하지 않는다면(어설프게 '모두를 포괄'하게 되면), 아마도 광고의 배경에 흐르는 정치적인 관점들은 문화 아이콘을 만드는 데에 충분한 설득력을 갖기 어려웠을 것이다. 엘비스 프레슬리와 말런 브랜도가 당시의 문화적 정통성을 고수하고 싶어 하는 사람들을 동요하게 한 것처럼, 버드와이저의 '와썹 친구들'도 그들만의 방식으로 사람들의 마음을 흔들었다.

도시 흑인 남성들의 스타일과 감성을 활용하는 것은 정체성 브랜드의 오래된 기법 중 하나인데, 종종 역효과를 내기도 한다(앞서 설명한 버드와이저의 "옥션" 광고처럼). 버드와이저가 그런 상황에서 벗어날 수 있었다는 것은 당황스러울 정도로 특이한 일이었다. 버드와이저의 정체성은 여전히 세인트루이스 본사와 미국 중서부의 유서깊은 부쉬 가문에 뿌리내리고 있었다. 그래서 버드와이저 브랜드의 광고는 인종과 민족적 다양성에 대한 지속적인 외침에도 불구하고 항상 '중간적 분위기(middle-American vibe, 중산층과 미국 중부의 느낌을 동시에 표현-옮긴이)'를 구성해왔다. 그렇다면 버드와이저의 팬들은 왜 버드와이저가 도시 아프리카계 미국인의 라이프 스타일을 열성적으로 지지한다는 것을 재빨리 받아들일 수 있었을까?

진정성의 측면에서 버드와이저의 문제를 더욱 복잡하게 만든 것은 "트루" 광고의 시작이었다. 광고로 바뀌기 전의 "트루"는 사실, 이미 인기 있고 독립적인 단편 영화였다. 안호이저-부쉬는 작가 겸 감독인 찰스 스톤으로부터 이 영화의 제작권을 샀다. 만약 이 캠페인이 상업적 목적을 위해 흑인의 일상 문화의 실제 표현 방식들을 별생각 없이 도용하는 또 다른 예로 비난받은 것이었다면, 당시 분위기로는 오히려 놀라운 일이 아니었을 것이다. 일단 이 캠페인이 대중화되고 언론의 취재 대상이 되자, 이 광고의 기원(독립 단편 영화)에 대한 것은 광고계 밖에서 상식이 되어버릴 정도였다. 그렇다면 왜 버드와이저는 실제로 이 영화를 활용하지 않았을까?

전문적인 배우보다는 감독인 스톤과 그의 친구들을 캐스팅하는 것이 바로 이 캠페인에 필요한 진정성을 부여한 중요한 전략적 조치였기 때문이다. 버드와이저는 '트루'의 세계를 대표할 수 있는 신뢰를 쌓았다. 왜냐하면 시청자들은 광고 속 배우들이 광고 세계의 일부가 아니라, 실제 친구라는 사실과 영화가 '발견'되었다는 사실을 금방 알아챌 것이기 때문이었다.

안호이저-부쉬의 홍보팀은 재빨리 대중의 관심에 편승하여 캠페인 내에서의 캠페인을 시작했다. "와썹" 광고의 메이킹 필름, 인사이드 스토리가 〈USA 투데이〉에서 반복 보도되고, '와썹 친구들'은 〈엔터테인먼트 투나잇〉, 〈투나잇 쇼〉, 데이비드 레터맨과 함께 〈더 레이트 쇼〉에 출연했다. 안호이저-부쉬는 화면 뒤의 이야기를 밀어붙이며 한 걸음 더 나아가 '와썹 친구들'을 전국 순회 토크쇼와 미디어 행사에 내보냈다. 이 이야기는 광고만큼이나 중요해졌다. 이 홍보 캠페인은 안호이저-부쉬가 광고업계의 속임수를 이용해 시청자들을 이 재미있는 흑인 남자들과 사랑에 빠지게 한 것이 아니라는 것을 암시하는 데 도움이 되었다. 이 사람들은 진짜 친구 사이였고, 실제 삶에서도 카리스마적인 매력이 있었고, 자신들의 의지로 버드와 함께하기로 선택했던 것이다.

○ 미학적 카리스마: 가성비 높은 앙상블 연기

"와썹"의 진정성은 전적으로 배우의 능력에 의존한 것이었는데, 등장 배우들은 시청자들에게 자신들이 진정으로 '힙'과 '재미'를 사랑하는, 형제애를 나누는 친구들이라는 것을 확신시켜주었다. 설득력 있는 앙상블 연기는 "와썹"을 완성했다. 이 친구들은 마치 서로를 영원히 알고 지낸 것처럼 행동했다(이후에 시청자들은 이들이 실제로 그렇다는 것을 알게 된다). 이들은 최소한의 보디랭귀지로도 완전히 편안한 의사소통을 했다. 이들은 별다른 수고도 가식도 전혀 없이 관용적인 표현들을 마구 섞어 썼다. 이들은 실제로 대사를 읽고 연기하고 있다기보다는 그냥 어울리고 있는 것 같았다.

게다가 "와썹"은 버드와이저의 이전 광고와는 정반대로 가장 최소의 제작비로 높은 가치를 만들어 냈다. 광고는 1억 달러의 할리우드 블록버스터들이 흔히 제안하는 화려한 촬영과 편집과 음악보다는 아파트 안의 정적인 한 장면만이 등장하는 평면적이고 평범한 방식에 의존했다. 이 광고들은 저예산, 카메라 한 대짜리 다큐멘터리 같은 느낌이었고, 스필버그 스타일은 아니었다. 이런 스타일은 버드와이저의 페르소나(성격과 비슷한 느낌의 특징)를 높은 곳에서 온 목소리라기보다는 사적이고 친밀하며 현실에서의 동료로 인식하게 만들었다.

　　　　　　____ 브랜드는 어떻게 아이콘이 되는가

문화적 · 정치적 권위 관리하기

버드와이저는 "당신을 위한 버드"로 1980년대의 가장 강력한 브랜드 신화 중 하나(장인정신의 가치)를 소비자들에게 전달했다. 1990년대 초반, 대규모 문화적 붕괴가 이 장인정신의 가치를 추락시켰을 때 버드와이저의 브랜드 팀은 마인드 셰어부터 시작해서 쿨헌트, 버즈 브랜딩까지 다양한 전통적 브랜딩 전략을 구사하며 끈질기게 브랜드를 되살리기 위해 노력했다. 엄청난 미디어 예산이 지원된 수년간의 실험에도 불구하고 이러한 노력은 실패했다.

마침내 "도마뱀"과 "와썹" 캠페인을 통해 새로운 신화와 결합되었을 때, 버드와이저는 회복될 수 있었다. 이 캠페인들은 당시의 버드와이저 지지자들이 직면하고 있었던 당대의 갈등을 예리하게 겨냥했다. 이 남성들은 이제 자신들의 노동 현장에서 '영웅적인 형제애'를 형성할 수 없었던 것이다. 이 두 캠페인 모두 적절한 대중적 세계관(미국 남성들의 인종과 아프리카계 미국인의 하위문화)에서 출발하여 평생의 우정까지 이어진, '형제애적인 연대감에 대한 신화'를 창조했다(그림 5-1).

이 계보는 앞 장에서 풀리지 않은 채 남겨져 있던 중대한 질문을 야기한다. 왜 아이코닉 브랜드들은 문화적 붕괴 후에 그렇게 강한 충성심을 다시 확립할 수 있었을까? 그리고 아이코닉 브랜드는 자신들의 이전 신화에서 몇 년 동안이나 심하게 벗어난 경우에 어떻게 이것을 다시 해낼 수 있을까? 아이코닉 브랜드는 마인드 셰어 모델이 설명하는 브랜드 자산이 작동하는 방식을 명백하게 위반하고 있다. 마인드 셰어 모델에 따르면, 브랜드 자산은 브랜드의 본질적인 차별점과 강점에서 비롯되며 시간이 지남에 따라 지속적으로 그 본질이라는 집에 계속 망

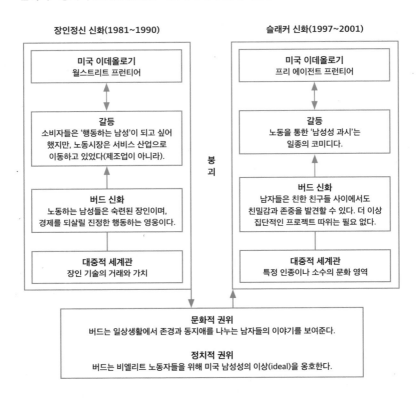

문화적 · 정치적 권위를 활용한 버드와이저의 신화 재창조

장인정신 신화(1981~1990)

미국 이데올로기
월스트리트 프런티어

↕

갈등
소비자들은 '행동하는 남성'이 되고 싶어
했지만, 노동시장은 서비스 산업으로
이동하고 있었다(제조업이 아니라).

↑

버드 신화
노동하는 남성들은 숙련된 장인이며,
경제를 되살릴 진정한 행동하는 영웅이다.

대중적 세계관
장인 기술의 거래와 가치

슬래커 신화(1997~2001)

미국 이데올로기
프리 에이전트 프런티어

↑

갈등
노동을 통한 '남성성 과시'는
일종의 코미디다.

↑

버드 신화
남자들은 친한 친구들 사이에서도
친밀감과 존중을 발견할 수 있다. 더 이상
집단적인 프로젝트 따위는 필요 없다.

대중적 세계관
특정 인종이나 소수의 문화 영역

붕괴

문화적 권위
버드는 일상생활에서 존경과 동지애를 나누는 남자들의 이야기를 보여준다.

정치적 권위
버드는 비엘리트 노동자들을 위해 미국 남성성의 이상(ideal)을 옹호한다.

치질하듯 이미지를 때려 박으면서 구축된다고 주장한다. 하지만 "도
마뱀"과 "와썹" 두 광고 모두 "당신을 위한 버드"와는 완전히 반대되
는 광고이며 또한 겉보기에도 서로 관련이 전혀 없어 보인다. 이 '180
도 전환'이 어떻게 작동하는지 이해하기 위해서는 아이코닉 브랜드에
적합한 새로운 브랜드 자산 개념이 필요하다. 사회적 갈등이 발생했을
때, 아이코닉 브랜드는 다시 원점으로 돌아가지 않는다. 브랜드의 신화

가 가치를 잃어가는 동안 온전하게 남아 있는 것은 브랜드의 예전 이야기들에 대한 집단적인 기억과 사람들이 그 브랜드의 이야기를 활용함으로 성취한 것들에 관한 것이다. 좀 더 공식적으로 이야기하자면 정체성 브랜드가 성공할 때 정확하게 그 브랜드는 두 가지 종류의 자산을 축적한다. 문화적 권위와 정치적 권위다. 단, 이들 자산이 브랜드 자산으로 자동 전환되는 것은 아니다. 오히려 브랜드 매니저들은 브랜드 자산을 최적화하기 위해 중요한 사회적 변화에 맞게 이런 자산을 재해석할 수 있을 때만이 가능하다.

○ 문화적 권위

성공적인 신화를 썼던 경험이 있는 브랜드는 이후에 같은 문화적 관심사를 다루는 새로운 신화를 가지고 돌아올 권위를 얻는다. 버드와이저는 "당신을 위한 버드"라고 하는 남성들이 어떻게 존경과 동지애를 발견하는지에 대한 이야기로 미국인들을 지휘했다. 소비자들은 그 캠페인의 구체적인 내용과는 관계없이, 버드와이저를 이런 종류의 신화에 대한 권위자로 인식하게 되었다. 미국인들은 버드와이저가 남자들이 형제애를 형성하고 존경을 받는 방법에 대한 새로운 이야기를 해주기를 기대했다. 이것이 브랜드의 문화적 권위다. 이렇게 되면 브랜드 자산은 이렇게 볼 수 있다. 브랜드가 특정 종류의 스토리를 쓸 수 있고 또 써야만 한다는 '국민들의 집단적 기대'를 기반으로 한 것이 브랜드 자산인 것이다.

○ 정치적 권위

문화적 권위에 더해 이 계보는 버드와이저가 반등한 것에 있어서 정치적 권위의 중심에 있다는 것을 드러낸다. 버드와이저의 변신(블루칼라 노동자들을 응원하는 "당신을 위한 버드" 시대로부터, "도마뱀"의 냉소적 반항과 "와썹"에 이르기까지)은 최근 비즈니스 역사상 가장 주목할 만한 브랜드 재창조 중 하나다. 이런 브랜드의 재(再)포지셔닝은 기존의 마인드 셰어 교과서를 인용해 해석해보면 전혀 이해할 수 없는 것이 된다. "도마뱀"과 "와썹"의 주인공들은 "당신을 위한 버드"의 영웅적인 노동자들과는 완전히 반대되는 안티테제(대조되는 반대 진영의 주인공)였기 때문이다. 와썹 친구들은 주로 놀고, 맥주 마시고, TV만 보는 루저이자, 게으름뱅이들처럼 보였다. 이들의 야망이래 봐야 분명히 소파에서 굴러다니는 수준으로 밖에는 안 보인다. 마인드 셰어라는 프레임을 통해 이 광고를 보면, 마치 버드와이저가 어렵게 얻은 브랜드 자산을 내팽개친 것일 뿐만 아니라 실제로도 이전의 버드와이저 브랜드 자산을 뒤엎어버린 것처럼 보였다.

이런 극적인 반전이 효과를 발휘할 수 있었던 이유는 이전부터 지속적으로 버드와이저가 노동하는 남성들도 존경받는 미국 사회의 구성원이 될 수 있고, 이 지위를 중심으로 연대하고 모일 수 있는 세상을 옹호해 왔기 때문이었다. 결과적으로 미국 사회는 이전의 버드와이저 신화가 쓸모없게 되었을 때, 버드와이저가 이 구성원의 정체성을 뒷받침하는 새로운 신화를 창조해주기를 기대했던 것이다. 문제는 비전문직 남성들의 노동에 대한 개념이 바뀌던 1990년대 초반, 버드와이저가 이 임무를 성공적으로 수행하기 위해서는 신화의 배경이 되는 정치적 입장이 급격하게 바뀌어야만 했다.

____ 브랜드는 어떻게 아이콘이 되는가

브랜드 연관성 개념의 재검토

정체성 브랜드의 브랜드 자산을 구축하는 것은 쉬운 일이 아니다. 실제로 리바이스, 펩시, 캐딜락의 운명이 각각 증명하듯이, 이미 아이코닉한 지위를 획득한 정체성 브랜드라고 하더라도 브랜드의 자산을 지속적으로 유지하는 것은 상당한 도전이라는 것이 입증되어 왔다.

기존의 브랜딩 모델은 문화적인 격변에 직면했을 때 브랜드의 자산을 관리하기 위한 일관된 접근방법이 부족하다. 마인드 셰어 브랜딩 모델의 옹호자들은 단순하게 이런 일 자체를 무시한다. 그리고 브랜드 매니저들은 광고대행사에 일을 떠넘기면서 역사적 변화라는 관점은 일단 무시하고, 브랜드 DNA에 관한 방향타를 통제하면서 브랜드를 그냥 '그 상황과 적절한 관련성'만으로 연결해 보라고 말한다. 바이럴 브랜딩 모델은 아예 정반대의 관점을 취한다. 매니저들은 다음에 '큰 건'이 생기면 여기에 관심을 확 끌어모으기 위해 '브랜드의 과거(역사)'를 사실상 무시해 버린다. 이러한 관점에서 보면 문화는 다음과 같은 트렌드에 대한 질문으로 축소되어 버린다. 최신 음악은? 최근에 유행하는 패션은? 캐치프레이즈는? 마인드 셰어와 바이럴 브랜딩 모델 모두 '문화적 변동'에 맞춰 브랜드를 유지한다는 것의 의미를 단순히 '브랜드 연관성(relevance)'의 개념으로 축소해버린다. 이것은 대중과 브랜드 커뮤니케이션을 할 때 그 당시의 대중문화에서 통용되는 재료들을(당시에 유행하는 것들)만으로 제한해야 한다는 것을 의미한다.

그러나 이 브랜드 연관성이라는 개념은 딱 문자 그대로의 의미밖에는 없다. 이 브랜드 연관성이라는 관점은 브랜드 스토리가 단순히 거울처럼 작동한다고 가정하는데, 사람들은 자신이 좋아하는 문화가 브랜드 커뮤니케이션상에서 거울처럼 반영되기를 바란다는 것이다. 브랜드가 유행, 대중문화나 캐치프레이즈를 좇는 한 소비자들은 이 트렌드들과 연관성을 찾을 것이다. 하지만 정체성 브랜드는 거울이 아니라 신화를 보여준다. 종종 이들은 대중문화 속에서 그 시대에 벌어지고 있는 어떤 것과도 거리가 먼 것 같은 이야기를 들려주기도 한다. 라스베이거스 카지노에서 다이빙을 하는 나이든 남자 가수(마운틴 듀), 나무에 돌을 던지는 초라한 복장을 한 남자(폭스바겐), 늪지대에서 연민을 느끼는 두 마리 도마뱀(버드와이저)처럼. 신화는 단순한 은유를 통해서 그리고 그 이야기들이 심오한 사회적 긴장 상태를 다루기 때문에 소비자들과의 연관성이 생기는 것이다. 따라서 연관되어 있는 것은 등장인물들이 어떻게 짜여 있는가 하는 것이 아니라, 바로 (대중소비자들이 느끼는) '사회적 긴장'이다. 여기서 연관성은 주로 '정체성의 정치적 배경'과의 연관성이지, 유행이나 트렌드에 관한 것이 아니다.

아이코닉 브랜드는 자신의 지지자들이 직면한 급변하는 사회적 갈등을 해결하기 위한 신화를 채택할 때 이 연관성을 유지한다. 제2차 세계대전에서부터 베트남 전쟁까지 이어지는 기간 동안 버드와이저는 경제적, 문화적으로 능력이 부족한 남성들도 당시 미국 사회를 매료시킨 이상화 된 교외의 라이프 스타일을 맛볼 수 있도록 해주었다. 이 신화가 정치적으로 견딜 수 없는 시기가 되자, 버드와이저는 소비가 아니라 노동 자체를 옹호하면서 의사소통 방식을 극적으로 바꾸었다. 당시 미국의 남성들은 영웅적으로 묘사된 장인적 노동을 통해 서로에게 친밀감과 존경을 형성했다. 그리고 또 이 생각들이 완전히 신뢰를 잃어버리게 되었을 때, 버드와이저의 신화는 화려한 라이프 스타일이나 영웅적인 노동이 아니라, 좋은 친구들과 어울림이라는 소소한 일상적 즐거움을 옹호하는 것으로 다시 급격하게 재창조된다.

"도마뱀" 광고도, "와썹" 광고도, 그 어느 것도 당시의 유행에 기반한 것은 아니었다. 오히려, "도마뱀" 광고 캠페인의 경우 전통적인 브랜드의 연관성 개념과는 정반대였다. 이 캠페인은 당시 대중문화에서 유행하는 어떤 것과도 뚜렷하게 연관된 것은 없었기 때문이다. '와썹 친구들'은 아프리카계 미국인들이지만 MTV에서 아주 핫했던 힙합 문화의 세계와는 거의 연관성이 없었다. 하지만 이 캠페인은 버드와이저의 지지층들과는 이례적으로 높은 연관성이 있는 것으로 밝혀졌다. 왜냐고? 두 광고 캠페인 모두 '정치적으로 민감한 부분'을 건드렸기 때문이다. 두 개의 광고는 당시 미국의 대규모 경제 구조조정으로 야기된 새로운 형태의 남성적 형제애에 대한 강렬한 욕망을 다루었다. 아이코닉 브랜드의 경우, 연관성은 옷이나 헤어스타일에 관한 것(유행에 관한 것)이 아니었다. 그것은 사회 변화에 관한 것이었다. 자신(아이코닉 브랜드)을 지지해 온 지지자들의 꿈과 열망이 경제와 사회의 진정한 변화에 의해 밀려나게 되었을 때, 새로운 종류의 신화가 필요하다. 브랜드 자산은 브랜드에 축적된 문화적·정치적 권위를 이용해서 이렇게 새로운 신화를 창조할 때 비로소 증가하는 것이기 때문이다.

브랜드 팀이 버드와이저의 브랜드 에센스(미국, '마초', 전통 등 시대를 초월한 연상 이미지들)만으로 브랜드 자산을 이해했을 때, 이들은 자신들도 모르게 기존의 버드와이저 지지자들에게는 가장 가치가 있던 역할을 포기해버렸다. 이런 이미지 형용사들의 연합은 브랜드 팀으로 하여금 버드와이저 지지자들에 대한 브랜드의 책임을 회피한 채, 매우 협소한 크리에이티브 콘셉트를 도출하도록 제한했다.

버드와이저는 버드와이저의 광고가 마침내 역사에 남을 만한 정치적 약속을 지켰을 때 비로소 성공할 수 있었다. 이러한 영광의 복귀는 대담한 '정치적 변절'의 결과였다. 더 이상 노동이나 직업을 자신의 자존감의 근거로 삼을 수 없게 된 남성 노동자들의 편을 들기 위해서 버드와이저는 '남성적 동지애'라는 새로운 근거를 발전시켰다. 이 근거지는 경쟁적인 격전장보다는 안식의 공간이며, 영웅적인 프로젝트보다는 공동체의 공간이었다. "와썹" 광고에서 이 친구들이 형성한 편안한 동지애가 많은 사람들에게 칭찬을 받았던 이유는 이 광고가 도마뱀 광고 캠페인의 프랭키처럼 극복하기 힘든 경쟁적인 노동시장의 열기에서 벗어나려는 자기 확신과 강력한 의지를 가지고 있었기 때문이다. 결국 미국 사회는 '와썹 친구들'을 영웅으로, 유명 인사로 대접하는 방식으로 응답했다. 이 캠페인은 전통적인 브랜딩의 중심축을 위반했다. 하지만 이 브랜드는 과거의 정치적 고향으로 다시 돌아갔고, 1990년대 초 버림받은 노동자들 사이에서 과거의 리더십 역할을 재확인할 수 있었다.[vii]

○ 마운틴 듀의 문화적·정치적 권위

브랜드 자산이 갖는 문화적·정치적 권위의 형태는 또한 마운틴 듀의 경우에도 적용된다. 마운틴 듀는 처음 두 개의 신화 시장에서 미국 사회의 전통적인 이상인 프런티어 신화의 남성성에 막 눈을 뜬 '남자들의 힘'을 찬양하기 위해, 힐빌리나 레드넥과 같은 시골 산간벽지 인물들의 특징에서 빌려온 정체성 신화를 보여주었다. 세 번째 신화 시장에서 마운틴 듀는 이 시골의 유산을 탈피하여 슬래커 신화를 창조했다. 왜 탄산음료 소비자들은 새로운 광고인 "두 더 듀" 캠페인의 스토리를 즉각

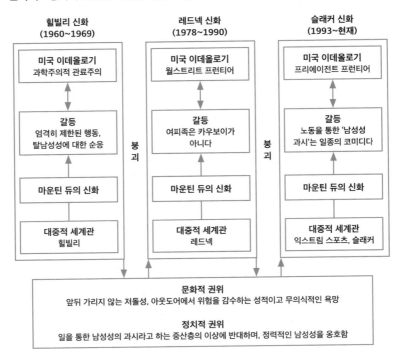

문화적 · 정치적 권위를 활용한 마운틴 듀의 신화 재창조

힐빌리 신화 (1960~1969)

미국 이데올로기 과학주의적 관료주의
↕
갈등 엄격히 제한된 행동, 탈남성성에 대한 순응
↑
마운틴 듀의 신화
↑
대중적 세계관 힐빌리

붕괴

레드넥 신화 (1978~1990)

미국 이데올로기 월스트리트 프런티어
↕
갈등 여피족은 카우보이가 아니다
↑
마운틴 듀의 신화
↑
대중적 세계관 레드넥

붕괴

슬래커 신화 (1993~현재)

미국 이데올로기 프리에이전트 프런티어
↕
갈등 노동을 통한 '남성성 과시'는 일종의 코미디다
↑
마운틴 듀의 신화
↑
대중적 세계관 익스트림 스포츠, 슬래커

문화적 권위
앞뒤 가리지 않는 저돌성, 아웃도어에서 위험을 감수하는 성적이고 무의식적인 욕망

정치적 권위
일을 통한 남성성의 과시라고 하는 중산층의 이상에 반대하며, 정력적인 남성성을 옹호함

적으로 받아들였던 것일까?

힐빌리와 레드넥의 신화의 성공에 힘입어, 마운틴 듀는 야외에서 남자들의 저돌적이고 무모한 활동들에 대한 신화를 만들어 낼 수 있는 문화적 권위를 확립했다. 이전의 이 신화들은 마운틴 듀가 당시의 시대적 분위기에서 보았을 때 '덜 섹시한' 직업을 가진 남성들을 옹호하면서부터 정치적 권위를 갖게 되었다. 즉 직장 혹은 조직에서 얼마나 성공적인지보다는 '힘, 정력, 창의성 그리고 대담한 행동'이라고 하는 이상을

옹호하면서부터였다.

　내용 면에서 "두 더 듀" 캠페인은 앞선 힐빌리 만화 광고나 시골 계곡의 물놀이 광고와는 전혀 다른 세계를 담고 있는 것처럼 보였다. 하지만 이 브랜드의 메시지는 열렬한 환영을 받았는데, 왜냐하면 이 메시지는 깊게 저장되어 있던 마운틴 듀의 문화적·정치적 권위를 다시 일깨웠기 때문이다. 마운틴 듀는 다시 한번 직업 너머에 있는 남성들의 무의식적 욕망을 옹호하고 있었는데, 당시 많은 청년들은 국가가 정의한 남성성의 범주에서 배제되었다고 느끼고 있었다. 아이코닉 브랜드들은 상상력이 풍부한 문화적·정치적 공간을 소유하고 있는데, 이 공간은 브랜드가 수년 동안 이러한 약속을 어기거나 포기했더라도 사실상 마음대로 되찾을 수 있다(그림 5-2).

○ 폭스바겐의 문화적 권위와 정치적 권위

폭스바겐 비틀은 1970년 미국에서 가장 영향력 있는 아이코닉 브랜드 중 하나다. 버드와이저처럼 폭스바겐도 마인드 셰어 광고를 위해 신화를 포기했었다. 하지만 아놀드 커뮤니케이션즈는 기존의 광고가 폭스바겐의 아이코닉한 가치를 묻어버린 지 25년 만에 이를 재발굴해 먼지를 털어내고 엄청난 힘을 되찾는 방법을 찾아냈다. 이 문화 아이콘의 긴 잠을 깨우기 위해, 아놀드는 새로운 사회 분위기를 적절히 고려해 원래의 폭스바겐 신화를 다시 그려야 했다. 이를 위해 아놀드는 폭스바겐이 비틀 시절 쌓아온 문화적 권위와 정치적 권위를 레버리지로 활용했다. 폭스바겐은 교육받은 전문 분야의 직업인들에게 '스스로를 창의적인 개인'으로 이해하려는 욕구에 대해 다시 한번 이야기하면서 구체

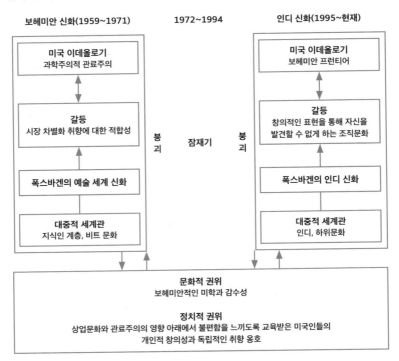

문화적 · 정치적 권위를 활용한 폭스바겐의 신화 재창조

보헤미안 신화(1959~1971)　　　1972~1994　　　인디 신화(1995~현재)

미국 이데올로기
과학주의적 관료주의

↕

갈등
시장 차별화 취향에 대한 적합성

↑

폭스바겐의 예술 세계 신화

↑

대중적 세계관
지식인 계층, 비트 문화

붕괴　　잠재기　　붕괴

미국 이데올로기
보헤미안 프런티어

↕

갈등
창의적인 표현을 통해 자신을
발견할 수 없게 하는 조직문화

↑

폭스바겐의 인디 신화

↑

대중적 세계관
인디, 하위문화

문화적 권위
보헤미안적인 미학과 감수성

정치적 권위
상업문화와 관료주의의 영향 아래에서 불편함을 느끼도록 교육받은 미국인들의
개인적 창의성과 독립적인 취향 옹호

적인 신화를 다시 형성할 수 있었지만, 당시 사회 분위기의 실제 조직
들은 개인에게 이런 자유(창의성을 발휘할 수 있는 자유)를 거의 허락하
지 않았다(그림 5-3).

이후 폭스바겐 신화의 구체적인 내용은 달라져야만 했는데, 왜냐하
면 교육받은 전문 분야의 직업인들이 직면하고 있던 당시의 가장 첨예
한 갈등의 내용이 더 이상은 '관료주의적 문화에 대한 순응'이 문제가
되는 시대는 아니었기 때문이다. 그 대신 폭스바겐은 가슴 아픈 새로운

갈등을 다루었다. 그것은 바로 예술가와 같이 창의적으로 행동하고자 하는 사람들의 욕구를 손상시키는 '일의 합리화' 과정에 관한 것이었다. 폭스바겐은 비틀 시대에 얻은 과거의 문화적·정치적 권위를 바탕에 두고 있었기 때문에 소비자들은 폭스바겐을 빠르게 이 이상의 옹호자로 받아들일 수 있었다.

6장

상호작용하는 브랜드 충성도

아이코닉 브랜드의 팬들은 마인드 셰어 모델이 예측하는 것과는 다르게 브랜드를 평가한다. 즉 이들은 브랜드를 정체성 신화를 담아내는 일종의 그릇으로 인식한다. 이런 정체성은 일상에서의 의례적 행위로 인해 강화된다. 당연하게도 브랜드 충성도 또한 다르게 작용한다. 정체성 브랜드에 대한 충성도가 어떻게 유지되는지를 이해하기 위해서는 소비자들이 일상생활에서 브랜드를 어떻게 사용하는지를 매우 주의 깊게 살펴보아야 하는데, 왜냐하면 시간이 흐르면서 소비자들은 충성심을 유발하는 이유를 찾기 때문이다.

이번 장에서 나는 ESPN을 민족지학적 방법으로 분석할 것이다.[1] 나는 이 스포츠 미디어 회사가 추종자, 내부자, 중계자라고 내가 명명한 세 부류로 구성된 팬들의 상호 의존적인 지지자를 가지고 있다는 것을 발견했다. ESPN과 같은 아이코닉 브랜드에서 브랜드 충성도가 어떻게 작용하는지에 대한 열쇠는 이들 세 지지자들의 상호작용에서 찾을 수 있다. 세 부류의 팬을 분석하기 위해서는 ESPN의 정체성 신화에 대한 브리프부터 시작해야 한다.

서 승리하고, 인적 자본으로서 자기 가치의 잠재력을 극대화하며, 자신을 브랜드화하고, 노동시장에서의 치열한 경쟁을 위해 끊임없이 심신을 연마해야 했다.

남성들의 일상적 삶에서 고조되는 긴장은 새로운 신화적 동기와 영감에 대한 요구를 부채질했는데, 이런 동기와 영감은 새롭게 등장해서 숨 가쁘게 만들어지는 직업윤리를 지속시키기 위한 데서 출발한 것이었다. 나이키와 함께 ESPN은 이 새로운 신화 시장을 발굴하는 데 가장 성공적인 혁신자들 중 하나였다. ESPN 브랜드는 새로운 종류의 운동 성과를 바탕으로 전국적인 신화를 보여주었다.

'팀 스포츠'는 남성다움이라는 신화를 탄생하게 한 강력한 세계관으로서 오랫동안 역할을 해왔다. 남자아이들에게는 팀 스포츠란 규칙을 따르게 하고, 개인적인 성과보다 팀의 성과를 우선시함으로써 남자가 되는 법을 배우게 하는 훈련장이라는 개념이었고, 이것은 비즈니스 세계와도 비슷한 이미지였다. 스포츠는 성인 남성들에게 일에 대한 욕망과 도덕(규칙)을 모델링한 것과 같은 일종의 신화를 제공했다. 대중매체와 남성 스포츠 팬들은 존 우든 휘하의 UCLA 농구 팀과 톰 랑드리의 댈러스 카우보이 팀과 같은 유서 깊은 팀들을 찬양했다. 빈스 롬바르디와 같은 권위적인 코치들과 로저 스토바흐와 같은 뛰어난 리더십을 가진 쿼터백들도 존경받았다.

그러나 새롭게 부상하는 '프리-에이전트' 경제 시스템하에서 전통적 권위자와 이를 추종하는 사람들의 이야기는 신화를 만들고 유지하기 위한 소재로서는 뭔가 부족했다. 그 대신 개인의 신체적인 우월성을 드러내는 것이 더 잘 어울렸다. 당시 미국 사회는 노동 집약적인 시장에서 일하는 것이 바람직하고, 본질적 가치를 가진다고 보는 관점의 신화를 요구하고 있었다. 이런 상황에서 가장 경쟁이 치열한 스포츠 종목에서 성공을 거둔 선수 개인은 완벽한 문화적 소재가 될 수 있었다. 여기에는 승리하기 위해 필요한 모든 것을 하고, 치열하게 경쟁하고, 끈질기게 몸을 단련하기 위해 엄청난 내재적 동기를 가진 사람들이 있었다. 경쟁심이 강한 선수들은 경쟁자들보다 더 열심히 훈련하도록 자신을 몰아붙이는 강한 추진력이 있었기 때문에 끊임없이 훈련했다. 최고의 운동선수들은 경쟁의 강렬함을 좋아했기 때문에 스포츠 세계 속에 있었다. 그들이 다른 어떤 것을 하는 것은 상상할 수 없었다.

ESPN 방송과 나이키의 유명 광고에 의해 지지를 받은 '행동하는 남성 운동선수(팀 규범을 따르지는 않았지만 오히려 이런 정신적 무장의 결과 팀을 더 높은 곳으로 이끌었던 선수)'는 새로운 스포츠 영웅이자 행동하는 남성이라는 신화의 영웅 중 한 명이 되었다.[ii]

○ 스포츠 센터의 신화 처방

ESPN의 스포츠 센터는 확실히 잘 만들어진 스포츠 프로그램이었다. 그러나 이 프로그램의 문화 아이콘으로서의 가치는 단지 좋은 언론과 프로덕션이라는 가치를 뛰어넘는 퀄리티에서 비롯되었다. 다른 스포츠 뉴스쇼와 달리 스포츠 센터는 시청자들, 즉 대다수의 남성들이 스포츠를 신화로 경험하게 하는 새로운 방법을 제공했다.

ESPN은 하나의 네트워크 방송국이었기 때문에 문화 아이콘으로서의 성격은 버드와이저, 폭스바겐, 마운틴 듀와는 다른 방식으로 진화했다. 광고가 핵심 조연 역할을 하기는 했지만, ESPN의 스토리텔링은 광고보다는 주로 방송을 통해서 이루어졌다.

ESPN의 방송 기자들은 순수한 동기를 가진 운동선수에게 박수를 보냈다. 그들은 집중적인 경쟁에서 성공했고, 뛰어난 기술을 개발하기 위해 노력했으며, 가장 거친 싸움을 계속하기 위한 올바른 태도와 진취성, 그리고 끈기를 보여주었다. 순수한 동기의 운동선수들은 스포츠의 상업적, 유명세의 측면에 거의 관심을 갖지 않았다. 대신 운동을 통한 성취라는 이상을 경험하고 그것과 직접 관계가 있는 공격성, 위험, 팀워크, 결단력, 지배력을 경험하려 했다.

운동선수들은 이전에도 유명세가 있었지만 ESPN이 이들을 특별하게 다룬 것은 이 방송국이 굉장히 열심히 선수 개개인을 조사했기 때문이다. ESPN은 경쟁력 있는 선수들이 자신의 삶에 어떻게 접근하는지를 조명하기 위해 선수들의 정신적 상태, 즉 그들의 성격, 그들의 살아온 일화, 그들의 어려움, 그들의 성격적 결함과 시시콜콜한 단점까지를 시청자들에게 전달했다. 이렇게 그날의 스포츠 경기에 대한 심리적으로 파고드는 해석을 통해 스포츠 센터는 그 방송의 이야기 속으로 대부분의 남성 시청자들을 초대했다. 이런 방식의 방송은 시청자들로 하여금 순수한 운동선수들의 사고방식을 자신도 시도해 보도록 유도하거나, 집요한 습관들과 경쟁적인 동기, 그리고 그 이면의 모습을 평가하게 했다.

ESPN이 시청자를 유혹한 한 가지 방법은, 청소년기 이후에는 팀 스포츠를 통해서는 경쟁을 거의 경험하지 않던 많은 시청자들로 하여금 순수한 운동선수와 자기 자신을 동일시하도록 유도하는 것이었다. 비록 ESPN의 주력은 여전히 메이저의 팀 스포츠였지만, 방송은 한 명만 열심히 들여다보면 어디에서나 순수한 운동선수들을 발견할 수 있다는 것을 계속해서 보여주었다. 이 채널은 이와 같은 순수한 관점에서 오렌지카운티의 뒷마당 트랙에서 모터바이크를 타고 경쟁하는 중년 남성들을 열렬히 소개했다. ESPN은 다른 스포츠 매체와는 달리 아마추어나 입담만 좋은 운동선수들 모두 제대로 된 태도를 갖추면 순수한 스포츠맨이 될 수 있다는 사례를 제시했다.

○ 진정한 대중의 목소리: 순수한 운동선수

스포츠 센터는 다른 아이코닉 브랜드들이 따랐던 것과 같은 원리에 의존해 선수들에 대한 헌신과 친밀감을 과시함으로써 경쟁자들에 비해 진정성 있는 대중적 세계관을 발전시켜갔다. 우선 방송작가가 쓴 텔레프롬프터(대본이 올라가는 화면) 자료를 앵무새처럼 읽기만 하던 당시의 일반적인 기자들과는 달리, ESPN 기자들은 마치 지역 신문의 팬덤이 있는 스포츠 기자처럼 실제 '하드코어 스포츠 팬'이었다. 이들은 자신들의 자료를 냉정하게 잘 알고 있었고, 그 팩트 위에 종종 즉흥적으로 자신의 의견을 담은 기사를 올렸다. 이들의 스타일은 방송의 초기부터 시작된 것이었는데, ESPN을 위협으로 간주하고 있던 지역의 텔레비전 방송국들이 스포츠 하이라이트 편집본을 제공하지 않았던 시기부터였다. 스포츠 하이라이트 방송 분량이 부족했기 때문에 크리스 버먼과 딕 비탈레, 그리고 후에 듀오로 유명해진 키스 올버먼과 댄 패트릭 같은 즉흥 방송 능력이 뛰어난 리포터들은 시청자들이 볼 수 없는 행동을 묘사하는 데 뛰어난 능력을 갖춰야만 했다.

스포츠 센터의 초기, 앵커는 어떤 경기를 설명할 때 종종 열정적이거나 즉흥적으로 흠잡을 데 없는 내부자만이 알 수 있는 지식 수준으로 최근에 끝난 경기나 심지어 아직 끝나지 않은 진행 중인 경기를 설명하기도 했다. 어느 순간이든 앵커들은 자신이 좋아하는 선수, 통계, 혹은 역대급 경기 전적을 이야기함으로써 시간을 채워야 했다. 이때 시청자들은 스포츠 하이라이트를 보는 만큼 ESPN 방송국의 앵커들의 목소리에 귀를 기울였다. 텔레비전은 본질적으로 시각적 매체이기 때문에, 처음에는 스포츠 하이라이트의 부족으로 인해 이렇게 말로 때우는 방식은 제약 조건으로 여겨졌었다. 그러나 나중에는 오히려 이 스포츠 센터가 이전 하이라이트 프로그램에는 부족했던 스포츠와의 친밀감을 형성하는 데 도움을 주었다.

ESPN의 "여기는 스포츠 센터" 광고 캠페인은 보도의 진정성을 형성하는 데 훌륭한 역할을 했다. 이 캠페인은 광고 캠페인에서는 처음으로 모큐멘터리(다큐멘터리를 패러디한 가짜 다큐멘터리) 형식을 빌려온 것으로, 당시 널리 호평받았던 헤비메탈 영화 〈이것이 스파이널 탭이다(This is Spinal Tap)〉를 모방한 것이었다. 이 캠페인은 스포츠 센터 앵커들의 실제 무대 뒤(경기장 밖)의 활동(예를 들어 리포트의 문구를 두고 논쟁하기, 화장실에서 직접 화장하기)의 모습에 초점을 맞췄다. 캠페인에서 대표적으로 창의적 요소로 보이는 부분은 이런 것이었다. 코네티컷주 브리스틀에 있는 평범한 ESPN 뉴스룸에서 '내부자들만이 사용하는 스포츠 유머'를 사용하여 앵커의 무대 뒤 또는 카메라가 꺼졌을 때 서로 소통하는 형식을 빌려, 유명 운동선수를 초대해 재미있으면서도 '셀프 디스'하는 역할을 하는 것이었다. 특히 운동선수들에게는 이런 풍자가 너무나 재미있었기 때문에, 곧바로 스포츠 스타들 사이에서는 그 자리에 등장하는 것이 명예의 훈장 같은 것이 되어버렸다. 운동선수들이 이 광고에 출연하기를 원한다는 것을 시청자들이 알게 되면서 실제로 선수들은 무료로 출연하게 되었는데, 그 결과 이 광고는 덜 상업에 걸맞은 전문적 스타일과 그에 걸맞은 자격을 구축하려고 애썼다면, ESPN 기자들은 그 자격을 전혀 얻지 못했을 것이었다. 대신 이 '급진적인 개혁파(Young Turks)'들은 종종 험한 말투로 전국의 남성들을 빠르게 제압하는 '험한 근성'을 발전시켰다. 예를 들어 버먼은 "버마니즘(Bermanism)"이라고 불리는 것이 있었는데, 이것은 그가 주목할 만하다고 생각하는 선수들을 읽을 때 붙여진 바보 같은 별명이었다. ESPN 경영진이 프로답지 않은 그의 광대 짓을 금지하자 버먼은 자신의 방송에서 시위하듯 창의적으로 대응했다. 그는 마치 운전면허증을 읽듯 무표정으로 아주 진지하게 또박또박 그 선수들의 풀네임을 읽으면서 주요 선수들을 부르기 시작했다. 장난기 많고 우스꽝스러운 별명에 익숙해진 시청자들은 그의 이 갑작스러운 장난기 없어짐을 역설적인 뒤통수치기, 즉 ESPN 경영진에 대한 반항적인 한 방으로 이해했다. ESPN 방송국에는 "버먼의 기발한 애드리브 어딜 갔느냐"는 팬들의 전화와 팩스가 쇄도했다. 경영진을 더욱 당혹스럽게 한 것은 아마도 팬들이 버먼의 항의를 분명히 이해하고 있다는 점과 그의 닉네임만큼이나 이것을 이미 방송국이 승인을 했었다는 점도 분명히 했다는 점일 것이다. 경영진은 마침내 버먼의 스타일에 동의했고, 버먼은 이전의 '즉흥적인' 모습으로 돌아왔다.

ESPN 이전 주요 방송사들은 자신의 시청자들을 최소한의 지식만을 가진 관중으로 대했다. 이들 주요 방송사들은 선수들의 행동을 묘사하고 시청자들에게 자신이 보고 있는 것을 '감상하는 법을 가르치기' 위해 방송 진행자를 고용했다. 일반적인 스포츠 캐스터들은 "현장에서"라는 약간은 느끼한 톤의 멘트를 시청자들에게 자주 날렸는데, 이것은 경기장에서 뛰고 있는 스포츠 영웅들에게 존경의 의미를 담는(시

____ 브랜드는 어떻게 아이콘이 되는가

에서 특별한 찬사를 받고 있는 팀과 선수를 주시하고 있으며 그 방향으로 관심과 애정을 재빨리 돌린다.

　중계자들은 홈팀이나 또 다른 팀과도 장기적인 관계를 맺지 않으며, 경기의 이해를 향상시키기 위해 상황별 정보를 찾거나 하는 시도를 거의 하지 않는다. 하지만 지역 연고의 팀이 잘 뛰거나 기록을 깨려는 선수들에 대한 관심이 엄청나게 높아질 때면 중계자들은 진공청소기처럼 빠르게 열정적인 관심을 빨아들이고 높은 관여를 보이는 팬이 되는데, 이때에는 다른 열광적인 팬들처럼 선수나 팀을 바짝 따라다니며 함성을 지르고 목소리를 높인다. 열정을 불러일으킬 수 있는 이런 사회적 맥락이 없다면 중계자들은 경기를 관전하는 데 본질적인 즐거움을 거의 찾지 못한다. 그래서 지역 연고지에 우승자가 없는 시즌이 되면 정기적으로 챔피언 결정전이 열려도 중계자들은 그 경기들을 잘 챙겨보지는 않는다.

　중계자들은 스포츠가 일상에서 남성적인 신화를 만드는 연결고리의 중심이라는 것을 이해한다. 매일같이 중계자들은 친구나 회사 동료들과 대화할 수 있는 도구의 하나로 이런 '따끈따끈한 스포츠 소재'를 찾는다.

브랜드 충성도: 정체성의 끌림 효과. 중계자들은 ESPN의 헤비 유저이지만, 완전히 차별적인 방식과 이유로 시청한다. 이 집단은 스포츠를 보기 위해 ESPN을 시청한다. 단순히 보면 이들에게 ESPN은 볼만한 가치가 있는 것을 매우 효율적으로 걸러주기 때문에 대부분의 일반 경기보다 더 재미있다. 중계자들은 '중요한' 경기가 아니라면, ESPN의 경기 하이라이트 모음을 경기 자체의 훌륭한 대체물로 본다. ESPN은

벼에서 쌀을 분리하듯 경기를 정제한다. 중계자들에게 스포츠 경기는 쉽게 소화하듯 해석될 수 있는 것이 아니기 때문이다. 해설이 없는 그 경기가 담고 있는 것은 그저 반복되는 경기 영상과 캐치프레이즈일 뿐이기 때문에 소화하기가 쉽지는 않다. 중계자들은 ESPN을 일종의 남성들의 메카로 생각하는데, 이곳은 자신들이 하드코어 스포츠 팬(추종자와 내부자들로 구성된)으로 생각하는 곳이다. 결과적으로 중계자들은 스포츠 팬 자격의 정당성을 얻기 위해 그 방송 채널에 접속할 필요성을 느끼며, 그래서 많은 이들이 ESPN을 시청한다. 그럼에도 불구하고 이 중계자 집단은 이 프로그램에 대한 정서적 애착은 거의 없다. 중계자들은 자신보다 더 헌신적인 팬들과 교류하는데 이 'ESPN의 높은 신뢰도'를 이용하고, 팬이 되기 위한 일종의 지름길로도 활용한다. ESPN은 이들에게 친구나 동료들과 어울릴 수 있는 효율적인 방법을 제공하기 때문이다. 방송은 스포츠 팬이 된다는 것이 과연 무엇인지를 보여주며, 중계자들에게 스포츠의 이야깃거리와 유행하는 태도를 제공한다. 중계자들은 이런 것들을 ESPN에서 빌리거나 모방하는 것만으로도 행복해한다. 이들을 위해 ESPN은 스포츠 세계를 사용 가능한 형태로 압축해준다. 즉, 한가득한 캐치프레이즈와 청소년들의 '스웩', '마초'적인 유머 감각 같은 형태로 말이다.

중계자들은 일종의 문화적 기생자들로, 브랜드가 추종자들에게 전달하는 정체성의 가치를 확산시키고 제공하는 역할을 한다. 이들은 추종자들만큼 브랜드의 신화에 헌신하지 않는다. 오히려 추종자들의 특별한 헌신과 내부자들이 브랜드에 부여한 신뢰성 때문에, 중계자들은 브랜드에 쉽게 접근할 수 있고 효과적인 정체성의 유통을 만들어 낸다. 그리고 이 과정이 중계자들을 지탱하게 한다. 중계자들은 신화 경험에 별로 영향을 받지 않는다. 대신 다른 사람들의 경험을 자양분 삼아 자신의 정체성을 구축한다. 중계자들은 무리의 일원이 되고 싶어 한다. 그래서 브랜드를 그 무리에 들어가는 일종의 속성 출입증 정도로 사용하기를 원한다.

마인드 셰어 모델에서는 브랜드 소유주들이 브랜드 이미지에 맞는 제품 디자인을 추가하고 브랜드 커뮤니케이션을 확장해 더 넓은 고객군에 어필하는 방식으로 브랜드를 성장시킨다. 아이코닉 브랜드는 이런 방식으로 작동하지 않는다. 이들은 자석의 당기는 힘처럼 정체성의 끌림으로 작동하며 사회의 첨예한 갈등을 다루기 위해 정확하게 초점을 맞춘 신화를 전달한다. 신화가 반향을 일으키면 브랜드는 추종자들을 모아 나간다. 그리고 추종자들(그리고 때로는 내부자들도) 사이에서 분출된 열정과 헌신이 자석처럼 작용하여 중계자들의 집단적인 지지를 이끌어 낸다.

정체성 브랜드가 시장 지배력을 확대하는 가장 효과적인 방법은 브랜드의 핵심에 있는 고객들의 헌신을 높이는 것이다. 브랜드가 추종자들의 욕구를 충족시키는 신화를 성공적으로 보여줄수록 브랜드는 더 많은 고객을 끌어들일 것이다.

사회연결망으로서의 브랜드 충성도

ESPN의 세 부류의 지지자들은 브랜드를 중심으로 함께 사회적 연결망을 형성한다. 브랜드 충성도는 이렇게 서로 다른 유형의 고객들 간의 관계에 의해 결정된다.

브랜드 충성도란 고객이 그 브랜드에 머물려고 하는 의지를 말하는데, 만약 고객과 어떤 브랜드가 역사를 공유하지 않는 상황에서 경쟁사가 똑같이 매력적이라고 생각되는 상품을 출시할 때, 브랜드 충성도는 매우 중요해진다. 그 브랜드의 시장 지배력은 고객의 끈기 정도가 관건이다. 브랜드 충성도의 원인은 제품 범주에 따라 다양하다. 예를 들어 브랜드 충성도의 원인을 언급하는 중요한 아이디어 중 하나는 교환(브랜드 교체)이 소비자들에게 많은 비용이 들게 한다는 것이다. 소비자들은 브랜드에 대한 신뢰를 새로 쌓아야 하고, 새로운 브랜드를 찾는 데는 노력도 필요하다. 하지만 이런 아이디어는 클로락스 표백제나 소니 텔레비전과 같은 실용적인 제품에는 맞지만, 정체성의 가치를 전달하기 위해 경쟁하는 제품에는 덜 중요한 아이디어다.

아이코닉 브랜드에 대한 기존의 설명은 대부분 감성 브랜딩에서 비롯된 것과 같다. 충성도는 브랜드와 고객의 관계에 의해 만들어진다는 것이다. 고객들이 친밀감이나 상호성, 충성도 등과 같이 대인 관계를 모방한 관계에 빠지게 되면 그 관계를 깨기가 힘들기 때문에 브랜드를 전환할 가능성이 낮아진다는 전제가 깔려 있다.

그러나 원자론적인 충성도 개념은 브랜드 충성도를 생성 또는 파괴하는 사회적 메커니즘을 포착하지 못한다. 아이코닉 브랜드의 고객들은 사회적 연결망으로 연결되어 있기 때문에 충성스럽다. 브랜드 가치의 대부분은 브랜드와의 일대일 관계일 뿐만이 아니라 다른 지지자들에 의해서도 형성되는 것이기 때문이다.

일단 한 브랜드가 신화의 수행자로 내부자, 추종자, 중계자들의 네트워크에 들어가게 되면, 개인 고객들은 다른 브랜드가 아무리 경쟁력이 있어도 비교해서 선택할 수 있는 효과를 잃어버린다. 그렇기 때문에 다른 브랜드로 떠나는 것이 매우 어렵다는 것을 알게 된다. 이런 상황에서도 아이코닉 브랜드가 몰락한다는 것은 세 부류의 집단적인 의사결정이었다는 뜻이 된다. 문화 아이콘이 가지고 있는 끈질긴 고객 장악력은 다음의 두 가지 사건으로만 깨질 수 있다. (1) 그 브랜드의 신화가 현재의 불안을 해결하지 못하기 때문에 비판적인 추종자들의 상당수가 브랜드를 포기하거나, (2) 브랜드가 자신이 관여되어 있는 대중적 세계관을 훼손하고, 비판적인 내부자들 상당수가 이런 브랜드의 행동에 반발하기 때문에 장악력은 깨질 수 있다. 만약 이 두 가지의 티핑 포인트 (tipping point) 중 어느 하나에 도달한다는 것은 세 부류의 고객들이 브랜드에 대한 다른 집단들과의 관계를 뒤로 밀어낸다는 뜻일 뿐만 아니라, 같은 생각을 가진 다른 소비자들과의 상호작용도 끊어버린다는 뜻이다.

스포츠 뉴스 시장에서 ESPN의 지배력을 깨기 위해 폭스 스포츠넷이 풍부한 자금력과 세련됨으로 시도했던 노력들을 생각해보자. 비록 이 방송국이 우수해 보이기는 했지만, 중계자들은 ESPN을 바꾸려 하지 않았다. 왜냐하면 이들 중계자들은 내부자들을 흉내 내면서 여전히 ESPN을 시청하고 있었고, 또 내부자들은 ESPN의 의견을 소중하게 여기고 있었기 때문이다. 폭스 입장에서의 최선은 내부자들, 특히 ESPN으로부터 독립했다는 것을 외부로 알릴 방법을 찾고 있던 내부자들을 유인하는 것이었다. 만약 폭스가 ESPN을 탈출하려는 내부자를 대거 끌어들인다면, 추종자와 중계자에 대한 ESPN의 신뢰도에 타격을 줄 수 있었다. 그러나 폭스는 중계자를 대상으로 한 엔터테인먼트 프로그램을 제작하기 위해 기존의 갭 분석을 따랐다. 갭 분석은 경쟁자들이 목표로 하지 않은 시장에서의 빈자리를 찾는 분석 방법이다. 폭스는 이 작업이 비어 있는 시장을 찾기 위한 프로그래밍이라고 생각했다. 하지만 이것은 ESPN이 구축한 전체 사회연결망을 도발하는 것에 불과했다. 중계자들은 추종자들이 바뀌었을 때만 브랜드를 전환하고, 추종자들은 내부자들이 많이 바뀌어야만 움직일 수 있기 때문이다. 이 전략은 실패할 수밖에 없었다. 브랜드를 중심으로 형성된 사회적 연결망을 해체하려면 네트워크를 하나로 묶는 것이 무엇인지에 대한 세밀한 이해와 가장 취약한 연결고리에 정교하게 개입하는 전략이 필요하다.

지지자 전체를 연결하여 관리하기

아이코닉 브랜드의 세 부류의 지지자들은 상호의존적이다. 따라서 각 구성원들이 브랜드에서 발견하는 가치는 부분적으로는 다른 구성원들에게 달려 있다. 그러므로 이런 브랜드를 관리하려면 네트워크 전체 관계를 관리해야 한다. 추종자들이 브랜드에서 찾는 가치는 내부자들이 부여한 제도적 정당성에 달려 있다. 마찬가지로 중계자들이 경험하는 가치는 추종자들이 브랜드 신화에서 경험한 남다른 가치에 바탕을 두고 있다. 내부자들조차 다른 두 집단이 필요하다. 내부자라는 상대적 위치 자체가 이들보다는 덜 가치가 있지만 규모 면에서 '외부자들'의 존재를 필요로 하는 개념이기 때문이다.

  예를 들어 7장에서 보게 되겠지만, 할리 데이비슨에 대한 전문직 종사자들과 브랜드 매니저들의 관심이 폭발적으로 증가하면서 역설적이게도 할리 데이비슨의 오랜 내부자 집단(대부분 무법자 바이커들과 어울리고 이들을 모방하는 노동자 계층)을 소외시키는 의도하지 않은 결과가 발생했다. 이 내부자들은 새롭게 등장한 '중산층 침입자'에 대해 할리 데이비슨 신화의 주장을 유지하기 위해 점점 더 고군분투하고 있었다. 이들은 돈은 많지만 진정한 마니아가 될 시간이 거의 없는 전문직 종사자들에게 할리 데이비슨이 대유행하고 있다는 사실에 실망하고 있었다. 이들 오래된 무법자 바이커들은 할리 데이비슨 신화에 대한 접근을 거부함으로써 새로운 부르주아 바이커들(Rich Urban Bikers, RUB)을 막아낸다. 인터넷에서 인기 있는 바이커 유머 웹사이트에 '바이커가 되길 원하는 사람을 찾는 방법'이라는 글이 올라왔다. 이 웹사이트에 따르면, 할리 데이비슨 라이더가 되고 싶은 신참들은 다음과 같다.

- 뒷면에 아무것도 없는 할리 데이비슨 티셔츠를 입고 있다('진짜' 셔츠는 뒷면에 작가가 표시된 예술 작품이 있고, 바이커의 여행을 기록한 연대기가 있다).
- 키와 연료통의 위치를 정확히 알고 있으며, 다른 것은 공인된 할리 데이비슨 딜러가 가르쳐준 대로 해야 한다(이 사람들은 할리 데이비슨을 타기 위해 새로 입은 청바지를 더럽히고 싶지 않은 것이다!).
- 예전에 할리 데이비슨을 가지고 있었더라도, 어떤 모델을 소유했는지는 기억하지 못한다(이것은 마치 예전에 결혼했지만 배우자의 이름은 기억하지 못한다고 말하는 것과 같다).
- '새' 할리 데이비슨을 소유하고 있지만, 세 시간 이상 타본 적이 없다(전혀 사용하지 않는 운동 기구들을 소유하고 있다고 보디빌더라고 부르지 않는 것과 마찬가지다!).
- 첫 바이크로 할리 데이비슨을 소유한다는 것은, 이들이 '일본산 바이크'에 대항한다고 어깨 힘 잔뜩 넣고 폼 잡는 것과 같다(할리 데이

비슨 마니아들은 최신 할리 데이비슨 제품을 줄줄이 꿰고 있는 사람보다 오히려, 외국산 바이크를 타는 사람과 더 많은 공통점이 있다. 만약 모든 과대광고가 할리 데이비슨이 아니라 맞춤형 밴 같은 다른 상품으로 이동하면, 이 바이크 중 상당수가 '매물'로 나올 것이다!).

- 한턱내는 것은 테킬라나 잭 다니엘스가 아니라 이것저것 중의 최고를 고르려고 한다(바이커가 되기 위해 꼭 술을 마실 필요는 없지만, 비슷하게라도 하려면 공부 좀 해라!).

- 새로운 할리 데이비슨 문신을 하고, 16가지 이상의 '공식' 할리 데이비슨의 아이템을 갖추고 있다(바이커 전용 부츠, 시계, 모자, 양말 등).

- 자주 입지 않은 가죽 재킷은 봄에는 새 가죽이라 뻑뻑하고, 가을에도 똑같이 뻑뻑하다(와우, 길을 들이려면 밍크 오일이 정말 많이 필요하다).[v]

이런 목록은 계속된다. 이 체크리스트는 할리 데이비슨 추종자들에게 다음과 같이 말한다. 바이커의 경험은 돈으로 살 수 없는 것이다. 오토바이킹의 경험은 헌신, 지식 그리고 어떤 종류의 정신을 필요로 한다. 이것은 라이프 스타일의 일부분이다. 필요한 장비를 모두 갖추고 딱 맞춘 할리 데이비슨에 올라탄다고 바이커가 되는 것은 아니다. (출근 첫날 말끔하게 차려입고 사무실에 출근한 신입 사원처럼, 중산층 바이커들은 그 역할에 어울리게 보이도록 과도하게 옷을 입는 경향이 있다.) 할리 데이비슨의 경영진이 가장 경제적 가치가 있는 고객들에게 할리 데이비슨의 신비로움을 더 쉽게 접할 수 있게 하는 데 성공하면서 '노동자 계급' 라이더들은 자신들이 점점 덜 중요해지고 있음을 느꼈고, 그래서 할리 데이비슨 경영진이 가꾸어온 '바이커가 되는 방법'을 폄하하며 회사의 노력을 방해하려 했다. 만약 할리 데이비슨의 내부자들(노동자 계급의 라이더들)의 이런 방해 작업이 성공한다면 회사는 '오토바이킹 하는 법'을 다시 만들어야 할 것이다. 그렇지 않으면 이 내부자들이 '바이커가 되는 방법'에서 이야기한 대로 중산층 고객들이 진짜 바이커가 아닌 '바이커 따라쟁이'라고 실제로 믿게 할 위험이 있기 때문이다.

아이코닉 브랜드를 관리하는 것은 여러 기술이 동시에 종합되어야 하는 행위다. 브랜드 매니저들은 추종자들에게 진실처럼 들리는 방식으로 대중적 세계관에서 나온 신화를 만들어야 한다. 동시에 브랜드 매니저들은 내부자들과도 신뢰할 수 있는 대화를 해야 한다. 내부자와 추종자가 항상 잘 어울리는 것은 아니기 때문에 이러한 동시적이고 종합적인 행위는 어려울 수 있다. 그래서 브랜드는 일반적으로 두 지지자 사이에서 감정적인 폭발이 일어나는 중간지점에 갇히게 된다. 만약 내부자들이 수년간의 헌신적 참여를 통해 쌓아온 대중적 세계와의 특별한 관계를 '도둑질'당하고 있다고 느낀다면, 브랜드와의 관계가 악화될 수 있기 때문이다.

함께 이룩한
아이코닉 브랜드

할리 데이비슨 컴퍼니(HDC)는 거의 모든 사람들이 가장 좋아하는 기업의 극적인 변화 이야기를 가지고 있다.[i] 한때 수십 개의 국내 오토바이 회사들과 경쟁했던 HDC는 1953년 심각한 인도계의 경쟁자가 사업을 접으면서 유일한 미국 오토바이 제조사가 된다. 하지만 HDC는 1960년대 혼다, 가와사키 등 일본의 새로운 경쟁자들이 미국 시장에 진입해 소형 오토바이크 시장을 빠르게 장악하면서 어려움을 겪는다. HDC는 스노모빌(설상차)과 골프 카트 등 다른 전동기 제품으로 확대하려는 시도를 꾀하지만, 불운하게도 계속 실패했다.

1960년대 후반 오토바이 시장이 뜨기 시작할 때 레크리에이션 제품 회사인 아메리칸 기계 제조공장 주식회사(AMF)는 HDC를 사들였다. 당시 할리 데이비슨의 품질은 지나치게 공격적인 확장 계획과 불투명하고 공정하지 않은 관리로 인해 악화되었다. 이런 와중에 일본의 바이크는 HDC의 핵심 사업인 빅 바이크 시장에 성공적으로 진출하고 있었다. 1980년대 초 HDC는 파산 직전이었다. 이때 설립자의 손자인 윌리 데이비슨을 포함한 고위 경영진들이 외부 자본 차입을 주도하고 회사를 인수한다. 새로 들어선 오너 경영진들은 회사를 완전히 뒤바꾼다.

이 전환은 두 가지 변화에 초점이 맞춰져 있다. 품질 회복과 고객 친밀감 높이기다. HDC는 마침내 악명 높았던 엔진의 결함을 고쳐, 품질을 회복했다. 그러나 이번 전환의 핵심은 과거 고객들을 무시하던 태도에서 벗어나, 경영진들이 고객들과 함께 바이크를 타고 배워가면서 관계 형성의 노력을 쌓아가는 것이었고 이 노력은 특히 H.O.G.(Harley Owners Group)라고 하는 할리 데이비슨 소유자 커뮤니티 조직을 중심으로 활동하는 것이었다.

경영진들은 이 이야기가 마케팅의 '진실'을 찬양하는 내용이기 때문에 반복해 이야기하며 좋아한다. 할리 데이비슨은 상품과 고객을 무시했던 대기업의 지시하에 있었기 때문에 어려움을 겪었다. 마케팅을 믿었던 경영진들이 이 상황을 구조하기 위해 등판됐다. 이들은 고객의 요구에 귀를 기울였고, 이후 10년 동안 소비자의 칭찬과 기업의 이익이 뒤따랐다.

HDC 경영진들도 이 이야기를 인정한다. 또한 이들은 이 브랜드의 가치는 분석될 수 없다고 말한다. 왜냐하면 그것은 마법이었기 때문이다. 이성적으로 심플하게 설명할 수 없는 '할리 데이비슨의 신비주의'가 있다. 할리 데이비슨은 하나의 국가가 상징할 수 있는 특별한 순수함과 심오함이 구체화된, 미국적 상품의 정수였기 때문이다.[ii]

이 이야기를 한 번 더 반복해보자. 할리 데이비슨의 변신은 세계에서 가장 영향력 있는 브랜딩 스토리 중 하나가 되었다. 많은 경영자들이 할리 데이비슨의 성공 경로를 모방하기 위해 1990년대를 보냈다. 그러나 할리 데이비슨의 이야기(비즈니스 설화의 한 부분으로 경영계에 도는 공식 설명)는 잘못된 것이다.[iii] 그래서 경영자들과 경영서를 쓰는 작가들은 할리 데이비슨으로부터 잘못된 교훈을 지금까지도 끌어오고 있다.

나는 과도하게 칭송받고 있는 할리 데이비슨의 신비로움이 사실은 바이크의 형태 속에 구체화된 정체성 신화에 불과하다는 것을 증명하려고 한다. 이 정체성 신화는 다른 아이코닉 브랜드에도 동일하게 적용되는 법칙에 불과한 것이다. 앞선 장에서 논의된 사례에서 보면, 회사는 신화를 만드는 기초공사의 대부분을 한다. 그러나 할리 데이비슨은 회사에서 중요한 스토리텔링을 전혀 하지 않았다.[iv] 할리 데이비슨을 문화 아이콘으로 만든 '저자들'은 회사가 아닌 다른 이들(무법자 바이커 문화와 문화산업이라는 대중적 세계관을 받아들인 사람들)이었다. 문화산업에서 생산된 문화 텍스트들(영화, 신문 및 잡지 기사, 미디어, 광고, TV, 프로그램, 책 등 대중문화 상품들과 정치 연설, 뉴스 가치가 있는 사건 등)은 할리 데이비슨의 신화를 구축하는 핵심 열쇠였다.

수많은 컨설턴트와 구루들이 제안한 전문적인 조언과는 달리, 할리 데이비슨의 사례를 직접적으로 모방하는 것은 무의미하다. 오히려 할리 데이비슨은 아이코닉 브랜드의 공저자 역할(문화산업 종사자들과 바이크 문화의 대중적 세계관을 받아들이는 팬들)에 대해 배울 수 있는 모범적인 사례를 제공한다.

할리 데이비슨의 계보

1990년대 초, 수십 년간 할리 데이비슨 바이커를 경멸했던 미국 남성들이 왜 갑자기 할리 데이비슨을 그토록 간절히 타고 싶어 했고, 단 2만 달러 물건을 사기 위해 1년 동안이나 기꺼이 자신을 대기자 명단에 올려두었던 것일까? 그리고 왜, 자신의 몸과 바이크에 5천 달러 상당의 바이크 액세서리를 추가로 장착하고 싶어 했던 것일까? 할리 데이비슨 주식은 매출과 영업이익이 상한가를 뚫고 나오면서 시장의 지수를 극적으로 앞지르기 시작했다. 회사의 이러한 놀라운 실적은 이전의 바이크 시장에서는 상상할 수 없었던 수준으로 가격을 인상했기 때문에 가능했다.

할리 데이비슨의 정체성 가치는 그 신화에서 나온다. 이 신화는 뚜렷이 구별되는 세 단계를 거쳤다. 이 브랜드의 신화(무법자 바이커라는 대중적 세계관)의 원천 재료는 제2차 세계대전 이후 서해안에서 형성된 오토바이 동호회에 의해 만들어졌다. 문화산업계는 1950년대 초반부터 1960년대 중반까지 이 바이커들의 '무법자 정신'을 미화하고, 이것을 할리 데이비슨 바이크에 엮어 넣어 초기 유행을 만들어 냈다. 1960년대 후반부터 1970년대 후반까지 영향력 있는 문화 텍스트들은 이 신화를 재포장하여 그저 단순한 불한당 무법자들을 '반항적인 서양의 무법자' 이미지로 변모시켰다. 그 결과, 할리 데이비슨은 '하층계급', '백인', '남자'의 상징이 되었는데 이 서부극의 '반항적 총잡이 신화'가 이들이 당시 가지고 있던 정체성 불안을 해결해주었기 때문이다. 1970년대 후반에 시작된 이전과는 매우 다른 문화 텍스트 분야의 제3의 물결이 할리 데이비슨의 신화를 다시 한번 수정했다. 저돌적이면서도 좌충우돌하는 서부의 총잡이를 홀연히 나라를 구하는 '행동하는 영웅' 이미지로 만들어버린 것이었다. 이런 행동하는 남성, 서부 총잡이 신화는 1990년대 초반에 시작되었지만, 이번에는 나이 많고 부유한 중산층 남성 소비자들과 연결된다. 그리고 바로 이들이 오늘날 할리 데이비슨의 훌륭한 경제적 자산을 만들어준 고객이 된다. 신화를 할리 데이비슨에 연결하고, 그 신화를 다시 포장하는 문화산업계의 영향으로 인해 1990

년대 할리 데이비슨은 엄청난 경제적 성공을 거둔다.

오토바이 동호회, '무법자 정신'을 만들어 내다
━━━━━●

제2차 세계대전 이후, 참전 용사들은 주로 캘리포니아와 따뜻한 기후의 여러 주에서 하층 계급의 도시 아이들과 함께 오토바이 타기를 중심으로 한 반문화적인 장면을 만들었다. 이들 오토바이 클럽은 매우 견고하고 결속력 높은 남성들의 공동체였는데, 이 공동체는 이들이 창조한 일종의 대안적인 세상이었다. 할리 데이비슨은 인도 제품이나 트라이엄프 등 다른 브랜드들과 마찬가지로 오토바이 애호가들이 선호하는 대형 바이크 브랜드 중 하나일 뿐이었다. '크고', '우렁찬' 바이크라면 뭐든 좋았다.

바이크를 '개조'하는 것이 브랜드보다 훨씬 더 중요했다. 이 오토바이를 출시된 그대로의 '젠틀'한 상태에서 '무법자에게 적합한 바이크'로 바꾸기 위해 앞 바람막이나 장식물 등을 다 떼어내고, 더 작은 기름통으로 바꾸고, 엔진을 뜯어고쳐 성능을 높여 더 세련된 외관으로 개조했다. 이러한 사용자의 맞춤화는 결국 새로운 프레임 디자인으로 이어졌는데, 그중 가장 유명한 것은 확장된 전면부가 포크처럼 두 갈래의 철제로 되어 있는 '쵸퍼(앞바퀴에서 핸들 바까지 금속 철봉이 덧대어 있는 오토바이-옮긴이)'였다. 미국 전역의 지역 점포에서는 대형 바이크를 맞춤 제작하기 위한 비공식 경제가 발전할 정도였다.

'무법자' 바이커 클럽의 정신

다음의 원칙들은 '무법자 바이커 클럽'의 기풍을 구성하는 것들인데, 이 클럽에 대한 민속학적 연구로부터 추출된 것들이다.[v]

자유주의적 생활: 무법자들은 유목민이다. 그래서 항상 이동한다. 이들은 직업이나 제한적인 관계에 얽매이지 않는다. 이 바이커들이 자유를 표현하는 주된 방식은 언제 어디서나 출발하고 떠날 수 있는 능력이다. 이들이 떼로 모여 바이크를 타는 것이 사람들의 주목을 끌기는 하지만, 이들이 이상적으로 생각하는 것은 목적지 없이 바이크를 타는 것이다. 무법자 바이커들은 단순히 자유주의적 견해를 지지하는 것 이상으로 주정부, 법원, 언론, 기업, 결혼 제도 등 어떤 종류의 제도들도 접근하지 못하는 삶을 추구한다. 모든 기관과 제도들이 자율적으로 행동할 수 있는 능력을 훔치고 있기 때문에 남성들을 무기력하게 만들고 있다는 것이다.

바이커들은 경제적으로 성공하고 사회에서 존경받는 중산층 남성들을 사회의 규칙에 너무 집착한다고 무시한다. 무법자 바이커들은 '시민'이라는 용어가 전형적으로 가지는 긍정적인 의미를 뒤집어 어두운 이면을 드러낸다. 즉, 사회에 참여하면서 이에 동반되는 개성의 상실이라든가 제도적 규범에 순응할 필요성이라든가, 이런 것들에 따른 '영혼 없음' 같은 것이다. 따라서 '남성성을 나타내는 시민의 세계' 같은 표현은 위선적이라고 주장한다. 이것은 자유와 개성에 경의를 표하지만, 동시에 모순적이게도 엄격하게 관습을 고수하고 개인의 자유에 대한 한계를 기꺼이 받아들인다는 것이기 때문이다.

물리적 힘에 의한 지배: 남자다움은 지배력, 즉 강인함, 공격성, 그리고 자신감을 가지고 위험에 맞서는 능력에 관한 것이다. 바이커들은 싸움을 의례화한다. 바이커 클럽의 '형제'들은 종종 다른 클럽의 멤버들과 격렬하게 싸운다. 무법자들은 위협적인 대인 관계 스타일을 과시한다. 이들은 눈앞에서 다른 남성에게 약간의 공포를 주는 것을 즐긴다. 무법자들은 크고, 시끄럽고, 공격적이고, 기본에 충실한 원형에 가까운 '머신(machine)'인 'H.O.G.'를 즐긴다. 무법자들은 '지배한다는 느낌'을 바이커에 더 강조해서 표현하기 위해 할리 데이비슨을 더욱 변형시킨다. 이들은 바이커를 더 크고, 더 빠르게 만들기 위해 폭음을 줄이는 장치인 머플러를 제거하여 오토바이의 소음을 극대화한다.

부족의 영역 지키기: 무법자 바이커들에게 삶은 일종의 투쟁이다. 이들은 삶을 다른 나라나 다른 인종들과 싸우는 영토 싸움으로 보고 있는데, 이 싸움에서 남성다움은

다른 생각을 가진 사람들에 대항하여 자신의 부족 영토를 성공적으로 지키는 것과 함께 나타나는 것으로 본다.

일상적인 위험: 미국 개척 시대에 남자다움은 아메리카 원주민들과 자연과의 위험한 만남에서 생존함으로써 얻어졌다. 무법자들은 오토바이를 탄다. 오토바이를 탈 때마다 무법자 바이커들은 살아남기 위해 스스로의 기술과 용기에 의존한다. 이것은 '남자의 존재감'을 나타내는 근본적인 것이다. 무법자들은 헬멧 착용을 거부하거나, 쓴다 해도 보호가 거의 되지 않는 헬멧을 착용한다. 바이커들은 시민들이 삶의 위험에서 벗어나기 위해 할 수 있는 모든 일을 한다고 생각한다. 무법자들에게 자동차는 속어로 '케이지(cages)'라고 불리는데 승객들을 외부 위험으로부터 보호하기 위한 너무 많은 안전장치를 가지고 있다고 생각한다.

야생의 생활: 무법자 바이커들은 문명의 제약을 피해 쾌락의 삶을 추구한다. 바이커들은 정착된 삶의 안정성과 야생의 삶을 맞바꿀 수 있어 행복해한다. 이들은 스릴을 추구하며, 강렬한 쾌락, 미지의 삶에 지배되는 야생의 삶을 추구한다. 시민의 행동은 '사람이 성공하기 위해 어떻게 행동해야 하는가'라는 중요한 목표에 의해 좌우된다. 시민들은 항상 미래를 계획하고 직업, 가족, 세금을 위해 살아간다. 바이커는 보통 그의 형제들과 함께 술을 마시며 흥청거린다. 마약을 할 핑계를 찾고, 약간의 문제를 일으키기도 하고, 햇볕을 쬐는 시골길에서 할리 데이비슨을 길들이기도 한다. 바이커들이 직업이나 가족의 압력에 굴복당해 야생의 생활에 대한 자신의 헌신을 제대로 보여주지 못하면, 형제들은 그를 괴롭히고 꾸짖는다. 여기서 만약 그가 계속해서 고집스레 '시민처럼' 굴면, 그는 그 클럽에서 파문되고, 추방된다.

자연: 무법자 바이커들은 스스로를 자연의 손아귀에 갇혀 사는 것으로 생각한다. 이들의 생활 방식은 이 점을 거듭 강조한다. 이들은 흙과 냄새로 상징되는 자연과 함께 산다. 무법자들은 더러운 옷을 입고, 수염을 기르고, 길고 더러운 머리를 하고, 목욕을 거의 안 한다. 그리고 시민들은 난방과 냉방이 되는 자동차를 타는 반면, 무법자들은 자신들을 비, 추위, 타는 듯한 햇볕 열기에 완전히 노출하면서 자연과의 유기적인 일체감을 표현한다.

여성 혐오: 무법자들은 여성들이 자신의 성적 욕구에 온순하고 고분고분하며 복종할 것을 요구하면서 가부장적인 세계를 만든다. 바이커들은 여러 가지 방법으로 여성에 대한 그들의 지배를 규정한다. 여성은 클럽에 가입할 수 없으며, 남자 동행 없이 클럽

하우스에 있을 수 없다. 여성들은 적절한 역할을 맡아야만 클럽에 참여할 수 있다. 지배 관계는 성관계에서 극에 달하는데, 성관계에서 여성들은 무법자의 멤버들 중 누구이건 간에 성적인 요구에 응해야 한다. 파트너를 공유하는 것은 흔한 일이다. 여성 지배의 분명한 신호는 할리 데이비슨을 타고 있는 남성의 뒤에 타고 있는 여성이다. 바이커들의 세계에서 여성들은 절대 운전을 하지 않는다. 여성들은 가족과 가족에 대한 헌신이라는 정착된 세계를 대표하기 때문에 위험하다. 여성은 남성을 클럽 정신에 대한 헌신에서 벗어나 시민의 세계로 되돌릴 수 있게 유혹할 수 있는 힘을 가지고 있기 때문이다.

노하우: 개척 시대의 남성들은 현대사회에서의 여러 다른 남성들이 가지고 있는 전문적인 기술에 의존할 수가 없었다. 이들은 소유하고 있는 모든 것을 어떻게 수리해야 하는지, 그리고 어떻게 즉흥적으로 대처해야 살아남을 수 있는지, 방법을 알아야만 했다. 무법자 바이커들은 오래된 할리 데이비슨들이 자주 고장 나는 것에 대해 왜곡된 자부심을 갖고 있다. 무법자 바이커들은 기계를 다루는 능력을 남성성의 증거로 보기 때문에, '아픈 할리'는, 역설적으로 세상에 의존하지 않고 살아갈 수 있는 노하우를 자신들이 가지고 있다는 것을 보여줄 수 있는 기회라고 생각한다. 무법자 바이커들은 자신의 기호에 맞게 바이크를 조립한다. 일반 시민들은 남자들이 기술을 필요로 하고, 다른 이들의 전문지식도 필요로 하는 세상에 살고 있다고 생각한다. 시민들은 자동차와 바이크가 어떻게 작동하는지 모르기 때문에 다른 사람들에게 의존해야 한다고 바이커들은 생각한다. 그래서 이들 시민들에게 자동차는 자유로의 탈출을 의미한다기보다 다양한 관계로 얽혀진 의존에 대한 탯줄을 의미한다는 것이다.

오토바이 클럽의 남자들은 제시 제임스[1]처럼 미국 서부의 무법자들에게서 영감을 받았고, 자신들의 바이크를 '기계화된 말(mechanized horse)'로 보았다. 클럽의 문화 속에서 이들은 현대적인 무법자 생활을

----- 1 제시 우드슨 제임스(Jesse Woodson James, 1847~1882). 서부 개척 시대 제임스 영거 갱단(James Younger Gang)의 두목. 와일드 번치를 이끌었던 부치 캐시디, 빌리 더 키드와 함께 서부 개척 시대를 대표하던 무법자들 중 한 명.

발명했다. 서부 개척 시대의 사람들은 법에 구속을 거의 받지 않았다. 모든 사람은 자기 스스로를 방어하는 방법을 배워야 했다. 이때의 세계는 가장 강인한 사람(흔히 가장 폭력적인 사람)이 항상 이기는 홉스주의적 세계²였기 때문이다. 많은 19세기 개척자들은 서부를 기회의 땅, 아메리칸 드림을 성취할 수 있는 곳으로 보았을지 모르지만, 무법자들은 서부를 '현대사회를 탈출할 수 있는 곳'으로 보았다. 제2차 세계대전 전후, 바이커들은 이전부터 일관적인 존재해왔던 이런 생각을 약간 변형하여 그들만의 무법자 정신을 생각해냈다.

1950년대부터 시작된 이 오토바이 클럽들은 무법자의 삶을 영예롭게 생각하며 이런 이상을 유지했는데, 이 시기의 미국은 이들의 이상과 정반대인 과학적 전문지식, 합리주의적 관리 체계, 교외 중심의 질서 정연한 생활 등을 칭송하던 시대였다. 하지만 이 오토바이 클럽을 지배하던 세계관은 곧 강력한 대중적 세계관이 된다. 카우보이, 힐빌리, 도시의 아프리카계 미국인, 비트족과 나란히 당시 전후 미국 사회의 이상에 도전할 수 있는 가장 대중적인 공감대를 가진 인물이 바로 이들이었기 때문이다. 바로 이 시기에 바이커들이 서해안의 고립된 존재에서 전국적인 미디어의 관심을 받는 총아로 신분이 뒤바뀌면서 아주 의미 있는 바이커 신화 시장이 생겨났는데, 그 결과의 중심에 할리족들이 있었다.

문화산업이 아니었다면 이 무법자 정신은 오토바이 클럽과 그 주변

---

2 토머스 홉스는 그의 저서 《리바이어던》에서 "인간은 본디 이기적 존재이며, 자기 보호를 최우선시한다"고 생각했다. 그래서 사람들은 자연적인 상태, 자신의 욕구를 충족시키거나 자기 보호를 위해 폭력적 성향을 드러내는 투쟁 상태가 된다. 여기서 '홉스주의적 세계'란 사회적 계약이 필요한 만인의 만인에 대한 투쟁의 상태를 뜻한다.

에서 어슬렁거리는 사람들 사이에서만 갇혀 있었을 것이다. 하지만 문화산업은 바이커들이 뭔가 대단한 이야기를 만들어 냈다는 것을 금세 깨달았다. 문화산업계는 무법자 바이커의 이야기를 전파하기 시작하고, 바이커들을 대중을 위한 신화적 인물로 전환하기 시작한다. 그리고 이들은 이 신화에 '할리 데이비슨 브랜드'를 붙였다.

1단계:
'무법자 신화'라는 문화 텍스트를 엮어 넣다

'무법자 바이커 클럽'이라는 콘셉트를 원재료로 삼은 핵심적인 문화 텍스트는 세 가지가 있었는데, 〈엑스포제(expose)〉라는 라이프 스타일 잡지와 〈와일드 원(The Wild One, 말런 브랜도 주연의 1953년 작. 국내에서는 〈위험한 질주〉라는 제목으로 개봉했다-옮긴이)〉이라는 영화, 그리고 '헬스 엔젤스(Hell's Angels)'[3]라는 대규모의 폭주족들에 대한 다양한 언론 보도 자료와 다큐 영화, 사진 자료들이었다(그림 7-1). 세 가지 문화 텍스트는 기능적인 면에서 앞선 장들에서 설명한 30초 광고와 다를 바없는 역할을 했다. 이 문화 텍스트들이 정체성 신화를 공동으로 만들었는데, 정체성 신화는 바이커들의 세계관을 대중적으로 확대하는 데 기

——— 3　헬스 엔젤스는 미국의 모터사이클 클럽으로 1948년에 캘리포니아 폰타나에서 결성되었다. 현재까지도 활동이 이어지고 있으며, 클럽명의 '헬스 엔젤스'라는 표현은 하워드 휴스가 제작한 영화 〈지옥의 천사들〉을 모방한 것이다. 이 클럽은 전 세계의 22개국에 189개의 지부가 있으며, 약 2,000명의 멤버가 소속되어 있다. 불법 활동에 영향을 미치고 있어 모터사이클을 탄 미국의 폭력 집단으로 여겨진다.

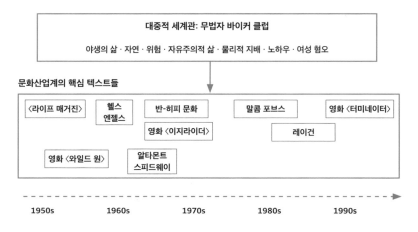

시대별 문화산업계의 핵심 텍스트

> **대중적 세계관: 무법자 바이커 클럽**
>
> 야생의 삶 · 자연 · 위험 · 자유주의적 삶 · 물리적 지배 · 노하우 · 여성 혐오

문화산업계의 핵심 텍스트들

〈라이프 매거진〉	헬스 엔젤스	반-히피 문화	말콤 포브스	영화 〈터미네이터〉
		영화 〈이지라이더〉	레이건	
영화 〈와일드 원〉	알타몬트 스피드웨이			

1950s   1960s   1970s   1980s   1990s

여했다. 중요한 차이점은 애초에는 이야기의 초점이 오토바이보다는 바이커들에게 있었다는 것이다. 그래서 초기의 상징 캐릭터는 말런 브랜도나 헬스 엔젤스의 폭주족들과 같은 이야기 속의 배우였다. 하지만 이 이야기에서 오토바이가 점점 더 중심적인 캐릭터가 되면서, 바이커 신화는 할리 데이비슨에게로 점차 옮겨 갔다.

〈라이프 매거진〉

냉전 시대의 편집증인 매카시즘이 미국 전역을 두려움에 떨게 하면서 핵가족 규범을 신경질적으로 강요했던 시기, '오토바이 클럽'은 이 시대를 저항하는 완벽한 기회를 얻었다. 1947년 미국의 독립기념일인

7월 4일 주말, 한 오토바이 클럽이 캘리포니아 홀리스터의 거리에서 지역 주민들과 술을 마시고 흥청거리면서 장난을 치며 놀았다. 〈라이프 매거진〉은 '숙취'라는 제목의 사진을 실었는데, 눈을 게슴츠레 뜨고 셔츠에서 배가 불룩하게 튀어나온 술 취한 남자가 할리 데이비슨에 등을 기댄 채 맥주를 벌컥벌컥 들이켜는 사진이었다. 모터사이클 아래에는 수십 개의 빈 병이 놓여 있었다. 〈라이프 매거진〉은 무방비 상태의 작은 마을을 어지럽히고 있다는 설명을 극적으로 보여주기 위해 이 사진을 올린 것이었다. 이 사진은 '존경받아 마땅한' 나라 미국을 충격에 빠뜨렸다. 갑자기 부모들은 이런 방탕하고 나사 빠진 성범죄자들(바이커들)에 대해 우려해야만 했다. 이들 바이커들의 유일한 목표가 법을 어기는 것이며, 예절 바르고 품위 있으며 법을 잘 따르는 시민들을 괴롭혀서 문제를 일으키는 것이라고 생각했기 때문이다.

이 사진은 사진 기자에 의해 무대에 오르긴 했지만, 문화적 효과는 뚜렷했다.[vi] 바이커들은 당시의 국가적 이데올로기적 의제(반공주의와 억압적 핵가족주의)에 대항하는 매우 위협적인 반대급부적 의미와 동기를 부여했다. 바이커들은 단정하지 못한 훌리건들(난동을 부리는 극성 팬)이고, 사회의 규율을 거부하고 억압당했던 남성이었다. 스스로를 보호하기 위해, 미국 사회는 이러한 야만인들에 대항해 결집해야 했다.

영화 〈와일드 원〉
━━━━━●

〈라이프 매거진〉의 사건이 바이커들을 위협적인 훌리건으로 만든 반면, 그들의 삶의 방식에 대한 철학적 토대를 제공하고 그들의 싸움과 음주, 반사회적 행동에 목적성을 부여한 것은 홀리스터의 풍경을 배경으로 한 할리우드 영화 〈와일드 원〉이었다. 이 영화에서 말런 브랜도는 말썽을 찾아 헤매는 홀리건 바이커 클럽의 리더로 출연했다. 그의 패거리들은 노먼 록웰이라는 작은 마을을 지나간다. 브랜도는 그 마을의 모든 것에서 '반듯한 정사각형의 악취(비트 문화에서 차용한 용어. 영혼 없이 순응한다는 의미-옮긴이)'를 맡는다. 이것은 당시의 미국 이데올로기에 직접적으로 잽을 날리는 것이었다. 브랜도의 바이커 무리들은 '아주 즐겁게' 마을을 뒤집어 놓고 요란하고 시끌벅적하게 만든다. 술집을 난장판으로 만들고, 여자들을 괴롭히며, 싸움을 부추긴다. 라이벌 패거리의 '마초적' 리더 역할을 맡은 리 마빈은 패거리와 함께 시내로 들어가 취하도록 마시고 브랜도에게 싸움을 건다. 이들은 유혈이 낭자하게 서로 싸우고, 무리들 전체가 통제 불능 상태가 되면서 긴장이 고조된다. 영화의 후반부에 브랜도는 아마도 '시골에서의 낭만'을 연출하기 위해 삽입된 것으로 보이는 장면에서, 바의 한 여종업원을 그의 바이커에 태운다. 그러나 여성을 감동시킬 만한 적절한 매너가 부족하다고 느꼈던 브랜도는 그녀가 거절하기 전에 먼저 그녀를 거부한다. 영화가 끝날 무렵, 마을의 자경단 어르신들은 브랜도를 함정에 빠뜨리고 그를 심하게 공격한다. 바이크를 타고 도망칠 때 한 마을 사람이 타이어 바큇살에 철 막대기를 던져 넣고, 이때 브랜도는 바이크에서 굴러떨어진다.[vii] 이윽고 바이크 바퀴가 멈추지 못한 채 통제 불가능한 상태에서 사람과 충돌해서 무고한 사람이 죽는다. 브랜도는 살인 혐의를 받지만, 결과적으로 이 혐의에서 벗어난다. 여종업원은 그를 사랑하게 되는데 브랜도의 무리들이 그를 부르고 있었으므로, 진정한 바이커인 그는 여인을 남겨두고 '바이커 형제들'이 있는 시골길로 향한다.

영화 〈와일드 원〉은 오토바이 클럽을 변방의 무법자로 묘사했는데, 이것은 이들 스스로가 상상한 그대로였다. 다른 남성들과 마찬가지로 바이커들도 당시의 새로운 테크노크라트(전문기술관료제)가 중심이 된 미국 이데올로기로 인해 무기력해졌다고 느꼈다. 하지만 이들은 사회를 거부하고 황야의 서부에서 남자들이 그랬던 것처럼 동물적 본능에 따라 살아갈 용기를 가지고 있었다. 황야의 서부에는 남자들의 행동을 지배하는 어떤 관료주의적 규제도 없었기 때문이었다. 이 남성들은 '국가에 대한 강요된 헌신'을 피하기 위해 물리적 힘을 중요하게 생각했고 떠도는 삶에 의존했다. 이 영화는 조직에 길들여진 남성성과 교외의 반듯한 생활 방식을 국가가 강권하는 것에 대한 불만을 해소하는 신화적 해결책을 제공했는데, 여기서 말런 브랜도와 리 마빈은 이런 시대 분위기에 저항하는 사람들로부터 섹시한 영웅으로 받아들여진다. 말런 브랜도는 제임스 딘과 함께 반항적인 청년의 아이콘이 되었다. 그는 검은 가죽, 데님, 그리고 시끄러운 오토바이와 같은 간단한 도구를 사용하여, 당시의 사회가 남성들을 여성화, 순응화하는 것에서 탈출하게 하는 꿈을 꾸게 했다.

○ 언론이 묘사한 '헬스 엔젤스'

1964년, 당시까지는 잘 알려지지 않은 오토바이 클럽의 바이커들은 작은 마을에서 한 소녀를 강간한 혐의로 기소되었다. 이 이야기가 모든 뉴스 매체에 퍼졌는데, 이 사건은 바이커들이 야만인이라는 생각을 다시 떠올리게 했다. 하지만 이번에는 무법자 바이커들이 '헬스 엔젤스'라는 이름에 걸맞은 위험한 평판을 갖게 되었다.

강간 사건이 터지기 전까지 헬스 엔젤스는 캘리포니아 북부의 수십 명 정도되는 남성들로 이루어진 작은 집단에 불과했다. 이들은 몇 년 동안 경찰의 관심을 끌긴 했지만 법 집행이 필요할 정도의 두려움은 거의 느끼지 못하는 정도였다. 하지만 사고 직후 바이커들은 언론의 관심을 듬뿍 받아 섹스, 폭력, 범죄 및 추문 등 관음증이 있는 사람들이 좋아할 만한 소식들을 마음껏 제공했다. 다시 한번 미국 사회는 자신의 딸들을 사냥한 이 깡패 같은 야만인이자 성폭행범들을 경계하고 있었다. 그리고 이 당시 언론의 광기가 작은 갱에 불과했던 헬스 엔젤스를 하나의 '폭발적인 문화세력'으로 완전히 바꿔놓았다.

B급 영화 기획자인 로저 코먼은 이것을 보고, 곧바로 자극적인 영화의 소재가 되리라는 것을 알아차렸다. 코먼은 박스오피스에서 대박을 낸 〈와일드 엔젤스(Wild Angels)〉⁴를 포함해서 바이커를 소재로 한 몇 편의 영화를 제작 감독했다. 그는 시나리오 작가들에게 바이커의 일탈 행위들을 거의 모든 변태적이고 도착적인 행위들과 연결 짓게 했는데, 이런 행위들 중에는 '악마 숭배', '사도 마조히즘', '시신 유골 애착증', '괴물', '우주 외계인', '나치', '마피아' 그리고 모든 주술적인 면을 포함했으며, 여기에는 '여성 복장 도착자 바이커'도 포함되었다.ᵛⁱⁱⁱ 사이코패스 컬트 문화의 리더 겸 살인마 찰스 맨슨은 이 시대의 가장 충격적인 인물 중 한 명인 것으로 보이는데, 분명하게도 코먼의 영화에서 영감을 받은 것으로 보인다. 맨슨은 할리 데이비슨을 타고 자신의 '혁명

_____ 4 로저 코먼이 제작하고 감독한 1966년 미국의 무법자 바이커 영화로, 배우 피터 폰다를 할리 데이비슨 오토바이와 1960년대 반문화와 결부시킨 최초의 영화다. 이 영화는 1970년대 초반까지 바이커 영화 장르에 영감을 주었다.

적 임무'를 다할 것이라고 발표했었기 때문이다.

1960년대에 자란 소년들에게 할리 데이비슨 라이더들은 이들이 지닌 혐오스럽고 불길한 느낌에도 불구하고, 거부할 수 없는 매력을 발산했다. 1965년의 10대 소년들에게 할리 데이비슨이 가지는 의미란, 1979년경 영국의 펑크 문화에 심취한 소년들이 자신의 볼을 뚫는 핀(피어싱)과 같은 것이었고, 1980년대 후반에 시작된 '갱스터' 문화에 매료된 소년들이 자신의 엉덩이 꼬리뼈를 노출할 정도로 내려 입은 헐렁한 청바지(baggy jean)와 같은 것이었다. 이 모든 이미지들은 부르주아 어른들을 위협했기 때문에 젊은이들에게 유난히 유혹적인 것이었다. 문제는 10대들이 엄마의 바느질 도구에서 자신의 볼을 뚫는 핀을 슬쩍 하는 데는 돈도 들지 않고 별문제가 없지만, '3,000달러짜리 할리 데이비슨 바이크'는 완전히 다른 문제였다. 할리 데이비슨은 사고 싶다고 쉽게 살 수 있는 것이 아니었다. 그래서 그 대신, 10대 바이커들은 리바이스와 검은색의 가죽 재킷을 그 도구로 선택했던 것이었다.

반문화계의 '힙'하고 영향력 있는 '곤조 저널리스트'[5]인 헌터 S. 톰슨은 〈롤링스톤〉과 〈더 네이션(The Nation)〉 잡지를 통해, 널리 알려진 헬스 엔젤스의 내막을 자랑스레 밝혔는데, 다큐멘터리 형식의 이 책에서 그는 자신을 헬스 엔젤스 안을 어슬렁거리는 '한 명의 엔젤'로 묘사했

---

    5 곤조 저널리즘(gonzo journalism)은 일반적인 언론인들이 준수하는 필수적인 객관성과 중립성, 불간섭 원칙에서 벗어나 주관적인 1인칭 시점에서 있었던 일, 관찰자로서 느꼈던 점 등을 가감 없이 표현하는 저널리즘의 한 스타일을 뜻한다. 이런 스타일의 취재를 하는 기자들은 술이나 마약 등의 힘을 빌려 인터뷰이들과 개인적인 친분을 쌓기도 하고, 취재하고자 하는 이벤트에 직접 참여하기도 하며, 공익을 위해 취재자 본인의 개입이 필요한 경우에는 공권력을 이용하는 등의 행동도 한다.

다. 톰슨이 묘사한 엔젤스는 이들이 히피 취향을 가지고 있는 것에 비해 지나치게 폭력적이고 여성 혐오적이었지만, 그럼에도 불구하고 바이커들은 뭔가 '진짜'의 이미지였기 때문에 큰 존경을 받았다고 설명한다. 이 사람들은 그 어떤 히피보다도 미국 사회와 관련된 모든 것을 거부하고 있었다. 이들이 보여주는 죽음과 파괴는 이미지가 아니라 진짜였다. 그들은 모든 것에 대해 "엿 먹어(fuck you)"라고 말했다.

2단계: 무법자들을 반항적인 총잡이로 재포장하다

1960년대 후반, 두 개의 중요한 문화 텍스트가 바이커에 대한 미국인의 이해 수준을 갑자기 끌어올렸다. '도덕 관념도 없고 무법적인 바이커'에서, 여전히 위험해 보이기는 했지만 이제는 '민족주의적인 총잡이'의 이미지로 전환된 것이다. 역사적으로 미국의 총잡이는 돈을 받고 일하는 아웃사이더들이었다(대니얼 분[6]은 이 분야에서 최초로 대중적인 호감을 받은 인물). 이들은 일종의 전사와 같은 전문적인 전투 기술로 당시의 야만인(아메리카 원주민)들을 격퇴했다. 총잡이는 미개한 사람들이었지만, 적을 상대할 수 있는 강인함을 주었기 때문에 꼭 필요한 사람들이었다.

할리 데이비슨의 총잡이 신화의 뿌리는 제2차 세계대전이 있는 시기

---

6 대니얼 분(1734~1820)은 미국 서부 개척자이자 사냥꾼이며 미국 최초의 민중 영웅. 그는 애팔래치아 산맥을 넘어 정착한 최초의 미국인이기도 했다. 1784년에 그의 모험에 관한 책이 출판되면서 미국과 유럽에서 인지도를 얻었으며, 소설과 신화의 소재로 자주 등장한다. 미국인들은 그를 최초의 서부 개척자로 기억한다.

동안 확립되어 있었는데 이때 영화 상영 전의 극장용 뉴스와 신문 사진들, 그리고 뉴스들이 할리 데이비슨을 타고 있는 병사들을 마치 옛 기병대처럼 전면에 나서는 모습으로 묘사했던 것이다. 할리 데이비슨은 당시 미군의 새로운 말(horse)이 되어 있었다. 병사들은 할리 데이비슨을 지프 자동차, 지포 라이터와 함께 믿음직한 전투 도구로 소중히 여겼다. 그러나 오토바이를 타는 남성이 국가를 위해 전투를 벌이는 군인이라는 이 과거의 생각은 무법자 신화의 지배에 의해 밀려나 있었다.[ix] 그런데 '알타몬트 사건'과 영화 〈이지라이더〉라는 두 개의 핵심적인 문화 텍스트가 할리 데이비슨을 '총잡이들을 위한 믿을 수 있는 말(steed)'이라는 생각을 되살려 놓았다.

○ 알타몬트 사건

1969년 12월, 롤링스톤즈는 렛 잇 블리드(Let It Bleed)라는 이름의 투어를 통해 북부 캘리포니아의 알타몬트 스피드웨이에서 공연했다. 불가사의하게도 헬스 엔젤스는 거대한 군중들로부터 롤링스톤즈를 보호하기 위해 고용되었다. 이들은 무대와 30만 명의 롤링스톤즈 팬들 사이에서 오토바이를 무대 바로 앞까지 끌어당겼는데, 당시 팬들은 예고된 콘서트 시간이 지연되어 조급해 있었다. 마침내 롤링스톤즈가 무대에 오르고, 군중들은 엔젤스의 바이크를 압박하면서 공격적으로 변했다. 곧 싸움이 벌어졌다. 한 남자가 한 명의 엔젤 단원에게 총을 겨눴고, 바이커들이 그를 칼로 찔러 죽여버린 것이다. 먹이를 찾던 매스컴의 광란이 뒤따랐다. 언론 보도는 엔젤스가 질서를 유지하고 자신의 명예를 지키기 위해 히피족들과 기꺼이 싸울 것이라는 인상을 주었다.

알타몬트 사건은 히피족과 오토바이 클럽이 결별한 결정적인 사건이었다. 히피족에 대한 엔젤스의 행동은 리처드 닉슨 대통령과 스피로 애그뉴 부통령의 '법과 질서에 대한 호소'가 이뤄지고 있던 시기(자유주의에 반동적이었던 억압적인 시기)에 나왔다. 그리고 보다 보수적인 성향의 시민들, 특히 백인 노동자 계층도 이 외침을 받아들이고 있었다. 엔젤스의 칼부림은 시민들의 인권과 평화 운동에 의해 야기된 정치적 불안을 억누르고자 하는 이 사람들의 욕구를 통렬하게 비유한 것이었다. 보수주의자들의 마음속에서 히피들은 이러한 불안정을 상징했다. 이들의 생각에 히피들은 뒤틀린 생각으로 인해 그릇된 길로 들어선 국가의 아들딸들이었던 것이다. 그래서 법과 질서 편에 섰던 사람들은 알타몬트 사건으로부터 헬스 엔젤스에 대한 다른 인상을 받았다. 즉, 바이커들은 폭력적일 수는 있지만, 또한 어떤 면에서는 애국적이고 보수적이기도 했다. 왜냐하면 이들은 국가의 역사적 가치를 기꺼이 지키려고 하는 것이기 때문이었다.

알타몬트 사건 이후 새로운 뉴스가 두 번째로 확산되었다. 점점 더 언론 대응에 요령이 생긴 헬스 엔젤스가 반평화 운동을 조롱하는 뉴스였다. 당시는 평화 운동이 사회에 영향을 미치기 시작할 때였고, 이와는 반대로 닉슨 대통령과 애그뉴 부통령은 '침묵하는 다수'에게 전쟁 지지를 호소할 때였다. 이 '침묵하는 다수'는 미국에 살면서 전쟁을 지지하는 백인 노동자 계급의 남성들이었다. 엔젤스는 비록 닉슨 행정부를 포함한 정치인을 지지하는 것은 아니었지만, 히피들이 베트남에서 싸우는 그들의 형제들인 군인들에 대해 존경심이 명백히 결여되어 있는 것을 개탄하고 있었다. 헬스 엔젤스는 반전 시위를 하던 평화 시위대를 조롱하고 때로는 폭력을 선동하며 맞불 시위를 벌였다. 정부의 지지자는 아니었지만, 엔젤스의 리더인 서니 바거는 심지어 닉슨에게 헬스 엔젤스 멤버 전원이 동남아시아에 군인으로 자원입대하겠다는 편지를 보내기도 했다.

미국 국기는 이런 대립적인 시위가 열리는 시기에 일종의 표지 역할을 했다. 반전 시위대가 국기를 불태우는 동안, 바이커들은 자랑스럽게 국기를 흔들며 바이커에 깃발을 꽂았다. HDC는 마침내 바이커들 편에 섰다. 바이커들이 변형한 바이크를 모방한 새로운 할리 데이비슨 모델을 선보였다. 여기에 더하여 미국 국기를 연상시키는 별과 줄무늬를 통합한 형태로 회사의 로고를 바꾸었다.

영화 〈이지라이더〉
———•

피터 폰다와 데니스 호퍼의 1969년 영화 〈이지라이더〉는 베트남 시대를 대표하는 영화 중 하나다. 의식적으로 서부영화 스타일로 만든 〈이지라이더〉는 다양한 작품과 문화 코드를 모방하고 혼합해서 만들어진 작품이다. 예를 들면 영화 〈와일드 원〉처럼 이 영화는 남성적인 자율성을 칭송했지만, 폭주족 패거리들 대신 미국 서부의 개척자 시대 떠돌이처럼 홀로 다니는 바이커의 캐릭터를 차용했으며, 히피들의 드레스 코드와 용어, 마약으로 꽉 채운다. 1950년대와 1960년대의 서부영화처럼 폰다와 호퍼는 사회가 남성의 자율성을 빼앗아갔기 때문에 병약해졌다고 생각하면서, 이 사회에 맞서기 위해 이 영화를 이용했다. 이들은 자신들을 히피 마약상으로 캐스팅했는데, 이 역할은 코카인을 대량으로 거래함으로써 그 사회로부터의 탈출하는 자금을 얻기 위한 것이었다. 록밴드 스테판울프의 〈본 투 비 와일드(Born to Be Wild)〉의 사운드 트랙 반주와 함께 〈이지라이더〉의 주인공들은 마약 운반을 위해 사막을 건넌다. 연료 탱크를 개조한 피터 폰다의 할리 데이비슨에는 미국 국기 문양이 그려져 있다.

〈와일드 원〉에 나온 장면처럼 폰다와 호퍼는 작은 마을에 바이크를 타고 들어와 장난기 가득한 퍼레이드를 한다. 그들은 감옥에 갇히고, 그곳에서 잭 니컬슨이 연기한 미국 시민 자유 연합(American Civil Liberties Union, ACLU)[7] 소속의 알코올중독자 변호사를 만난다. 잭 니컬슨을 일약 스타로 만들어준 이 역할에서 니컬슨은 경계성 정신병자를 연기한다. 맑고 하얀 린넨 옷을 입은 그는 부르주아 사회에서 분명히 편안한 삶을 살고 있었다. 그러나 구속받지 않는 삶에 대한 욕망을 참지 못하고 폰다, 호퍼와 함께할 것을 결심한다. 니컬슨은 왜 두 사람이 법질서의 지배를 받는 마을의 꼰대들에 의해 쫓겨났는지 설명하면서 호퍼에게 다음과 같이 설명한다.

> 이곳은 '빌어먹을' 좋은 나라였지. 걔들은 너희들을 무서워하지 않아. 걔들은 너희들이 대표하는 것을 두려워할 뿐이야. 너희들이 걔들을 대변하건 말건 하는 것은 자유야. 하지만 그것에 대해 '말하는 것'과 그것이 '되는 것'은 완전히 다른 문제야. 시장에서 사고파는 물건이 공짜가 된다는 건, 정말 어려운 문제가 되는 것이거든.[x]

---

7 미국 시민 자유 연합(ACLU)은 1920년에 설립된 비영리 단체로, 미국의 헌법과 법률에 의해 이 나라의 모든 사람에게 보장된 개인의 권리와 자유를 수호하고 보존하기 위해 설립되었다. 공식적으로 초당파적인 조직으로 이 조직은 진보와 보수 단체 모두에게 지지와 비판을 받아왔다.

〈이지라이더〉는 미국의 젊은 남성들의 방향을 틀어버렸다. 그런 다음 히피의 이상에 빠져들게 만들었고, 과거 서부영화에서 발견되던 프런티어적 가치로 유도했다. 이 영화는 젊은이들에게 자유를 추구하는 것이 과거 미국의 개척자들이 약속한 개인의 자유를 되찾는 것이지, 실존 철학이나 공동체적 삶에 대한 현학적 논쟁을 하는 것이 아니라고 말한다. 뉴올리언스에 머무는 장면에서 환각을 경험하는 것과는 별개로 영화 대부분은 서부 시골에서 펼쳐진다. 남자들은 바이크를 타고 캠프를 나가면서 목장주들과 마주치기도 하고, 히피들과 함께하기도 한다.

폰다, 호퍼, 니컬슨은 미국의 남성다움이 과거의 미국 서부에 있었던, '순수한 자율의 세계'에 있다는 생각을 밀어붙인다. 폰다와 호퍼는 목장의 가족들과 점심을 먹는다. 이들은 히피족과는 정반대의 보수적 생활양식을 가진 것으로 보이는 사람들이다. 그러나 폰다는 목장의 삶을 칭찬한다. "모든 사람이 땅을 떠나 살 수 있는 것은 아니다. 당신이 소유하고 있는 시간에 당신 자신의 일을 하는 것이다. 자부심을 가져야 한다." 영화 후반부에 모닥불 주변에서 약에 취한 채로 니컬슨은 외계 문명으로부터 온 고차원종을 묘사하면서 다음과 같이 독백한다. "각자는 (자신의 삶에) 리더다. 그곳에 정부는 없다. 화폐제도도 없다."

영화 〈이지라이더〉는 바이커들을 전문지식은 없지만 프런티어 정신을 가지고 있는 철학자로 묘사했다. 이 나라의 거대한 제도와 기관들은 남성들에게 '자연스럽지 않은' 역할과 규범에 순응하도록 강요했기 때문에 남성성을 잃어버렸다. 그래서 자신의 남자다움, 즉 자신의 자유를 되찾기 위해서는 도시 생활을 거부해야만 한다는 것이다. 그리고 단호하고 독립적인 삶은 오직 시골에서만 발견될 수 있는 것이다. 당연하게도, 할리 데이비슨을 타고 가면서. 자유는 사르트르를 읽는 고상한 독서 모임이나 포크 뮤직 콘서트장, 맨발에 노브라 히피 걸들과 시시덕거리는 곳에 있는 것이 아니다. 진정한 자유란 남성들이 스스로 추구하는 것이며, 정부와 대기업에 대한 의존성을 버리는 것이었다.

알타몬트 사건과 영화 〈이지라이더〉는 과거의 무법자 신화를 재포장하는 데 함께 작동했다. 이제 할리 데이비슨의 신화는 이 위험하고 쾌락주의적인 남성들 또한 미국의 전통적인 남성성과 자유주의적 가치관의 관리자였다는 것을 보여주었다. 할리 데이비슨 바이커들은 미국의 역사적인 총잡이 역할을 했다. 이 위험하고 거친 친구들은 미국 역사에 있었던 '투박한 개인주의'를 회복하기 위해서는 어떤 역할이든 맡으려 했다. 그리고 미국은 다시 한번 이 '백인 남성들의 자율성과 힘'을 찬양했다.

할리 데이비슨의 반동적인 총잡이 신화는 이 신화를 기다리는 청중들을 찾아냈다. 노동자 계급의 백인 남성들이 여기에 완벽히 적합하다는 것을 증명했다. 이들은 중산층 남성들의 '좀 더 친절하고', '좀 더 신사적인' 남성성의 실험에 대해 불편함을 느꼈던 사람들이었다. 이 노동자 계급의 남성들 중 많은 수가 광적인 할리 데이비슨 애호가들이 되었는데, 이 현상은 당시의 진보적인 시대정신에 대한 반동으로 형성된 일종의 반문화였다.

할리 데이비슨, 문화 아이콘이 되다

할리 데이비슨은 무법자 바이커 집단이라는 작은 규모를 훨씬 넘어 백인 노동자 계급 남성들의 문화 아이콘이 되었다. 이 남성들은 남성성이 무기력해지는 위기의 시대에 직면해 있었는데, 당시 미국은 고통스러운 탈산업화 시대로 접어들면서 생산직 일자리가 사라지기 시작할 때였다. 일본 기업들이 가전, 운송, 산업 기계, 철강 분야에서 시장을 지배하기 시작하고 있었다. 동시에 중산층 미국인들은 생태, 페미니즘, 시민권과 히피들의 실존적인 문화 실험 등을 전제로 한 새로운 미래를 상상하는 진보적 이념을 실험할 때였다. 당시 남성들의 새로운 롤모델은 존 웨인이 아니라 앨런 알다[8]였다.

젊은 백인 노동자 계층의 남성들에게 당시는 불안감에 휩싸인 시간이었다. 그들의 경제적 미래는 위협받았고, 미국 사회는 그들이 믿었던 강한 '남자다움'이라는 가부장적 모델을 포기하라고 하고 있었다. 이 사람들은 이런 당시의 미국 사회 분위기에 대해 저항감을 가졌기 때문에 헬스 엔젤스의 이야기에 끌렸다. 이들은 여전히 미국 사회의 프런티어 시대에 있었던 남자다움을 여전히 숭배하고 있었던 것이다. 이들은 무법자 바이커들이 계집애처럼 노는 특권층 남자애들로 보이는 중산층 히피들에게 단호히 맞서고 있다는 생각을 좋아했다. '오토바이 갱단에 속해서 할리 데이비슨을 타는 것'이라는 생각은, 해안가 도시에 사는 중산층들이 만든 뚱딴지같은 이상적 관념에 맞서 미국의 프런티어적 가치를 옹호하면서도 남자다움을 수호할 수 있는 마지막 보루였다. 이들은 공격 대상을 월남전에서의 베트콩에서 미국 시장을 공격한 새로운 적, '성능 좋은 쓰레기'를 만든 일본 모터사이클로 대체했다. 이런

———— **8**　앨런 알다(1936년생). 미국의 배우, 감독, 시나리오 작가, 코미디언, 작가. 6·25 전쟁을 배경으로 한 고전 미국 드라마 〈M.A.S.H.〉에서 주연을 맡은 것을 계기로 스타덤에 올랐으며, 에미상 6회 수상과 골든 글로브상 수상자. 수많은 영화와 드라마에 출연했다.

별칭은 베트남 농민(주로 베트콩)과 일본 오토바이가 같은 전체주의, 여성화 등과 같은 반(反)미국적 원천에서 탄생한 것으로 재조명되면서 당시의 상식과 아주 쉽게 섞였다. 미시건의 자동차 노동자들이 루이스빌 슬러거라는 브랜드의 야구방망이로 혼다와 닷선(일본 닛산 자동차의 브랜드)을 때려 부수는 의식을 치르기 몇 년 전부터, 할리 데이비슨 바이커들은 일본 모터사이클을 사납게 공격하는 구호가 인쇄된 티셔츠를 자랑스럽게 입고 다녔다. 할리 데이비슨을 탄다는 것은 이 반동적 사회 운동의 한 집결지로서 역할을 할 뿐 아니라, 방어 태세를 만드는 훈련의 의미도 갖게 되었다. 이 방법은 세상에 교묘히 숨어있는 '자유주의라는 악의 세력'과 그들의 직업을 훔쳐 가는 외국인들에 대항하는 방법으로, 같은 불만을 가지고 있는 사람들이 공동으로 저항하는 방식이었다. 자유주의라는 악의 세력은 당시 미국 사회의 어디에나 있었기 때문이었다.

할리 데이비슨 라이더들의 비공식적인 네트워크는 광범위한 전국 단위의 할리 데이비슨 바이커 조직(Modified Motorcycle Association, 개조 모터사이클 협회)으로 성장했고, 이 단체는 집단적인 바이크 타기와 집회를 후원했다. 이 바이커들이 즐겨 읽는 〈이지라이더〉라는 이름의 잡지는 ABATE라 불리는 정치 활동 모임을 시작했다. 원래 ABATE는 '전체주의적 법률제정에 반대하는 형제들(A Brotherhood Against Totalitarian Enactments)'을 표방했지만, 나중에는 정치적 성향이 강하게 드러나는 '교육 문제를 향한 형제단(A Brotherhood Aimed Toward Education)'으로 바뀌었다. ABATE는 당시 주(州)별로 다르게 도입되고 있던 헬멧 법률에 반대했다. 이 법률들은 미국 남성들의 사생활에 스며든 견고한 자유주의적인 지배라는 관념을 거부하는 강력한

_____ 브랜드는 어떻게 아이콘이 되는가

상징으로 작용했다.

할리 데이비슨의 부품 시장, 주문 제작 일감, 바이커 집회의 멋진 사진들 그리고 가슴을 풀어헤친 '할리 데이비슨의 여성들'이 화려하게 퍼져나가면서, 〈이지라이더〉 잡지는 이런 무법자 바이커의 라이프 스타일을 연일 칭송했다. 이 출판물의 편집 방향은 당시 할리 데이비슨 추종자들의 취향과 분위기를 전해준다. 이 잡지는 무법자 바이커 클럽과 정확히 일치하는 정신을 명확하게 홍보했는데, 반권위주의, 반엘리트주의, 모든 종류의 사회적 규범에 반대하는 것이었다. 이것은 곧 주류 사회가 가장 천박하고 공격적이라고 생각하는 사상과 행동을 칭송하는 것이었다. 잡지 1면의 '빌어먹을 세상(Fuck the world, FTW)'이라는 코너가 대표적인 모티브였다. 독자들이 보낸 사진을 게재한 잡지의 한 섹션 '바람 속에서(In the Wind)'는 피사체들이 거의 항상 '가운데 손가락질'을 하는 모습이 담겨있다. 때때로, 꼬마 아이가 할리 데이비슨의 쵸퍼 모델에 포즈를 취한 사진도 있었는데, 사진 실력이 전문 사진 작가를 능가하기도 했다. 셔츠를 끌어올려 젖가슴을 거의 드러낸 여자들도 보통은 '손가락 욕'을 던지는 게 다반사였다. 가운데 손가락을 들어 올리는 내용을 싣는다고 해서 웃을 수 없는 주제만을 의미하는 것은 아니지만, 이들은 자주 이런 식으로 표현했다.

FTW의 미학적 관점은 칼럼뿐만 아니라 잡지에 게재된 대부분의 소설에도 적용되었다. 잡지의 이야기에는 종종 일반인들은 동의하기 힘든 이성 간 섹스에 관한 이야기도 포함되었다. 최소한 한 가지 정도의 이야기는 강간범의 시각에서 전해지기도 했는데 강간범을 영웅 취급하기도 했다. 잡지 속 강간에 대한 테마들은 농담이나 화보들, 독자 편지 등이 만연해 있었다. 1977년의 한 사진에 이런 장면이 잘 나타나 있다. 한 나체의 여성이 당구를 치고 있다. 분명한 것은 그 여성은 당구대 위에서 6명의 바이커를 상대로 격렬하게 저항하고 있었다. 이 사진의 나머지는 독자들의 상상에 달려 있다. 이런 식이었다.

〈이지라이더〉는 매우 성공적이어서 많은 모방 잡지인 〈인더윈드(In the Wind)〉, 〈아웃로우 바이커(Outlaw Biker)〉, 〈러닝 프리(Runnin' Free)〉 등을 양산해냈다. 1970년대 후반까지 상위 5개 출판물의 총 발행 부수는 100만 부에 달했다. 할리 데이비슨은 미국 사회의 가장 낮은 사회경제적 사다리에 있는 백인 남성들에게 아이코닉 브랜드가 되었고, 반동적인 총잡이의 정신에 대한 이들의 지지를 담아내는 강력한 그릇 역할을 했다. 남자들은 산업화 이전의 미국 사회에 존재했다고 사람들이 막연하게 상상했던 남성적이고, 가부장적이며 여성 혐오적인 남성성을 찬양하는 형제애에 얽매어 있었다.

그 결과 1970년대 미국에서 할리 데이비슨은 중산층 남성들 사이에서 분명하게도 용납될 수 없는 존재였으며, 이는 당시의 진보적 시대정신이 만들어 낸 결실에 반대하는 후진성의 표시였다. 당시 AMF가 소유하고 있던 HDC에게 이런 상징적인 지위는 승리라고 보기는 어려웠다. 이들 노동자 계층의 고객들은 무법자 바이커들로부터 자기 취향을 발견하고, 중고 바이크를 수리하는 것을 좋아했으며, 자신이 원하는 맞춤형으로 디자인을 개조했다. 이들은 AMF 이전의 오래된 바이크를 더 진정성 있는 바이크로 받아들였다. 이러한 이들의 선호는 노동자 계층의 주머니 사정과도 잘 맞아 떨어졌다. 어쨌든 많은 남성들은 새로운 신형 바이크를 살 여유는 없었기 때문이다.

_____ 브랜드는 어떻게 아이콘이 되는가

3단계: 총잡이를 '행동하는 남성'으로 재포장하다

━━━━━━━━ ●

비록 할리 데이비슨이 가부장적인 이상을 중시하는 빈털터리 젊은 백인들 사이에서는 엄청난 가치를 인정받았지만, 이들은 1990년대의 미래 고객이 될 중산층, 중년의 백인 남성들 사이에서는 결코 바람직한 어떤 것은 아니었다. 그런데 어떻게 할리 데이비슨의 '폭력적인 총잡이 신화'가 연간 10만 달러를 버는 책상물림의 남성들에게 어필할 수 있게 확 바뀔 수 있었을까? 로널드 레이건과 그의 총잡이 연예인 친구들은(존 웨인, 클린트 이스트우드 등) 1980년대 할리 데이비슨 신화를 재포장해 1990년대 초 꽃피웠던 '반(反)정치·정의 운동(anti-politically-correct, anti-PC)'[9]이라는 신화 시장의 발판을 마련했다.

○ 레이건, '총잡이'를 '행동하는 남성'으로 부각시키다

할리 데이비슨이 부활한 가장 중요한 단 하나의 원인은 레이건 대통령이 가장 영향력 있는 미국 문화의 아이콘으로 부상하고 있었다는 것이고, 그가 전략적으로 할리 데이비슨을 이용했다는 것이었다. 레이건은

─── **9** 정치·정의, 즉 정치적 올바름(Politically Correct, PC)이란, 편견이 섞인 언어적 표현을 쓰지 말자는 신념, 또는 그러한 신념을 바탕으로 추진되는 사회적 운동을 뜻한다. 미국의 1980년대 다른 인권 운동과 함께 강하게 대두되었다. 정치적 올바름은 출신, 인종, 성, 성적 지향, 성별 정체성, 장애, 종교, 직업, 나이 등을 기반으로 한 언어적·비언어적 모욕과 차별을 지양하는 사회 정의를 추구한다. 따라서 '반(反)정치·정의'라고 하면 이러한 정치적 올바름의 흐름에 반대한다는 의미로, 정치·정의를 주장하는 여성주의 다문화주의, 생태주의 등에 반대하는 보수적 정치 운동을 뜻한다. 여기서는 이 의미에 맞게 '반정치·정의 운동'이라고 번역했다.

미국의 정치적, 경제적 힘을 재도약시키기 위해 19세기 말 테디 루스벨트 시절의 총잡이 신화를 되살렸다. 레이건은 이 신화를 재창조하기 위해 1940년대와 1950년대 B급 서부영화의 스타였던 자신의 문화적 권위를 이용했다.[xi] 그는 미국 정신을 다시 깨운다는 대중적 신화를 퍼뜨렸고, 미국을 위대하게 만들어온 것에 대해 아주 매력적인 설교를 했다. 레이건은 존 윈스럽(17세기 청교도를 신대륙으로 이끈 정치인-옮긴이)이 이야기한 선택된 사람들의 땅, '언덕 위의 도시(a city on a hill)'라는 주장을 되풀이하면서, 미국은 하느님으로부터 선택받은 운명을 가졌다고 믿었다. 그는 미국의 선함(goodness)에 대한 소년 같은 믿음을 표명하면서, 정부의 관료주의와 엘리트 전문가들에 대한 경멸을 드러냈다. 가장 중요한 것은 미국의 적들에게 맞서겠다고 맹세했다는 것이었다. 레이건은 미국 성공의 엔진을 기업가와 작은 기업이라고 그렸는데 이것은 자본주의가 프런티어 개척자들을 끌어안았기 때문이라고 생각했다. 관료들과 엘리트 전문가들에 대한 비판적 입장을 고수하기 위해 레이건은 미국의 과거 역사 속에 있었던 총잡이의 성격 규정을 '행동하는 남성'으로 바꿔버렸다. 행동하는 남성은 국가의 전통적 가치를 살리기 위해 부패한 기관이나 제도를 '나 홀로' 떠맡을 수 있는 영웅적인 인물이었다.

테디 루스벨트는 스페인-미국 전쟁 이후 떠오르는 글로벌 강국으로서 미국의 야망을 보여주는 상징으로 이 총잡이라는 캐릭터를 사용했었다. 레이건은 루스벨트가 병든 제도와 나약한 애국심을 뒤엎기 위해 사용한 총잡이의 이상을 복원시킬 것을 요구했다. 그는 실베스터 스탤론의 '람보' 캐릭터(베트남 출신의 사회부적응자 그린베레 대원)를 총잡이 캐릭터의 가장 본질적인 모습으로 활용했다. 그리고 가장 유명한 총잡이 배우들(특히 존 웨인과 클린트 이스트우드)을 그의 이데올로기적 혁명의 상징처럼 일상적으로 소환했다. 레이건은 미국인들에게 이런 인물들을 영웅으로서 즐기라고 권장하는 것과 똑같이, 자신이 직접 외교 상황에서 '행동하는 총잡이' 역할을 했다. 파나마의 노리에가와 리비아의 카다피를 총잡이처럼 상대했고 소련, 이란과는 강경 노선으로 선회했으며 니카라과의 산디니스타에 반대하는 자유주의 투사로서 콘트라(니카라과 반정부 세력)를 지원했다.

레이건의 카리스마 넘치는 총잡이 국가 부활에 대한 요구는 다양한 계층을 넘어 남성들을 고무시켰다. 1984년 재선 시기, 이전에 충성을 맹세한 연대는 깨지고 재편되기 시작한다. 프랭클린 루스벨트의 뉴딜 이후 계층과 인종에 기반을 둔 연대 대신 레이건은 그의 '남자다움이라는 이상'에 강한 영향을 받은 새로운 연대체를 조직한다.

경제 분야에서 레이건은 노동자 계층의 반발을 들먹이며 일본인들을 당시의 미국 인디언처럼 대했다. 일본인들은 이미 미국을 '공격'했기 때문에 반격하는 것 외에 다른 방법이 없다는 것이다. 미국 행정부는 일본인들을 미국의 권위과 위신에 대해 경제적으로 위협이 되는 공공의 적 1호로 그렸다. 미국은 소련을 상대로는 냉전에서 이길 것 같았지만, 경제적으로 우수한 사업 관행과 수출 시장을 뚫겠다는 장기적 계산을 한 일본은 막을 수 없는 것처럼 보였다. 1980년대 초에는 맨해튼 록펠러센터 등 미국 부동산과 영화사, 음반회사 등 미국 문화산업에 대한 일본 자본의 투자 반대 시위가 일반화됐다.

문화적 측면에서 레이건은 신보수주의 지식인들이 1970년대에 개발한 논리와 수사를 꺼내 들고 이를 도구 삼아 '자유주의 엘리트' 집단을 맹비난하기 시작했다. 이들이 미국의 영웅을 끌어내리고, 반미주의 이상을 교육과정에 넣고, 미디어로 확산시키는 것을 강요하면서부터 미국이 타락했다는 것이다. 그는 1960년대부터 등장하기 시작한 사회적인 이슈들을 공격하기 시작했는데 이 이슈들은 대부분 반종교적이고 반애국적이며, 도덕적으로 우월한 자유방임적 개인주의보다는 사회주의적 사상에 가깝다는 것이었다. 미국의 주류들도 이에 동의했다. 그리고 레이건은 문화 엘리트들이 사실은 겁 많고 나약하다는 것을 알았다.

세 가지의 주요 문화 텍스트가 할리 데이비슨의 이미지를 바꾸었고, '행동하는 총잡이'라는 이상을 환기시켰다. 이 텍스트들은 이 브랜드의 이미지를 아주 노골적으로 반동적인 버전의 총잡이로 바꾸었다. 새로 들어온 총잡이 이미지는 여전히 폭력적이고 가부장적이었지만 나라를 구할 힘을 가진 영웅적인 행동가였다. 이런 행동하는 사나이라는 신화의 부활은 보수적인 중산층 남성들에게 대단히 매력적이라는 것이 증명되었다.

○ 말콤 포브스, 할리 데이비슨을 자본주의 도구화하다

1970년대 후반 레이건이 정치적 기반을 다지고 있을 때, 그의 주요 협력자 중 한 명인 말콤 포브스는 이미 할리 데이비슨의 영향력을 총잡이 신화의 상징으로 내세우고 있었다. 그의 이름을 딴 잡지 〈포브스〉의 발행인이자 저명한 우익 인사인 포브스는 스스로도 대중성을 추구하는 셀럽이었다. 그는 할리 데이비슨을 타고 떠나는 모험적인 여행을 준비하기도 했는데, 이 사실은 언론에 대대적으로 보도되었다. 포브스와 그의 '자본주의 도구' 같은 바이커들은 할리 데이비슨을 타고 이국적이기도 하고 정치적으로 민감한 아프가니스탄 같은 최전선 '프런티어'를 다니기도 했고, 실제로 그 지역의 지방정부에 할리 데이비슨을 선물로 보내기도 했다. 그는 또한 자신의 할리 데이비슨을 이용해 자유주의적 대의명분인 '자유가 간다' 운동을 이끌었다. 포브스는 자신의 유명세를 본인이 소유한 할리 데이비슨 대리점에 활용하기도 했다. 그래서 포브스는 종종 리무진을 두고 맨하탄의 바람을 뚫고 자신의 할리 데이비슨 중 한 대를 끌고 출근하기도 했다.

포브스는 할리 데이비슨 총잡이를 특별한 자본주의적 인물로 묘사했다. 할리 데이비슨 바이커들은 사회주의의 위협 앞에서 자본주의와 자유를 옹호하는 전사였다. 이들은 자유주의적 가치관을 가지고 사회에 새로운 힘을 불어넣는 에너지를 가지고 있었다. 말콤 포브스에게 할리 데이비슨은 이전 노동자 계층의 라이더들과는 달리 비즈니스 세계 안에서의 강력한 형태의 남성성을 상징했다. 남자가 된다는 것은 프로 세계에서나 개인적으로나 죽음의 위험을 기꺼이 무릅쓰는 기업가로서, 그리고 단호한 개인주의자적인 경영자로서의 삶을 추구한다는 것을 의미했다. 이것은 태도 측면에서는 남자다움을, 정치와 사회적 관습 측면에서는 보수적임을 의미했다. 말콤 포브스가 보기에 진짜 자본주의적 남성들은 경쟁의 세계에서 번창했던 반항적인 기업가였던 것이다.

○ 레이건, 할리 데이비슨을 '행동하는 남성'으로 임명하다

1980년대 초 할리 데이비슨은 여전한 경영실패(AMF가 너무 빠르게 커지는 바람에 품질 관리가 제대로 되지 않았다)와 경기 침체, 그리고 경영진이 주도한 타기업의 인수로 인해 부채를 떠안은 채 고통받고 있었다. 레이건 행정부는 할리 데이비슨의 위태로운 재무 상태를 잘 알고 있었다. 하지만 할리 데이비슨의 유산과 상징성을 가진 기업(AMF)이 파산하게 내버려 두는 데 대한 정치적 파장을 우려했다. 1983년 4월, 레이건은 할리 데이비슨을 구출한다. 그는 할리 데이비슨의 사업을 보호하기 위해 수입산 대형 오토바이와 전동 장치 하위 조립품에 막대한 관세(4.4%에서 49.4%로)를 부과한다. 정치적 명분은 정부의 자유방임적 수사에 부합하도록 분명한 보호주의 정책을 만들기 위해 긴급한 구제금융을 만드는 것이었다.

레이건은 자신의 마법과 같은 수사를 다시 입증했다. 할리 데이비슨을 총잡이 신화를 되살리기 위한 그의 노력 속으로 능숙하게 밀어 넣은 것이다. 그는 미국인들에게 HDC가 흔들리는 것은 미국 경제의 적, 즉 일본 제품 때문이고, 할리 데이비슨은 미국의 마지막 모터사이클 제조사이기 때문에, 할리 데이비슨을 중심으로 뭉쳐야 한다고 말했다.

레이건은 자신의 프런티어 정신의 복원이라는 비전에 할리 데이비슨을 상징물로 활용하려는 것에 자신의 총잡이 친구들, 예를 들어 실베스터 스탤론, 존 웨인, 클린트 이스트우드를 함께 참여시켰다. 그러나 이 브랜드는 처음에는 이러한 이데올로기의 후광으로 인한 혜택은 거의 받지 못했다. 첫째, 이 할리 데이비슨 라이더들이 '진정한 자본주의적 총잡이'라면, 투자은행이나 기업이 돌아가는 월스트리트에서 발견되어야 했다. 할리 데이비슨이 시골 노동자 계층 남자들과 맺고 있는 견고한 관계는 이런 상황에서는 뭔가 딱 들어맞지 않았다. 둘째, 지금까지의 할리 데이비슨 이야기는 모두 뭔가가 어긋났다. 미국은 낡은 자본주의의 모델을 효과적으로 무너뜨리고, 공격적인 새로운 경쟁자들

_____ 브랜드는 어떻게 아이콘이 되는가

을 정복할 수 있는 강한 남성을 갈망했다. 월가의 은행가들은 그 틀에 딱 들어맞았다. 하지만 HDC는 그렇지 않았다. 할리 데이비슨은 어리바리한 구(舊)경제의 기업처럼 보였고, 일본인에게 심하게 난타당하는 것처럼 보였다. 게다가 바이커들을 든든하게 지지하기보다는 공격했던 역사가 있는 것 같았다. 할리 데이비슨은 미국 사회가 그것이 중심이 되어 뭉치기를 원했던 영웅적인 개척자 느낌이 나는 그런 대상은 아니었다. '람보'가 훨씬 나았다.

그러나 1987년, 5년간의 관세 보호 조치 만기가 다가오자 레이건 행정부는 할리 데이비슨 경영진과 함께 쿠데타에 가까운 과감한 홍보를 계획했다. 3월 19일, 할리 데이비슨의 CEO 본 빌스는 국제무역위원회에 관세 보호 조치를 취소해 줄 것을 요청했다. 이것은 혼다와 가와사키가 관세를 피하기 위해 이미 미국으로 생산을 이전했기 때문에 순전히 상징적인 조치에 불과했다. 더구나 도매가의 45%에서 시작된 관세는 지난해의 10%에 그칠 예정이었다. 5월 6일, 레이건은 펜실베이니아주 할리요크의 공장에서 연설을 하면서 "미국 노동자들은 누구에게도 숨을 필요가 없습니다"라고 선언한다. 이 행사는 미국 전역의 주요 신문에서 다루어졌다. 〈USA 투데이〉와 다른 주요 신문은 심지어 레이건이 할리 데이비슨 바이커들을 띄우는 사진까지 게재했다.[xii] 7월 1일, 빌스와 포브스는 '광고의 각본대로' 미국 증권거래소에서 뉴욕 증권거래소까지 20명의 할리 데이비슨 라이더를 데리고 갔는데, 그날 하루 동안 주식 거래장에 바이크가 주차되어 있었다. 관세 만료를 6개월 앞둔 10월 9일, 레이건 대통령은 관세 면제를 취소했다. 레이건은 할리 데이비슨의 회복을 일본인에 대한 승리라고 치켜세웠다. 나아가 이 승리의 의미를 그의 대통령직이 옹호하고 있는 서부 개척 정신의 회복으로 돌렸다. 할리 데이비슨은 미국 경제력의 재활성화를 상징했다. 그리고 이것은 레이건 스타일의 자본주의 총잡이 신화를 통해서 가능했다.

이 이벤트에서 쏟아낸 수사의 영향은 놀라웠다. 언론은 레이건의 이 과장된 연기에 올라탔다. 레이건의 연기는 고전적인 미국의 복귀 스토리로 완벽하게 각색한 것이었기 때문이다. 미국 사회의 프런티어 정신으로 무장한 전사들이 핵심고객이었던 회사는, 숫자에 강한 대기업에 인수되면서 길을 잃었었다. 하지만 회사는 과거 할리 데이비슨의 정신을 이해하는 총잡이 겸 기업가들에 의해 구제되었다. 폭동꾼 총잡이들과 '친한' 대통령의 도움으로 회사는 반전에 성공했고 다시 자랑스럽고 수익성 있는 회사가 되었다.

이런 스토리라인이 자리 잡아가는 중에 할리 데이비슨은 순식간에 레이건의 스토리텔링에서 핵심적 소품이 되었다. 할리 데이비슨을 신성화하는 분위기는 레이건의 뉴욕 연설 이후 일어난 일련의 사건들로 더욱 의미가 깊어졌다. 하지만 1987년 10월 주식시장 폭락과 함께 월가의 금융업자들이 미국의 총잡이 영웅으로 등장하는 것은 막을 내렸다. '월가의 총잡이 버전'은 이들의 고급스러운 분위기에서 나오는 변형된 이미지 때문만이 아니라 전적으로 (그동안의 총잡이가 가졌던) 상징성이 전혀 일관되지 않았기 때문에 지속될 수가 없었다. 새로운 기업가 정신은 '도시'의 중심부에 있을 수 없었다. 도시는 거대하고, 자본주의적이며, 관료주의적인 제도의 심장부였기 때문이다. 진정으로 효과를 발휘하려면 어떤 식으로든 '프런티어의 이미지'를 통합할 필요가 있었다.

회사의 심장부와 유산이 서부극 시절의 밀워키에 묶여있던 HDC는 이 총잡이 신화의 모순에서 자유로웠다. 회사는 러스트 벨트로 알려진 파괴된 북부의 공업지역에서 어떻게든 살아남았기 때문에 총잡이 신화의 신뢰성을 얻을 수 있었다. 월 스트리트와 여피족들은 BMW와 롤렉스 같은 상징물들과 총잡이 신화에서 빠져나가는 중이었고, 레이건의 이데올로기에 결부된 사람들에게 할리 데이비슨은 가장 신뢰할 수 있는 브랜드 상징으로 남게 되었다.

○ 미국이 '행동하는 남성'을 캐스팅하다

월가의 추락 이후, 할리 데이비슨은 레이건의 할리우드 친구들이 선호하는 차량이 되었다. 스탤론과 이스트우드뿐 아니라 아놀드 슈워제네거와 브루스 윌리스가 할리 데이비슨 동호회를 다루는 연예 잡지에 실렸다. 〈포브스〉가 1970년대 후반부터 시작한 이러한 셀럽들의 폐쇄적인 할리 데이비슨 클럽에 대한 공개적인 지지는 카리스마 있는 배우들과 총잡이 영화들과의 연결된 이미지를 통해, 할리 데이비슨을 레이건의 총잡이 신화에 가장 강력한 상징으로 고정하는 역할을 했다.

그러나 궁극적으로 할리 데이비슨이 미국 사회에서 '새로운 종류의 행동하는 남성 총잡이'들이 선호하는 바이크라는 성스러운 이미지에 올라타게 된 계기는 1991년 대박이 난 영화 〈터미네이터 II-심판의 날(T2)〉의 개봉이었다. 아놀드 슈워제네거(전작에서는 악당의 역할이었는데 여기에서는 바뀐다)는 행동하는 남성 총잡이 연기의 정수를 보여준다. 그는 기계였고, 상대 악역인 액체금속도 기계였는데 이 액체금속 터미네이터는 존 코너(이 소년은 자라서 인류를 구하는 저항군을 이끌게 된다)를 없애기 위해 미래로부터 온 기계다. 하지만 슈워제네거는 좋은 사람 중 하나다. 그는 단지 정확한 목적을 위해서만 폭력을 사용한다.

첫 장면에서 아놀드는 헬스 엔젤스 스타일의 배 나온 무법자 폭주족들에게 이들의 좋은 시절은 이제 끝났다는 신호를 보낸다. 아놀드는 그들에게서 할리 데이비슨을 한 대 훔치는데, 마치 새로운 스타일로 업그레이드 된 바이커의 모습처럼 보인다. 그 모습은 기술이라는 전체주의로부터 미국인들을 구하기 위해 나서는, 잔혹하지만 능력 있는 암살자의 모습이었다. 영화 〈T2〉는 그 시대의 가장 강력한 남성 신화 중 하나였고 이 모든 신화는 할리 데이비슨을 통해 일어났다!

이 문화 텍스트는 할리 데이비슨의 총잡이 신화를 미국을 되살리는 데 필요한 새로운 유형의 남성상으로 재창조하기 위해 사용되었다. 범법의 경계에 있던 남성 신화에서 출발했지만, 할리 데이비슨은 이제 미국의 힘을 되살리자는 레이건의 프런티어 정신의 외침과 남성성을 연결하는 신화를 가지게 되었다. 그렇게 함으로써 이 문화 텍스트들은 할리 데이비슨 바이커들과 오래된 무법자 폭주족 세계를 분리시켜버렸다. 무법자 폭주족들이 거의 사라졌을 뿐만 아니라, 그것에 따라 그들의 바람직하지 않은 관례나 관행들도 사라졌다. 여기에는 공공연한 여성 혐오와 사람들의 눈앞에서 대놓고 하는 반사회적 행동들이나 반 부르주아적인 언어적 표현도 있었다. 할리 데이비슨의 새로운 신화는 1990년대 초 미국이 중대한 문화적 혼란을 겪으면서 멋지게 성과를 거두었다. 중산층 백인 남성 권위의 부활을 상상하는 신화의 출현과 이에 대한 수요가 급증했을 때, 할리 데이비슨은 완벽하게 대응할 수 있는 위치에 있었다.

할리, 다시 문화 아이콘이 되다

미국 경제가 주도하는 새로운 월스트리트는 기업경영자들이 경쟁사들보다 시장을 확대하고, 비용을 낮추고, 혁신을 더 잘하도록 하는 엄청난 압력을 가하는 동시에 인센티브를 제공했다. 1990년대 초까지 이러한 재무적 압박이 전 세계에 확산되면서, 월스트리트는 유연한 네트워크 조직, 지식 경영, 승자독식 노동시장, 회사에 대한 공격적인 구조조정 중심으로 조직된 새로운 시장을 개척했다.

레이건이 미국의 프런티어 이데올로기에 다시 활기를 불어넣었을 때 거대한 힘이 분출되었다. 그러나 레이건의 이런 신화적 구성은 미국 자본주의의 다음 단계와 잘 안 맞는 부분이 있었다. 레이건은 기독교 우파와 일치하는 사회 보수주의적 정치적 아젠다를 발전시키겠다고 다짐한 적이 있었다. 그의 정치적 비전에서 보자면 미국의 이데올로기는 기독교적인 도덕적 이상과 같이 신성화되어야 하는 대상이었는데, 즉 낙태 반대와 공립학교에서의 기도 수업 같은 기독교적 이상에 관한 기본적인 이슈를 미국의 이데올로기와 소통하게 하는 것이었다. 그러나 기독교 보수주의와 총잡이 신화는 뭔가 이상한 조합이었다. 왜냐하면 총잡이들은 기독교적 도덕성에 의지하지 않았기 때문이다(19세기 미국 서부에서도 그랬고, 엄청난 속도의 자본주의 시대인 20세기 말의 '터보 자본주의 시대'에도 그랬다). 티퍼 고어의 PMRC(Parent's Musical Resource Center)[10]가 헤비메탈과 랩 음악 앨범의 외설적인 가사를 규

---

[10] PMRC는 1985년 결성된 미국 위원회로서, 보호자 자문 스티커가 부착된 앨범에 라벨을 붙임으로써 폭력적, 마약적, 성적 주제가 있다고 판단되는 음악에 대한 아이들의 접근

제하기 위해 정부에 로비를 했을 때 몇 가지 문제가 이슈가 되어 외부에 널리 알려지기도 했지만, 이 문제들은 흐지부지되었다.

오히려 레이건의 정치적 아젠다의 첫 부분이었던 '자유계약제 주의'의 이데올로기가 당시에는 가장 잘 맞고 양 정당의 다수에 의해 선호되는 것이었다. 신경제는 무엇보다 역동성과 실력주의 경쟁, 경제 목표에 대한 절대적 헌신을 신성시하는 이데올로기가 필요했던 것이다. 기업들은 세계화를 추구하기 위해 문화적 다양성을 수용했고 종교적 신념, 성별, 민족성을 불문하고 가장 재능 있고 동기 충만한 직원들을 찾아나섰다. 위계적 질서와 지휘라는 오래된 생각은 더 동등한 구조와 유연한 팀과 연결이라는 새 질서에 두 손을 들었다. 게다가 새롭게 형성된 세계화된 자유시장은 신문, TV, 힙합, 쿠튀르,[11] 심지어 포르노에 이르기까지 모든 소비자의 욕망을 구하고, 증폭시켰다. 공화당의 신보수주의자들은 빌 클린턴의 '신(新)민주당'과 연합하여, 자본과 노동의 자유로운 이동, 문화적 다양성, 페미니즘, 능력주의, 군사력의 우위 확보를 위한 경제적 목표를 수용했다.

○ 반(反)-정치 · 정의 신화 시장

프리에이전트 네트워크 경제가 자리를 잡으면서, 지난 20년 동안 주로

에 대한 부모의 통제를 강화한다는 목표를 가지고 설립된 단체. 상원의원이자 앨 고어 부통령의 부인인 티퍼 고어가 주축이 되어 설립되었고, 1990년대 후반에 활동은 중단되었다.

—— 11 couture. 상류층을 위한 맞춤옷 혹은 그것을 만드는 의상점을 뜻하는데, 현재는 패션문화를 선도하는 패션 정도의 어감으로 사용한다.

____ 브랜드는 어떻게 아이콘이 되는가

블루칼라들만의 문제였던 경제적 불안정성이 나머지 노동시장으로 확대되기 시작했다. 프리에이전트 네트워크 경제는 매우 경쟁적인 노동시장을 만들었는데, 여기서는 기업의 시니어 관리자들과 고도로 전문화된 지식노동자들을 제외한 거의 모든 직종에서 임금하락 압박을 가져왔다. 이전에 많은 남성들이 권위와 명성에 의존했던 중산층 일자리는 불안정해졌고 '비용-편익'이라는 구조조정 칼날의 지배를 받게 되었는데, 이 '칼날'은 1970년대와 1980년대에 수많은 블루칼라 일자리를 잘라냈던 바로 그 칼날이었다. 그리고 예전 블루칼라 일자리에서의 경제적 지각변동처럼 변화들은 남성들의 정체성을 위협했다.

그 결과 여러 세대 동안 미국에 살았던 유럽계 남성들이 이끄는 대중적인 반발이 일어났다. 언론에서는 이들을 '앵그리 화이트맨'이라고 불렀다. 이 남성들은 경제적 안정성과 지위로서의 남성성을 박탈당한 것이었다. 이런 현상을 가장 눈에 띄게 표현한 것들은 정치 성향이 강한 라디오 토크쇼의 등장, 민병대나 애국 운동을 함께 결성한 불법무장 생존주의 단체들, 순식간에 베스트셀러가 된 존 블리의 《아이언 존과 밀리언 맨의 행진(Iron John and the Million Man March)》[12]이라는 소설 등이었다.

대중적 흐름을 관찰하던 사람들은 이런 문제들을 설명하기 위해 이론을 고민했고, 이런 분노한 남성들의 고통을 누그러뜨리기 위한 신화들을 밀고 나갔다. 러시 림보가 이끄는 한 보수주의자 집단은 당시의

---

12 Million Man March는 1995년 10월 16일 워싱턴 D.C.에서 아프리카계 미국 남성들이 모여 대규모의 행진을 한 것을 말한다. 행진은 광범위한 유권자 등록 캠페인을 통해 도시 및 소수 민족 문제에 대한 정치인들의 관심을 끌기 위해 시작되었다.

문화적인 쇠락 분위기를 묘사하기 위해 경제적 혼돈의 상태를 이용하기도 했다. 림보는 당시 문화계의 가장 영향력 있는 리더였는데, 라디오 토크쇼에서 선동가 같은 권위를 드러내며 '디토헤즈' 수백만 명을 휘어잡았다. 그는 결국 올리버 노스나 고든 리디 같은 라디오에서 폭탄선언을 하는 진행자인 '쇼크 자키(shock jocks)'의 대열에 동참했다. 림보의 라디오 쇼는 미국 내에서 1위에 올랐는데, 매주 2천만 명이 넘는 청취자들이 이 방송을 들었다. 대부분의 남성 청취자들이 한 번에 몇 시간씩 방송을 들었는데, 이것은 대부분 텔레비전 이전 시대 사람들의 습관 같은 것이었다. 림보는 매일 받은 우편물에 응답하기 위해 140명을 고용해야 했다. 그의 책《꼭 해야만 하는 것들(The Way Things Ought to Be)》은 판매 1위를 차지하며 수개월 동안 〈뉴욕타임스〉 베스트셀러 목록에 올라있었다.

림보와 그의 추종자들은 변화하는 경제적 현실(네트워크 경제, 자유계약제 일자리, 승자독식의 일자리 시장, 종종 이민자나 소수인종 출신으로 구성된 고학력 지식노동자들의 높아지는 위상과 힘 등)을 신경제의 시스템 밖으로 내몰려지는 남성들을 사로잡는 이야기로 재구성했다. 림보는 남성들이 이렇게 파괴적으로 무기력해진 것은 연방정부와 언론, 할리우드를 장악한 자유주의 엘리트 '사회주의자·공산주의자'들 때문이라고 주장했다. 특히 림보는 '불평러(whiners)'들을 지목했는데, 이 불평러들은 미국이 기본적으로 내재하고 있는 선량함을 찬양하기보다는, 국가가 어떻게 잘못하는지를 이기적으로 비판만 해댄다는 것이다. 림보가 말한 불평러들은 페미니스트, 시민운동가, 환경운동가를 말한 것이었다. 페미니스트들은 림보가 '페미나치들(femiNazis)'이라고 부르는 사람들로 힐러리 클린턴과 애니타 힐이 상징적인 인물이며, 시민운동가들은 차별 철폐 조치를 위한 사회운동이 주된 특징이고, 로드니 킹 사건과 O.J. 심슨 재판에 대해 비판적인 입장을 취한다고 본다. 환경 운동가들에 대해서 림보는 천연자원으로부터 얻는 충분한 보상은 인정하지 않고 그저 '나무만 껴안고' 있는 위선자들이라고 주장한다. 림보의 견해에 따르면, 1960년대 선동가들이 성공할 수 있었던 이유는 불만이 쌓여있던 미국의 남성들의 불안을 일깨웠기 때문이라는 것이었다.

림보는 1960년대 격변을 겪기 이전 국가의 권력이 정점을 찍었던 제2차 세계대전 시기 미합중국 시대에 있었던 애국적 가치로의 회귀를 주장했다. 림보는 레이건을 미국의 가장 위대한 지도자 중 한 사람으로 여기고 거의 하느님 수준으로 치켜세웠다. 왜냐하면 레이건 대통령은 미국의 '전통적' 가치관을 되살리기 위해 '1960년대 범죄자'들과 싸웠기 때문이다.

이러한 반동적 반발의 본질은 세계화된 일자리 경쟁에 반대하는 열성적 민족주의의 확산이었다. 미국인들, 특히 '앵그리 화이트맨'으로 대표되는 사람들은 미국의 국경을 봉쇄하고 싶어 했다. 제리 브라운, 팻 뷰캐넌, 로스 페로와 같이 비주류 정치인들은 보호주의와 고립주의적인 정책인 '미국 요새화' 정책을 옹호했다.

빌 클린턴, 그리고 그의 아내 힐러리를 대통령으로 만든 1992년의 대통령 선거는 이들 남성들에게 엄청난 충격을 안겼다. 클린턴의 경제 정책은 레이건과 부시 행정부의 시장 자유화 정책을 계속 밀어붙였다. 설상가상으로 그는 전임 대통령들과는 달리 이러한 정책들을 문화적 보수주의로 위장하지도 않았다. 클린턴의 이데올로기적 아젠다는 '앵그리 화이트맨'들이 원하는 것과는 정반대로, 오히려 신경제 가치를 더 관능적으로 보이게 하는 것이었다. 이들에게 클린턴은 림보의 표현을 빌면 그저 예일대 로스쿨을 나온 자유주의 엘리트들 중 한 명일뿐이었다. 그는 흑인들과 대화하는 것을 즐겼을 뿐만 아니라 그런대로 괜찮은 실력으로 리듬 앤드 블루스 색소폰을 연주하기도 했다. 빌 클린턴은 자기주장이 있고, 진보적인 엘리트 부인(역시 예일대 로스쿨을 졸업한)과 함께 묶여서 평가를 받았는데, 이전의 영부인들이 의례적인 것들에만 손을 담갔다가 빼는 정도의 스타일이었다면 힐러리는 주요 정책에 주도적으로 영향을 미치는 스타일이었다. 클린턴은 군내 동성애자들을 위한 "묻지 말고, 말하지도 마라(don't ask, don't tell)" 정책 추진을 시작으로 유대인 지도자들과 '의미의 정치'를 모색하고, 인종차별에 대한 국가적인 토론을 벌이는 한편, 국제 정치상에서는 레이건과 정적들과의 관계를 반전시키려고 했다.

클린턴의 당선은 림보를 비롯한 보수주의자들이 선동하고 있던 반대파를 자극했다. 결과적으로 워싱턴의 전문관료집단과 진보 언론들에 맞서 총잡이들처럼 남성들이 들고일어나야 한다는 레이건의 시대적 요청은 더욱 설득력을 얻게 되었다. 총잡이 신화는 미국 대중문화의 주변부를 집어삼켰다. 근본주의 종교에서, 지역사회 조직에서, 라디오 방송에서 잘 확립된 총잡이 신화와 레이건과의 끈끈한 유대를 가진 할리 데이비슨은 이 지지자들의 중심 아이콘이 될 완벽한 위치에 있었다.

레이건의 축복으로 만들어진 할리 데이비슨의 총잡이 신화는 이러한 시대적인 긴장을 해소하는 도구로서 이상적으로 딱 맞는 역할을 했다. 할리 데이비슨은 보수적 비전에 동참하는 남성적 전우애의 핵심 역할을 했다. 당시의 보수적 비전이란, 새로운 글로벌 네트워크 경제체제라는 무한 경쟁적인 문화적 분위기에 대응하기 위해 전통적인 보수적 남성성(예를 들면 백인, 가부장 문화, 기독교, 상징적 표상으로서의 미국)을 회복하자는 것이었다.

경제적 여유가 있는 '사나이 아저씨'들이 갑자기 할리 데이비슨에 우르르 몰려들었다. 정치적으로 보수적인 백인, 중년의 중산층 남성들 사이에서 할리 데이비슨의 인기가 치솟았다. 이 계층은 할리 데이비슨을 동경해 본 적이 없는 사람들이었다. 할리 데이비슨을 사려는 대기자 명단이 1년 또는 그 이상으로 늘어났고, 할리 데이비슨 바이크의 가격은 거의 2만 달러까지 치솟았다. 곧이어 할리 데이비슨 구매자의 인구통계도 변했는데 할리 데이비슨 구매자의 평균 연 소득은 약 8만 달러를 버는 사람들이었고, 20대보다는 40대가 훨씬 많았다. HDC는 1991년 S&P 500의 주가를 크게 앞지르기 시작한 이후 1990년대 내내 반-정치·정의주의 신화 시장의 중심 아이콘으로 엄청난 경제적인 성공을 거두었다.

○ 할리 데이비슨, 신화를 함께 쓰는 법을 배우다

수십 년 동안 할리 데이비슨은 핵심고객들을 의도적으로 무시해 왔다. 하지만 1970년대 후반부터 할리 데이비슨은 마침내 "만약 그들을 이길 수 없다면, 그들과 함께하라"는 구호와 함께 태도를 뒤집었다. 할리 데이비슨은 핵심 지지자들의 눈을 통해 브랜드를 보면서 그들이 반영하기를 원하는 광고를 만들기 시작했다. 당시 이들은 백인 남성 노동자 계층으로 무법자 바이커들과 매우 강하게 동일시를 한 사람들이었다. 한편 레이건과 그의 친구들은 훨씬 더 '돈이 되는 고객'들을 위해 할리 데이비슨 신화를 다시 포장하느라 바빴지만, 할리 데이비슨은 여전히 하층 계급의 지지자들이 노는 곳에 머물러 있었다.

마침내 할리 데이비슨은 〈이지라이더〉 매거진에 광고를 시작했고, 곧 주류 인쇄 광고에 무법자 라이더들을 등장시켰다. 1980년 4월 할리 데이비슨은 〈이지라이더〉 매거진에 5페이지 분량의 광고를 실었다. 오른편에 있는 첫 번째 페이지가 뒷면부터 나오는 내용을 소개하는 기능을 했는데, 다음 페이지를 펴면 2면에 걸친 내용이 나온다. 첫 페이지는 맨 위의 크고 붉은 글자를 제외하고는 대부분 흑백이었는데, 글자는 페이지의 4분의 1을 차지할 정도로 컸다. 일본어로 쓰인 글씨의 뜻을 누가 알겠는가? 이 큰 글씨들 아래 대략 8분의 1 크기의 사무적인 느낌으로 다음과 같은 카피가 적혀있다. "그들은 낮은 소리로, 그리고 관습적으로 말한다." 페이지 하단의 절반은 독수리 머리 그림자를 보여주는데, 육식성 독수리의 갈고리 같은 부리는 조금 열려 있고 뭔가를 잡아먹을 준비가 되어 있다. 페이지 하단의 인쇄물에는 "이제, 그들이 말을 멈출지도 몰라"라고 쓰여 있다. 이어지는 잡지의 접혀 있는 두 페이지에는 새로운 할리 데이비슨이 보인다. 이 광고의 목적은 분명히 할리 데이비슨의 남성 노동자 계층 지지자들 사이에서 점점 커져 버린 반아시아인들에 대한 증오 콤플렉스를 이용해 화를 돋우려 하기 위한 것이었다. 할리 데이비슨 광고는 계속해서 주요 고객(백인 남성 노동자 계층)의 관점을 앵무새처럼 반복함으로써 자신들의 관점을 반영하기 위해 최선을 다했다. 그러나 1990년대 초, 할리 데이비슨에게 기호학적으로 딱 맞아떨어지는 스타들이 등장한 이후, HDC는 이 브랜드의 신화를 만드는 것에 훨씬 더 능숙해졌다.

정치적 올바름에 반대하는 시인. 할리 데이비슨은 지지자들의 마음속

____ 브랜드는 어떻게 아이콘이 되는가

에 할리 데이비슨 신화가 1950년대에 확고히 자리 잡았다는 것을 이해하고 있었다. 할리 데이비슨 신화의 틀 안에서 1950년대는 미국의 황금기였다. 그때는 국가가 가장 강할 때였고, 남성들이 단단한 일자리를 가지고 있을 때였으며, 핵가족이 대세가 되어가면서도 별 의심 없이 받아들여지고, 노동인구에 진입하는 이민자들과 여성들로 인해 위협받지 않을 때였다. 그리고 이 시기는 이른바 자유주의 진보 엘리트들이 찬양한 격렬한 1960년대 사회운동보다 앞선 시대였다. 이것은 확실히 아이러니한 것이지만, 또한 이것은 역사를 다시 쓰는 신화의 힘을 보여주는 것이기도 하다. 자유주의적 이상을 대표하는 바이크가 국가가 전통과 관습을 가장 많이 강제했던 시대를 번영기라고 여긴다니 말이다!

할리 데이비슨의 신화는 총잡이들의 형제애나 전우애에 관한 것이기 때문에 대부분의 신화는 집단적인 행사, 특히 스터지스, 사우스다코타, 데이토나 해변, 라코니아, 뉴햄프셔와 같은 장소에서 매년 열리는 대규모 집회를 통해 만들어진다. HDC는 할리 데이비슨을 신화 이야기의 중심에 두고, 항상 할리 데이비슨을 떠올리게 하고 새롭게 변형해가면서 신화 만들기에 최선을 다한다.

HDC의 창의적인 브랜딩 노력의 대표적 예는 영문학 박사 학위를 소지하고 있는 포크 뮤지션이자 오랜 할리 데이비슨 애호가인 마틴 잭 로젠블럼을 '홀리 레인저(the Holy Ranger, 성스러운 단원, '할리 데이비슨 레인저'의 발음을 음차한 표현-옮긴이)'로 고용한 것이다. 필명을 사용해 로젠블럼은 할리 데이비슨의 열렬한 지지자들 사이에서 인기를 끌게 된 시집을 출판했다. 홀리 레인저의 시는 할리 데이비슨의 주 고객들에게 바이크를 통해 남자다움의 이상에 이르는 직접적인 연결고리를 제공했다.

우리의 숙녀들을 찬양하라

할리 데이비슨의 여인들은,
번쩍거리며 광택이 나는
(할리 데이비슨) 쵸퍼를 두 발 벌려 타고
당신의 허리 벨트 버클 아래에
손을 넣고 짐을 꾸릴 때
남자의 숨겨 왔던 정중앙의 엄청난 힘은
밖으로 달려 나가고
바이크는 흥분한 종마처럼
헛간에서 튀어나와
거품을 내고 달린다.[xiii]

강력한 마케팅 기회를 감지한 할리 데이비슨은 로젠블럼을 할리 데이비슨의 공식 역사가 겸 시인으로 예를 갖춰 고용한다. 그런 다음 HDC는 로젠블럼으로 하여금 음악적 관심을 다시 가질 수 있도록 격려한다. 그 결과 로젠블럼은 위의 가사로 채워진 음악 CD를 여러 장 발매한다. 그리고 로젠블럼은 갑자기 포크 음악이 아니라 미국의 '뿌리'에 가까운 음악으로 바꿔버린다. 포크 음악은 할리 데이비슨이 히피나 비트 문화를 함축하고 있다는 잘못된 의미를 담고 있었다고 느꼈기 때문이다. 로젠블럼의 문화적 임무는 할리 데이비슨을 위해 1950년대 미국의 신화의 초점에 맞는 음악 장르를 구축하는 것이었다. 그는 1950년대의 일렉트릭 블루스(일렉기타로 연주하는 블루스로 비비 킹이 '블루스의 전설'로 불린다)와 로커빌리 인플루언스 록(로큰롤과 컨트리 음악이 합처진 록으로 엘비스 프레슬리가 대표적이다)의 혼합물을 만들었고, 이런 스타일을 스스로 '진정한 미국 음악 장르'라고 불렀다. 그는 할리 데이비슨의 행사에서 정기적으로 공연을 했고, 이런 음악 스타일의 연주를 했고, 할리 데이비슨 부족들의 시인 자격으로 쓴 가사를 노래했다.

은유로서의 민병대. 여기에 더해 할리 데이비슨은 자신의 지지자들에게 영향을 미치는 정치적 흐름을 이용하면서 광고에서 이런 상황을 이용하는 것에 훨씬 더 능숙해졌다. 과거의 현학적인 광고 대신 HDC는 정치적 올바름에 반대하는 사회운동인 반-정치·정의 운동과 공명하는 상징물로 할리 데이비슨을 그리기 시작한 것이다.

1990년대 초 할리 데이비슨 지지층을 위한 가장 효과적인 문화적 소재의 원천 중 일부는 무법자 바이크 클럽과 자주 겹치는 또 다른 대중적 세계관에서 나왔다. 이것은 주로 노스웨스트 해안에서 상당한 숫자로 성장한 우익 반문화인 민병대·애국 운동에서 나온 것이었다. 이들 '자유주의 애국자'들은 세금 납부를 반대하는 주장을 펼쳤고, 국가기관에 복종하기를 거부했는데 이 국가기관들은 헌법에는 명시되지 않은 것이라는 것이 이유였다. 애국 단체 회원들은 국가를 구하기 위한 미래의 무장 투쟁을 목표로 한 민병대를 조직했다. 이들은 종종 인종차별주의적인 입장을 취했고, 자신들의 관점을 뒷받침하기 위해 성경을 독창적으로 읽고 해석했다.

이런 상징성을 살리기 위해 할리 데이비슨은 서부극에 나오는 장면처럼 산에 있는 외딴 오두막집과 밖에 주차된 할리 데이비슨을 묘사한 인상적인 인쇄 광고를 제작했다. 이 오두막은 유나바머[13]와 루비 리지[14] 사건 덕분에 민병대의 상징이 되었던 곳과 유사한 이미지였다. 두 사건 모두 산기슭의 오두막은 애국자들이 은신해 있었던 장소였다. 실제로 유나바머의 오두막은 주요 관광 명소가 되어 있었다. 비록 HDC와 그 구성원들은 애국자들이 할리 데이비슨을 자신의 전략으로 활용하는 것을 용인하지 않았지만, 할리 데이비슨 광고는 그 브랜드가 애국

_____ **13** 유나바머(Unabomber)는 FBI가 붙여준 별명으로, 본명은 시어도어 존 카진스키(1942년 5월 22일~)이며 미국의 수학자, 작가, 테러리스트이다. 전형적인 백인 가정에서 자라나서, 하버드 대학교 수학과에서 학사, 미시간 대학교 대학원 수학과에서 석사와 박사 학위를 취득하고 캘리포니아 대학교 버클리 수학과에서 2년 동안 조교수로 재직하다가, 기술의 진보가 인간을 망치는 주범이라 인지하고 그에 맞서 싸우려는 시도로 17여 년간 사업가, 과학자 등 다양한 사람들에게 편지 폭탄을 보내서 3명을 살해하고, 29명에게 부상을 입혔다. 기술의 발달로 인해 오히려 인류는 존엄성과 자유를 박탈당하고 가축의 지위로 전락할 것이라고 생각했고, 일개 개인인 자신의 주장을 세상에 알리기 위해서는 테러를 저지르는 수밖에는 없다고 판단했다. 1996년 4월 카진스키는 그의 오두막집에서 체포됐다. 그는 '정신이상'을 변론 전술로 삼자는 변호인단의 제안을 일축하며 재판에서 자신의 논지를 이성적으로 피력, 1998년 가석방 없는 무기징역을 선고받았다. 현재 그는 매우 높은 수준의 보안으로 잘 알려진 ADX 플로렌스 교도소에 수감되어 있다. 수감 중 그는 기고문과 유사한 논지의 많은 글을 써서 여러 권의 책을 냈다. 미국 정부는 책 출간을 한사코 막으려 했지만 연방법원은 언론의 자유를 더 중요하게 쳤고, 대신 인세 전액을 피해자와 유족 보상금으로 쓰도록 판결했다(위키백과사전에서 인용하여 편집).

_____ **14** Ruby Ridge, '루비 능선' 사건은 1992년 8월 21일부터 8월 31일까지 미국 아이다호주 바운더리군의 네이플스라는 작은 마을에서 벌어진 공성전을 말한다. 퇴역 공병 출신 랜디 위버는 일가족과 함께 이 산골짜기에 터전을 잡고 살았다. 위버가 화기 법규 위반으로 기소되었지만 출석하지 않자 보안관수색대 6명이 체포를 위해 루비 능선에 진입했다. 하지만 위버는 체포에 불응하고 총격전을 일으켰고, 그 결과 연방 부보안관 윌리엄 프랜시스 디건(42세)과 위버의 아들 새뮤얼 위버(14세), 위버의 개가 죽었다. 이에 연방 보안관 업무국(USMS)과 연방수사국(FBI) 인질구출반(HRT)이 동원되어 위버 일가와 전투가 벌어졌다. 그 도중 위버의 처 비키 위버(43세)가 FBI 저격수 론 호리우치에게 총격당해 사망한다. 이후 재판에서 위버는 애당초 체포 이유였던 총기법 위반과 법원 불출석에 관해서만 유죄이고 나머지는 모두 무죄를 판결받았다. 위버는 벌금 10,000달러와 징역 18개월을 선고 받았고 만기 출소했다. 미국의 반연방주의자들은 위버를 부당한 공권력에 저항한 영웅으로 떠받들었다(위키백과 사전에서 인용하여 편집).

_____ 브랜드는 어떻게 아이콘이 되는가

운동의 가치에 부합한다는 신호를 보냈다.

○ 할리 데이비슨, 신비주의를 벗어버리다

1990년대 초 할리 데이비슨의 정체성 가치의 놀라운 상승은 다른 아이코닉 브랜드와 같은 길을 따랐다. 할리 데이비슨의 모터사이클은 미국의 총잡이를 현대적으로 재해석한 남성성 신화의 설득력 있는 상징이 되었다. 이 브랜드는 아이코닉 브랜드로서의 지위를 얻게 되었는데, 그 이유는 이 신화가 1990년대 초 미국의 경제 구조조정과 맞닥뜨린 특정 계층의 남성들이 겪는 엄청난 불안감을 신화가 예상했기 때문이었다.

할리 데이비슨 신화는 총잡이의 가치를 옹호하는 가장 신뢰할 수 있는 대중적 세계관, 즉 무법자 바이크 클럽에 확고하게 기반을 두고 있었기 때문에 사람들은 진정성을 느꼈다. 여기에 영화 캐릭터, 배우, 배우 출신 정치인에 의해 형성된 카리스마로 대중과 소통했기 때문에 이 신화는 특히 설득력이 있었다. 할리 데이비슨은 진정성과 카리스마를 요구하는 시대에 딱 들어맞는 신화를 가지고 있었고, 그 시대의 적절한 문화를 이끌 수 있었다.

할리 데이비슨의 신비주의는 그 신화가 기본적으로 바이크에서 나오는 것이라는 사실에서 출발한다. 그 신화를 쓴 저자들은 너무 흩어져 있었고, 또 저자로 유력하게 추정되는 제조사는 주변적으로만 관련되어 있었기 때문에 출처를 찾을 수 없었다. 오히려 할리 데이비슨 신화는 수십 년에 걸쳐 수많은 작가들에 의해 공동으로 쓰인 것이다. 초기의 할리 데이비슨 신비주의는 바이커 클럽들이 자신의 '무법자 가치'에 대한 상징으로 할리 데이비슨을 사용함으로써 생겨난 누적적이고 의

도치 않은 결과였다. 나중에 영화 제작자, 언론인, 정치인들이 이 바이커들을 자신들의 다양한 의제 설정을 위한 문화적 원천 소재로 선택했던 것이다. 특히 할리 데이비슨의 성공은 말콤 포브스, 로널드 레이건, 레이건의 영화계 총잡이 셀럽 친구들에게 달려 있었다. 할리 데이비슨 신화 공저자들의 이런 도움의 손길이 없었다면 할리 데이비슨 경영진은 여전히 노동자 계층 남성들에게 바이크를 팔기 위해 고군분투하고 있었을 것이다.

아이코닉 브랜드를 함께 만들다

아이코닉 브랜드는 보통 광고로 만들어진다. 즉, 브랜드 소유자가 제작한 영상 형태를 띤다. 그러나 또 다른 두 명의 잠재적 신화 공저자인 문화산업과 대중적 세계관도 이 브랜드 신화에 크게 기여할 수 있다. 할리 데이비슨은 이런 종류의 신화 공동저술 작업에서 가장 중요한 미국의 사례다. 할리 데이비슨의 성공으로부터 우리는 무엇을 배울 수 있을까? 브랜드를 직접 복제할 수는 없지만, 우리는 어떻게 공동으로 브랜드를 만드는지에 대해 더 폭넓은 추론을 이끌어 낼 수는 있다.

○ 할리 데이비슨은 모방할 수 있는 브랜드가 아니다

브랜딩 구루들은 반복적으로 H.O.G.의 주도적 활동에 찬사를 아끼지 않고 브랜드 커뮤니티를 구축해 기업들이 할리 데이비슨을 모방해야 한다고 주장한다. 단적으로 말하자면, 모두 헛수고다. 추종자들은 문화

_____ 브랜드는 어떻게 아이콘이 되는가

아이콘을 중심으로 커뮤니티를 형성하는데, 이는 이 문화 아이콘들이 자신의 정체성에 기여하기 때문이고, 이 정체성은 극심한 시대적 긴장감을 해소하는 신화를 제공하기 때문이다. 추종자들은 때때로 그 신화의 의례가 주는 힘을 높이기 위해 함께 모이기도 한다. 커뮤니티는 그 자체로 끝이 아니라, 브랜드 매니저들이 스스로 만들어 낼 수도 있는 것이다. 브랜드가 사람들을 스스로 함께 모일 수 있을 만큼의 설득력 있는 신화를 제공할 때, 상호작용을 통해 신화를 증폭시킬 수 있을 때, 브랜드 커뮤니티가 형성되는 것이다.

할리 데이비슨의 고객 집단은 1980년대의 회사인 HDC가 아닌 1970년대 할리 데이비슨 마니아들에 의해 조직되었다. HDC는 바이크 라이더들의 조직을 강제로 인수했는데(당시 회원들 사이에서는 이것이 상당한 분노를 유발하기도 했다), 왜냐하면 고객 집단이 엄청난 성공을 거두었고 HDC는 이 고객 집단이 굉장한 마케팅 도구가 될 수 있다는 것을 인정했기 때문이었다. 마찬가지로 브랜드 커뮤니티의 또 다른 두 전형적인 사례인 폭스바겐과 애플을 중심으로 한 고객 집단들은, 브랜드의 신화에 너무 사로잡혀 자신들의 삶에 이 신화를 좀 더 집중적으로 엮고 싶어 했던 마니아들에 의해 조직되었다. 브랜드 커뮤니티는 그 자체로서 결코 존재하지 않는다. 브랜드 커뮤니티를 구축하려고 아무리 많은 마케팅 관심을 쏟아도 시대와 공명하는 정체성 신화를 충족시키는 보상은 찾을 수 없을 것이다.

아이코닉한 위치에 오른 할리 데이비슨의 역사적 경로를 복제하는 것은 불가능하다. 대부분의 아이코닉 브랜드들이 획기적인 광고를 통해 자신의 신화를 발전시키는 반면, 할리 데이비슨은 매우 차별적이고 희귀한 형태로 진화한 드문 예다. 즉, 문화산업과 대중적 세계관에 의해 자율적으로 형성된 브랜드라는 것이다. 할리 데이비슨이 걸어온 길이 복제될 수 없다는 것은 할리 데이비슨의 상징적인 힘이 전혀 관리된 것이 아니라는 데 있다. 거부할 수 없는 이 신화의 진정성은 신화를 공동으로 썼던 '유령 작가'들의 산물이다. 그래서 우리는 모방이 아니라 더 넓은 교훈을 추구해야 한다.

○ 문화 텍스트가 브랜드 신화에 미치는 영향

기업이 지원하는 마케팅 소통에 대해 점점 더 냉소적이 되어가는 소비자들이 많아지면서, 경영진들은 자신의 관심을 정체성의 가치라는 다른 성장 엔진으로 열심히 옮기기 시작했다. 즉, 문화산업(상품의 포장과 배치를 통해)과 대중적 세계관(바이럴 브랜딩 노력을 통해)으로의 관심이다. 이런 관심의 이동은 시대에 맞다. 사회 속에서 최고의 신화를 제작하는 엔진은 광고가 아니라 바로 이 두 곳(문화산업과 대중적 세계관)에서 발견되기 때문이다.

그러나 마케팅은 아직 이미 브랜드화된 문화 텍스트의 개발 방법에 관한 규정을 깨지 못하고 있었는데, 주된 이유는 이 규정이 문화 영역에서 전통적인 브랜딩 모델을 계속 적용하고 있기 때문이다. 문화 텍스트를 단순한 오락으로 보고, 신화로 보지 않을 때 이 문화 텍스트가 가진 강력한 정체성의 가치는 숨겨진 채로 남아있을 뿐이다.

마인드 셰어 모델은 문화 텍스트를 브랜드의 DNA를 쌓기 위한 수단으로 취급한다. 브랜드 매니저들은 브랜드와의 적합성과 노출을 극대화하기 위해 자신의 브랜드 이미지 연상 단어들을 올바른 문화 텍스트와 일치시키려 한다. 바이럴 모델은 사람들이 서로 이야기를 나누도록 자극하고자 했던 예전의 홍보 이상의 전략적 방향을 거의 제공하지 않는다. 최고의 인기 문화 텍스트를 추구하는 브랜드 매니저는 브랜드를 좋은 것들만 모아 섞으려 한다.

이러한 브랜딩 관점은 소비자들이 문화 텍스트에 대해 가장 중요하게 생각하는 것이 바로 소비자 자신을 드러내는 정체성을 뒷받침하는 신화라는 사실을 무시한다. 문화 텍스트가 브랜드를 중요한 소품으로 포함시킬 때, 문화 텍스트는 브랜드 신화를 극적으로 증폭시키고 변화시킬 수 있다. 할리 데이비슨의 계보는 이러한 문화 텍스트가 브랜드 신화에 영향을 줄 수 있는 두 가지 과정을 보여준다. 즉, 꿰어 넣기와 재포장이다.

꿰어 넣기 텍스트. 문화 텍스트는 브랜드를 기존의 신화로 끌어넣을 수 있다. 무법자 신화는 원래 할리 데이비슨에게 있던 것이 아니었다. 그것은 무법자 모터사이클 동호회 회원들에 의해 만들어진 것이었는데, 이들은 여러 종류의 대형 바이크 중 하나로 가끔씩 할리 데이비슨을 타기도 했을 뿐이었다. 라이프 매거진 〈엑스포제〉가 나오고 영화 〈와일드 원〉이 개봉되었던 시기에 이 신화는 바이커와 바이커들을 위한 장비들에 대한 이미지들이 뜨문뜨문 심어지기 시작했다. 가죽점퍼, 청바지, 그리고 대형 바이크. 하지만 여기에는 항상 할리만 등장한 것은 아니었다. 할리 데이비슨을 특별하게 만든 것은 문화 텍스트인 헬스 엔젤스에 관한 뉴스 기사, 헌터 S. 톰슨의 기사와 책, 그리고 무법자 신화를 할리 데이비슨에 꿰어 넣은 특별한 영화 〈이지라이더〉였다.

재포장 텍스트. 물론 문화산업도 브랜드 신화를 재창조할 수 있다. 할리 데이비슨의 성공을 설명하기 위해 반드시 답해야 하는 가장 중요한 전략적 질문은 다음과 같다. 그동안 많은 경영학 서적들은 다음과 같은 질문을 한 적이 없다. "젊은 노동자 계층 남성들에게 굉장한 정체성 가치를 제공했던 한 브랜드가, 어떻게 10년이 지난 후 중산층 경영자들의 가장 소중한 소유물이 되었을까? 심지어 이들은 과거 할리 데이비슨의 정체성 가치가 지나치게 공격적이라고 생각했는데도 말이다"라는 질문이다.

레이건과 그의 친구들은 1970년대에 사회경제적으로 몰락한 사람들에게 사랑받았던 반항적인 총잡이들을 신화 속의 영웅으로 뒤바꾸었다. 이들은 폭력과 허세를 이용해 나라를 구했던 '행동하는 사나이들'이었다. 역사적인 캐릭터들은 신화에 들어가게 되면 재구성이 가능해진다. 좋은 이야기꾼들은 이 역사적인 캐릭터들을 전달해야 하는 스토리에 딱 맞게 재구성할 수 있다. 레이건은 이 총잡이 캐릭터를 붙잡아 자신의 정치적 목적에 맞게 다시 캐스팅했다. 할리 데이비슨은 '총잡이 캐릭터 사용허가증'과 총잡이의 컴백 스토리 때문에, 레이건의 이야기에 가장 유용한 상징임이 증명되었다. 말콤 포브스의 '자유의 바이크 질주', 레이건의 '기업 구하기', 그리고 '행동하는 사나이 셀럽들의 할리 데이비슨 타기' 등의 집단적인 효과는 할리 데이비슨 라이더의 이미지를 '행동하는 영웅'의 이미지로 바꿔 놓기 시작했다. 이것은 애국적인 총잡이들이, 쇠퇴해가는 국가의 가치를 다시 세움으로써 국가의 정치적, 경제적 지배를 다시 세우겠다고 약속하는 일종의 헌신이었다 (그림 7-2).

이 새로운 문화 텍스트들은 새로운 시대와의 화학적 결합을 위해 새 신화와 충돌하던 과거 할리 데이비슨 무법자 신화의 핵심 요소들을 편

_____ 브랜드는 어떻게 아이콘이 되는가

할리 신화를 재포장한 문화산업 텍스트

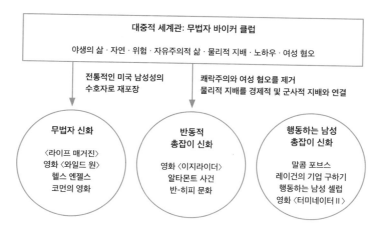

리하게도 '망각' 속에 파묻어 버렸다. 파묻어 버린 것들은 여성 혐오, 폭력, 고의적인 태만, 권위적 제도와 기관에 대한 독설적인 반감과 혐오 같은 것들이었다. 게다가 문화 텍스트들은 다른 신화적 요소들을 추가로 만들어 내고 재해석하기까지 했다. 자유주의 정치, 물리적 지배, 가부장주의의 가치는 모두 유지되거나 확장적으로 재해석되었는데 여기에는 정치적, 경제적 의미의 지배도 포함되었다.

문화 텍스트를 재포장한다는 것은 단순히 신화만 퍼뜨리는 것만을 의미하는 것이 아니다. 재포장되는 신화는 특별한 어떤 부분이 강조되거나 재해석되고, 어떤 것들은 숨겨지는 과정을 통해 재창조된다. 새로운 사회적 모순을 해소하기 위해 사라져가는 브랜드 신화를 새롭게 단장한 광고 캠페인(예를 들면 BBDO의 "두 더 듀", 아놀드의 "드라이버스 원티드" 그리고 굿비 실버슈타인 앤 파트너스의 "도마뱀" 캠페인을 떠올려보라)

도 거의 같은 방식으로 작동한다. 재포장된 브랜드의 문화 텍스트의 경로를 추적함으로써 브랜드의 신화가 시간이 흐르면서 어떻게 변모하는지를 설명할 수 있다.

○ 공동 저자들과 협력하다

할리 데이비슨의 초기 무법자 신화의 원천은 1950년대에 생겨난 무법자 오토바이 클럽에 의해 생겨난 것이다. 그러나 바이럴 브랜딩에 대한 높은 열망에도 불구, 대중적 세계관만으로는 브랜드 신화를 창조할 수는 없다. 문화산업이 이 바이커들을 신화 속 문화 텍스트의 원천으로 붙잡지 않았다면 할리 데이비슨은 결코 문화 아이콘이 되지는 못했을 것이다. 그렇다면 핵심 질문은 '기업의 통제 밖에 있는 문화산업이 브랜드 신화를 장악할 때, 어떻게 기업이 그 브랜드를 관리해야 하는가' 하는 것이다.

HDC는 제2차 세계대전 이후 20년 동안 이 '의도치 않은 콜라보'를 어떻게 해서든 떨어내는 방법에 대해 고민했다. 데이비슨 브랜드 계열은 이 브랜드를 무법자 바이커들과 이들의 동료들로부터 거리를 두기 위해 최선을 다했다. 할리 데이비슨 브랜드는 무법자 스토리로 인해 방해받았다고 생각했고, 할리 데이비슨은 그 무법자들과 아무 상관이 없기를 바랐다. 데이비슨 브랜드 계열은 할리 데이비슨을 깔끔한 신사들과 모험적인 레이서들을 위한 거창한 투어 바이크로 보았고, 제2차 세계대전 때의 HDC가 보여준 이 바이크의 역할과 수고를 자랑스러워했다. 할리 데이비슨 사주의 입장에서 보면, 무법자 바이커에게 쏠린 언론의 관심은 할리 데이비슨의 이미지를 더럽히는 것과 같았다. 그래서 할리 데이비슨 광고는 반대로 핵가족의 교외 주택 단지에 사는 사람들을 광고의 배경으로 삼았고, 골프 카트나 삼륜 바이크 같은 할리 데이비슨의 신제품은 들은 존경받을만한 중산층 가정에 타깃을 맞추고 있었다. 할리 데이비슨은 심지어 광고에서 바이커들이 '무허가' 맞춤형 부품을 사용하는 것을 공격하기도 했다. 이러한 잘못된 노력은 할리 데이비슨이 1960년대의 황금 같은 문화 브랜딩 기회를 놓치는 결과를 낳았다. 만약 제대로 브랜드를 관리했다면 할리 데이비슨은 리바이스와 폭스바겐에 손쉽게 합류해 중산층으로 확장되는 폭넓은 호소력을 가진 아이코닉 브랜드로 자리매김할 수 있었을 것이다.

HDC가 마침내 함께하기로 결정했던 초기에는, 그저 문화산업이 만들어 낸 신화를 앵무새처럼 반복하는 식으로 상상력도 부족하고 미적지근한 노력을 했을 뿐이었다. 이런 식의 회사 브랜드 정책은 기본적으로 그 브랜드에 대한 통제권을 문화산업에 넘기는 것과 같은 것이었다. 할리 데이비슨이 브랜드 통제권을 포기한 것은 결과적으로는 잘 풀려서 매우 다행스러운 결과가 되긴 했지만, 이것은 순전히 행운이었다. 문화산업은 쉽게 그 브랜드에 흥미를 잃거나, 브랜드의 신화에 반대되는 스토리를 퍼뜨릴 수도 있었기 때문이다.

그러나 1990년대의 HDC는 문화 브랜딩에 훨씬 더 정교하게 참여했다. 영향력 있는 문화 텍스트에 반대하는 텍스트를 만들거나 그 문화 텍스트를 앵무새처럼 반복하는 대신, 할리 데이비슨의 고객들에게 가장 잘 맞는 신화를 만들기 위해 이 문화 텍스트를 정교하게 다듬고 수정하기 시작했다. 예를 들어 "외로운 오두막" 광고는 당시 유나바머 등의 사건과 관련된 사진기자의 실제 사진이 연상되는 방식으로 시사적인 사건을 할리 데이비슨 신화와 연결했다. 마찬가지로 할리 데이비슨

행사에서 홀리 레인저 그룹을 보디가드로 활용한 것은 할리 데이비슨이 문화산업을 흉내만 내는 것이 아니었다. 축제 참가자들을 위한 영화 〈이지라이더〉를 상영하는 것처럼 '전통적인' 미국의 부활을 위해 적극적으로 싸우고 있다는 생각으로까지 확장시켰다.

브랜드 신화 확장하기

획기적인 광고로 브랜드의 신화가 확립된 후에는 대체로 어떤 일이 일어날까? 신화 시장이 10년 이상 지속된다고 전제하면, 브랜드는 어떻게 이렇게 오랜 기간 동안 아이코닉한 지위를 유지할 수 있을까? 브랜드 매니저들은 어떻게 브랜드 신화를 상황과 관련성이 있게 도발적이면서도 영감을 주는 방식으로 유지할 수 있을까? 강력한 신화를 만드는 것이 쉬운 일은 아니지만, 수년 동안 소비자들에게 중요하게 인식되도록 유지 및 관리하는 것은 종종 강력한 신화를 만드는 것만큼이나 어렵다. 심지어 가장 성공한 아이코닉 브랜드로 여겨지는 것들도 일상적으로 휘청거린다. 예를 들어 마운틴 듀, 폭스바겐, 버드와이저는 각각의 신화를 확장하기 위해 애썼다.

강력한 신화를 확장하기 위해서는 두 가지 함정을 잘 피해 브랜드 커뮤니케이션의 경로를 잡아야 한다. 대중적 인기를 이용해 신화를 뽑아내고, 그러고 나서 그 신화를 완전히 버리고, 다음의 큰 트렌드를 추구해야 한다는 것이다. 일단 이 함정들을 살펴보고, 가장 성공적인 아이코닉 브랜드가 성과를 거두게 하는 원칙에 대해 살펴보자.

대중적 인기에서 신화 뽑아내기

문화 아이콘은 그 신화가 옹호하는 가치를 발전시키겠다는 의지를 보여주는 진실성을 가지고 있어야 한다. 한 브랜드가 빠른 상업적 이익을 위해 신화 추종자들의 충성도를 이용하는 것처럼 보일 때, 그 브랜드의 신뢰는 떨어지고 효과는 사라진다. 결과적으로 어떤 브랜드가 '자신의 신화를 파괴하는' 확실한 방법은 할리우드 스튜디오가 히트 영화를 다루는 것과 마찬가지로 알맹이만 쏙 뽑아먹거나 쥐어짜는 것이다. 기업은 두 가지 방법으로 신화를 짜낸다. 틀에 박힌 반복 재생과 버즈 마케팅이다.

○ 히트 광고를 반복해서 베끼기

마운틴 듀의 "던 댓(Done That)"[1] 광고가 블록버스터가 되자 브랜드 팀은 오리지널 버전에서 가장 설득력 있어 보이는 요소만 따서 이를 활용한 진부한 속편 광고 3편을 빠르게 제작했다. 각 광고의 장면은 "던 댓" 광고와 비슷한 구조였는데, 예를 들면 '듀 친구들(Dew dudes)'이 믿을 수 없을 정도로 터무니없는 스턴트에 대해 말도 안 되는 설왕설래를 하지만, 결국에는 듀의 파워에 압도당한다는 이런 식이었다. 이 광고들은 환상적이고 터무니없어 보이는 스턴트들을 부드럽게 다뤘지만(북극 빙산을 지나 헬리콥터 뒤에서 수상 스키를 타는 것, 이집트 스핑크스

---

[1] "해냈어, 이미 해버렸네" 정도를 의미한다. 앞선 광고인 "두 더 듀"의 라임을 따서 만든 태그 라인이다.

_____ 브랜드는 어떻게 아이콘이 되는가

에서 인라인스케이트를 타는 것, 아마존에서 악어와 씨름하고, 런던의 빅벤 시계탑에서 플랫폼 점프를 하는 것) 광고의 나머지 부분은 동일하게 유지되었다.

카리스마를 유지하기 위해서 브랜드는 독특하고 독창적인 선언으로 추종자들의 상상력을 끊임없이 자극해야 한다. 이런 과정 대신, 브랜드 팀은 히트한 오리지널 광고의 대중적 인기를 마지막 한 방울까지 쥐어짜려고 했다. 결과적으로 소비자들은 마운틴 듀의 공식 광고에 싫증이 났다. 이런 반복적인 광고들은 1년 넘게 계속되었고, 그 캠페인을 거의 끝장내 버렸다.

○ 버즈 마케팅 밀어붙이기

신화를 벗겨 먹는 또 다른 좋은 방법은 할리우드에서 사용하는 트릭을 끌어내서 이용하는 것이다. 즉, 신화의 가장 기억에 남는 부분을 적극적으로 홍보해서 버즈를 만들어 내는 것이다. 안호이저-부쉬는 이 전략을 "와썹" 광고 캠페인에서 추구했다. 1년 6개월간의 성공적인 확장 광고 캠페인 끝에, 버드와이저의 브랜드 팀은 확장 전략을 취했다.ⁱ

브랜드 팀은 2001년 슈퍼볼 TV 방송을 위해 "컴홈(Come Home)"을 제작했다. 이 공상과학 패러디 프로그램은 밤에 집을 나온 골든 리트리버종의 개가 우주선에서 비춘 '광선'으로 잡혀 들어가는 것으로 시작된다. 외계 생명체들로 가득 찬 슈퍼볼 경기장처럼 생긴 스타디움 안에서 개는 목줄에 있는 단추를 누른다. 그리고 곧 '개 복장'을 벗어버린다(본래는 외계인인데 개 복장을 하고 있었다는 설정이다). 그리고 왕좌에 앉아 왕관을 쓴 보스는 지금 막 개 복장을 벗은 외계인 스파이에게 지구에서 무얼 배워왔는지를 묻는다. 잠시 멈춘 후 이 작은 외계생명체는 최선을 다해 혀끝을 움직이며, 다음과 같이 지구인들과 최대한 비슷하게 따라 한다. "와~써~업." 또 한 번 멈춤이 있은 후, 우주선에 타고 있던 수천 명의 외계인들이 따라 하기 시작한다. 이후 이 광고의 화면은 컴퓨터 애니메이션 우주선 속에서 나와 실제 지구의 환경으로 다시 바뀌고, 화면은 거대한 전파 망원경이 보인다. 천문 시설 안에서는 헤드폰을 쓰고 귀로 천체의 주파수를 감시하는 듯한 젊은이가 의자에 기대어 있다가 동료 과학자들이 지켜보는 가운데 다음과 같이 선언한다. "오……맨…… 우리는 혼자가 아니었어."

"컴홈" 광고는 슈퍼볼의 과장되고 화려함을 추구하는 가치에 매우 잘 맞아떨어졌고, 〈USA 투데이〉에서 실시하는 광고 평가인 애드미터 폴(Admeter poll)에서도 좋은 점수를 받았다. 이 광고는 아주 재미있었다. 광고 평론가들도 이 광고가 잘 만들어졌다고 연이어 칭찬했다. 그러나 단기적인 박수갈채를 추구하는 것은 "와썹" 광고가 만들어온 본래의 신화를 희생시켰다. 왜냐하면 원래 와썹의 맥락은 일상적인 의례에서 콕 짚어낸 것이었기 때문이다. 그래서 이렇게 단기적인 목적으로 희화화한 광고는 본래의 강력한 의미를 지워버린다. 외계인 광고는 공허한 캐치프레이즈 같아 보였지만 "와썹"을 찬양하기는 했다.

6장에서는 ESPN과 같은 브랜드가 위대한 신화를 전달하게 되면 추종자들을 자석처럼 끌어들여 거대한 지지층을 흡수한다는 것을 보았다. 이들 거대한 소비자(중계자)들은 대부분 브랜드의 대중적 인기 속에서 어떤 가치를 찾으려고 하는 사람들이다. 주로 유행과 관련하여 중계자적 입장의 소비자들은 브랜드 신화와 특별히 동일시하지는 않는다. 그보다는 다른 사람들 사이에서 단순히 유행하고 있기 때문에 그 문화 아이콘을 소비한다. 마찬가지로 "와썹" 광고 인기의 어느 정도는 미국 전역에서 "와~써~업~?"이라고 외쳐대는 사람들에 둘러싸인 수백만 명의 유행 추종자들에 의해 형성된 것이다. 심지어 이들 중 많은 이들은 "와썹" 신화에 공감을 느끼지 않았음에도 불구하고, 당시의 유행에 참여하고 있었던 것이다. 그들에게 와썹으로 인사하는 놀이는 일시적으로 유행하는 유행어였을 뿐이었고, 친구들 사이에서 인기가 시들해질 때까지만 사용하는 용어에 불과했다.

일시적인 대중적 인기로 인해 신화가 과장되는 것을 피하기 위해, 브랜드 팀은 직관에 반하는 행동을 하도록 스스로를 엄격하게 단련시켜야만 한다. 이것은 과시적인 방식으로 신화를 도구화하거나 스스로를 자축하는 방식으로 의사소통하려는 충동에 저항해야 한다는 의미다. 문화 아이콘은 일시적 유행을 좇는 사람들의 관심을 무시해야 한다. 그 대신 계속해서 새롭고 창조적인 다양한 형태의 신화를 만들어 내도록 독려해야 한다.

"와썹" 광고를 단순히 일시적인 유행으로 다룸으로써 뒤이은 광고는 실제로 이 광고 캠페인이 발전시킨 가치를 하찮게 만들어버렸다. 비록 그 광고가 일시적으로는 중계자들을 흥분시키겠지만, 이 광고는 버드와이저 신화의 핵심 지지자들인 추종자들과 내부자들에게는 정확하게 정반대의 영향을 미친다. 브랜드의 핵심에 있는 소비자들에게 있어서, 신화의 인기를 상업적으로 이용하려는 행동은 그 브랜드가 가치가 아니라 돈에 더 관심이 있다는 생각을 전하는 것이기 때문이다. 이런 충성스러움의 결여는 브랜드의 신뢰도를 손상시킨다. "컴홈"과 같은 광고는 버드와이저의 신화가 소멸하는 데 가속도를 붙였는데, 이런 광고가 아니었다면 이 신화는 몇 년 더 연장되었을 가능성이 있다.

트렌드 좇아가기

앞선 사례와 다른 경우로, 효과적인 신화를 확장하기 위해 아슬아슬한 줄타기 같은 행동으로 브랜드 팀이 완전히 다른 차원의 실수를 할 수도 있다. 잠재적인 문화 아이콘들은 대중문화의 트렌드를 좇기 위해 자신의 신화를 버리는 경우가 너무나 많다는 것이다.

1980년대 초반부터 '마운틴 듀' 브랜드 팀에게는 당시 엄청난 인기가 있던 힙합이라는 대중적 세계관에 영향을 받은 세 번의 유혹이 있었다. 1980년대 중반까지 아프리카계 미국인들의 도시 문화는 미국의 젊은이들에게 가장 강력한 문화적 중심지였다. 마운틴 듀의 브랜드 매니저는 이 브랜드가 대도시 지역에서 성장하기 위해서는 힙합과 결합해야 한다고 생각했다. 그때마다 브랜드 팀은 '(야생의 느낌인) 마운틴 듀'를 '후드(후드를 걸친 마운틴 듀의 느낌으로)'로 옮기는 브랜드 전략에 큰 도박을 걸었다. 그런데 이 도박은 그때마다 실패했다.

○ 1막: 듀, MTV를 따라 하다

1981년 이전에는 〈롤링스톤〉 매거진과 몇몇 다른 음악 잡지들을 제쳐두고라도, 문화산업은 전국 단위의 청소년 문화를 체계화할 수 있는 조직이 부족했다. 음악과 라이프 스타일을 홍보하기 위한 유일한 전국적인 수단은 MTV였는데, 이 MTV는 회사들의 마케팅 방식을 젊은이들에 맞게 바꾸는 데 결정적으로 영향을 주었다. 펩시코는 일찍이 그 네트워크의 힘을 간파하고 MTV의 첫 번째 슈퍼스타 중 한 명인 마이클 잭슨과 계약을 맺고 펩시 브랜드의 블록버스터 광고에 헤드라인으로 내보냈다. 이 성공으로 펩시코 경영진은 MTV가 마침내 나스카 벨트로부터 마운틴 듀를 전미 도시로 확산시킬 수 있는 길을 열었다고 믿었다. 펩시코는 당시 MTV가 한창 창조하고 있던 도시 문화라는 세계 속에서 마운틴 듀의 이미지를 재창조하기 위해, 이전까지 매우 성공적이었던 레드넥 신화 광고를 폐기해 버렸다.

새로운 캠페인은 브레이크 댄스와 프리스타일 산악자전거 타기에 초점을 맞췄는데, 이는 조직적인 팀 스포츠 대신 창의적인 개인 퍼포먼스를 드러내는 스포츠에 10대들의 관심이 높아지고 있던 때였다. 이런 활동은 곧 힙합이라고 불리는 가난한 도시 아프리카계 미국인, 그리고 이들과 이웃한 히스패닉계 미국인들의 새로운 문화에서 흘러나온 것이었다. 이 새로운 문화가 등장하자, MTV는 힙합 하위문화의 많은 부분들을 통합하고 담아내기 시작했는데 여기에는 패션과 음악뿐만 아니라 힙합의 전반적인 모습과 느낌 등이 포함되었다. 마돈나와 빌리 아이돌과 같은 수많은 MTV의 신인 스타들도 힙합 문화에서 나온 패션을 사용했다.

마운틴 듀의 첫 MTV 인기 광고 "브레이크 댄스"는 공원에서 다양한 아크로바틱 댄스 동작들을 보여주는 장면들을 종합적으로 보여주었다. 춤추는 젊은이들은 각자 자신을 뽐내듯 드러냈다. 어떤 이는 피크닉 테이블에서 체조선수처럼 몸을 튕겼고 또 다른 이는 나무를 타며 뒤로 공중제비를 했다. "브레이크 댄스" 광고는 당시의 유행을 참고했다는 것을 분명히 했다. 마운틴 듀의 브랜드 팀은 전국의 젊은이들이 MTV를 보면서 브레이크 댄스를 탐닉한다는 것, 브레이크 댄스를 다룬 할리우드 영화 〈브레이킹〉 1, 2편을 보기 위해서 티켓을 산다는 것이 이들에게는 매우 중요하다는 것을 알았다.

1985년 마운틴 듀는 브레이크 댄스와 비슷한 스타일의 산악자전거 스턴트를 포함한 광고 "바이크 댄스"를 제작했다. 청년들은 뉴 웨이브 풍의 옷을 입고 흑백의 체크무늬 스니커즈를 신고 등장했는데, 영국의 펑크 느낌이 나는 장면을 차용했다. 이 광고는 한 10대 소년이 묘기용 자전거 앞바퀴를 빙글빙글 돌리고 뒷바퀴로 깡충깡충 뛰면서 환호하는 동료 친구들의 앞을 빠르게 지나면서 시작한다. 다음 장면에서 또 다른 청년은 마치 말을 탄 것처럼 손잡이 위를 말 안장처럼 타고 빙빙 돈다. 몇 장면 뒤에, 주변의 친구들이 환호할 때 군중들 뒤에서 또 다른 묘기로 자전거 타는 친구가 나타나서 자신의 자전거로 소년들의 뻗은 다리 위로 뛰어오른다. 청년들은 아이스박스 속 마운틴 듀를 집어 들고 단숨에 들이켠다. 빠르게 편집된 자전거 스턴트와 마운틴 듀를 마시는 장면은 어느 작은 나무로 된 시골의 연못 장면을 비추면서 멈춘다. 숲이 우거진 언덕을 배경으로, 한 소년이 친구들 무리 사이를 자전거로 가로질러 부둣가에 있는 경사로에서 자전거를 그대로 내달린다. 공중에 떠서, 그는 묘기처럼 몇 바퀴를 돌고 나서 연못에 뛰어든다.

이 광고에서 크리에이티브 선택(예를 들어 '도시+시골=교외 공원'이라고 하는 의도된 합성이라든가, 연못의 끝 장면에서 과장되게 첨벙 빠지는 장면)에 의문을 제기할 수는 있다. 하지만 여기서 가장 큰 문제는 크리에이티브의 실행 여부가 아니라 광고의 전략적 의도다. 시골 노동자 계급의 남성들이 동경하는 힐빌리와 레드넥의 대중적 세계관을 받아들였던 수십 년의 역사를 가진 마운틴 듀가 잠시 힙합 재료와 MTV 의상을 걸치고 이야기를 보여준다고 단순히 그 세계에 곧바로 속할 수는 없었던 것이다.

이들 광고의 여파로 마운틴 듀의 판매량은 크게 줄어들었다. 브랜드

____ 브랜드는 어떻게 아이콘이 되는가

팀이 목표로 삼고 있었던 도시 외곽의 10대들은 이 광고를 이해하지 못했고, 마운틴 듀의 핵심고객이었던 시골의 지지자들은 자신의 정체성 브랜드가 훼손당했다고 느꼈다. 시골의 지지자들이 의지했던 마운틴 듀는 도시를 위해 이들을 내동댕이쳐버렸고, 결국 판매량이 폭락했다. 마운틴 듀 브랜드 팀은 2년간의 판매 감소를 겪은 후 MTV 전략을 포기하고, 좀 더 레드넥 신화에 가까운 광고를 다시 들고 나스카 벨트로 돌아가는 길을 선택했다. 그러자 판매량은 빠르게 회복되었고 다시 상승하기 시작했다.

○ 2막: 듀, 나이키를 따라 하다

1980년대 후반 과도기적 이데올로기였던 월스트리트의 프런티어 이데올로기가 무너지자 마운틴 듀의 레드넥 신화 광고는 진통을 겪었다. 그러자 브랜드 팀은 새로운 커뮤니케이션 방식으로 실험을 시작했다. 팀은 당시 유행하던 과격한 아웃도어 스포츠를 빠른 속도로 보여주는 광고로 관심을 끌었다. 이 광고는 이후 "두 더 듀" 캠페인의 핵심 요소 중 일부를 다시 소개하게 된다. 그러나 펩시코 경영진은 여전히 마운틴 듀를 베이스캠프인 시골 지역에서 매출을 늘리고 싶어 했다. 당시 팝 음악의 유행 지형을 면밀히 둘러보면서 팀은 자신의 브랜드를 더 많은 젊은 소비자들에게 전달하는 데 사용할 수 있는 확실한 주인공을 다시 발견했다. 힙합이라는 대중적 세계관이 당시 활짝 피는 순간이었던 것이다.

1990년대 초, 랩은 반항적인 분위기의 음악으로 도심 외곽에 사는 10대 백인 남자아이들에게 선택받은 음악이었다. 이른바 갱스터 랩 아티스트로 불리는 NWA²와 투 라이브 크루는 웨스트체스터 카운티와 아이오와의 10대들에게도 도심의 10대들에게 판매하는 것만큼 많은 레코드를 팔았다. 1992년경에는 갱스터 라이트라 불리는 가벼운 버전의 랩이 등장했고, 이 차세대 래퍼들은 교외의 중산층 가정에 더 깊이 랩이 침투하는 것을 도왔다. 마찬가지로 프로 스포츠 선수들은 중산층에게 도시형 힙합을 확산시켰다. 당시 NBA 선수들은 유니폼 트렁크를 마치 래퍼들이 입는 것처럼 아주 길고 헐렁하게 입었는데 이것은 불과 몇 년 전에 매직 존슨과 같은 아프리카계 스포츠 영웅들이 꽉 끼는 트렁크를 입고 뽐냈던 것을 거의 기억해내기 불가능할 정도로 유행이 빨리 변했다는 것을 보여주었다.

이와 비슷하게 그 시대의 가장 두드러진 극도의 남성적인 이미지(대표적으로 과시적인 슬램덩크 같은 행동)는 힙합의 영향을 받은 NBA로부터 파생된 것이었다. 슬램덩크는 비록 다른 슛들이 획득한 것과 같은 2득점을 하는 것에 불과하지만, 이 제스처는 상대 팀과 경기장의 관중들에게 '게임을 지배한다'는 메시지를 전달했다. 선수들은 이전에도 수십 년 동안 덩크슛을 해왔지만 상대방을 조롱하거나 경기장 관중들에게 우쭐대기 위해 덩크슛 이후에 잠시 멈추는 동작(매달리는)을 하지는 않았다. 예전에는 팬들과 상대 팀 선수들이 그런 행동을 하면 스포츠맨십에 어긋난다고 여겨졌기 때문이다. 아주 가끔 선수가 그런 장면을 연출하는 경우, 그 장면은 상대 선수로 하여금 공격성을 자극하는 것이었고

——— **2** 니가즈 위드 애티튜드(Niggaz Wit Attitudes)의 약자. 직역하면 '성깔 있는 깜둥이들' 정도의 의미다. 캘리포니아의 악명 높은 슬럼가인 콤프턴을 중심으로 결성되었으며 정치적인 힙합의 선구자로 추앙받는다.

_____ 브랜드는 어떻게 아이콘이 되는가

관중들은 화를 내며 야유를 보내곤 했었다.

그러나 1990년대 초반 많은 선수들이 랩 문화의 과도한 허세에 빠져 반복적으로 경기 중에 덩크를 했는데, 이것은 다른 선수를 일시적으로 압도한다는 제스처인 것으로 관중들로부터 박수를 받기 위한 것이었다. 게다가 그 당시의 가장 인기 있는 문화 표현 중 하나는 면전에서 하는 바로 이 남성미가 넘치는 쇼맨십에서 나온 것이었다. 문화적 원인과 결과가 얽히고설켜 운동선수들과 음악 아티스트들을 구분하기가 어려워질 지경까지 되었다. 래퍼들은 농구 유니폼을 입었고, NBA 선수들은 자신의 랩 앨범을 녹음했다. 농구에서 보이는 퍼포먼스와 남성성이 강한 갱스터 랩 퍼포먼스는 새로운 종류의 남성성을 표현하면서 함께 묶이고 있었는데, 이 새로운 종류의 남성성이란 어떤 제한도 전혀 없는, 굉장한 경쟁력이 있는 '전사(warrior)'를 표현한 것이었다.

마운틴 듀 매니저들은 확실히 당시의 도시 문화와 연결시키려는 주변 브랜드들로부터 영향을 받았다. 당시 나이키는 NBA와 연결한 아프리카계 미국인의 게토 문화와 혼합하여 나이키의 스포츠 철학을 신화화한 5년짜리 화려한 광고가 한창이었다. 마운틴 듀의 최대 라이벌인 스프라이트는 NBA 스폰서십에 이제 막 계약을 했을 때였다. '후드의 힙합+NBA' 결합은 당시의 주요한 문화적 영역이었고, 나이키가 거기에서 최고의 자리를 차지한 이후 도시 문화의 영역을 차지하려는 경쟁이 뒤따랐다.

불행하게도 마운틴 듀의 브랜드 팀은 시골에서 도시로 향하는 길이 예상치 못한 지뢰로 가득하다는 것을 또다시 발견했다. 브랜드 팀은 도시 문화에서 가장 두드러진 소재인 NBA와 랩 음악을 움켜쥐었다. 그리고 이 소재들이 퍼져나간 환경에 마운틴 듀 브랜드를 얹으려는 커뮤니케이션을 시도했다. 하지만 이후의 광고들에서 불행하게도 마운틴 듀의 이전 신화들은 당시의 문화적 소재들과 어설프고 부적절하게 뒤죽박죽 엉켜있었다.

1993년, 브랜드 팀은 비록 만화 캐릭터 같은 느낌이었지만, 아프리카계 미국인을 주연으로 한 최초의 마운틴 듀 광고인 "슈퍼 듀드(Super Dewd)"를 발표했다. 이 광고는 영화 콜라주 느낌으로 주인공 듀드의 굉장히 빠른 속도의 실제 액션 장면들을 애니메이션과 혼합해서 만들었다. 광고에서의 모든 장면은 마치 영국의 펑크 록 밴드 레드 핫 칠리 페퍼스를 모방한 듯한 굉장히 역동적인 사운드 트랙으로 비춰졌다.

듀드는 마치 남성호르몬 과잉인 위협적인 남성 캐릭터를 상징하는 인물로 등장한다. 마운틴 듀라는 낯익은 피사체, 태양은 그 피사체 뒤에 예전의 듀 광고에서 익숙하게 나타났던 햇빛 후광을 흉내 내는 웅장한 리듬, 맥박, 그리고 흑백의 장면이 교차한다. 듀드는 래퍼처럼 빨간 야구 모자를 거꾸로 썼다. 사자의 포효와 함께 마운틴 듀의 빈 캔을 짓뭉개고 스케이트보드에 올라 시끌벅적한 도시 정글 속으로 타고 들어간다. 다음 장면에서 편집자는 스케이트 보더가 맨해튼 스카이라인을 배경으로 한 채 공중제비를 하고, 또 다른 스케이트 선수가 마치 소화전에서 나오는 것과 같은 거대한 물보라를 통과하는 모습을 보여주며 에너지가 충전되는 모습을 연출한다. 극도로 낮은 앵글로 찍은 장면에서, 광고의 첫 번째 진짜 흑인은 머리를 뒤로 젖히고 마운틴 듀를 낚아챈다. 한 권투 체육관에서 피부가 검은 여성이 샌드백을 주먹으로 때린다.

그 후 광고는 아프리카계 미국인들이 공격적으로 역도와 농구, 권투하는 장면을 라이브와 애니메이션으로 빠르게 교차 편집해서 끼워 넣는다. 백인 아이들은 산악자전거와 스케이트보드를 타고 더 많은 스턴트 장면을 보여준다. 많은 등장인물들이 마운틴 듀를 벌컥벌컥 들이켜고, 듀드가 그의 강력한 주먹으로 마지막 남은 마운틴 듀 캔을 욱여들고 들이켠다.

〈우주의 지배자 히맨(He-Man)〉[3]과 같은 만화에서 영감을 받은 듀드는 도시의 젊은 흑인 남성들에게는 익숙한 미디어에 의해 만들어진 전형적인 영웅 캐릭터의 모습을 하고 있었다. 그는 가상의 대단한 능력자였다. 하지만 그는 문자 그대로도, 상징하는 것으로도, 만화 캐릭터였을 뿐, 광고에서 실제로 보이는 스턴트와 설득력 있는 연결고리는 보이지 않았다. 자세히 살펴보면 광고에서 몸을 뒤집고 뒤흔드는 스턴트를 보여주는 선수들은 아프리카계 미국인이 아니었다. 그 광고에서는 유일하게 흑인만이 덩크 슛을 하거나 싸우거나 농구링을 잡고 흔들었다. 단 30초 광고 속에 너무나 많은 정형화된 이미지들이 배경으로 깔려 있었기 때문에 광고는 위험스러울 정도의 편견을 제공하고 있었다.

펩시코의 MTV로의 외도와 비슷하게 마운틴 듀의 브랜드 팀은 "듀드" 캠페인에 브랜드를 걸었다. 회사는 마운틴 듀 브랜드의 1993년과 1994년 광고시리즈에 예산을 쏟아 부을 계획을 세웠다. 그리고 또 역시 MTV에서 영감을 받았던 광고들처럼, 이 광고들도 비참하게 실패했다. 2년째가 되었을 때 이 캠페인은 방송이 중단되었고, 마운틴 듀의 믿는 구석이었던 익스트림 스포츠와 "두 더 듀"는 예전 캠페인이 통하

---

3 〈He-Man and the Masters of the Universe〉는 매틀(Mattel)의 장난감 이름으로 동명의 미국 애니메이션 텔레비전 시리즈다. 이 프로그램은 1980년대 미국에서 가장 인기 있는 애니메이션 중 하나였다.

던 대중적 세계로 다시 되돌아갔다.

○ 3막: 듀, 네이티브가 되다

1998년이 되자 힙합의 세계는 미국 젊은이들에게 훨씬 더 중요해졌고, 반면 마운틴 듀가 익숙하게 이용하던 익스트림 스포츠의 세계는 인기를 잃어가는 분위기였다. 코카콜라 컴퍼니의 스프라이트도 나이키와 마찬가지로 힙합과 NBA 제휴를 통해 큰 성공을 거두었다. 1996년, 스프라이트는 주목할만한 1년을 보냈는데 음료 시장 전체 점유율에서 전례 없는 성장을 보인 것으로 이것은 상위 10위권 이내의 성적이었다.

또다시 마운틴 듀의 브랜드 팀은 도시 문화의 소재를 빌리는 모험을 시도했다. 이번에는 마케팅 담당자들이 모든 수단을 총동원하여, 더욱 정교한 게릴라 마케팅 활동을 몇 년간 시도했다. 그리고 이번에는 단순히 도시의 문화적 소재만을 빌려서 백인, 도시인들만을 위한 광고를 만드는 것이 아니었다. 이번에 브랜드 팀은 아프리카계 미국인을 위한 광고를 만들었다.

힙합 내부자들의 신뢰를 얻는 것이 필요하다고 느낀 펩시코의 브랜드 매니저들은 힙합을 하나의 '반문화적 라이프 스타일'로 다루고 있는 두 개의 가장 영향력 있는 전국 단위 잡지 중 하나인 〈더 소스(The Source)〉의 편집자들을 주요한 정보원으로 고용했다. 〈더 소스〉의 매니저들은 마운틴 듀의 광고와 홍보 활동에 대한 조언 외에도 마운틴 듀라는 브랜드를 힙합의 내부 세계로 들여오는 역할을 했다. 이 잡지는 듀를 힙합 세계의 내부에 심는 것을 도왔다. 마운틴 듀 브랜드가 아프리카계 미국인들의 엔터테인먼트 문화계에서 통용되는 언더그라운드 파티와 이벤트를 후원할 수 있도록 안내했던 것이다. 게다가 이 브랜드 팀은 실제로 현장에서 이런 작업을 실행하기도 했는데, 마운틴 듀와 컬러가 같은 네온 그린 컬러의 허머 자동차의 젊은 홍보 담당자를 도시 지역으로 파견해서 힙합 음악을 틀고 마운틴 듀 샘플을 제공했던 것이다.

브랜드 팀은 이들이 선택할 수 있는 선에서는, 가장 과감하게 1990년대 가장 극단적인 갱스터 랩을 쏟아내는 팀 중 하나인 우탱 클랜을 후원했다. 클랜은 연주자일 뿐만 아니라 급진주의자로도 잘 알려져 있었는데 이 팀은 매우 열성적으로 또한 일상적으로 기득권층과 마찰을 빚어온 문제적 캐릭터였다. 첫 번째 히트곡이 나온 이후 4년 만에 클랜의 두 번째 음반이 발표되었는데, 이 음반은 순식간에 차트에서 1위를 차지했다. 마운틴 듀는 이전에 우탱 클랜의 성공적인 투어를 후원하기로 했었기 때문에 딱 맞는 타이밍에 있는 것처럼 보였다.

이 그룹의 히트곡과 대중적 관심을 끄는 능력에도 불구하고 마운틴 듀는 또다시, 도시에서는 인기를 끌지 못했다. 클랜의 '문제적 활동'들이 대중적으로 악몽에 가까운 불똥이 튈 것을 우려한 펩시코는 이들을 좀 더 주류의 랩 아티스트인 버스타 라임즈로 대체했다. 라임즈는 우탱 클랜보다는 좀 '덜 스웩'했지만, 아프리카계 미국인들 사이에서는 폭넓은 호소력을 유지했으며 그의 음악의 대부분이 랩과 힙합 문화의 범주 속에 있었기 때문이다.

라임즈와 함께한 BBDO의 최초 광고는 마운틴 듀가 기존에 가지고 있던 익스트림 스포츠 세계에는 전혀 어울리지 않게 라임즈를 배치했다. 광고는 래퍼(라임즈)가 얼어붙은 산을 얼음 깨는 송곳을 사용해서 올라가는 것, 레게 머리 등을 보여주었다. 15년 전 MTV 광고 때처럼, 듀의 친숙한 대중적 세계관(슬래커와 익스트림 스포츠 문화)을 도시 힙합 문화와 혼합하려고 했다. 광고는 힙합 고유의 영역을 제대로 지키는 데 실패한 채, 마운틴 듀의 기존 문화적 전제들을 조롱하는 듯 보였는데 이것은 매우 불행하고도 의도치 않은 효과였다.

이 광고의 크리에이티브에 한계를 인식한 펩시코는 미국에서 가장 큰 아프리카계 미국인 에이전시인 유니월드를 고용했다. 이후 유니월드는 라임즈와 함께 상품만 빼고 보면 쉽게 랩 뮤직비디오가 될 수 있는 많은 광고를 제작했다. 예를 들면 라임 그린 컬러의 허머 자동차를 운전하는 버스타 라임즈가 마운틴 듀로 부터 영감을 받은 랩을 부르며 마운틴 듀를 벌컥벌컥 들이켜면서 다른 차들을 마구 부수면서 돌진하는 장면 같은 것들이었다.

유니월드의 광고는 특별히 혁신적인 것은 아니었지만, 당시의 랩 뮤직비디오 관례로 보면 적어도 믿을 만한 광고였다. 하지만 그렇게 함으로써 이 광고는 마운틴 듀의 신화를 버리고 말았다. 유니월드의 광고들은 힙합 환경에서 듀의 '야성적인 남성'을 다시 떠올리려는 노력의 결과물을 보여주지 못했다.

또다시 마운틴 듀를 도시 문화에 접목시키려는 중대한 노력은 거의 결실을 맺지 못했다. 듀의 암울한 성적은 브랜드 성장 지표에서도 나타났는데, 대도시 지역에서 아주 약간 상승할 뿐이었다. 매출은 비도시 지역, 백인 노동자 계층 소비자들 쪽으로 불균형적으로 치우쳐 있었다.

브랜드 팀은 힙합이라는 거대한 대중문화의 흐름을 수용하기 위한 노력의 일환으로 마운틴 듀의 브랜드 전략을 세 번에 걸쳐 급진적으로 수정했다. 그리고 그때마다 힙합이라는 문화적 금광의 유혹은 브랜드의 매니저들로 하여금 수십 년 동안 쌓아온 마운틴 듀의 귀중한 문화적 권위를 버리게 만들었다. 언뜻 보기에 미국인의 이상향(도시 외곽에서

_____ 브랜드는 어떻게 아이콘이 되는가

출퇴근하는 중산층의 안정적인 삶)에 저항했던 '야성적인 남성'을 지지하는 마운틴 듀의 입장은 '후드'로 상징되는 힙합 문화와 비슷하게 보이기도 한다. 그러나 마운틴 듀는 항상 힐빌리, 레드넥, 슬래커 등 백인 비전문가들의 대중적 세계관에 자신의 야성적 신화를 자리매김했었다. 문화적 자산이 '시골과 백인(저소득층)'에 있었기 때문에, 마운틴 듀 브랜드는 힙합을 문화적 소재로 활용할 수 있는 근거가 부족했다. 그래서 마운틴 듀가 아무리 공격적으로 대중 속으로 파고든 캠페인을 해도 바꿀 수 없는 아주 큰 '진정성 문제'가 있었다.

브랜드가 자신의 문화적 · 정치적 권위와 어울리지 않는 대중적 세계관을 좇을 때, 그 브랜드는 문화적 기생물의 형태로 일시적으로 존재하다가 이내 사라져버린다. 새로운 대중적 세계관에 유연하게 적응하려고 할 때, 브랜드는 불가피하게도 부자연스러워지거나 바보 같아 보이기 때문이다.

신화 발전시키기: 네 가지 원칙

초반의 실수에도 불구하고 마운틴 듀는 이전의 성공을 통해 공식화된 "던 댓"의 속편을 통해 재빨리 회복했는데, 이 광고는 과거 수십 년 동안 성공적인 캠페인이었던 "두 더 듀" 캠페인을 확장한 광고였다. 그런데 알고 보면, 마운틴 듀만이 홀로 그렇게 한 것은 아니었다. 나이키나 폭스바겐 같은 다른 브랜드들도 수년 동안 자신들의 신화를 확장해왔던 것이다. 이들 브랜드들은 네 가지 원칙을 따랐는데, 이 원칙들은 하나의 신화가 시장에서 생명력을 유지하게 하는 중요한 원리였다.

○ 이야기 줄거리와 캐릭터의 개발

신화는 일종의 이야기인데, 이것은 사회에 중요한 문화적 기능을 제공한다. 텔레비전, 영화, 소설과 같은 다른 미디어에서 발견되는 이야기들처럼, 광고를 통해 만들어진 신화는 줄거리와 등장인물의 전개 방향에 의존한다.[ii] 문화 아이콘이 신화를 유지하기 위해서는 스토리텔링 기술을 광고의 상업적 형식에 적용해야 한다.

광고대행사의 크리에이터들은 대부분의 브랜드 매니저들보다 신화를 확장하는 방법에 대한 더 나은 감각을 가지고 있다. 주로 인문학적 배경을 가지고 있는 크리에이터들과는 달리 브랜드 매니저들은 실용적인 비즈니스 기술을 익히려고 하는 경향이 있기 때문이다. 미래에 카피라이터와 아트 디렉터가 될 사람들은 돈 드릴로[4]의 소설을 읽으며, 윌렘 드 쿠닝[5]의 미술작품에 감탄하고, 대중적이지 않은 인디 록을 즐기는 반면, 미래에 브랜드 매니저가 될 사람들은 스프레드시트 사용법을 익히고, 부채비율을 계산하며, 회귀분석을 돌리는 방법을 배운다. MBA 교육프로그램은 브랜드 매니저들에게 광고를 스토리텔링 용어가 아닌 '기계적인 용어'로 생각하도록 가르친다. 그 결과 크리에이터들에게 스토리텔링은 일종의 생동감 있는 하나의 도구로 보일 수 있지만, 브랜드 매니저들에게는 종종 서술적 구성이라는 것이 뭔가 깔끔하

———— 4   돈 드릴로(1936년생). 미국의 포스트모더니즘 문학을 대표하는 작가. 초창기에는 컬트적인 면모가 부각되었으나, 1985년 출간한《화이트 노이즈(White Noise)》가 인기를 끌며 주목받기 시작했다. 이후 필립 로스, 코맥 매카시, 토마스 핀천과 함께 미국 현대 문학계의 거장으로 평가받는다.

———— 5   윌렘 드 쿠닝(1904~1997). 주로 미국에서 활동했던 네덜란드 출신의 추상표현주의의 화가. 드 쿠닝은 액션 페인팅의 대표적인 작가로, 추상표현주의의 창시자 중 한 사람으로서 20세기 미술사에서 중요한 위치를 차지한다.

____ 브랜드는 어떻게 아이콘이 되는가

게 딱 떨어지지 않는 어떤 불투명한 과정이라는 것을 알게 된다. 일반적으로 아이코닉 브랜드는 신화를 스토리로 발전시키기 위해 이 두 가지 모두의 접근 방식에 의존한다. 일종의 '시리즈 드라마 모드'와 '단편 영화 모드'다.

신화를 하나의 시리즈물로 확장하기. 브랜드 매니저들은 시리즈로 된 이야기를 다룸으로써 신화를 확장시킬 수 있는데, TV 프로그램이나 연재물 형식의 책과 같은 매체를 통해서 그렇게 할 수 있다. 이때에는 초기 캐릭터와 전체 줄거리를 고정시켜두어야 하며 매회 각 회차에서의 퍼포먼스를 통해 이야기 또는 캐릭터의 특징, 줄거리 등을 확장해나가야 한다. 버드와이저의 "도마뱀" 캠페인이 이 기법이 적용된 중요한 하나의 사례다. 첫 번째 광고에는 프랭키와 루이라는 캐릭터(프랭키는 세상일에 지친 냉소주의자로, 루이는 야망은 있지만 기회를 잡지 못한 좀 덜떨어지는 투덜이로 묘사된다)와 광고의 배경(여러 다른 동물들과 함께 있는 늪과 버드와이저로 묘사되는 통나무 오두막 술집이 배경이다), 초기 줄거리(루이는 버드와이저 광고에 출연해서 유명해지고 싶어 하고 그래서 무엇이든 하려고 한다. 또한 루이는 개구리들을 몹시 질투한다)가 소개된다. 각 후속 광고들은 이런 배경을 기반으로 제작되었고, 캐릭터를 개발하고 줄거리를 확장했다. 루이는 더 많은 희비극적 욕망을 드러냈고, 프랭키의 무표정하고 진지한 세계관은 더욱 선명해진다. 광고는 또한 족제비와 거북이와 같은 새로운 캐릭터들도 소개한다. 광고의 크리에이티브는 루이의 개구리 암살 시도라든가 도마뱀의 늪지 대통령 출마와 같이, 줄거리와 상황을 자유롭게 변화시켰다. 마찬가지로 개구리들은 갑자기 루이의 등 뒤에서 말대꾸하거나 혀로 루이를 때리고, 루이는 탐정 일을 하는 과정에서 족제비(루비)가 쾌락을 좇는 은밀한 삶을 살고 있다는 것을 밝혀내는 등 광고에 등장하는 캐릭터들도 이런 새로운 상황에 적응한다. 버드와이저 광고의 지지자들은 이 광고 캠페인을 자신들이 가장 좋아하는 '하나의 TV 프로그램'으로 취급하면서, 매회 새로운 후속 광고를 열렬히 기다렸다.

개성 있는 한 편의 영화 같은 설정으로 신화 확장하기. 또 다른 차원으로 브랜드가 소비자에게 어떤 특별한 모습을 보여줘야 한다면, 그 브랜드가 찾고 있던 일련의 주제와 커뮤니케이션 코드를 공유할 수 있는 '영화적 형식'과 (느슨하게라도) 연결하는 방식을 통해서도 신화를 탐구할 수 있다. 신화를 확장하는 이런 영화적 기법은 1960년대 DDB의 폭스바겐 작품에 의해 처음으로 알려져 유명세를 얻었다. 이후 이 방법은 1980년대 위든 앤 케네디의 나이키 광고, 굿비 실버스틴의 "갓 밀크 (Got Milk)?" 캠페인, 그리고 1990년대 아놀드의 "드라이버스 원티드" 캠페인으로 확장되었다.

이러한 접근 방식을 통해 브랜드는(스토리 작가나 영화 제작자와 비슷한 역할인) 등장인물과 줄거리에 변화를 줌으로써 신화를 전개한다. 또한, 각 광고에서 다르게 나타나는 일련의 다양한 커뮤니케이션 코드가 신화에 더해지면서 신화 자체와 결합된다. 이 과정이 누적되면서 시청자들은 광고가 구성되는 방식의 차이를 보며 나이키 광고인지, 폭스바겐 광고인지를 구분한다.

각 광고마다 완전히 독창적인 크리에이티브를 요구하기 때문에, 개성이 강한 영화감독들을 중심으로 한 자율적인 광고 캠페인을 구축하는 것은 시리즈물을 만드는 방법보다 더 어려운 일이다. 하지만 이 캠페인이 잘 수행되면, 이 접근법은 다른 어떤 것과도 다르게 성공한다. 왜냐하면 그 브랜드의 문화적 리더십을 매우 설득력 있게 보여주기 때문이다.

○ 새로운 대중문화의 표본

아이코닉 브랜드는 마운틴 듀가 힙합 문화를 좇았을 때처럼 문화적 유행을 뒤좇지는 않는다. 대중문화는 신화가 만들어지는 많은 원초적인 소재를 제공하기는 하지만, 아이코닉 브랜드는 자신의 지지자들이 직면한 당대의 이슈에 대해 말해야만 하기 때문이다. 브랜드들은 새로운 환경이 펼쳐지면 그에 따른 새로운 대중문화와 관계를 맺어야 한다. 성공의 열쇠는 브랜드 팀이 브랜드가 놓인 사회적 상황에 잘 어울리는, 믿을 수 있는 새로운 문화를 신중하게 선택한 다음, 이러한 인위적 조합에 새로운 동력을 불어넣어 브랜드의 신화를 발전해가는 방식으로 변화시키는 것이다. 예를 들어 마운틴 듀가 어떻게 과도하게 공식화된 광고시리즈에서, "던 댓" 광고로 회복했는지를 생각해 보자.

'멜 토메'라는 나이 든 부드러운 음색의 남성 재즈 가수는 라스베이거스 카지노 라운지를 배경으로 노래하며, 듀 친구들과 어울리며 등장한다. 검은 나비넥타이와 턱시도를 입고, 라스베이거스 카지노의 번쩍이는 조명 앞에서 피아노 옆에서 노래하고 있는 동안, 마운틴 듀 친구들은 거의 백업 가수처럼 행동한다. 그는 "어떤 스릴도 피하지 마(Don't Get No Thrill)"라는 가사를 노래하며 같이 있던 듀 친구들에게서 보여지는 냉소적인 태도를 그대로 노래로 담아낸다. 토메는 이렇게 노래한다. "천 피트 아래로 점프하지 못하는 게 전혀 당황스러운 것이 아니야.

왜, 그 점프를 해야 하는지 말해줄래? 그건, 걔들이 마운틴 듀를 보고 너무 기뻐한다는 거야~ (리듬을 타며) 듀다듀다 듀~!" 마운틴 듀 친구들은 익스트림 점프를 무시하듯, 냉소적으로 손을 흔든다. 그러고 나서 토메는 갑자기 카지노의 지붕에 나타난다. 그리고 12층 정도 높이에서 영화 스턴트 에어 매트리스 위로 다이빙을 한다. 냉소적이고 꿈쩍도 않던 이들 듀 친구들은 마침내 이 장면에 감동을 받고 소리친다. "아주 좋아, 멜!"

이처럼 과거 유행하던 문화 코드를 조금 떼어내어 섞는 방법은 과거에 히트를 하던 방식이었지만, 지금같이 막다른 골목에 내몰린 마운틴 듀를 구출하기 위해서는 적절한 조치였다. 1995년경, 이런 반문화적인 '라스베이거스 라운지 광고'가 슬래커들 사이에 부상하기 시작했다. 아이러니하게도 이들은 그 광고에서 나타난 자유분방하고, 번쩍거리는 인위적인 조형물을 당시 뭔가 꽉 짜여 있던 사회적 분위기를 표현하는 의미로 사용했다. 도심의 클럽 주인들은 1950년대와 1960년대의 버려진 가구를 이용해 클럽 내부를 꾸몄다. 칵테일이 맥주를 대신했고, 마티니를 젊은 사람들의 입맛에 맞게 천 가지 맛으로 다시 내놓았다. 토니 베넷, 프랭크 시나트라, 멜 토메 같은 1950~1960년대의 살아있는 전설과 같은 가수들이 작업에 동참해 다시 등장했고, 새롭게 관심을 끌었다.

다른 많은 가수 중에서 팝이 아닌 스윙재즈에 뿌리를 둔 나이 많은 가수인 토메를 캐스팅한 것은 상당한 자신감을 보여준 것이다. 대부분의 광고주들은 이런 커뮤니케이션 결과에 대해 불안해했다. 그래서 광고주들은 자신의 타깃 고객들의 라이프 스타일과 취향을 잡아내는 것에 강박적으로 집착했다. 마운틴 듀가 10대들과 젊은이들을 타깃으로 삼고 있었기 때문에, 젊은이들 중 대부분은 아마도 토메에 대해 들어본 적이 없었을 것이다. 하지만 마운틴 듀는 이 광고에서 표면적으로는 듀와 정반대 이미지의 남성을 캐스팅했다. 주인공은 나이 든 인물이었고, 결코 얼터너티브 록과 익스트림 스포츠 같은 기존의 마운틴 듀의 이미지와 엮이지는 않는 것이었다. 게다가 듀 친구들과는 대조적으로 당연히 몸매도 안 좋았던 토메가 마치 제임스 본드처럼 턱시도를 걸치고 있던 것이다.

우스꽝스러운 패러디를 통해 이 '갑툭튀(갑자기 툭 튀어나온)' 토메 광고가 사실은 항상 뻔하지 않은 모습을 보여주었던 '모범적인(예전의 느낌을 그대로 보여준)' 듀 친구라는 것을 보여주었다. 이렇게 예상치 못한 표현과 그 순간의 대중문화에서 도출된 주장을 담아내면서 마운틴 듀는 스스로를 문화 혁신가라고 주장했고, 실제로 많은 소비자들도 도시 젊은이들의 '엣지' 있는 문화라고 받아들였다. 여기에 보너스 효과가 하나 더 있었는데, 토메 광고는 그 당시까지 완전히 상업적으로 퇴색해 가던 그런지 록[6]과 얼터너티브 스포츠(익스트림 스포츠 같은)에 꽉 갇혀 있던 마운틴 듀 신화를 해방시키는 역할도 했다.

2년 후 브랜드 팀은 성룡을 광고에 등장시켜 이런 성공을 반복했는데, 당시는 성룡의 코믹 무술영화가 상당한 인기를 끌 때였다. 이 홍콩 영화 제작자는 이소룡의 쿵푸 액션을 바탕에 깔고, 버스터 키튼[7] 분위

───── **6** 그런지 록(grunge rock). 1990년대 초 시애틀을 중심으로 미국에서 유행했던 음악 장르. 얼터너티브 록의 하위 장르며 하드코어 펑크와 헤비메탈이 섞인 게 특징이다. 연주 테크닉이 단순하고 약간은 느린 속도의 음악. 너바나, 펄 잼, 앨리스 인 체인스 등의 밴드로 유명하다.

───── **7** 버스터 키튼(Buster Keaton, 1895~1966). 미국의 영화배우이자 영화감독. 찰리 채

기의 무표정과 진지함이라는 색다른 분위기와 열혈 '몸개그(몸으로 하는 유머)'를 뒤섞고 대조하면서 연출했다. 1970년대 이소룡의 죽음 이후 다양한 하위문화에서 그의 영향력이 오히려 확산되었는데, 그 결과로 그의 아들 브랜든 리가 액션 스타로 막 부상하던 그때(딱 그 시기에 이소룡의 아들은 영화 촬영 중 사고로 사망했다) 무술 장르의 영화는 다시 한번 대 유행을 맞는다. 젊은이들은 성룡이 스스로 각성하는 줄거리의 영화에 매료되었는데, 그 이유는 이 영화의 특징인 뚜렷한 아이러니(액션의 진지함과 상황의 코믹함) 이외에도 격투 묘기가 놀라울 정도로 독창적이었기 때문이다. 성룡의 개성을 특징짓는 요소들(즉흥적이면서도 '마초'적인 압도적 스턴트와 양념처럼 들어가 있는 아이러니한 소소한 유머들)은 마운틴 듀에 이상에 딱 맞게 어울렸다.

두 광고 모두 새로 떠오르는 대중문화로부터 적절하게 샘플링을 하면서도 대중들이 예상치 못했던 인위적인 소재를 창의적으로 재구성한 결과로 작동하기 시작했다. 이 같은 광고는 막 뜨기 시작하는 대중문화에 기존의 신화가 새로운 형태로 주입됨으로써 예전 신화에 다시 활력을 불어넣게 했다.

플린 등과 함께 무성영화를 이끌던 전설 그리고 스턴트 액션의 대가이자 대부. 스턴트 때문에 갖가지 부상들에 시달렸지만 키튼은 '위대한 무표정(The Great Stone Face)'이라는 별명까지 생길 정도로 내색을 하지 않는 것으로 유명하다. 실제로 영화 속 키튼도 항상 무표정이다. 그래서 '버스터 키튼 분위기'라고 하면, 대체로 격렬하게 주변은 움직이는데 표정은 무표정한 역설적인 상황을 묘사할 때 주로 사용된다.

_____ 브랜드는 어떻게 아이콘이 되는가

◦ 새로운 대중적 세계관의 언어로 말하다

아이코닉 브랜드는 대중적 세계관에 근원을 두고 있다. 그런데 이 세계관은 흥망성쇠가 있다. 문화적 영향력을 얻거나 잃을 수도 있는 것이다. 브랜드 매니저들은 브랜드에 적합한 새로운 대중적 세계관에 들어감으로써 그 브랜드의 신화를 되살릴 수 있다. 그러나 이 전략이 효과를 거두기 위해서는 브랜드에 잘 들어맞는 것을 찾아야 하는 것이 중요하지, 마운틴 듀가 힙합의 세계에 들어갈 때 그랬던 것처럼 단순히 가장 '핫'한 유행에 올라타는 것이 중요한 것이 아니다.

마운틴 듀는 익스트림 스포츠라는 새로운 형태의 스포츠 초기부터 진지하게 헌신함으로써 그 분야와 연결고리를 마련했고 그 분야의 엘리트 스포츠 선수들과 신뢰를 쌓았다. 중요한 것은 마운틴 듀 브랜드는 새로 등장한 스포츠에 단순히 스폰서 머니를 뿌리는 짓은 하지 않았다는 점이다.

1980년대 후반까지 스노보더와 스케이트보더들은 자신들만의 영웅과 스타를 가지고 있었는데, 이들은 언더그라운드에서 이미 우상화되어있던 최고의 선수들이었다. 각 하위문화 내에서 이 선수들이 이미 가지고 있던 셀럽으로서의 지위는 운동 능력만큼이나 이들에 대한 신뢰도에 기반을 두고 있었다. 다른 대중적 세계관들과 마찬가지로 팬들은 자신의 이 언더그라운드 스타들에게 스포츠에 전념하고 비상업적인 정신에 충실함을 기대했다. 그래서 이 저명한 선수들이 기업체로부터 장비를 무료로 받을지 여부를 판단하려고 할 때에는(이것은 사실상 스노보드나 스케이트보드 휠 등을 지원받는 것이다), 장비의 품질뿐만 아니라 그 회사가 그 스포츠에 얼마나 헌신적인 기업인가도 중요 고려 요인이었다.

따라서 버튼 스노보드와 같이 이 스포츠의 기원에 뿌리를 둔 회사로부터 장비나 보조금을 받는 것은 이런 기준에 완벽하게 어울렸다. 반면 스키와 스노보드 장비 등 수많은 브랜드를 보유한 다국적 기업 K2와 같은 기업으로부터 뭔가를 받는다는 건, 이제 손 털고 이 동네(언더그라운드)를 뜬다는 뜻이었다. 상업적인 침입자들 지지한다는 것은 이 대중적인 세계관에서는 사람들이 그토록 소중히 여기는 독립적이고 자율적인 가치를 배반하는 것과 다름 아니었기 때문이다.

유명 운동선수들의 명성은 일반적인 미디어를 통해 퍼진 것이 아니었다. 스노보더들과 스케이터들은 놀라운 스턴트, 묘기, 그리고 산비탈을 타는 모습이 담겨있는 홈비디오를 서로 돌려보았다. 이 동영상들 중 사람들이 가장 훌륭한 것으로 평가한 것은 일종의 새로운 장르물 같은 것이었다. 즉, 대부분의 이쪽 세계의 사람들이 자신에게 특화한 영상물로 (대중성과 관계없이) 다큐멘터리와 뮤직비디오를 혼합하고, 록 음악을 입혀 다소 복잡하게 편집한 새로운 장르물이었다. 이런 영상들과 동시에 함께 등장하는 음악은 일종의 장비와 의류의 관계처럼 하위문화의 중요한 부분이었다. 일상에서 이 스포츠를 즐기는 사람들은 운동선수들을 우상화하는 것과 똑같은 방식으로 영상물의 제작자들과 뮤지션들을 우상화했다. 그래서 마운틴 듀는 영상제작자들과 묘기를 보여줄 수 있는 진짜 선수들을 고용해서 위험과 창의성의 한계를 밀어붙이는 스턴트를 디자인함으로써 익스트림 스포츠와 같은 까탈스러운 얼터너티브 스포츠의 내부자들로부터 상당한 신뢰를 얻을 수 있었다.

그러나 다른 많은 청년 하위문화들처럼, 당시 얼터너티브 스포츠는 금세 시들어버리거나 아니면 주류에 편입되거나 둘 중 하나에 처해질 운명이었다. 1990년대 중반까지는 아웃사이더 선수들이 스타가 되었었다. 얼터너티브 스포츠는 전문적인 심사기관, 전국적인 이벤트, ESPN의 보도, 그리고 엄청난 양의 스폰서십과 함께 상업적으로 성과를 낼 수 있는 상품성 있는 스포츠로 성장했다. 컴퓨터 시대에는 아마추어가 만든 영상물이라도 더 이상 언더에만 머무는 것은 아니라는 분명한 신호를 남기면서, 얼터너티브 스포츠는 비디오 게임 산업계 내에서 독점적 지위를 갖게 되었다.

대부분의 성공적인 문화 아이콘들은 결국 모방으로부터 자신을 방어해야 한다. 나이키가 NBA와 도시 힙합 문화를 결합시키는 방법을 보여주었을 때, 수많은 다른 마케터들이 같은 시류에 편승했다. 기발한 창의력과 인디 록으로도 자동차 브랜드를 만들 수 있다는 것을 폭스바겐이 보여주자 기아, 미쓰비시, 포드도 재빨리 같은 방법을 시도했다. 이들과 비슷하게 마운틴 듀의 슬래커 신화는 다양한 카피캣들을 자극했는데, 여기에는 불운하게 끝나버린 모방 브랜드인 '서지'도 있었다.

하지만 익스트림 스포츠에 떼거리로 뛰어든 상업적 목적의 후원자들의 존재는 아마도 마운틴 듀에게는 굉장한 문제였을 것이다. 이들은 그 분야에 갑자기 몰려들었을 뿐만 아니라 관련 마케터들이 떼로 존재한다는 누적된 효과만으로도 지금까지의 익스트림 스포츠라는 하위문화가 기업의 이익에 과도하게 지배당하는 것처럼 보였기 때문이다. ESPN이 엑스 게임으로 청소년 시장의 일부를 장악하는 데 만족하지 않았던 NBC는 자체 그래비티 게임을 따르기 시작했다. 게다가 최고의 얼너터티브 선수들은 높은 보수를 받고 겨드랑이 스프레이에서부터 자동차에 이르기까지 수많은 상품을 홍보하고 보증하는 '스타'가 되었다. 1990년대 후반이 되자 얼터너티브 스포츠는 롤링스톤즈만큼이나 유명해졌다. 마운틴 듀는 새로운 대중적 세계관이 필요해졌다.

한편 브랜드 팀의 다음 광고는 '어쩌다 대박'이 났다. 이 광고는 처음에는 그저 스노보더의 등에 적혀있던 "천만다행(Thank Heaven)"이라는 문구에서 시작된 것이었는데, 이 의미가 나중에는 마운틴 듀 신화에 있어서 아주 유용한 의미로 진화해 버린 사건이었다.[iii] 광고는 샘 베이어가 감독했는데, 샘은 너바나의 〈스멜즈 라이크 틴 스피릿〉 뮤직비디오를 감독한 사람이었다. "천만다행" 광고는 당시 무명의 시애틀 인디 밴드 루비의 여성 리드싱어인 레슬리 랭킨이라는 인물을 전면에 내세웠다.

광고는 눈보라가 몰아치는 빙벽을 얼음도끼로 찍으며 매달려있는 알피니스트들을 클로즈업하면서 시작한다. 사운드 트랙 음악이 시작되자 등반하던 사람들(여성들)은 고글을 통해 한 여성 스노보더가 깎아지른 절벽을 아슬아슬 타고 내려가는 장면을 본다. 그녀가 등반하는 사람들 위에 있는 협곡까지 다가왔을 때, 스노보더는 익스트림 스포츠에서 자주 나오는 듯한 비명을 지르고(시청자들이 그녀가 남성이라고 착각할 수 없게 클로즈업으로 보여준다) 그녀의 보드는 거의 날아오르고, 등반하는 사람들을 뛰어넘어 착륙한다.

도시의 어느 옥상에서, 레슬리 랭킨은 칙칙한 색상의 외투를 입고 옷깃 사이로 비명을 지르듯 노래한다. 클로즈업된 그녀의 얼굴은 마치 각성제를 한 조안 크로퍼드[8]처럼 광기 어린 표정을 하고 있다. 그녀는 1961년 영화 〈지지(Gigi)〉에서 모리스 슈발리에가 부른 〈어린 소녀들

---

8 조안 크로퍼드(1904~1977). 미국의 배우. 브로드웨이에 데뷔 전 극장 회사에서 댄서로 시작한 크로퍼드는 초년에는 1920년대 재즈 시대의 쾌활한 왈가닥 소녀로 강한 인상을 주었다. 하지만 후기에는 심리적 멜로드라마의 스타로 발돋움했다. 그녀는 동정심과 무감정적인 캐릭터를 연기하는 다양한 역할들과 현실적이면서도 다층적인 연기로 유명했다.

에게는 천만다행이야(Thank Heaven for little Girls)〉라는 곡을 리메이크로 부른다. 원래 이 노래는 옛날 아버지들이 딸들이 결혼할 때 불러주던 노래로, 분위기를 완전히 뒤바꾸어 광기 어린 보컬로 의미가 뒤집힌 채 전달된다.

> 어린 소녀들에게는 다행이야. 매일 더 잘 자라서 다행이야.
> 어린 소녀들에게는 다행이야. 그들이 밝게 잘 커서
> 그 작은 눈동자는 너무나 참을 수 없이 매력적이어서,
> 언젠가는 번쩍이며 천장을 뚫고 너를 세상에 튀어 나가게 할 거야.

랭킨의 부드러우면서도 깔리는 음색은 그녀의 대담한 스타일을 돋보이게 했다. 본래 그녀는 아이슬란드의 싱어송라이터 비외르크와 비슷한 스타일이었지만, 광고에서는 당시 떠오르는 여성 로커였던 코트니 러브, P.J. 하비, 리즈 페어와 비교되면서 직접적인 존재감을 보여주었다.

가파른 절벽을 나르는 스노보더 장면이 빠르게 지나고 듀 친구들이 연상되는 네 명의 젊은 여성들이 듀 친구들이 그랬던 것처럼 카메라 쪽으로 몸을 숙이고 시니컬하게 비웃는다. 그러고 나서 한 여성의 입을 클로즈업하고 그녀는 손에 있던 하얀 비둘기(평화의 상징이기도 하고, 짐작건대 '여성'을 상징하기도 한)를 하늘로 날린다. 그녀는 '마운틴 듀' 스타일의 비명을 지르며 높은 안테나 타워에서 뛰어내린다. 가수와 '듀 걸스(Dew girls)'가 번갈아 빠르게 나타나고, 이들의 공격적인 몸짓은 여성 운동선수들의 대담함이 멋지다고 말한다. 다음 장면에서 광고는 한 여성(패션모델처럼 깡마르고 검은색의 딱 붙는 타이즈를 입고, 보호장구

를 차고 인라인스케이트를 타는)을 향한다. 이 여성은 헬리콥터에 자신을 밧줄로 연결하고 도시 건물의 옥상을 가로지른다. 마치 수상스키 선수처럼 로프를 움켜쥔 그녀는 건물 옥상 끝의 난간을 타고 넘어 다른 빌딩의 꼭대기까지 날아서, 거기서 인라인스케이트에 스파크를 내며 멋지게 멈춘다.

당시 최고의 인기프로그램인 〈베벌리힐스 90210〉의 오디션을 연상할 정도로 충분히 세련된 모습을 한 네 명의 듀 걸들은 날아다니는 마운틴 듀 캔을 잡아서 카메라에 대고 비명을 지른다. 그리곤 이전 마운틴 듀의 트레이드마크 장면처럼 마운틴 듀를 벌컥벌컥 들이켠다. 다음 장면에서 듀 걸들은 전혀 상상할 수 없는 방식을 보여주는데, 한 여성이 자신의 키스로 "두 더 듀"라는 립스틱 자국을 카메라 렌즈에 남긴다. 광고는 남성인 듀 친구들이 갑자기 말문이 턱 막힌 채 방금 본 것에 어리둥절해하면서 끝이 난다. 이 듀 친구들 중 한 명이 카메라 쪽으로 몸을 내밀며 이렇게 내뱉는다. "나, 사랑에 빠진 것 같아."

"천만다행" 광고는 제3의 페미니즘 흐름의 청년 문화 버전인 '라이엇 걸(riot grrrl, 남녀평등을 주장하는 미국의 여성 록밴드와 그 여성 팬들-옮긴이)'과 '걸 파워'로 알려진 새로운 대중적 세계관을 찬양했다. 이전의 페미니즘은 여성의 성적 매력을 거부하는 것(남성 중심으로 만들어진 여성 이미지였기 때문에)이었는데, 바로 이 지점에서 라이엇 걸들의 이미지 정치는 (그리고 젊은 남성과 여성 모두가 가지고 있는 매력은) 이전과 다르게 이런 과거의 이미지를 뒤집었다. 라이엇 걸은 '전통적인 남자아이들의 활동'을 빌려와서 자신들의 정치적 이미지를 표현해냈다(예를 들어 록 음악과 얼터너티브 스포츠 등을 통해).

1990년대까지 여성들은 남성들에 비해 하드록의 기타 애드리브, 섹

____ 브랜드는 어떻게 아이콘이 되는가

슈얼한 몸짓, 무대에서의 공연, 그리고 열창하는 노래 등에서 자주 발견되는 관능적인 스타일의 퍼포먼스를 거의 보이지 않았다. 여성 뮤지션들은 남성들이 무대 위에서 온갖 발광을 하는 동안에도 관객들에게는 추파의 대상이 되는 섹시한 존재이거나 혹은 정반대로 어머니 같은 느낌의 존재였다. 몇 명의 예외적 인물들(예를 들어 재니스 조플린, 패티 스미스, 크리시 하인드, 조안 제트 같은)로부터 힌트를 얻어서, 1990년대의 젊은 여성들은 록의 '깊은 곳'으로 먼저 뛰어들었다. 펑크 록의 '스스로 알아서 하기(DIY)' 정신을 바탕으로 라이엇 걸은 (남성적 관점의 섹슈얼리티를 거부하는 대신) 여성들도 똑같이 자기 스스로의 나르시시즘적인 성적 매력을 드러내는 새로운 페미니스트적 감성을 결합시키기 시작했다. P. J. 하비, 더 브리더스, 리즈 페어, 코트니 러브, 가베지, 앨라니스 모리셋 같은 뮤지션들은 공격적이면서도 뚜렷한 페미니즘적 페르소나를 드러내놓고 주장했다. 이들은 지난 수십 년 동안 유행과 대중문화에 대부분 남성들의 명제로 남아있던 섹스와 성의 정치학(sexual politics, 남녀 간의 지배 질서)에 대해 노골적으로 노래했다.

1990년대 중반까지 이 새로운 페미니스트 아티스트들의 군단은 록 밴드, 팬 잡지, 그리고 인디 음반사들로 넘쳐흘렀고 반문화의 문화 코드로 통합되었다. 라이엇 걸은 펑크 록과 상당히 유사한 부류였다. 가장 인기 있는 라이엇 걸 중 한 명인 슬리터 키니는 이렇게 외치기도 했다. "나는 조이 라몬[9]처럼 되고 싶어." 이들은 공연을 할 때 펑크 소년들

―――― **9** 조이 라몬(본명 Jeffrey Ross Hyman, 1951~2001)은 미국의 펑크 록 밴드 레이먼즈의 음악가, 가수, 작곡가, 리드 보컬. 미국의 펑크 록을 상징하는 밴드 중 하나. 특유의 매력과 단순하면서도 직설적이고 파워풀한 스타일로 많은 인기를 얻었다. 빈티지 패션으로 인식되는 가죽 재킷, 청바지, 스니커즈, 장발 패션의 원조다.

처럼 무대를 가로질러 다니고 기타와 몸을 마구 흔들어댔다.

"천만다행" 광고는 진정성 있으면서도 '마운틴 듀의 스테레오 타입'을 그대로 활용한 방법으로 '라이엇 걸스의 정신세계'를 사로잡았다. 이제 또 한 번 이 브랜드는 듀 걸스가 듀 보이스만큼이나 대담하고, 창의적이며, 섹시할 수 있다는 것을 보여주면서 마운틴 듀의 대중적 세계관을 다시 '재궤도'에 진입시킬 수 있었다.

○ 신화의 경계 확장하기

신화 시장이 성숙해지면 브랜드 팀이 아무리 창의적으로 이야기를 이끌어가도 그 브랜드의 신화는 '더 예측 가능'해지고, '덜 매력'적으로 될 수밖에 없다. 마운틴 듀의 브랜드 팀은 토메 광고에서 발견한 커뮤니케이션 코드를 강하게 밀어붙이면서 제임스 본드, 펑크 밴드 섹스 피스톨스, 테니스 스타 안드레 애거시, 록밴드 퀸, 그리고 영화 〈크라우칭 타이거(Crouching Tiger)〉, 〈히든 드래곤(Hidden Dragon)〉 등을 패러디했다. 이 실험이 끝날 무렵, 패러디는 광고계의 일종의 공식처럼 굳어져 있었다. 시청자들은 광고가 시작하기 전부터 어떻게 전개될 것인지 이미 알고 있었다. 브랜드는 자신의 신화가 죽어가는 것을 피하기 위해, 반드시 창의적인 새 아이디어를 찾아야만 했다.

신화의 라이프 사이클 측면에서 브랜드 팀은 줄거리와 인물들에 대해 더 창의적으로 접근하기 위한 기반으로 시청자의 친숙함을 활용할수 있다. 이런 측면에서 보면 캠페인 초기에는 일관성이 없다고 평가받았다고 해도(인물과 줄거리의 변화 때문에), 캠페인 후반에는 브랜드가 여전히 좋은 성과를 내고 있다는 반가움의 근거(역시, 인물과 줄거리의 변화 때문에)로 인식되기도 한다.

　브랜드 팀은 단순한 캐릭터와 줄거리 전개에서 벗어나 "두 더 듀" 광고를 실험적으로 좀 더 자유롭게 재해석하기 시작했다. 이전의 수십 편의 광고에서는 번지점프, 절벽 바이킹, 스카이다이빙, 랜드 루지와 같은 다양한 익스트림 스포츠가 광고의 주변을 장식하는 조연 역할을 했다. 2000년부터는 브랜드 팀이 아예 얼터너티브 스포츠를 뼛속부터 바꿔버렸다. 남은 것은 어떤 종류의 무모한 행동들뿐이었는데, 이 행동들은 남성들이 그 스포츠를 통해서 자신들의 원초적 남성성을 표현할 때 드러내는 것들이었다. (나이키는 1990년대 중반부터 광고에서 스포츠에 대해 똑같은 작업을 해왔고, 이 작업을 통해 운동과 유사한 어떤 종류의 활동도 나이키 신화의 정신에 적합하다고 광범위하게 해석했다.) 마운틴 듀 팀은 두 종류의 새로운 '대담한 활동'을 찾아냈는데(인간 대 동물 그리고 자동차 스턴트라는) 두 종류 모두 야생의 '슬래커'라는 기존의 마운틴 듀 이미지에 잘 어울리는 소재라는 것이 입증되었다.

　"치타" 광고는 자연 다큐멘터리 프로그램을 본 누구에게나 친숙한 배경인 광활한 아프리카 평원의 풍경으로부터 시작한다. 카메라가 당겨지고, 한 동물이 벌판을 가로질러 질주하는 장면이 잡히는데 뒤에 피어오르는 먼지가 걷히면서 그 동물의 존재가 드러난다. 카메라가 더 가까이 들어가자 내달리고 있는 동물은 치타임이 드러난다. 빠른 편집과 역동적인 일련의 액션 장면에서 산악자전거 라이더가 치타를 맹렬히 추격하는 장면이 보인다. 라이더는 미친 듯이 페달을 밟았고, 그의 땀투성이 얼굴에는 마치 경찰 추격전과 같은 결의가 보인다. 동물은 이리저리 추격자를 따돌리려는 움직임을 했으나 소용없었고, 라이더는 어느 순간 브레이크를 잡고 핸들 위로 날아올라 그 동물 위로 뛰어내려

몸싸움을 벌인다. 라이더는 당황한 치타를 풀어주면서 진정시키고 쿵후 파이터처럼 주위를 빙빙 돌기 시작한다. 그리곤 치타의 턱을 비틀어 열어젖히고 입 속으로 손을 집어넣는다. 치타의 목구멍 깊숙이 팔꿈치까지 쑤셔 넣자 끈적끈적하고 부드러운 소리가 난다. 남자는 찾고 있던 것을 치타의 뱃속에서 끄집어 올린다. 치타는 몸에 들어온 남자의 손을 떨쳐내며 불쾌하다는 듯한 소리를 낸다. 라이더는 마운틴 듀 캔을 들고 흔든다. 그런데 그 캔은 이빨 자국의 구멍이 나 있고, 비어있다. "나쁜 치타!"라고 라이더가 치타를 꾸짖는다. 치타는 뭔가 아쉬운 듯한 표정을 보이며 자신의 턱을 핥는다.

멀리 떨어진 산 중턱에서 이 장면을 본 또 다른 세 명의 라이더들이 놀라 서로를 쳐다본다. 한 명이 다른 친구에게 "저게 내가 고양이 인간이 아닌 이유지"라고 말한다. 한 명씩 차례로 클로즈업하면서, 이들은 뜨거운 태양 아래 마운틴 듀를 입 안에 들이붓는다. 인상적인 장면. 망원렌즈를 통해 다음 장면이 보인다. 치타는 햇빛을 받으며 잔뜩 폼을 잡으며 어슬렁거리는데, 옆구리에는 치타의 얼룩점들이 "두 더 듀"라는 글씨 형태로 재배열되어 있다.

"숫양" 광고에서는 듀 친구들 중 한 명이 큰 뿔을 가지고 있는 숫양과 마운틴 듀 한 병을 두고 영역 다툼을 벌인다. 높은 산으로 추정되는 장소에서, 큰 뿔의 숫양은 마운틴 듀 한 병을 마치 어린 암컷을 보호하듯 지킨다. 남자는 그 숫양과 콧김을 주고받으며 머리를 들이받을 준비를 한다. 두 번에 걸쳐 머리 박치기를 한 후, 그 숫양은 물러난다. 다른 세 명의 듀 친구들은 그 남자에게 어땠는지를 묻는다. 그 친구는 다음과 같이 대답한다. "괜찮…… 아…… 아…… 았었…… 어……."

이 '인간 대 동물'이라는 패러디 광고는 마운틴 듀에게 효과적이면

_____ 브랜드는 어떻게 아이콘이 되는가

서도 새로운 소재를 제공했다. 야생에서 동물들과 사투를 벌이는 이런 남자들의 원초적인 드라마는 마운틴 듀가 자신의 야생 신화에서 찬양해왔던 아드레날린을 뿜어내는 위험한 장면이 등장하는 이야기에 딱 맞으면서도 창의적인 연장선이라는 것을 입증했다. 신화를 만드는 차원에서 보면 이 광고의 스토리는 전략적인 광고였을 뿐 아니라, '시골의 노동자 계급문화'라고 하는 마운틴 듀의 역사적 지위를 정확하게 겨냥한 대중적 세계관(사냥과 낚시를 포함한)에 자리 잡고 있었다.

스토리텔링으로서의 브랜딩

마인드 셰어 모델을 지지하는 사람들은 스토리 자체가 아니라 '비슷한 광고'를 만드는 것에 강박이 있다. 이들은 자신의 브랜드 바이블에서 나온 키워드 목록을 검토하고 만들어진 광고와 이 키워드들이 일치하는지를 확인한다. 마인드 셰어 모델의 세계에는 줄거리와 캐릭터(주인공)를 발굴한다는 개념 자체가 없다. 그래서 사람들로 하여금 브랜드의 DNA를 기억할 수 있게 하는 한에서는 스토리가 훌륭한 역할을 할 수는 있지만, 그렇지 못하다면 전혀 가치가 없다고 생각한다. 마인드 셰어 모델 광고의 목적은 사람들이 그 브랜드의 포지셔닝 콘셉트 이미지들에 주의를 기울이도록 하는 것이다.

아이코닉 브랜드의 경우 이러한 접근 방식은 완전히 잘못된 것이다. "두 더 듀" 광고 캠페인은 10년 동안이나 지속되었는데, 나이키, 버드라이트, 그리고 몇몇 다른 브랜드들도 공유하고 있는 기록이기도 하다. 브랜드 팀은 신화를 확장하기 위해 네 가지 원칙을 적용함으로써 마운틴 듀 신화의 생명력을 유지했다. 이렇게 신화의 생명력을 유지하기 위해서는 브랜드 매니저들이 지속적으로 영향력을 확장해야 하며 브랜드가 새로운 대중문화에 창의적으로 반응할 수 있도록 해야 한다.

_____ 브랜드는 어떻게 아이콘이 되는가

문화 행동주의
차원에서의 브랜딩

아이코닉 브랜드는 문화 행동주의자들에 의해 만들어진다. 많은 회사들이 나이키, 버드와이저, 마운틴 듀 같은 브랜드를 만들고 싶어 한다. 하지만 대부분의 기업들은 문화 현상에서 파생된 것들을 반사적이고 수동적으로 받아들이도록 조직할 뿐이다. 그런데 이 관행은 문화 행동주의에서 요구되는 것과는 정반대의 활동이다. 브랜드 매니저들은 일반적으로 마인드 셰어 모델의 관점으로 정체성 브랜드를 본다. 마인드 셰어 모델은 브랜드의 '바로 지금 현재의 모습 또는 이미지'를 구성하려고 하는데, 바로 이 점 때문에 브랜드 매니저들은 떠오르고 있는 문화적 기회를 놓친다. 그리고 마인드 셰어 모델의 추상화(브랜드에서 문화적 맥락을 드러내려는)에 대한 욕망은 실제로는 전략적인 결과가 거의 나오지 않는 '이미지 형용사'를 놓고 매니저들 간 소모적인 논쟁을 벌이게 한다. 브랜드 매니저들은 브랜드 신화의 문화콘텐츠를 일상적으로 무시하고, 콘텐츠를 제작 시점에서의 '실행' 이슈로만 취급한다. 결과적으로, 이들은 브랜드에 대한 가장 중요한 전략적 결정을 광고대행사, 홍보대행사, 디자인 에이전시 등의 크리에이터들에게 아웃소싱한다.

아이코닉 브랜드를 체계적으로 구축하기 위해서는 기업이 가지고 있는 마케팅(부서)의 기능 혹은 역할을 혁신해야 한다. 기업은 개인 소비자들에 대한 지식보다는 '문화 지식(cultural knowledge)'을 모아야 한다. 기업은 추상적이고 '지금 현재의 이미지'를 중요하게 보는 마인드 셰어 모델을 적용하기보다는 문화 브랜딩 원리에 따라 전략을 짜야 한다. 그리고 그들은 브랜드 에센스를 잘 관리하는 매니저들보다는 문화 행동주의자를 고용하고 훈련시켜야 한다.

문화 지식의 네 가지 종류

브랜드 매니저는 전략을 개발하기 위해 브랜드와 고객에 대한 지식을 필요로 한다. 문화 브랜딩의 경우, 이런 지식은 기본적인 브랜드에 대한 지식에서부터 현재 자신들이 하는 브랜딩 활동을 설명하는 데 의존하는 지식에 이르기까지 굉장히 다양하다.

- 문화 지식은 개인이 모인 집단 차원이 아니라, 국가 단위에 영향을 미치는 주요한 사회 변화에 초점을 맞춘다.
- 문화 지식은 사람을 '심리통계적' 집단(주로 심리학 기반의 라이프 스타일)으로 분류한 모호한 범주(예를 들어 고급 취향 추구형 소비자, 절약형 소비자 등과 같이 군집 분석이나 판별 분석으로 구분하는 집단)를 살피기보다는 정체성 형성에 중요한 역할을 하는 계층, 성별, 그리고 민족성이라고 하는 주요한 사회적 범주의 역할을 조사한다.
- 문화 지식은 브랜드를 사회 혹은 역사 속에서 어떤 역할을 하는 행위자로 본다.

　　　　　_____ 브랜드는 어떻게 아이콘이 되는가

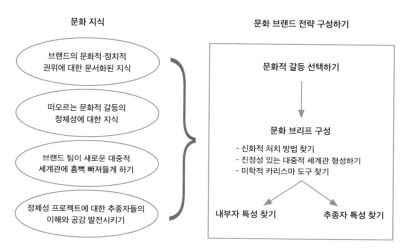

문화 브랜드 관리 프로세스

특별히 아이코닉 브랜드를 만들고 싶다면 매니저들은 네 가지 종류의 문화 지식을 모아야 한다(그림 9-1).

• 문화 지식은 사람을 총체적 관점으로 바라보며, 특정 상품 카테고리의 편익을 얻는 고객 관점으로 사람을 보기보다 자신의 삶에 어떤 의미를 부여하는지를 이해하려고 한다.

• 문화 지식은 대중문화를 단순히 트렌드와 오락거리로 취급하기보다는 문화 텍스트가 가지고 있는 정체성의 가치를 이해하고자 한다.

특별히 아이코닉 브랜드를 만들고 싶다면 매니저들은 네 가지 종류의 문화 지식을 모아야 한다(그림 9-1).

○ 브랜드의 문화적·정치적 권위의 목록 작성하기

정체성 브랜드는 양도할 수 있는 자산이다. 브랜드의 성장 여부는 대부분 매니저들이 그 브랜드의 역사적 자산을 미래의 가장 유리한 위치로 이끌 만큼 충분히 잘 이해하느냐에 달려있다. 마인드 셰어 모델에서의 브랜드는 시간이 흘러도 변치 않는 시대를 초월한 개념으로 이해된다. 그래서 과거의 브랜딩 노력과 미래 브랜드 방향에 대한 해석은 아주 '심플'한 문제다. 일단 브랜드가 '가치가 있는 이미지 형용사(브랜드 에센스)'를 획득했다면, 어떤 것도 바꾸면 안 된다! 여기서 관전 포인트는 일관성이고, 브랜드는 곧바로 '관리 모드'로 들어간다.

정체성 브랜드는 접근 방식이 다르다. 다음과 같은 질문을 해야 한다. 브랜드가 과거 활동을 통해 축적한 자산은 무엇이며, 그 브랜드가 미래에 만들 수 있는 신화는 제약을 포함해서 어디까지 확장 가능한가 하는 것이다.

아이코닉 브랜드는 명성을 쌓지만, 항상 경제적 이익을 취하는 것은 아니다. 그보다 성공적인 브랜드는 특정 지지자들의 정체성 욕망을 다루는 어떤 종류의 이야기를 하는 것으로 브랜드의 명성을 발전시킨다. 다시 말하면 아이코닉 브랜드는 두 가지의 상호보완적인 자산을 축적한다. 문화적 권위와 정치적 권위라는 자산이다. 브랜드가 사람들이 가치 있다고 생각하는 신화를 만들어 낼 때, 그 브랜드는 비슷한 종류의 신화를 말할 수 있는 권위(문화적 권위)를 얻으며, 미래에는 유사한 지지자들(정치적 권위)의 정체성 욕구를 해소할 수 있게 한다.

브랜드의 문화적·정치적 권위를 구체적으로 명시하는 것은 브랜드 매니저들이 브랜드에 대한 적절한 신화를 개발하도록 방향을 제공하고, 브랜드와 잘 맞지 않는 신화를 배제하도록 도움을 준다. 만약 1990

년대의 폭스바겐 브랜드 매니저들이 과거 폭스바겐 브랜드가 1960년대 개인주의적 창의성 신화를 보여주면서 의미심장한 문화적 권위를 얻었다는 것을 이해했더라면, 그리고 1990년대에 특히 고학력 도시 중산층들이 경험하던 문화적 갈등을 진정시키는 정치적 권위를 폭스바겐이 가지고 있었다는 것을 이해했더라면, 이들은 크리에이티브 파트너들을 보보스라는 새로운 정체성의 욕망에 호소하는 형태의 신화로 방향을 잡게 할 수 있었을 것이다.

○ 추종자들의 정체성 고민에 대한 공감대 발전시키기

기존의 브랜드 모델에서 소비자 연구는 소비자들이 어떻게 생각하고 행동하는지에 대한 깊은 통찰을 찾으려 한다. 연구자들은 사람들이 소비하는 것을 지켜보고, 그 행동에 깔려 있는 암묵적인 사고와 감정을 파헤치기 위해 이들을 집중적으로 인터뷰하는데 이 모든 것은 그 브랜드 입장에서의 '소비자 진실(consumer truths)'을 밝히기 위한 것이다. 조사와 연구에 엄청난 관심을 기울이는 브랜딩 차원에서 볼 때, 기존 소비자 연구가 아이코닉 브랜드를 구축하는 데 기여한 단 하나의 사례를 찾을 수 없었다는 것은 매우 주목할 만하다.

아이코닉 브랜드는 마인드 셰어 브랜드와는 다르게 가치를 창출하기 때문에, 다른 종류의 소비자 이해가 필요하다. 위대한 신화는 사람들의 가장 예리한 욕망과 불안에 대한 공감적 이해에 바탕을 두고 있고, 이것은 사회적 힘에 의해 생성되는 것이기 때문에 사회의 광범위한 일상에 영향을 미친다. 대중과 공명하는 신화란 일터에서의 사람들의 욕망, 자녀에 대한 희망, 기술에 대한 불안, 사람들과 우정을 쌓는 것에 대한 어려움 등에 대한 이해가 바탕이 되는 것이다. 이 책에서는 소비자 연구에서 자주 사용하는 용어인 소비자 행동의 '진실'이라든가 '소비자의 정서'와 같은 용어에 대해 이야기하고 있지 않다는 것을 주목하라. 사실 정체성 가치를 구축하는 데 필요한 것은 그 브랜드 고객을 단순히 소비자로만 생각하는 것 자체를 거부하는 것이다. 아이코닉 브랜드는 제품 범주와 관련된 일반적인 소비자 혜택과 소비 행동을 훨씬 뛰어넘는 실존적 문제를 해결하려고 한다. 따라서 소비자 연구는 기존 고객과 잠재 고객이 가지고 있는 가장 의미 있는 정체성 과제를 찾아내는 것이어야 한다. 그래서 사람들로 하여금 이런 과제를 야기하게 하는 가장 첨예한 긴장의 내용을 파악해야만 하는 것이다.

한발 더 나아가 이런 이해 방식은 문서화된 형태의 사람들의 태도와 감정 이해 차원을 훨씬 뛰어넘어, 그들의 입장에서 삶이 실제로 어떤 느낌인지에 대한 구체적이고 내면화된 감각을 습득하게 한다. 아이코닉 브랜드를 만드는 데 요구되는 지식의 종류는 훌륭한 소설이나 시나리오를 쓰기 위해 작가가 필요로 하는 것에 더 가깝다. 위대한 작가들은 주변의 세계와 잘 어울린다. 그래서 이들은 다른 사람의 시선으로 세상을 볼 수 있다. 인류학과 사회학의 맥락에서 자주 다루는 민속지학(ethnographies)에서 도출되는 지식들에서도 비슷한 결과를 얻는다. 마찬가지로 문화 아이콘을 만들어 내는 가장 성공적인 작가들은 사람들의 삶을 움직이는 중요한 정체성 문제와 연결된 '공감각 안테나' 같은 것을 가지고 있다. 결과적으로 이런 작가들은 그 사회의 특정한 실존적 관심사를 구체화된 영화, 잡지, 신문, 미디어 등과 같은 문화 텍스트의 형태로 창조해낸다.

이와 같은 공감각적 이해는 리서치 보고서 형태로 핵심만 요약정리되거나 수학 공식처럼 패턴화될 수 없다. 또한 이런 이해는 브랜드 매니저가 간접적으로 얻을 수 있는 것도 아니다. 이것은 리서치 회사나 브랜드 컨설팅사에 아웃소싱하거나, 단순히 리서치 부서로 이관할 수도 없으며, 전략을 작성하거나 브랜드 재료를 구성하는 사람들을 위해 필요한 최종 키워드 형태로 요약정리할 수도 없는 것이다. 문화 아이콘을 만드는 사람들은 기존의 시장조사를 거부하는데, 그렇게 하는 것은 당연하게도 그 시장조사라는 것이 문화 아이콘에서 요구되는 이해의 폭과 깊이가 모두 부족하기 때문이다. 브랜드 매니저는 이러한 이해나 지식을 직접 얻어야 하며, 그렇지 않다면 소비자의 삶에 대해 상세하고 풍부하게 묘사한 연구를 통해서 자료를 모아야 한다. 파워포인트 요약본만 훑어보는 것이 아니라 말이다.

효과적인 신화가 이미 있는 브랜드의 경우, 브랜드 매니저는 추종자와 내부자의 정체성 과제에 대한 공감대를 형성할 필요가 있다. 왜냐하면 브랜드가 새로운 신화를 찾아야 하는 경우에 브랜드 매니저는 그 브랜드의 문화적·정치적 권위에 가장 잘 부합하는 잠재 고객의 정체성 과제를 찾아내야 하기 때문이다.

브랜드의 중계자는 무시하라! 아이코닉 브랜드의 고객 중 대부분은 브랜드 신화의 헌신적인 추종자들이거나 브랜드가 제시한 대중적 세계관에 박자를 맞추는 내부자들이 아니다. 오히려 이들은 중계자들에 가깝다. 이들은 일종의 문화적으로 기생하는 사람들인데 이들은 그 브랜드를 유행, 사회적 지위, 공동체 등의 다양한 장면에서 사용함으로써 그 브랜드의 핵심고객의 감정을 돋우고, 허영심을 만족시켜주는 역할을 한다. 중계자들의 선호는 핵심 추종자들과 내부자들로부터 생성된

'브랜드의 이상향'에 직접적으로 영향을 받기 때문에, 이들의 선호는 브랜드 전략의 방향을 안내하는 데 거의 쓸모가 없다. 게다가 중계자들은 대개 브랜드에 대한 모호하고 특이한 나름의 이해가 있기 때문에 이런 지식까지 포함하는 브랜드 연구는 전략을 심하게 왜곡할 것이다. 그럼에도 불구하고, 중계자들이 종종 제품의 판매를 지배하기 때문에 브랜드 매니저들은 중계자들이 브랜드를 어떻게 이해하고 어디에 가치를 두는가에 대한 무게감 있는 조사와 연구로부터 전략을 세우는 경향이 있다. 하지만 ESPN, 나이키, 파타고니아와 같은 아이코닉 브랜드의 매니저들은 결코 자신들의 전략을 주변 고객들인 중계자들에게 겨냥하지 않는다. 오히려 이들 아이코닉 브랜드의 매니저들은 핵심 추종자와 내부자에 대한 이상적 신화를 만들고 이 신화에 대한 욕망을 다른 사람들을 끌어들이기 위한 유인 동력으로 사용한다.

○ 브랜드 팀을 대중적 세계관에 몰입시키기

아이코닉 브랜드는 대중적 세계관을 그들 신화의 원천으로 의존한다. 일반적으로 대중적 세계관은 대다수 브랜드 고객들의 삶의 경험과는 거리가 멀다고 느껴질 수 있다. 하지만 시대정신을 반영한 대중적 세계관이 아니라, 고객들의 소비 욕망만이 반영된 세계관에 의해서만 만들어지는 브랜드 전략은 결코, 정체성 욕망에서 정체성 신화로 창의적인 도약을 할 수가 없다.

아이코닉 브랜드는 일반적으로 사람들을 끌어들이는 대중적 세계관에 깊이 빠져 있는 사람들에 의해 만들어진다. 나이키와 나이키의 에이전시인 위든 앤 케네디의 사례를 예로 들면 이들은 스포츠를 위해 살고, 스포츠로 숨 쉬는, 뼛속까지 스포츠 마니아들이었다. 폭스바겐 비틀 광고가 잘나가던 시절, DDB의 크리에이티브들(광고 기획안)은 이들이 함께 유통시킨 뉴욕의 지식인 계급에서 나왔다. 30년 후, "드라이버스 원티드" 광고에서 크리에이티브를 이끈 랜스 젠슨은 인디 보헤미아 문화 속에서 살았던 자신의 평생 경험에서 영감을 얻었다. 마운틴 듀의 크리에이티브를 이끈 빌 브루스는 광고로 눈을 돌리기 전까지 레코드 가게에서 일했던 '원조-슬래커'였다.

마찬가지로, 안호이저-부쉬와 DDB 시카고는 버드 라이트와 함께 큰 성공을 거두었는데, 그 이유는 양쪽 모두 비슷한 문화적 환경에서 성장했기 때문이다. 그래서 타깃층인 미국 중서부 지역의 사람들과 유머 감각을 공유할 수 있었다. 반면 "와썹" 광고는 브루클린 출신의 아프리카계 미국인 감독을 통해 외주 형태로 제작되었기 때문에, DDB가 "와썹" 광고의 크리에이티브 콘텐츠를 인수하자 이 캠페인은 뭔가 핵심적인 동력 같은 것을 잃어버렸던 것이다.

○ 새로 떠오르는 문화적 갈등을 파악하고 정의하기

문화 행동주의는 이런 갈등들을 둘러싸고 형성되는 새로운 문화적 갈등과 신화 시장을 파악하고 대응하는 데 중점을 둔다. 현직 브랜드 매니저들은 자신의 브랜드 신화가 새롭게 떠오르는 문화에서 어떻게 작용하는지를 모니터링해야만 하고, 사회 변화가 브랜드 신화의 효과에 어떤 영향을 미치는지를 추적해야 한다. 마찬가지로 새로운 아이코닉 브랜드를 개발하려는 매니저들은 새롭게 떠오르는 문화적 기회를 정확히 찾아내야 한다.

사회의 갈등을 발견하고 이러한 갈등을 신화 시장을 통해 어떻게 다뤄야 하는지를 분리하기 위해 브랜드 매니저들은 시장에 대한 계보학적 접근법을 채택할 필요가 있다. 계보학적 연구는 사회경제적 갈등이 드러나는 것을 기록한 다음, 문화산업의 텍스트들이 어떻게 이러한 사회적 갈등에 대응하고 새로운 신화와 호응하는지를 조사한다. 계보학은 개인 소비자들의 정보를 스냅사진 찍듯 통계적이고 미시적인 자료로 구하고 이를 연구하는 분야라기보다, 거시적이고 변증법적인 방법이다.

오늘날 대부분의 브랜드 매니저들이 과거나 미래가 아닌 현재에 기반한 브랜딩 모델에 의존하기 때문에, 트렌드를 따라가거나 큰일을 예측하기 위해 노력하는 것 외에는 브랜드의 미래를 지향하는 데 있어 도움이 되는 지침이나 가이드는 거의 없다. 바이럴 브랜딩의 인기에서 비롯된 잘못된 전제가 있는데, 그것은 새로운 문화가 '핫'해지기 전에 새로운 문화를 상품화하는 경쟁에서 브랜드가 이미 선도하고 있어야 한다는 것이다. 내가 연구한 사례에서 보면, 이런 가정은 거의 지켜지지 않는다. 오히려 아이코닉 브랜드는 다른 문화산업들이 이미 시행하고 있는 문화 텍스트들을 따라 하거나 재생산한다(선도하지 않는다). 다시 말하면 아이코닉 브랜드는 일반적으로 새로운 신화 시장을 스스로 창조하기보다는 기존의 신화 시장을 빌린다.

계보학자로서의 브랜드 매니저

마인드 셰어 모델에서 브랜드 매니저는 '시간을 초월한 정체성을 갖는 브랜드'의 관리인으로 임명된다. 브랜드 매니저의 역할은 브랜드의 '초월적 핵심'을 파악한 다음, 새로운 것을 시도하라는 조직의 압력에 직면했을 때 이 초월적 핵심을 유지하는 것이다. 문화 브랜딩 모델에서는 브랜드 매니저가 계보학자가 된다. 브랜드 매니저들은 새로운 문화적 기회를 발견하고 이 기회의 미묘한 특성을 이해할 수 있어야만 한다. 그렇게 하기 위해서 매니저들은 브랜드를 역사를 통해 움직이는 일종의 문화 유물로 보는 능력을 훈련해야 한다. 매니저들은 새로운 정체성 욕망을 드러내는 사회의 구조적인 변화를 포착하기 위해 민감한 안테나를 개발해야 한다. 그리고 이들은 자신의 브랜드를 (할리우드 영화나 새로운 종류의 사회운동과 마찬가지로) 신화를 통해 이러한 사회적 욕구에 효과적으로 대응하기 위한 하나의 문화 플랫폼으로 보아야 한다.

　문화 지식은 아이코닉 브랜드를 구축하는 데 결정적으로 중요한 것이지만, 대부분의 브랜드 매니저들은 이 문화 지식이 턱없이 부족하다. 이러한 지식은 단순히 마케팅 담당자가 고객에게 다가가는 일반적인 수단인 포커스 그룹 인터뷰 보고서나 인류학적 분석 또는 트렌드 리포트에는 나타나지 않는다. 오히려 이런 지식은 브랜드 매니저들에게 새로운 스킬을 요구한다. 이 문화 지식은 이데올로기가 차오르거나 기우는 것에 대한 문화사학자들의 이해, 사회적 갈등의 지형을 그려내는 사회학자들의 이해, 사회 갈등을 다루는 대중문화에 대한 문학적 탐험을 필요로 한다. 새로운 신화를 만들기 위해서 브랜드 매니저들은 '국가'와 친해져야 한다. 즉, 사회와 문화의 변화와 그로 인한 욕망과 불안의 결과물로서의 국가와 친해져야 한다. 이것은 오늘날 알려진 소비자들보다 훨씬 더 멀리 내다보아야 한다는 것을 의미한다.

문화 브랜딩 전략

문화 브랜딩 전략이란 브랜드를 특정한 종류의 신화로 향하게 하고 그 신화가 어떻게 구성되어야 하는지를 감독하는 일종의 계획이다. 문화 전략은 필연적으로, 이성적이고 감성적 혜택, 브랜드 성격 등으로 가득 찬 기존의 브랜딩 전략과는 상당히 다르다. 잠시 앞에서 살펴본 두 가지 아이코닉 브랜드인 폭스바겐과 마운틴 듀로 잠시 돌아가 그 이유를 알아보도록 하자.

○ 폭스바겐의 브랜딩 전략

1990년대 초 폭스바겐이 미국 시장에서 살아남기 위해 고군분투할 때, 폭스바겐 북미법인은 오랜 파트너인 광고대행사 DDB에게 이 브랜드가 한때 가지고 있던 강력한 잠재적 브랜드 자산을 되살릴 수 있는 마지막 기회를 주었다. DDB의 조사에 따르면 폭스바겐은 자동차 시장에서 가성비가 아주 훌륭한 '드라이빙'에 강한 브랜드로 각인되어 있었다(마인드 셰어적 관점에서 보았을 때 탁월하게 차별적이다). 1980년대에 폭스바겐은 골프, 제타 그리고 특별히 GTI와 같은 새로운 모델을 개발했는데, 이 모델들은 토요타나 포드처럼 쥐어짜듯 힘을 줘야 하는 핸들링이 아니라, 폭스바겐의 '독일 형제들(BMW, 메르세데스, 아우디 등)'과 비슷한 성능을 보여주었다. 1980년대 중반 이후, 광고는 이처럼 우수한 폭스바겐의 엔지니어링을 강조했고 "독일 기술이 만든 폭스바겐"이라는 태그 라인을 붙였다.

이 새로운 전략은 폭스바겐의 '기능(예를 들어 각이 좁은 곳에서의 코너링)'에서 '혜택(예를 들어 폭스바겐은 진정으로 도로에서의 드라이빙을 즐기고 차를 온전히 느끼는 경험을 제공한다는 것)'으로 초점을 바꿔 커뮤니케이션 했다. 몇 달 동안 신중하게 이런저런 전략을 짜낸 다음 이 전략에 기반해 최고의 크레에이티브 아이디어를 개발했는데, 이렇게 폭스바겐과 DDB가 내놓은 광고가 바로 앞서 언급한 (결과적으로 완전히 실패한) "파버뉘겐" 캠페인이었다. 역설적이게도 이 캠페인은 폭스바겐의 전략을 아주 정확히 전달했다. 폭스바겐이 진정으로 운전을 즐기고 폭스바겐의 주행 성능의 진가를 알아보는 사람들을 위해 만들었다는 것을 분명히 전달했던 것이다. 그러나 이 기이한 광고는 마인드 셰어 전략의 측면에는 도움이 되었을지 몰라도, 광고 캠페인은 사람들의 일상적 삶에 대한 접근(탈감각적이고, 기계적이며, 일상과는 거의 관계없이 고립된 형태로)에 간신히 도달할 수 있을 뿐이었고, 이것은 사실상 폭스바겐이 이전까지의 신화에서 역사적으로 지지해왔던 것과는 거의 반대되는 것이었다.

DDB가 해고된 후 폭스바겐의 새로운 마케팅 팀은 아놀드 커뮤니케이션에게 광고를 요청했다. DDB처럼 아놀드도 전략을 짜기 위해 몇 달을 연구하는 데 보냈다. 아놀드의 전략은 자동차 전문 리서치 회사인 J.D. 파워에서 제공받은 자료에 의해 많은 자극을 받았는데 의심할 바 없이 DDB가 도출한 것과 유사한 것들이었다. 예를 들어 폭스바겐 보유자들은 A라는 곳에서 B라는 장소로 가기 위한 실용적인 수단으로서 차보다는 드라이빙 경험 자체를 중요하게 보는 사람이라는 설명이었다. 조사에 따르면, 폭스바겐 고객들은 빠르게 운전하는 것을 좋아했고, 차량 성능에 대한 미세한 부분을 더 높이 평가하고 있었다. 따라서 아놀드는 '운전하는 것을 좋아하는 사람들을 위한 차'라는 것을 알리기 위한 광고 전략을 개발했다. 몇 달간의 토론 끝에 아놀드는 DDB가 "파버뉘겐" 광고를 제작하기 위해 사용한 것과 거의 똑같은 마인드 셰어 브랜딩 전략에 도달했다.

그러나 이 전략으로 아놀드는 완전히 다른 "드라이버스 원티드" 광고를 만들었고, 이 캠페인은 엄청나게 지속적으로 성공하고 발전했다. "파버뉘겐"처럼, "드라이버스 원티드" 또한 폭스바겐 운전 경험의 이점을 전달했다. 그러나 이 캠페인은 모든 면에서 달랐다. 이전과 동일한 혜택이 강조된 광고 플랫폼을 통해, 아놀드는 일상에서 창의적이고 자연스러운 방식으로 관습을 비트는 것에 대한 신화를 구축했다. 이 신화를 성공적으로 만든 것은 아놀드가 1990년대 후반 미국의 사회적 환경에서 작동했던 DDB 비틀 신화의 창의적인 방식을 새롭게 업데이트하는 방법을 찾아낸 것이었다.

○ 마운틴 듀의 브랜딩 전략

1993년 마운틴 듀에 대한 펩시코의 전략을 곱씹어보자. 이 전략은 브랜드 소비의 경험적 특성, 즉 유쾌함과 흥분을 강조했는데, 이것은 카페인이 함유된 단맛 가득한 버즈 메시지를 통해 대중적으로 확산되었다. 버즈 메시지는 다음과 같다. "당신은 가장 스릴 넘치고, 흥미진진하고, 대담한 경험을 할 수는 있다. 하지만 마운틴 듀의 짜릿한 경험과는 결코 경쟁할 수 없다."

전략에 따라 펩시코와 BBDO는 마운틴 듀 브랜드를 (결과적으로 참담하게 실패해버린) "슈퍼 듀드" 광고 캠페인에 베팅했는데, 이 광고는 도시에서 스케이트보더와 바이커들이 지나가는 동안 아프리카계 미

_____ 브랜드는 어떻게 아이콘이 되는가

국인 만화 캐릭터가 도시를 춤을 추듯 요란하게 돌아다니며 마운틴 듀를 들이켜는 진부한 클리셰로 연출된다. 이 광고는 확실히 흥분되는 지점이 있기는 하다. 그러나 이 이야기는 마운틴 듀의 문화적·정치적 권위와는 전혀 맞지 않았다. 마운틴 듀는 비전문직인 시골 백인 남성들의 야성적인 이상향을 지지해왔기 때문이다.

이와 동시에 마케팅 담당자들은 마운틴 듀 다이어트 음료를 위한 부가적인 캠페인(나중에 "두 더 듀" 캠페인이 되는)을 만들었는데, 이 캠페인은 같은 전략에서 출발한 것이고, 다이어트 음료의 판매를 다시 장려하기 위한 추가적인 방향이었다. "슈퍼 듀드" 캠페인과는 달리, "두 더 듀" 캠페인은 1990년대 초 마운틴 듀에게 가장 실질적인 문화적 기회를 제공했다. 새로 부상한 익스트림 스포츠라는 대중적 세계관과 할리우드의 슬래커 신화에서 빌려온 문화적 재료를 결합한 새로운 야생적 삶이라는 신화였다.

폭스바겐과 마찬가지로, 마운틴 듀는 동일한 전략이지만 정반대의 결과를 가진 전혀 다른 캠페인을 만들어 냈다. 이들은 매우 비효율적인 캠페인을 만들어 낼 뿐이었고, BBDO의 크리에이터들에게 성공적인 캠페인에 대한 어떤 방향도 제시하지 못했다. 1993년 미국 문화에는 문자 그대로 수백 가지의 '스릴 넘치고, 흥분할만하며, 대담한 경험'이 있었다(실제로 많은 마케팅 전략 문서에는 구체적인 문화 표현은 없는 추상적인 단어들이 넘쳐난다-옮긴이). BBDO의 크리에이터들은 마운틴 듀 광고를 제작하기 위해 이런 표현 중 하나에 의지했을 수도 있었을 것이다. 하지만 마케팅 전략 문서에는 어떤 표현이 더 나은 것인지에 대한 어떠한 단서도 없었다.

펩시코와 폭스바겐은 자사 브랜드에 붙일 적절한 형용사, 즉 청량음료와 자동차 회사 브랜드를 구분할 수 있는 변별력 있는 형용사들을 놓고 여러 달 동안 자신들의 마케팅 에이전시들과 논쟁을 벌였다. 그러나 결국 선택된 콘셉트라는 것들이 너무 모호하고 부정확한 방향을 제공했기 때문에 가장 뛰어난 것에서부터 가장 평범한 캠페인까지 전략 범위 안에 포함되어 있었다. 수십 년 동안 마케터들이 '브랜드 전략'이라고 불러왔던 것이 여기서는 작동하지 않았다. 즉, 전략은 더 나은 선택과 나쁜 선택을 구분하는 세밀한 기준을 정해서 어려운 결정을 반드시 해야 한다는 것을 가정하는데, 이 결정을 하지 않았던 것이다.

정체성 브랜드의 장기적인 건강성에 대해 브랜드 매니저들이 할 수 있는 가장 치명적인 실수는 브랜드를 사회문화적 맥락에서 빼내어 굉장히 추상적인 마케팅 전략으로 개발하는 것이다. 제품 디자인과 소비자 혜택은 신화가 구축되는 플랫폼이기는 하다. 제품의 혜택이라는 플랫폼 위에 다양한 신화를 구축할 수는 있다. 그러나 혜택으로만 구축된 대부분의 신화는 소비자에게 거의 가치가 없다.

그렇다면 정체성 브랜드를 위한 전략이란 무엇일까? 문화 브랜드 전략은 특정 역사적 시점에 브랜드가 대중에서 보여줄 수 있는 가장 가치 있는 신화를 파악해야만 한다는 것이다. 그다음 신화를 구성하는 방법에 대한 방향성을 (함께 광고를 만드는) 파트너에게 제공해야 한다. 앞서 설명한 문화 지식에서 도출한 문화 브랜딩 전략은 다음과 같은 요소를 포함해야 한다.

가장 적합한 신화 시장을 공략하라. 브랜드 매니저는 그 나라에서 가장 중요하게 존재하며 떠오르고 있는 신화 시장에 대한 지식과 브랜드의 문화적·정치적 권위에 대한 이해를 토대로 브랜드에 가장 적합한 신화를 찾는다. 가장 적절한 신화 시장이란 브랜드가 그 신화를 통해 해결하고자 하는 것(갈등)에 대해 가장 큰 권위를 가지고 있는 시장을 말한다. 마운틴 듀의 브랜드 자산은 슬래커 신화 시장이라는 완벽한 선택에 의해 만들어졌고, 인디 문화라는 신화 시장은 자연스럽게 폭스바겐에게 문화적·정치적 권위를 주었다.[i]

정체성 신화를 창조하라. 브랜드 매니저는 크리에이터가 가지고 있는 중요한 역할을 빼앗아서는 안 된다. 다만, 중요한 전략적 역할을 위해서는 창작 콘텐츠에 대한 구체적인 방향은 제시해야 한다. 신화를 구성하는 첫 번째 단계는 사회 갈등에 대한 신화적 처방을 준비하는 것이다. 신화가 다루어야만 하는 정체성 불안과 신화가 이런 불안을 해결할 방법을 알려주는 신화의 시놉시스 같은 것을 준비해야 하는 것이다. 다음으로 브랜드 매니저들은 신화가 자리 잡을 대중적 세계관, 그리고 브랜드가 이 세계 안에서 진정성 있는 목소리를 내기 위한 전략을 설명해야만 한다. 정당성을 유지하기 위해서, 신화의 실행은 브랜드가 자리 잡고 있는 대중적 세계관의 내부자들을 우선적으로 겨냥해야 한다. 브랜드는 대중적 세계관에 대한 충분한 이해력과 그 세계관에 대한 충실함을 얼마나 잘 표현하는가로 이 세계관에 대한 진정성을 얻게 되기 때문이다. 마지막으로, 브랜드 매니저들은 창의적인 파트너들과 함께 브랜드의 미학적 카리스마, 즉 대중적 세계관과 함께 유기적으로 연결되어 있는 독창적인 커뮤니케이션 문화 코드를 개발하기 위해 협력할 필요가 있다.

정체성 신화를 확장하라. 브랜드가 정확한 목표의 신화 시장에서 제대로 된 신화를 보여준다면, 소비자는 자신의 정체성 욕구를 충족시키기 위해 그 브랜드 제품에 빠져들게 될 것이다. 소비자들은 그 브랜드를 하나의 문화 아이콘으로 의존하게 되고, 치열하게 자신의 충성심을 유지한다. 단, 그 브랜드가 신화를 항상 새롭고, 역사적 또는 사회적 맥락과의 연관성을 유지하는 한해서. 일단 이런 관계가 확립되면, 신화는 창조적으로 진화해야 한다. 그리고 신화의 생명력을 유지하기 위해서 새로운 대중문화를 엮어 넣어야 한다.

정체성 신화를 재창조하라. 심지어 가장 강력한 정체성 신화도 결국에는 흔들릴 것이다. 경쟁자들이 공격해서가 아니라 사회적 변화가 그 정체성 신화의 가치를 떨어뜨리기 때문이다. 겉보기에는 바위처럼 단단하고 견고해 보이는 정체성의 가치도, 1년 안에 갑자기 추락해 버릴 수 있다. 사회경제적 변화와 이데올로기의 변화는 국민들로 하여금 정체성 욕구를 변경하고, 새로운 신화를 찾아 나서게 자극한다. 이러한 문화적 붕괴 상태는 혁신적이고 새로운 정체성 브랜드에게는 특별한 기회를 만들어주는 것이지만 동시에 기존 브랜드에게는 상당한 위험을 안겨주는 것이다.

가장 성공적인 브랜드조차도 일상적으로 이 브랜드를 뒤흔드는 문화적 혼란 상태를 이해하기 위해서 애를 쓴다. 폭스바겐이 아이코닉 브랜드로서의 위상을 되찾기 위해 20년 동안 분투한 것, 그리고 1990년대 대부분의 기간 동안 브랜드가 정체되어 막다른 골목까지 몰려 있던 버드와이저의 상황을 떠올려보라. 심지어, 밀러, 리바이스, 캐딜락과 같은 몇몇 브랜드는 아직 회복조차 되지 않았다.

작곡가 역할의 브랜드 매니저

브랜드 매니저는 브랜드 신화를 창조할 때 작곡가 같은 역할을 해야만 한다. 브랜드 매니저의 일이라는 것이 의미 없는 추상적 개념을 관리하는 것으로 전락하는 경우가 너무 많다. 즉, 브랜드 관리가 단지 '형용사를 고르는 것'으로 축소되는 경우가 많다는 것이다. 하지만 문화 행동주의자로서 브랜드 매니저들은 자신의 브랜드를 소설이나 영화와 다를 바 없는 일종의 미디어로 여기며, 브랜드를 통해 사회의 새로운 문화적 요구에 부응하는 도발적이며 창의적인 소재를 제공하려 한다. 그래서 브랜드 매니저들은 신화의 실제적인 구성과 카리스마 있는 표현은 창의적인 인재에게 맡기더라도 신화의 구성에는 직접 참여해야 한다고 생각한다. 그렇지 않으면 브랜드가 전략적 방향을 잃어버릴 수 있기 때문이다.[ii]

문화 행동주의자 조직

오늘날 마케팅 조직은 엑셀 스프레드시트, 손익계산서, 시장데이터, 실행가능성 보고서 등에 의해 지배되고 있다. 마케팅 관점에서 일상적 업무의 합리성과 실용주의는 문화 행동주의를 질식시키고 있다. 더욱이 경영대학원의 MBA라는 프로그램은 정체성 브랜드에 필요한 문화적 관점과는 정면으로 배치되는 심리학 기반의 '심리-경제학적 세계관(psycho-economic worldview)'을 바탕으로 브랜드 매니저들을 '아주 성실하게' 사회화시킨다. 많은 경영대학원들이 사회 이슈를 비영리 벤

처 비즈니스의 영역으로 소외, 축소시키고 있으며, 기껏해야 문화산업 텍스트의 피상적인 부분만을 다룬다. 그래서 대부분의 MBA들은 문화적인 관점에서 광고를 평가할 수 있는 가장 기본적인 능력조차도 배우지 못한 상태로 경영대학원의 프로그램을 떠난다.

아이코닉 브랜드들은 사람들이 경험하는 문화와 직접 접촉하기 위해 이렇게 이성적 논리를 우선시하는(문서화된 자료를 우선시하는) 사고방식을 탈피했다. 이들은 전통적인 마케팅 규칙을 따르지 않는데, 이들이 따르는 규칙은 광고대행사 크리에이티브의 직관에 의해 주도되거나 때로는 전통적인 마케팅 관습을 깨는 것으로 시작된 것들이다. 기업들이 문화적 관점을 육성하지 않고, 이것에 어울리는 인재를 키우지 않았기 때문에 아이코닉 브랜드의 주요 설계자는 카피라이터와 아트 디렉터였다. 별로 놀랄 것도 없이, 가장 뛰어난 문화적 역량을 가진 브랜드 팀원들이 이들 브랜드를 리드한다. 그 결과 문화 전략은 브랜드 전략의 일관된 전개를 통해서가 아니라 재능있는 크리에이터가 우연하게 참여함으로 해서 갑자기 발전하는 무계획적인 것이었다.

아이코닉 브랜드를 구축하고자 하는 브랜드 소유주라면, 문화 행동주의자 조직(또는 회사)을 만들고 키우는 것이 중요한 과제다. 문화 행동주의자 조직이란 사회에서 새로 떠오르는 갈등을 해결하는 정체성 신화 개발을 중심으로 조직된 회사를 말한다. 또한, 추종자들을 끌어당기는 데 필요한 카리스마가 있는 기업을 말하며, 이런 진정성 있는 신화를 함께 만들거나 보여줄 수 있는 창의적인 파트너와 협력하기 위해 조직된 기업을 말한다. 그리고 소비자들뿐만이 아니라 사회와 문화를 이해하도록 조직된 기업을 말하며, 이런 분야에서 능력과 교육을 받은 매니저들이 있는 회사를 말한다.

_____ 브랜드는 어떻게 아이콘이 되는가

오늘날 마인드 셰어 브랜딩은 이 모델에 가장 충성스러운 전문가들에게조차 인기를 잃고 있다. 그리고 브랜드와 문화가 뒤섞이는 경향도 있다. 그래서 최근 프록터앤 갬블, 코카콜라 컴퍼니, 유니레버 모두 가장 유력한 새로운 브랜딩 방향으로 할리우드를 지목했고, 그쪽으로 나아가기 위한 중요한 제스처를 취하고 있다.

런던 퍼블리시티 클럽 연설에서 당시 유니레버 회장이었던 니얼 피츠제럴드는 기존 광고의 특징인 '중단과 반복' 모델(프로그램 중간에 광고가 들어가고, 같은 광고가 반복해서 노출되는 것)이 쇠퇴하고 있다고 언급하면서, 마케팅 담당자는 이제 더 이상 "메시지와 의미 있는 기억을 시청자의 두개골 속에 밀어 넣을 수 없게 되어 버렸다"고 선언했다.[iii] 피츠제럴드는 광고가 마인드 셰어 모델을 벗어나, 영화와 같은 다른 문화산업 제품들이 차지하고 있던 공간으로 이동하는 것을 지켜보면서 다음과 같이 언급한다. "오늘날 우리는 브랜드 커뮤니케이션을 문화콘텐츠인 것처럼 생각하고 평가해야 한다. 지금은 실제로 그렇게 되는 시대이기 때문이다. 우리는 (광고를 하는 것이 아니라) '브랜드 콘텐츠 비즈니스'를 하고 있는 것이다."

피츠제럴드는 확실히 옳다. 마케팅 회사는 이제 더 이상 소비자가 광고에 대해 엄청나게 냉소적이라는 사실을 무시할 수 없으며, 또한 광고를 편집해서 드러낼 수 있는 티보(TiVo, 미국의 DVD 유명 브랜드-옮긴이)와 같은 기술을 통해 소비자들이 이러한 냉소에 직접적으로 대처한다는 것도 무시할 수 없게 되었다. 대신, 광고는 점점 더 엔터테인먼트와 비슷해지고 있다. 매디슨 애비뉴(광고업계)와 할리우드(영화업계)는 근친상간의 파트너가 되어가고 있는 것이다.

그렇다면 오랫동안 마인드 셰어 모델에 열중한 회사들은 어떻게 해야 할까? 피츠제럴드는 브랜드 콘텐츠가 새로운 차원의 제안이라고 시사하는 것 같다. 그러나 이 책에서 분명히 알 수 있듯이, 가장 성공적인 정체성 브랜드는 적어도 1950년대 중반 텔레비전 시대가 시작된 이래 이미 오랫동안 '브랜드화된 콘텐츠'를 전달하는 데 주력해왔다. 1960년대 말보로와 폭스바겐, 1970년대 코카콜라와 맥도널드, 1980년대 나이키, 버드와이저, 앱솔루트, 1990년대 마운틴 듀와 스내플의 놀라운 성공은 모두 '브랜드화된 콘텐츠'의 결과였다. 따라서 새로운 브랜딩 모델에 관심이 있는 브랜드 매니저라면, 브랜드 에센스 같은 '브랜드 휠'을 재창조하기보다 앞선 선배 브랜드들(아이코닉 브랜드들)로부터 교훈을 얻는 것이 좋을 것이다.

피츠제럴드의 도발은 다음과 같은 의문을 제기한다. '브랜드화된 콘텐츠'란 도대체 무엇이란 말인가? 브랜드가 대부분의 문화산업 상품과 같이 단지 오락만을 제공한다면, 그 브랜드는 처음부터 반쪽짜리가 될 것이다(상업적인 홍보 효과가 크지 않기 때문에). 우리는 전통적인 문화산업 상품들(영화, 텔레비전, 잡지, 책 등)뿐만 아니라 비디오 게임과 인터넷을 통해, 점점 더 많이 증가하는 문화콘텐츠로 가득 찬 세상에 살고 있다. 그렇다면 어떻게 30초짜리 광고가 엔터테인먼트 가치 측면에서 영화나 록 콘서트와 경쟁할 수 있을까? 이런 식으로 바꾼 질문도 가능하다. 상업적인 후원 때문에 줄거리가 방해를 받는 데도 왜 관객들은 영화를 찾는 것일까?

오늘날 브랜드에서 가장 큰 기회는 엔터테인먼트를 제공하는 것에 있는 것이 아니다. 그보다 브랜드의 가장 큰 기회는 신화를 제공하는 것에 있다. 그 상품의 고객이 자신의 정체성을 점점 더 위협하고, 긴급하게 변하고 있는 세상을 '관리'하는 데 사용할 수 있는 신화를 제공하

는 것에 있는 것이다. 이를 위해서는 기업들이 할리우드에 마케팅 예산
을 투입하기보다 지난 반세기 동안 가장 성공한 브랜드의 선례를 따르
는 것이 좋을 것이다. 브랜드는 그 사회의 가장 괴로운 갈등을 해결하
는 신화를 보여줌으로써 문화 아이콘이 되는 것이기 때문이다.

방법론

사례를 통해 이론 구축하기

실제 경영계에서는 때로 '이론'이라는 용어를 (좀 심하게 말하면) 쓰레기 같은 단어로 인식하기도 한다. 왜냐하면 실제 비즈니스와는 관련이 없는 불가사의하거나 너무나 추상적인 의미로 받아들이기 때문이다. 하지만 경영자들은 여전히 경영을 위한 (의사결정을 안내하는 단순화된 모델인) 이론을 필요로 한다. 따라서 핵심 과제는 학문적 관심사만 얽히고설킨 추상적인 이슈가 아니라, 경영의 이슈에 대해 직접적인 이야기를 해줄 수 있는 이론을 만드는 것이다. 이 책에서 나의 목표는 많은 브랜드 매니저들의 중심적인 관심인 '어떻게 브랜드가 문화 아이콘이 되는가'를 설명하는 이론을 세우는 것이었다. 이 목적을 위해 조직 연구와 다른 사회과학 분야에서 종종 사용되었던 '장기간에 걸쳐 효과가 검증된 접근 방법(time-tested approach)'을 따랐다. 이른바, 사례를 통해 이론 구축하기 방법이다. 나는 아이코닉 브랜드의 일반적인 윤곽을 구체화하기 위해 문화 중심 학문 분야의 기존 이론들을 사용해서 브랜드를 묘사하기 시작했다. 그런 다음 새로운 브랜드 전략 모델을 구축할 수 있는 아이코닉 브랜드 사례를 선택했다. 이전 연구에서는 문화적 관점에서 브랜드를 검토하지 않았기 때문에 나는 이러한 브랜드를 연구하기 위한 새로운 경험적 방법, 즉 내가 브랜드 계보학이라고 부르는 방법을 고안할 필요가 있다고 생각했다

새로운 이론을 구축하려면 패턴을 찾는 정보를 제공해주는 일반적인 문화 이론과 개별 브랜드 사례 사이를 오가는 수많은 반복 작업이 필요하다. 이러한 비교 과정을 통해 나는 '문화 브랜딩 전략'이라는 새로운 모델을 만들었다. 이 작업을 하는 동안 나는 수십 개의 잠정적인 모델들을 버렸는데, 왜냐하면 이런 것들은 사례 데이터에 잘 맞지 않거나 기존의 문화 이론으로는 설명이 안 되는 것들이었기 때문이다. 이 프로세스의 세부 사항은 다음과 같다.

사례 선택: 미국의 문화 아이콘 브랜드

나는 지난 반세기 동안 가장 성공한 정체성 브랜드에 대한 사례 연구를 통해 이 이론을 발전시켰다. 이들은 아이코닉 브랜드로서, 정체성 가치가 매우 강력해서 미국 문화 속에서 광범위한 공감대가 합의되어 있는 브랜드들이다.

나는 먼저, 그 제품이 상품 시장에서 얼마나 잘 작동하고 잘 팔리는지보다는, 그 제품의 가치가 주로 '스토리텔링'에서 비롯되는지를 확인하기 시작했다. 나는 브랜드의 가치가 스토리텔링에 의한 것과 다른 요인들에 의한 것(예를 들어 우수한 상품력, 혁신적 디자인, 우수한 기술력, 혹은 우수한 비즈니스 모델)인 복합 브랜드들로부터, 보편적인 브랜드들을

제거하기 시작했다. 애플, 폴로, BMW는 내가 제거한 브랜드들이다. 문화 브랜딩의 작동 방식을 분리하기 위해서는, 문화 브랜딩이 주요한 브랜딩 도구로 활용되는 브랜드를 연구하는 것이 중요한데, 그렇지 않다면 그 브랜드의 성공에 대한 대안적인 설명이 어렵기 때문이다.

나는 특히 시간이 지나면서 가치가 떨어지고 시들해진 브랜드를 연구하는 데 관심이 많았다. 이런 종류의 브랜드의 등락은 나에게 큰 흥미를 주기도 했지만, 동시에 설명하기 어려운 데이터가 되기도 했으며, 결과적으로 역사적 변화에 더 큰 관심을 기울여야 한다는 것을 일깨워 주었다. 내가 가장 광범위하게 작업한 브랜드(마운틴 듀, 폭스바겐, 버드와이저, 할리 데이비슨, ESPN 및 나이키-지면 제한 때문에 이 책에서 나이키에 대해서는 언급하지 않는다)는 6개 업종의 브랜드로 역사성, 경쟁 상황, 소비자 기반이 매우 다른 브랜드들이었다. 이런 다른 배경에도 불구, 역사적 배경을 조사한 결과 이들 브랜드들이 성공을 이룬 것에는 결정적인 공통점이 있다는 것이 밝혀졌다. 이 공통점, 이들의 암묵적인 문화 브랜딩 전략이 이 책의 핵심을 구성한다.

문화 브랜딩의 원칙은 광범위하게 적용되는 것이지만(물론 국가 간 문화적 차이에 대해 불가피한 조정은 필요하다), 나는 두 가지 이유로 미국의 브랜드에 초점을 맞추기로 했다. 첫째, 연구 관점에서 보면 브랜드 계보학의 방법은 사회문화사에 대한 깊고 집중적인 몰입을 요구하는 방법이다. 다른 나라의 브랜드를 포함시켰다면 이 프로젝트는 몇 년 더 늘어졌을 것이다. 둘째, 설명의 관점에서 볼 때 각각의 케이스에서 유사한 역사적 자료를 사용하여 독자에게 문화 브랜딩 원칙을 알리는 것이 훨씬 더 쉽다. 이 같은 유사한 역사적 자료를 보여주는 중복성은 브랜드 전반에 걸친 패턴들을 보여준다. 즉, 동일한 역사적 힘이 작용하는 배경에서 각각의 브랜드들이 각자 다른 방식으로 이 힘을 활용하여 나름의 가치 있는 신화를 창조하는 것을 보여줄 수 있다.

데이터: 다양한 형태의 '필름들'

문화 브랜딩은 브랜드 이야기가 미국 사회의 특정한 갈등 상황과 강력하게 연결될 때 작동한다. 결과적으로, 문화 브랜딩을 연구하는 유일한 방법은 시간이 지나면서 브랜드가 보여주거나 드러내는 이야기를 연구하는 것이다.[i] 앞서 설명한 이유로 텔레비전 광고는 이 책의 핵심적인 경험 데이터를 제공했는데, 내가 광범위하게 분석한 6개 브랜드 중 4개의 브랜드에 텔레비전 광고가 강력한 영향을 미쳤다. 얼핏 보면 이렇게 광고를 강조하는 것이 통찰력 없어 보일 수도 있다. 대부분의 기업은 단지 광고만이 아니라 제품, 고객 서비스, 유통 등을 통해 포괄적으로 브랜딩 전략을 실행하기 때문이다. 하지만 광고를 문화 브랜딩의 분석 재료로 선택한 것은 의미가 있다. 내 연구의 초점은 정체성 가치에 있기 때문이고, 정체성의 가치는 주로 스토리텔링을 통해 만들어지기 때문이다.

상업적 후원을 받은 '필름들(텔레비전, 극장, 그리고 최근에는 인터넷을 통해 방송되는 광고들)'은 아이코닉 브랜드를 구축하는 데 가장 효과적인 수단이었다. 문화 브랜딩 프로세스가 작동하기 위해서는 브랜드가 스토리를 가지고 있어야 하고 그 스토리를 보여주어야 한다. 그래서 지난 50년 동안 텔레비전 광고는 최고의 스토리텔링 수단이 되어오고 있다. 하지만 확실히 예외는 있다. 예를 들어 스타벅스와 같은 서비스 제공업체와 리테일러(유통업자)들, 즉 매장에서 직접 소비자와 대면하는 업체들은 스토리텔링 목적으로 자신들의 매장 공간 자체를 고객 상호작용의 효과적인 도구로 이용할 수도 있다. 하지만 내가 연구한 모든 문화 브랜드들의 차이점(욕망을 불러일으키는 브랜드를 만든 차이점)은 보통 텔레비전 광고 형태의 필름 형식이었다. 정체성 브랜드는 제품 품질, 유통, 프로모션, 가격 및 고객 서비스 측면에서 매우 좋아야 한다. 그러나 이러한 속성은 마케터가 경쟁력을 갖추기 위해 꼭 필요한 요소일 뿐 사업이 성공하기 위한 원동력은 아니다. 정체성 브랜드는 소비자와의 소통의 질에 따라 생사가 갈라지기 때문이다.

이 주장은 광고의 죽음을 또다시 예언한 현재 마케팅의 시대적 분위기에 반하는 주장일 수 있다. 확실히 기존 광고(사람들이 상품의 혜택에 대해 다르게 생각하도록 유도하는 광고)는 미디어가 더 세분화되고, 소비자들이 마케터의 주장에 대해 점점 더 냉소적이 되어가면서 효과가 떨어지고 있다.

하지만 문화 브랜딩은 다르다. 아이코닉 브랜드는 사람들이 보고 싶어 하는 광고를 보여준다. 웹의 등장으로 소비자들은 웹 사이트에서 이런 광고를 검색하고, 다운로드하고, 전 세계에 이메일로 공유하고, 반복해서 본다. 이런 광고들은 적어도 쉽게 닳아서 없어지지 않는다. 내가 연구한 몇몇 회사들은 심지어 좋아하는 광고를 다시 론칭하기도 했는데, 이것은 마치 호평을 받은 영화가 재개봉한 것과 비슷했다.

게다가 광고주들은 현재 자신들의 브랜드 영상물을 홍보하기 위한 대안 미디어를 공격적으로 개발하고 있다. 이런 미디어는 극장, 인터넷, 전용 케이블 채널 및 리테일 공간을 모두 포괄한다. 비록 네트워크 텔레비전이 미디어 파편화와 VOD와 같은 광고를 보지 않아도 되는 영상물의 영향으로 쇠퇴하더라도, 아이코닉 브랜드는 아주 간단히 영상물을 통해 자신들의 이야기를 들려줄 다양한 채널을 찾을 것이다. 미디어는 계속 바뀔지 몰라도, 가치 있는 신화를 구축하는 원칙은 지속되고 있다.

내가 연구한 6개 브랜드의 경우, 나는 수십 년 전으로 거슬러 올라가는 브랜드 광고의 역사적 실타래를 타고 자료를 수집했다. 이것들은 포괄적인 실마리였을 뿐 하이라이트는 아니었다. 내가 분석한 광고의 개수는 브랜드별로 60개에서 수백 개까지 다양했다. 나는 광고와 미국 문화와 사회 사이의 문화적 적합성(혹은 그 반대인 문화적 부적합성)을 설명하는 상세한 내러티브를 개발했고, 브랜드 역사를 통틀어 브랜드의 주요한 부침 현상을 설명하려고 노력했다. 비록 독자들이 잘 따라와 주어야 할 장에서는 편집된 하이라이트 버전의 분석만을 제시했지만, 실제 각 브랜드 계보에는 훨씬 더 자세한 분석이 필요하다. 전체 분석에는 가장 영향력 있는 광고만이 아니라 대부분의 광고들이 포함되어있다. 연구자가 '성공 대 평범함'을 설명하기 위한 전략의 뉘앙스를 정확히 그리려면 이런 정도의 디테일이 필요하다. 피상적인 데이터로는 이런 뉘앙스는 보이지 않을 것이기 때문이다.[ii]

방법론: 브랜드 계보학

나는 브랜드를 연구하는 새로운 방법을 개발했는데, 이것은 다양한 문화 분야에서 공통으로 발견되는 대중문화 상품을 분석하는 가장 영향력 있는 분석 방법을 응용한 것이다.[iii] 예를 들면 미국 사회와 문화 텍

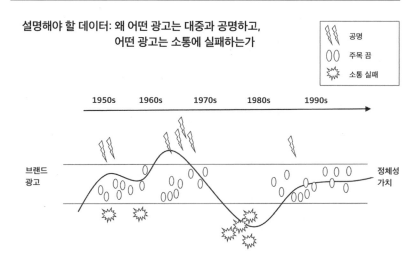

설명해야 할 데이터: 왜 어떤 광고는 대중과 공명하고,
어떤 광고는 소통에 실패하는가

스트, 그리고 실제 사회 변화 사이의 적합성을 추적하고 시간이 지남에 따라 이러한 공명이 어떻게 쇠퇴하고 어떻게 흘러가는지를 추적하는 것인데, 이런 분석은 중요한 문화 상품(예를 들어 마카로니 웨스턴 서부 영화, 로맨스 소설, 엘비스 프레슬리, 오프라 윈프리 등)이 왜 특정한 역사적 시점에 문화와 공명하는지를 설명한다.

브랜드 계보학은 브랜드 광고 내용을 그 시기의 역사성과 밀접하게 연관하여 종합적으로 해석하는 것으로 시작한다. 나는 브랜드 매니저들(그리고 때때로 관련 업계의 언론)이 나에게 특히 성공적이었다고 말했거나 또는 처참한 결함이 있었다고 말했던 광고에 특히 주의를 기울였다. 하지만 대부분의 경우 어떤 요소가 광고를 성공시켰는지에 대해서는 유추해야만 했다. 이를 위해, 나는 시간이 지나면서 광고에서 다양한 요소들의 패턴을 살펴보기 시작했다. 이들 광고의 성공 요소들은 광

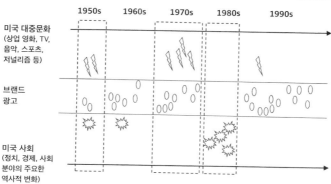

광고를 대중문화와 사회 변화에 연결하기

	공명
	주목 끔
	소통 실패

고 크리에이터들이 광고를 다른 요소와 섞은 채로 시간이 지나면서 점점 더 정교하게 만들려고 했던 것들이었다. 중요하지 않거나 약한 요소들은 결국 캠페인이 전개되면서 버려진다.[iv]

나는 이런 생각이 담긴 연대기를 브랜드의 정체성 가치 변화와 함께 제시했는데, 이 그림에는 브랜드의 역사적 기록과 브랜드 매니저들이 모아둔 과거의 매출, 시장점유율, 그리고 가격 등의 기록이 종합적으로 묘사되어 있다(그림 A-1). 이것이 내가 분석을 통해 설명하고자 하는 역사다. 왜 특정 광고는 미국 문화와 완벽하게 공명하면서 브랜드 자산이 크게 증가한 반면, 왜 또 다른 광고는 브랜드를 폭락시켜버렸을까?

광고 패턴과 함께 나는 브랜드 커뮤니케이션과 관련하여 가장 영향력 있는 대중문화 상품의 역사도 추적했다. 나는 여기서도 브랜드의 이야기가 어떻게 대중과 공명하는지에 대해 정치적, 사회적, 경제적 역사를 살펴보았다(그림 A-2).

브랜드 계보학의 방법은 그림에서 제시된 세 가지 레벨로 분석한 대중문화 상품과 미국 사회의 주요 변화 사이를 오고가면서 분석하는 것으로 구성되는데, 대중문화 상품은 시간이 지남에 따라 관련된 각 레벨의 변화를 분석하는 것이고, 미국 사회 변화의 분석은 그 시대의 주요한 사회경제적 변화를 추적하는 것이다. 목표는 왜 특정한 이야기들이 엄청난 공명을 일으키는지를 설명하는 것인데, 대다수의 이야기들은 무너지고(설명이 안 되며) 일부는 거의 재난 수준으로 완전히 실패한다. 각각의 중요한 광고 또는 관련 광고 세트에 대해, 나는 그 적합성을 해석하고 설명하기 위해 광고, 대중문화, 그리고 사회(구조 또는 변화)를 반복해서 오고간다. 나는 모든 데이터를 이해할 수 있는 수준으로 설명하기 전까지 이 과정을 계속 구조화했다.

체계적 비교

강력한 이론은 패턴을 식별하기 위한 사례를 체계적으로 비교함으로써 만들어진다. 모든 개별 사례는 여러 가지 방법으로 설명될 수 있으며, 설명 가능한 데이터가 제공되면 각각 사례도 동일한 방식으로 설득할 수 있기 때문이다. 반면에 여러 사례에서 '동일하게 잘 작동하는' 설명을 구성하는 것은 훨씬 어렵다. 그 결과 분석가는 대안적인 설명(동일하지 않은 설명)을 더 쉽게 배제할 수 있다. 경영학 연구에서 사례비교법은 최근 몇 년 동안 가장 영향력 있는 몇 권의 책을 만들어 냈는데, 그

● 그림 A-3

이론 구축 과정

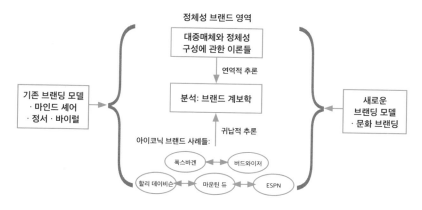

중에는《성공하는 기업들의 8가지 습관(Build to Last)》과《혁신기업의 딜레마(The Innovator's Dilemma)》가 포함되어 있다. 브랜드 이론들도 자신들의 이론적 구성에 있어서 이와 비슷할 정도까지 엄격할 필요가 있다.

유명한 개별 사례에만 방점을 찍고 분석하는 것에 대한 두 번째 문제는, 그 사례는 항상 비교를 통해서만 식별할 수 있는 몇 가지 독특한 특성을 가지고 있다는 것이다. 많은 책에서 수없이 인용되는 '셀럽' 수준의 사례인 할리 데이비슨을 떠올려보자. 나의 연구에 따르면 이전 분석들은 할리 데이비슨이 왜 성공했는지를 잘못 해석했다는 것을 보여준다. 나는 할리 데이비슨에 대한 광범위한 모방이 부적절하다는 것을 발견했는데, 왜냐하면 할리 데이비슨 브랜드는 다른 브랜드처럼 진화한 것이 아니기 때문에 사실상 따라 하기가 불가능하기 때문이다. 다른 사례와 비교해 볼 때 할리 데이비슨은 분명히 브랜드 매니저들이 모델로 삼기에는 최악의 브랜드 중 하나다(7장 참조).

학문적 이론 구축은 체계적인 회의론을 기반으로 한다. 연구자는 이론이 모든 사례들을(새로 생기는 사례까지) 다룰 수 있다는 것을 증명할 때까지 데이터를 통해 결론에 도전한다. 사람들이 선호하는 이론을 팔기보다는 강력한 도전적 질문을 찾아내고, 디테일한 데이터를 통해 이 이론들을 충분히 실험한다. 가장 좋은 이론이 이기게 되어있다. 이 책을 통해 나는 문화 전략 브랜딩 모델을 가장 중요한 도전자인 마인드셰어 모델과 바이럴 브랜딩 모델을 비교했는데, 이를 통해 내 이론이 내가 연구하고 있는 아이코닉 브랜드의 성공에 대한 탁월한 설명을 제공하고 있다는 것을 증명한다. 나는 나이키, 마운틴 듀, 폭스바겐, 버드와이저로 시작했다. 그리고 이론의 경계를 넓히기 위해 광고의 도움 없이 브랜드를 구축한 두 가지 사례(할리 데이비슨과 ESPN)를 추가했다. 이들 브랜드가 어떻게 그렇게 소비자들이 욕망하는 브랜드가 되었는지를 설명하는 문화 브랜딩 모델의 능력은 이 모델이 강력하다는 확신을 높여주었다. 그림 A-3은 이론 구축 과정을 단순화한 것이다.

일반 문화 이론으로부터의 연역적 추론

응용 학문 분야로서의 마케팅은 경제학, 심리학에서 사회학, 인류학 그리고 최근에는 인문학에 이르기까지 지난 세기의 위대한 지적 전통의 우산 아래에서 있던 다양한 분야의 지식을, 마케팅이라는 특수한 비즈니스 활동에 적용해왔다. 좋은 응용 이론은 드물게 나타난다. 그래서 오히려, 마케팅과 같은 응용 학문 분야보다는 그 원리가 더 도출된 인문학 분야와 같은 일반 이론 분야에서 정보를 얻게 되는 경우가 많다. 이러한 일반 이론은 유연한 분석 도구로 사용되며, 적절한 아이디어를 뽑고, 그 아이디어를 수정하고, 당면한 문제에 맞게 다시 조합하게 한다.

문화 브랜딩 이론을 구축하기 위해, 나는 문화 분석을 전문으로 하는 다양한 분야에서 선별적으로 그림을 그렸다. 문화사회학, 문화인류학, 문화사학, 그리고 종종 문화연구라고 불리는 다양한 다른 인문학적 학문들이다. 이들 학문 분야들은 문화 브랜딩이 어떻게 작용하는지를 유용하게 알려주는 강력한 콘셉트 도구를 개발하게 해주었다. 나는 내 분야 연구의 흔적을 읽기 쉽게 미주에 정리해 두었다.

주

1장

i 여기서 말하는 '문화 아이콘'에 대한 개념은 기호학에서 사용되는 아이콘이라는 용어
와는 의미가 다르다. 퍼스 기호학(Piercian semiotics)에서의 아이콘은 특정 종류의
기호(또는 상징물)를 지칭하는데, 감각적인 것들과의 관계(일반적으로는 시각적인)와
그 의미를 가리킨다. 예를 들어 '필스베리의 찐빵 소년(Pillsbury Dough Boy)' 아이스
크림은 반죽으로 만든 캐릭터이며 튜브에 들어있는 날반죽 상태인 제품을 나타내기
때문에 하나의 아이콘이 될 수 있다. 또 다른 차원에서 문화 아이콘은 예술과 디자인
분야에서 전통적인 방식으로 사용해온 아이콘이라는 용어의 사용과 관련이 있다. 예
를 들어 찰스 임스(Charles Ormond Eames)의 LCW(Lounge Chair Wood) 의자는
20세기 중반 현대 디자인의 아이콘이다. 이렇게 특정 디자인이 일반적으로 어떤 기간
또는 어떤 스타일의, 본질적이거나 혹은 모범적인 디자인으로 이해될 때 '아이콘'이라
는 용어를 사용한다. 그래서 문화 아이콘과 마찬가지로, '디자인'은 더 넓은 '아이디어
의 집합체(set of ideas)'를 나타내는 일종의 대명사(metonym) 역할을 한다. 일부 디
자인 아이콘은 '임스 체어' 또는 '폭스바겐 비틀'과 같은 문화 아이콘이기도 하다. 그
러나 사회의 이데올로기적 흐름과는 거의 관계가 없는 미적(美的) 성취에만 바탕을 둔
많은 디자인 아이콘들이 많다.

ii 이 부분은 더글라스 B. 홀트, 〈Brands and Branding〉의 Note 9-503-045 (Boston:
Harvard Business School, 2003)에서 발췌한 것이다.

iii 물론 개인의 브랜드 경험은 더욱 복잡하다. 사람들은 일상적으로 어떤 브랜드의 대중
적인 구성개념(이미지)에 자신의 개인화된 이야기, 이미지, 그리고 다른 연관된 이미
지들을 덧씌운다. 개인들이 자신의 소비 행동에 기반해서 스스로 만든 많은 브랜드 스
토리들은 때로는 브랜드의 전통적인 관습에 더해지거나 이야기 구조를 바꾸는 데 역
할을 하기도 하지만, 사실 이런 경우는 드물다. 이렇게 브랜드를 개인화하는 과정은 해

석학적 소비자 연구의 가장 중심이 되는 전제다. 미국 기업 대부분의 마케팅 담당 부서에서 지배적인 분석단위인 방법론적 개인주의(methodological individualism, 개인행동의 결과로서 사회현상을 설명하는 사회과학 방법론. 방법론적 전체주의 또는 전체주의적 실제론에 대응하는 개념-옮긴이)에 발맞춰, 소비자와 브랜드에 대한 대부분의 연구는 브랜드가 대중문화에서 전통적인 상징으로 작동하는 방식을 무시하는 반면, 개인단위의 소비 행동을 과도하게 미화하기도 한다. 하지만 마케터는 고객 집단, 즉 시장의 크기에 관심이 있다. 시장의 크기가 작을 수 있기 때문에 이들이 모여서 관행을 바꾸지 않는 한, 이러한 개인들의 독특한 문화적 의미들은 실제 경영상에서의 연결성을 갖지 못한다.

iv 예를 들면 다음에 제시한 자료들을 보라. Michael Denning,《Mechanic Accents: Dime Novels and Working-Class Culture in America》, New York: Verso, 1987. Janice Radway,《Reading the Romance: Women, Patriarchy, and Popular Literature》, Chapel Hill: University of North Carolina Press, 1984. Lary May, 《The Big Tomorrow: Hollywood and the Politics of the American Way》, Chicago: University of Chicago Press, 2000.

v 나는 2장에서, 지금 언급한 '브랜딩 관리'에 관한 모든 책들을 '일률적인 모델'의 예로 제시한다.

vi 공리(公理)는 자명한 원리, 즉 논증의 근거로서 증거 없이 사실로 받아들여지는 원리다. 전통적인 브랜딩 모델은 광범위하게 퍼져 있기 때문에, 브랜드 매니저들은 이러한 기본적 공리들에 의문을 제기하지 않고 이 모델을 사용한다. 1장과 2장의 목적은 이러한 가정들을 수면 위로 끌어 올려서 적용 가능한 부분과 그렇지 않은 것을 명확하게 하는 것이다.

vii 이 부분에 대한 선구적인 학문적 입장은 스콧 래시(Scott Lash)와 존 어리(John Urry)의 다음 책에서 찾을 수 있다.《Economies of Signs and Space》, London: Sage, 1994.

viii 문화 브랜딩의 기본 전제에 대해서는 주요 참고 문헌 목록에 기재된 것과 같이 현대 사회에서 신화의 역할을 연구한 다양한 학자들이 알려주고 있다. 여기서 문화 브랜딩이란, 국가의 문화적 갈등을 해소하면서 정체성을 부여하는 역할을 수행하는 아이코닉 브랜드를 만드는 브랜딩 모델을 의미한다. 특히 도움이 된 것은 롤랑 바르트의《신화(Mythologies)》(New York: Noonday Press, 1973)와 리처드 슬롯킨의《총잡이 나라(Gunfighter Nation): 20세기 미국의 개척자 신화》(Norman, OK: University of Oklahoma Press, 1998)였다.

2장

i 알 리스·잭 트라우트, 《Positioning: The Battle for Your Mind》, New York: McGraw-Hill, 1980.

ii 마인드 셰어 개념을 옹호하는 학문 분야를 주도하는 책으로는 다음과 같은 것들이 있다. David A. Aaker, 《Managing Brand Equity》, New York: Free Press, 1991. David A. Aaker, 《Building Strong Brands》, New York: Free Press 1996. David A. Aaker and Eric Joachimsthaler, 《Brand Leadership》, New York: Free Press, 2000. Kevin Lane Keller, 《Strategic Brand Management》, New York: Prentice Hall, 1998. Gerald Zaltman, 《How Customers Think: Essential Insights into the Mind of the Market》, Cambridge, MA: Harvard Business School Press, 2003.

iii 전 코카콜라의 마케팅 '구루'인 세르히오 지만은 오늘날 컨설턴트들 사이에서 가장 열광적인 마인드 셰어 모델의 옹호자다(《The End of Marketing As We Know It》, New York: Harper Business, 2000).

iv Rohit Deshpande, Kirsten J. O'Neil-Massaro, and Gustavo A. Herrero, "Corona Beer (A)," Case 9-502-023 (Boston: Harvard Business School, 2001). 안호이저-부쉬는 현재 코로나 맥주의 양조장인 세르베세리아 모델로의 50%를 소유하고 있다.

v 코로나의 초기 성공의 중심에는 분명히 '바이럴'한 과정이 있었다. 하지만 사람들이 단순히 그 브랜드에 대해 이야기했다는 것이 코로나 맥주의 성공을 설명할 수는 없다. 많은 맥주 브랜드가 이 시기에 많은 다른 이야기들을 퍼뜨리고 있었다. 바이럴 모델이 무시하는 질문은 다음과 같다. '왜 특정한 문화콘텐츠는 특정한 역사적 순간에 브랜드가 원하는 대로, 그래서 사람들이 이야기할 만하게 되는 것일까?' 하는 것이다. 이 경우 우리는 이렇게 질문할 필요가 있다. '왜 코로나 맥주의 신화가 왜 이렇게 무차별적으로 퍼졌을까?' 하는 것이다. 그 해답은 미국 사회 속에서 공명하는 이야기에 있어야 한다.

vi 마인드 셰어 모델은 브랜드가 소비자 정체성에 어떻게 기여하는지를 설명하려고 한다. 그러나 정체성 가치가 어떻게 작용하는지를 설명하기 위해 마인드 셰어의 가정을 확장하면 일관성이 없고 설득력이 없는 모델이 된다. 이 모델은 소비자들이 열망하는 정체성을 여전히 브랜드가 소유하려고 노력하는 여러 이미지들의 연합으로 취급한다. 예를 들면 "BMW는 높은 사회적 지위를 나타낸다"라거나 "할리 데이비슨은 남성성을 표현한다"와 같은 것처럼 말이다. 문제는 이러한 정체성의 서술이 너무 모호하고 전통적인 것이어서 아무런 설명도 할 수 없다는 것이다. 학문적 이론에서 마인드 셰어 브랜딩에 대한 보다 자세한 설명은 다음을 참고하라. 더글라스 B. 홀트, "How Societies Desire Brands," in Inside Consumption: Frontiers of Research

＿＿ 브랜드는 어떻게 아이콘이 되는가

on Consumer Motives, Goals, and Desires, eds. S. Ratneshwar and David Glen Mick (New York: Routledge, forthcoming).

vii 다음의 책을 참고하라. 스콧 베드베리·스티브 페니첼, 《새로운 브랜드 세상(A New Brand World)》, New York: Viking Penguin, 2002. 마크 고베, 《감성 브랜딩 (Emotional Branding): The New Paradigm for Connecting Brands to People》, New York: Allworth Press, 2001. 번트 슈미트 《Experiential Marketing》, New York: Free Press, 1999. 관련된 논의와 학술 문헌, 다양한 아이디어는 수잔 푸르니에의 다음 자료를 보라. 〈Consumers and Their Brands: Developing Relationship Theory in Consumer Research〉 Journal of Consumer Research 24, no. 4, 343-374, 1998.

viii 일부 전문가들은 고객과의 관계 관리라는 개념을 확장해 브랜드 중심으로 형성되는 커뮤니티를 살펴보기 시작했다. 모든 브랜딩 전문가는 할리 데이비슨의 H.O.G. 커뮤니티를 좋아한다. 그래서 브랜드 매니저들은 이를 모방하라고 권장한다. 애플이나 할리 데이비슨 같이 브랜드를 중심으로 형성되는 활발한 브랜드 커뮤니티를 관찰하고, 커뮤니티 공간을 형성하게 하는 인터넷의 장점도 고려하면서, 이제 전문가들은 브랜드 매니저들이 다양한 지원이나 웹사이트를 통해 반복적으로 이러한 커뮤니티에 씨앗을 뿌려야 한다고 주장한다. 심지어 일부 과장이 심한 마케팅 구루들은 일련의 가치관을 중심으로 사람들을 모이게 한다는 측면에서 강력한 브랜드를 종교와 비교하기도 했다. 내가 감성 브랜딩에 적용하는 것과 동일한 '원인' 대 '결과' 프레임의 비평은 브랜드 커뮤니티의 아이디어에도 동일하게 적용된다. 사람들은 브랜드가 집단 활동에 의해 증폭되는 강력한 신화를 가지고 있을 때 그 브랜드 주변으로 커뮤니티를 형성한다. 나는 이 장 후반의 스내플의 계보학에서, 그리고 7장에서 할리 데이비슨을 분석할 때 그 점을 추가로 설명할 것이다.

ix 로버트 스콧, 《하느님은 나의 부조종사》. 다음의 글에서 인용. 마크 펜더그래스트, 《하느님, 국가, 그리고 코카콜라(For God, Country and Coca-Cola)》, New York: Basic Books, 2000, 206.

x 마크 펜더그래스트, 《하느님, 국가, 그리고 코카콜라》, 287-288.

xi 이 광고를 만드는 것에 대한 설명은 빌 배커의 다음 책에 의한 것이다. 《The Care and Ideing of Ideas》, New York: Times Books, 1993. 배커는 광고 회사 '배커 스피엘 보겔 베이츠 월드와이드(Backer Spielvogel Bates Worldwide)'의 전설적인 광고인이자 리더 파트너로 창의적인 아이디어를 생각해 낸 장본인이다.

xii 미 의회 도서관은 〈코카콜라 TV 광고의 전성기〉라는 제목의 특집으로 코카콜라 광고 컬렉션을 온라인에 공개한다(http://memory.loc.gov/ammem/ccmphtml/colahome.html). 두 광고 모두 이 웹사이트에서 볼 수 있다.

xiii 《우리가 알고 있는 마케팅의 종말(The End of Marketing as We know it)》의 저자

인 세르히오 지만은 비록 자신의 주장을 뒷받침할 증거는 제시하지 못했지만, "힐탑" 광고도 "민 조 그린" 광고도 코카콜라 판매에 도움이 되지 않았다고 주장한다. 그 당시 펩시는 '젊음'이라는 콘셉트를 가지고 코카콜라를 잠식하는 데 매우 성공적이었다. 이 광고가 없었다면 코카콜라의 사업은 남부 지방으로 향했을 가능성이 높았다는 것이다. 하지만 당시 코카콜라의 주요 문제는 브랜드 매니저들이 이 두 광고가 어떻게 작동하는지 전혀 이해하지 못했기 때문에 자신들이 구체화해 놓은 이상적 광고를 중심으로 캠페인을 벌일 수 없었다는 것이다. 오히려 이 두 광고 모두 전통적인 라이프 스타일의 코카콜라 광고의 바닷속에 둘러싸여서 방송된 일회성 광고였다. 상황이 이렇다면, 코카콜라가 강한 판매 수익을 깨닫지 못한 것은 당연하다.

xiv   니컬러스 레만, 《약속의 땅: 위대한 흑인 이주와 그것은 미국을 어떻게 변화시켰나 (The Promised Land: The Great Black Migration and How It Changed America)》, New York : Vintage, 1992.

xv   고객과의 정서적인 관계가 커져 간다는 것은 특히 B2B, 서비스, 유통 및 경험을 제공하는 서비스 분야 등과 같은 브랜드에서는 성공에 핵심적인 역할을 한다. 이들 부문은 고객과 주로 대면적인 상호작용에서 가치를 창출한다. 하지만 아이코닉 브랜드는 다르게 만들어진다. 고객들의 정서적인 연결고리는 브랜드 신화가 소비자들의 정체성 불안을 해소하는 효과에서 비롯되는 것이다.

xvi   이제 주요 브랜드들은 소비자들에게 브랜드와 자신의 고객들은 정말로 강력한 정서적 연결고리를 가지고 있다고 직접적으로 말한다. 예를 들어 크라이슬러는 셀린 디옹이 그녀의 크라이슬러를 얼마나 좋아했는지를 단적으로 보여주는 "드라이브=사랑"이라는 태그 라인을 사용한 캠페인에 수천만 달러를 쏟아부었다. 이와 유사하게 2004년에 맥도날드도 "I'm loving it"이라는 새로운 글로벌 태그 라인을 달기 시작했다. 널리 알려진 자동차 브랜드인 미니의 "문신" 광고 캠페인도 비난받을 만한 것은 아니다. 예를 들어 최근의 한 광고는 미니 소유자가 팔뚝에 고통스러운 문신을 하는 것을 묘사하고 있는데, 이 문신은 그의 차고에 있는 맞춤식 미니와 색깔이 맞아야 한다. 이 모든 노력에서 전제되어 있는 '잘못된 가정'은 '고객들이 그 브랜드와 깊은 정서적 연결을 가지고 있다고 주장하면 그것이 사실이 될 것이다'라는 것이다.

xvii   나는 여기서 '바이럴 브랜딩(여기서의 '바이럴 활동'은 브랜드의 가치를 높여주는 것을 의미한다)'과 더 큰 범주인 '바이럴 마케팅'을 구별하고자 한다. 바이럴 마케팅은 단순히 구전 효과(입소문)와 혁신의 확산이라고 일컬어지던 것의 약간의 최신 버전일 뿐이다. 바이럴 기법은 확산이 필요한 과정에서 광범위하게 적용 가능하다. 이 기법은 새로운 제품에 대한 정보를 얻는 데 도움을 주고, 특히 기술 분야에서는 새로운 소비 패턴을 익히는 데 도움을 준다. 그러나 여기서 나는 어떻게 바이럴의 과정이 유행을 창출하는 매개로 역할을 하는지에 대해 우려가 있다. 즉, 제품의 사용자가 '세련되게, 그렇게 되어야 하는 것'으로 유행을 만든다는 것이다. 여기에 관한 가장 영향력 있는 책은

말콤 글래드웰의《티핑 포인트(Tipping Point): 작은 것들이 큰 차이를 만드는 방법》
(New York: Little, Brown & Co., 2000)이다. 또한 다음의 책들도 참고해보라. 에마뉘
엘 로즌,《버즈의 해부학(The Anatomy of Buzz)》, New York: Doubleday, 2000. 조
너선 본드·리처드 커센바움,《감시 아래에서(Under the Radar): 오늘날의 냉소적인
소비자들에게 말하기(Talking to Today's Cynical Consumer)》, New York: Wiley,
1998.

xviii 말콤 글래드웰은 1997년 5월 17일 잡지 〈뉴요커〉의 그의 기사에서 '쿨헌트'라는 용
어를 사용했다. 스푸트니크를 포함한 각지에 트렌드를 찾아내는 컨설팅 업체들이 생
겨났는데, 이들은 주체적으로 책을 저술하기도 했다(Janine Lopiano-Misdom and
Joanne De Luca,《Street Trends, New York: Harper Business》, 1996).

xix 나는 다음의 내 논문에서 소비자 주권을 기반으로 한 브랜딩의 역사적 발전을 논
의하고 있다(더글라스 B. 홀트, 〈Why Do Brands Cause Trouble?〉, Journal of Con-
sumer Research, June 2002, vol. 29, 70-90).

xx 스내플 계보의 이전 버전은 다음에 나오는 제목의 책으로 출판되었다. 더글라스 B.
홀트,《How to Build an Iconic Brand》, Market Leader, June 2003.

xxi 존 데이턴은 2002년 1월 〈하버드 비즈니스 리뷰〉에 기고한 논문(〈How Snapple Got
Its Juice Back〉, Harvard Business Review, January 2002, 47-52)에서 스내플의 초
기 성공(성장)과 부분적 복원(정체)에 대해 조직문화의 관점으로 논쟁한다. 여기서 그
는 스내플의 성공은 오로지 기업이 장난스러운 기업문화를 지속할 때만이 성공할 수
있다고 주장한다. 그러나 이 주장은 스내플의 트라이아크가 스내플의 정체성 가치를
재점화하지 못한 점과 분명히 거대한 관료제로 움직이는 회사인 캐드버리-슈웹스 같
은 스내플의 새 주인이 왜 이전 스내플의 삼위일체처럼 똑같이 잘 해냈는지에 대해서
는 설명하지 못하고 있다. 더 일반적으로 보면, 데이턴은 기업문화와 브랜딩 사이에 긴
밀한 결합이 있다고 가정한다. 이러한 밀접한 관계가 때로는 사실(나의 분석에서 예를
들자면 할리 데이비슨과 ESPN)이고, 오늘날 대중적인 논쟁이 되고 있다(제스퍼 쿤데,
《Corporate Religion, New York: FT Prentice Hall》, 2000). 경험적 증거는 그러한 긴
밀한 연대가 거의 필요하지 않음을 시사한다. 이 책에 기술된 5개 회사 중 3개사(마운
틴 듀를 포함한 '펩시콜라 주식회사', 버드와이저를 포함한 '안호이저-부쉬', '폭스바겐')는
신화에 대한 애착이 거의 없는 경영진들과 함께 수십억 달러 규모의 엄청나게 강력한
브랜드를 구축했다. 나중에 판명된 바에 따르면, 고객사(모기업)보다는 광고대행사가
주로 일차적인 문화적 통로 역할을 한다. 내가 만든 모델에서 나는 어떻게 브랜드들이
그들이 마음속에 그리는 '대중의 세상'에서 '진정한 관계'를 형성하느냐가 문제라고
주장한다. 나는 '조직적인' 대중적 세계관(할리 데이비슨, ESPN, 파타고니아)과 '단계
적인' 대중적 세계관(마운틴 듀, 버드와이저, 폭스바겐)을 구분한다.

xxii 스내플의 최신 브랜드 주인들은 원래의 커뮤니케이션을 살리려 애쓰면서 스내플의

전성기 마력을 되찾기 위해 최선을 다했다. 처음에는 트라이아크였고, 지금은 캐드버리-슈웹스이다. 1990년대 초 미국 사회에서 터져 나온 특정한 대중적 정서를 겨냥했었던 스내플의 '아마추어리즘' 신화는 이제 마인드 셰어 브랜딩 방법에 의해 초월적인 브랜드 정체성으로 걸러지게 되었다. 즉, 이제 스내플은 '별난 것 그리고 얼터너티브한 것'이 되었다. 미국의 문화와 사회는 바뀌었지만 지금의 스내플은 10여 년 전 대중과의 공명이 절정에 달했던 때의 한물간 버전을 선보인다. 그 결과, 스내플은 '전통적인' 라이프 스타일의 브랜드가 되었다. 스내플을 역사에서 몰아낸 전략은 스내플의 문화 아이콘으로서의 위상을 계속해서 약화시키고 있다.

xxiii　질 리포브트스키는 자신의 책《The Empire of Fashion: Dressing Modern Democracy》(Princeton, NJ: Princeton University Press, 1994)에서 고전적인 하향 유행 모델(top-down fashion model)의 붕괴와 보다 이종적이고(heterogeneous), 파편적이며(fragmented) 민주적인(democratic) 유행 시스템의 부상을 추적한다.

xxiv　브랜드 커뮤니티의 핵으로 불리는 스내플의 이른바 '컬트적 위상'도 이것과 마찬가지라고 할 수 있다. 비록 스내플이 마니아들의 근원적인 관심을 끌었지만 스내플을 좋아하는 사람들이 불특정하게 모이는 것에 대해, 또 이 브랜드가 어떻게 이런 친화력을 키웠는지는 바이럴 캠페인은 설명하지 못한다. 확실히 종교적 숭배로 과도하게 비유하는 것도 이 현상을 설명하는 데 별로 도움이 안 된다. 점심으로 스내플을 즐기고 친구들과 함께 광고를 보고 웃는 것은, 동료 신자들과 고립된 생활을 하기 위해 세속적인 소유물들을 포기하는 것과는 전혀 다른 것이다. 스내플은 그 음료가 이 사람들로 하여금 자신과 이 세상에서 그들의 위치에 대해 아주 약간 더 좋게 느끼게 해주었기 때문에 다음과 같은 것을 발전시켰던 것이다. 오래전에 사회학자 에밀 뒤르켐이 우리에게 가르쳤듯이 사람들은 일상적으로 공유된 감정들 주변에 모여 그 감정들의 강도를 높인다. 여기서, 전략적으로 중요한 것은 '모이는 행위'가 아니라 그들을 그렇게 만든 '공유된 감정의 내용'이다.

xxv　바이럴 모델에서는 브랜드의 내용이 구체화 되어있지 않다. 브랜드의 출발이 회사에서 소비자로 이동하기 때문이다. 이 전략을 브랜드의 정체성을 만드는 과정에 성급하게 적용하는 것은 심각한 실수다. 왜냐하면 아이코닉 브랜드는 고객이 가치를 두는 신화를 중시하기 때문이다. 물론 소비자들은 이러한 신화를 다양하고 창조적인 방법으로 각색하고 활용한다. 그럼에도 불구하고 브랜드 소유주는 브랜드 이야기를 하는 데 있어서 선도적 역할을 포기해서는 안 된다.

xxvi　말보로는 어느 정도 예외적이라고 할 수 있는데, 주로 1970년대 초에 텔레비전에서 담배 광고를 철회했기 때문이다.

3장

i 중산층이 힐빌리(나중에는 저학력 백인 노동자를 뜻하는 '레드넥'과 농땡이 주정꾼을 뜻하는 '슬래커')와 같은 이데올로기적 의미가 담긴 용어를 노동계급에 대한 존중의 관점으로 뒤집어 하나의 표식으로 사용한다는 생각은 소련의 주요한 언어학자 발렌틴 볼로시노프가 다강세성(multiaccentuality)이라고 불렀던 하나의 예이다. 다음의 책을 참고하라. Michael Denning, 《Mechanic Accents: Dime Novels and Working-Class Culture in America》, New York: Verso, 1987.

ii 이전에 출간된 여러 브랜드 관련 책에서는 브랜드에 신화가 내재되어 있다고 언급해 왔다. 그러나 이런 책들은 성공적인 신화와 신화를 구축하는 데 성공하지 못한 시도들 간의 구체적인 특징을 설명하지 못하기 때문에 브랜드 신화를 구축하는 유용한 모델을 설명하는 데는 부족하다. 마인드 셰어 모델과 마찬가지로 이러한 접근들은 브랜딩 활동을 디테일하게 검토하지 않는다. 게다가, 이러한 브랜딩 모델들은 왜 특정한 신화들이 왜 특정한 역사적 순간에 울려 퍼지는지(다른 것들은 그렇지 못하는데도)를 설명하지 못한다. 그 이유는 브랜딩 모델들이 신화를 '특정한' 사회적 모순을 다루는 이야기가 아니라 '보편적인' 원형으로 생각하고 있기 때문이다. 다음의 책을 참고하라. Randell Randozo, 《The Myth Makers》, Chicago: Probus, 1995. Margaret Mark and Carol S. Pearson, 《The Hero and the Outlaw》, New York: McGraw-Hill, 2001.

iii 격동하는 사회경제적 변화의 시기 동안, 새로운 표현 문화가 상징적인 기준점으로서 특히 가치를 가지게 된다는 생각은 사회학과 인류학에서 흔히 볼 수 있고 오랜 기간 지속된 생각이다. 특히 클리포드 기어츠의 명저, 《문화의 해석(The Interpretation of Culture)》에서의 '문화 시스템으로서의 이데올로기(Ideology as a Cultural System)' 편을 보라(The Newton of Cultures of New York : Basic Books, 2000).

4장

i 더글라스 B. 홀트, 〈Mountain Dew: Selecting New Creative〉, Case 9-502040 (Boston: Harvard Business School, 2002).

ii 이 주장은 오늘날 대부분의 회사에 존재하는 브랜드 매니저들과는 매우 다른 종류의 브랜드 매니저라는 것을 이야기하고 싶다. 나는 9장에서 이 주장이 어떤 결과를 수반하는가 하는 것을 조직의 측면에서 알려주려 한다.

iii 로렌 바리츠의 다음의 책을 보라. 《The Good Life: The Meaning of Success for the American Middle Class》, New York: Knopf, 1989.

iv 폭스바겐은 최초로 성공한 포스트모던 브랜드로 어떤 계층이나 집단에 소속되어 있
다는 징표로 브랜드(또는 상품)를 드러내는 것이 아닌, 개인의 창의성과 자기만족을
위한 표상으로 제품을 내놓은 브랜드였다. 다음의 논문을 참고하라. 더글라스 B. 홀
트, 〈Why Do Brands Cause Trouble?〉, Journal of Consumer Research, vol. 29,
June 2002, 70-90.

v 역사적으로 최고의 DDB 캠페인을 다룬 다음 책을 참고하라. 토마스 프랭크, 《The
Conquest of Cool: Business Culture, Counterculture, and the Rise of Hip
Consumerism》, Chicago: University of Chicago Press, 1997, 62.

vi 토마스 프랭크는 1960년대 혁명을 일종의 혼란의 시대로 분류한다. 다음의 책과 잡지
를 참고하라. 《One Market Under God: Extreme Capitalism, Market Populism,
and the End of Economic Democracy》(New York: Doubleday, 2000)와 그의 문
화 잡지 〈The Baffler〉.

vii 데이비드 브룩스의 다음 책을 참고하라. 《Bobos in Paradise: The New Upper
Class and How They Got There》, New York: Simon & Schuster, 2000.

viii 가장 존경받는 인디 음악 신봉자들 중 두 명은 이언 매카이, 그의 밴드인 푸가지와 다
양한 밴드(여기에는 빅 블랙이 포함된다)에서 프로듀서 겸 메인으로 활동한 스티브 알
비니였다. 이 두 인디 밴드의 셀럽들은 적어도 그들의 강력한 음악만큼이나, DIY 문화
를 강경하게 지지하는 것에 대해 엄청난 존경을 받았다. 너바나의 '네버마인드' 앨범
이 당시 10년 이내에 가장 많은 수익을 올린 앨범 중 하나가 되었을 때, 커트 코베인은
후속 앨범을 제작하기 위해 알비니를 찾았는데, 이것은 일종의 DIY 문화에 대한 지속
적인 충성 맹세 같은 암묵적인 서약이었다. 왜냐하면 알비니는 진정한 'DIY 신자'들
을 제외한, 모든 사람들을 쫓아내는 밴드의 소리를 들려줄 것이기 때문이었다.

ix 다음의 기사를 참고하라. Douglas Wolk, "Nick Drake's Post-Posthumous
Fame," Salon.com, 19 June 2000. 〈http://dir.salon.com/ent/music/feature/
2000/06/19/drake/index.html〉, accessed 19 February 2003.

x 이 광고가 빛을 발하는 동안, 폭스바겐은 같은 슈퍼볼 기간 동안 또 다른 광고(곰이 숲
에서 폭스바겐을 쫓는 패러디)를 내보냈는데, 이 광고는 그날의 공식 광고로 슈퍼볼 관
객들을 사로잡기 위한 불안정한 노력의 하나였다고 볼 수 있다(동물과의 교감과 싸구
려 웃음을 유발하는 방식으로).

xi 다음은 영화 평론가 제인 다크가 "은하수"에 대해 쓴 글이다. "Village Voice Film
Poll(2001, 〈http://www.villagevoice.com/take/three/title.php?title=1026546〉)."

　　그건 영화가 아니라 광고인데 …… 닉 드레이크의 무덤은 더럽혀졌고 …… (하지만) 완전 '쿨'
　　한 감독들이 많이 참여했던 한 해(대부분 BMW 광고를 찍었던), 이 광고를 영화 범주에 포함
　　시키는 것은 타당해 보인다. 나는 누가 그 노래에 대한 권리를 팔았든 간에 내 생각에 그는 '개

자식'인 것 같다. 나는 기업의 옹호자가 되는 것에는 관심이 없다(폭스바겐을 사지 마라. 어차피 그들도 형편없다). 그러나 한편으로, 이 '영화'는 극단적으로 짧지만, 아주 끝내주는 영화. 장엄한 오프닝 샷(밤의 강을 따라 수직으로 따라가는 카메라, 어둠 속에서 모든 추상적이고 심오한 느낌의 희미한 빛들, 하늘을 나는 카메라가 다리를 건너는 차를 교차하고 갑자기 수평을 따라 이야기가 전환될 때까지), 모든 탑승자들의 얼굴이 깜빡거리는 독일식 표현주의 방식, 그리고 서사의 놀라운 압축(그래도 뭐 결국에는 그래 봐야 상업광고지만)까지. 이 영화는 마치 서사와 신화의 이론들이 시험되고 다듬어지는 실험실과 같다. 우리 대부분은 숲에서 열리는 멋진 파티에 초대받지 못한다. 걷지 않고 운전만 하는 것은 일종의 '자발적 무관심'처럼 보인다. 하지만 이것 또한 행동에 대한 일종의 통찰을 필요로 한다. 그 나이에는 그 어떤 생산도 하지 못하는 지식 말이다. 방탕하고, 우울하고, 그래서 마침내 일반적으로는 불가능한 지식, 즉 미니멀리즘과 표현주의적인 공간으로 압축된, '현명함에 대한 낭만적인 환상'을 말이다. 이런 '마법의 마법'이 바로 닉 드레이크와 〈핑크 문〉이 원하는 것이다. 이 영화의 놀라운 점은 광고와 무덤덤한 노래가 얼마나 잘 어울리느냐가 아니라 '얼마나 완벽한가' 하는 것이다.

5장

i 2장에서 인용한 데이비드 아커의 책과 케빈 레인 켈러의 《전략적 브랜드 관리 (Strategic Brand Management)》(New York: Prentice Hall, 1998)에서는 이 점을 분명히 주장한다. 그리고 대부분의 마인드 셰어를 다룬 다른 책에도 내포되어 있다.

ii 버드와이저 외에도, 한때 맥주 소비의 대부분을 차지했던 고칼로리 프리미엄 맥주 부문은 1990년대에 거의 사라졌다. 대부분은 가벼운 저칼로리 맥주로 옮겨 갔고, 수입산으로 옮겨 간 비율은 더 낮았다. 이런 상황에서 안호이저-부쉬는 하이네켄, 코로나 등 수입산 맥주와 함께 버드와이저를 슈퍼-프리미엄 맥주로 차츰 이미지 변신을 시킨다. 실제로 안호이저-부쉬는 오래된 미국 프리미엄 맥주 시장이 소멸하는 시점에 더 비싼 가격의 프리미엄 플레이어로 뛰어오른다. 그러나 같은 제품을 더 높은 가격에 팔기 위해서는 소비자들에게 버드와이저의 정체성 가치를 더 높여야 했다. 이 전략은 "도마뱀"과 "와썹" 광고 캠페인을 통해 문화 아이콘으로 버드와이저를 활성화시키지 않았다면 성공하지 못했을 것이다.

iii 사실 이 문화 싸움에서는 버드와이저의 신화가 아니라, 밀러의 신화가 두드러졌었다. '밀러 하이 라이프(Miller High Life)'라는 이름은 원래 중산층 남성들을 위한 '럭셔리 프리미엄 맥주'의 마케팅 포지셔닝을 반영한 것이었다. 필립 모리스는 1970년대 초에 이 브랜드(밀러)를 사들였고 광고대행사 배커 스피엘포겔에게 이 브랜드에 대한 관리를 맡겼다. 빌 배커와 그의 팀은 지친 직장인들이 힘든 하루의 일이 끝난 후 이에 대한 보상으로 자신들만의 시간인 '밀러 타임'을 가질 만하다는 생각을 바탕으로 새로운 캠페인을 기획했다. 필립 모리스 경영진이 이 아이디어를 때맞춰 지지했다면 밀러는 이 맥주 분야의 주도권을 장악할 수 있었을 것이다. 이 아이디어를 받아들이는 대신 필립 모리스는 일관성 없는 기조로 인해 좌충우돌했고, 안호이저-부쉬가 이 분야에 들어오고, 배커의 아이디어를 슬쩍 베껴 다시 만들었다.

iv   다음의 책을 참고하라. David M. Gordon, 《Fat and Mean: The Corporate Squeeze of Working Americans and the Myth of Managerial "Downsizing"》, New York: Free Press, 1996, 31. Kevin Phillips, 《Boiling Point: Democrats, Republicans, and the Decline of Middle-Class Prosperity》, New York: Random House, 1993.

v   데이비드 아커와 에릭 요아힘스탈러의 《브랜드 리더십(Brand Leadership)》(New York: Free Press, 2000)도 브랜드 자산의 정의에 브랜드 충성도를 포함하지만, 사실 이것은 동어반복인 셈이다. 충성도는 강한 브랜드가 원하는 결과물이지 그것의 본질적 특성이 아니다. 마인드 셰어 원리에 따라 브랜드를 자산으로 관리하는 기업은 이러한 지표에 대한 개선을 모색한다. 이들은 아무것도 없는 상태에서 소비자들이 그 브랜드를 기억하는 비율, 이 브랜드에 대해 떠올려 보라는 질문을 받았을 때 적절한 연결 이미지를 떠올리는 소비자 비율 등을 높인다는 목표로 커뮤니케이션 예산을 투입한다. 이런 방식의 측정은 정체성 브랜드를 가치 있는 자산으로 만드는 것에는 그다지 가깝지 않다.

vi   안호이저-부쉬는 반복적으로 아이디어를 외부에서 빌려왔고, 버드와이저와 버드 라이트 사이를 왔다갔다 한다. 회사는 "도마뱀" 광고의 신화적 처방('행동하는 남자'라는 이상을 조롱하는 것에 초점을 맞춘)을 받아들여서 버드 라이트의 엄청나게 성공적인 라디오 캠페인을 재창조했다. 각 광고에서는 극장에서 표를 확인하면서 찢어주는 것과 같은 우스꽝스러운 직업이 등장하면서 "당신을 위한 버드"라고 외치는 서사적인 목소리가 울려 퍼졌다(지금은 잠잠하지만). 그 후 회사는 영국의 버드와이저를 홍보하면서 이 캠페인을 텔레비전으로 내보냈다. 거기서도 큰 성공을 거둔 후, 안호이저-부쉬는 텔레비전 버전의 광고를 가지고 미국으로 다시 돌아왔다.

vii   버드와이저는 다른 종류의 신화를 개발함으로써 노동자들과 다시 연결되었다. "당신을 위한 버드"는 일종의 긍정 신화로, 버드와이저 팬들이 자신을 1980년대 '아메리카 컴백' 프로젝트의 일부로 인식하도록 한 신화였다. 이 브랜드의 장인정신 신화는 레이건 시대의 국가 이념과 일치했다. 이와는 대조적으로, "도마뱀" 광고 캠페인에 의해 에둘러 던져진 후 "와썹" 광고 캠페인을 통해 확산된, 간결한 형제애 신화는 일종의 저항 신화였다. 마운틴 듀의 신화처럼 이것은 국가의 이데올로기에 직접 도전하는 이상을 옹호하는 신화였다. 버드와이저는 자신의 지지자를 추종하면서, 자신이 옹호하는 신화의 종류를 바꾸면서까지 '정치적 변절'을 저질렀다.

대중적 세계관은 한 국가가 스스로를 다시 구상하기 위해 사용하는 문화적 원료다. 대중적 세계관은 시민들이 국가의 이상을 지탱하기 위해 긍정 신화 속에서, 그리고 그 이상에 도전하기 위해 저항 신화 속에서, 양쪽으로부터 나오는 상징적 자원이기도 하다. 버드와이저는 핵심 지지층의 정치적 정체성이 바뀌었을 때 브랜드가 하나의 신화에서 다른 신화로 이동함으로써 아이코닉한 힘을 되살릴 수 있다는 것을 보여준다.

6장

i 나는 2000년에 미국 남성들의 스포츠 텔레비전 시청량을 분석하기 위해 주요 언론사(ESPN이 아닌)에서 일했다. 나는 시카고와 로스앤젤레스 스포츠 팬들의 집에서, 적극적인 스포츠 시청자였던 23명의 남성들과 길고 구조화되지는 않은 인터뷰를 실시한 경험이 있다.

ii 더글라스 B. 홀트와 J. 크레이그 톰슨의 〈행동하는 영웅: 일상의 소비에서 영웅적 남성성의 추구(Man-of-Action Heroes: The Pursuit of Heroic Masculinity in Everyday Consumption)〉(Journal of Consumer Research)에는 1990년대 미국 남성들이 일상생활에서 이 신화를 어떻게 소비했는지에 대한 학술적 설명을 제공하고 있다.

iii 수잔 푸르니에의 다음 연구를 참고하라. 〈Consumers and Their Brands: Developing Relationship Theory in Consumer Research〉, Journal of Consumer Research 24, no. 4, 343-374, 1998.

iv 내부자와 브랜드 관계의 특별함은 대중적 세계관에 대한 브랜드의 상대적 중심성에 달려 있다. 어떤 아이코닉 브랜드는 대중적 세계관 속에서 나온다(나이키, 파타고니아, 할리 데이비슨). 반면, 또 어떤 브랜드들은 대중적 세계관의 일부 특징을 빌린(버드와이저, 마운틴 듀, 폭스바겐) 대중 시장 상품이다. ESPN의 경우 핵심 내부자들과 ESPN이라는 브랜드 자체가 오랫동안 경쟁하는 과정에서 스포츠 방송 채널의 리더 자리를 꿰찼다. 따라서 내부자들은 ESPN이라는 브랜드에 권위 있는 역할을 부여할 의사가 별로 없었다. 이와는 달리, 브랜드의 문화 아이콘으로서의 힘이 대중적 세계관 속에서 시작된 할리 데이비슨의 경우 내부자들 사이에서 특별한 권위를 유지한다.

v R. W. Marriott, "How to Spot a Biker Wannabe", 〈http://www.saintjohn.nbcc.nb.ca/~marriott /Wannabe.htm〉 (2003년 2월 17일 접속)

7장

i 여기서 나는 로버트 웨일런드와 폴 콜이 정리한 할리 데이비슨의 성공 스토리를 종합하려고 한다. 다음 책을 참고하라. 《Customer Connections: New Strategies for Growth》, Cambridge, MA: Harvard University Press, 1997. Sam Hill and Glenn Rifkin, 《Radical Marketing》, New York: Harper Business, 1999. David A. Aaker, 《Building Strong Brands》, New York: Free Press, 1996.

ii HDC는 마인드 셰어 모델의 전제를 이용해 리서치를 의뢰했다. 이 리서치에서는 할리 데이비슨 DNA가 세 가지의 가치로 구성된다고 밝혔다. 미국주의적 애국심(American patriotism), 남성성 과시(machismo), 자유(personal freedom)이다. 존 스하우턴과 제임스 맥알렉산더의 이 논문을 보라. 〈Subcultures of Consumption: An Ethnography of the New Bikers〉, Journal of Consumer Research 22 (June 1995); 43-61. 아커는 강력한 브랜드를 구축하는 것을 할리 데이비슨에 대한 토론과 연구 과정에서 이끌어 낸다.

iii 할리 데이비슨은 1970년대에 고객들에 의해 시작된 매우 성공적인 클럽들을 강제로 인수했다. 할리 데이비슨의 CEO 본 빌즈는 제스퍼 쿤데(《Corporate Religion》의 저자)나 아커(《Building Strong Brands》의 저자)와 같은 저자들이 책에서 쓴 대로 시작하지는 않았다. 더욱이 클럽 인수 시기인 1984년은 할리 데이비슨에 대한 호감도가 급상승한 1990년대 초반과 일치하지 않는다. 이와 마찬가지로 할리 데이비슨의 제품 개선도 1980년대 초반에 일어났고, 일본의 품질 기준을 따라잡았을 뿐이다. 그래서 어떤 설명도 실제 경험적 사실을 지지하지 않는다.

iv 이런 이유로, 부록에서 언급된 바와 같이 본 장은 분석적 초점에 더하여 방법론적 목표를 가지고 있다. 단순히 광고를 분석하는 것 이상으로 '문화 전략(Cultural Strategy)'이라는 것을 보여주기 위해, 나는 할리 데이비슨을 하나의 부정적인 사례의 관점에서도 분석한다. 할리 데이비슨의 계보는 이전 장에서 검토한 바와 같이 텔레비전 광고 효과 이상으로 브랜딩 모델을 확장하면서, 문화 브랜딩의 견고함을 제공해주고 있다. 할리 데이비슨의 성공에 대한 많은 설명들이 출판되었지만, 그들 대부분은 대략 같은 이야기를 한다. 광고가 중요한 역할을 했다는 설명은 어디에도 없다는 것이다. 결과적으로 할리 데이비슨은 역사상 가장 강력한 아이코닉 브랜드 중 하나인데, 중요한 광고가 거의 없는 상태에서도 '문화 브랜딩'이라는 모델의 힘을 보여주는 사례이며, 이 주장을 반대하는 사람들에 대한 도전적인 근거를 제공한다.

v Daniel R.은 다음의 책에서 '무법자 바이커' 문화를 종합한다. 다음 책을 참고하라. 《The Rebels: A Brotherhood of Outlaw Bikers》, Toronto: University of Toronto Press, 1991. Hunter S. Thompson, 《Hell's Angels: A Strange and Terrible Saga》, New York: Ballantine Books, 1996. Ralph "Sonny" Barger,

《Hell's Angel》, New York: William Morrow, 2000.

vi Brock Yates의 다음의 책에서 찾을 수 있다. 《Outlaw Machine: Harley-Davidson and the Search for the American Soul》, New York: Little, Brown & Co., 1999.

vii 브랜도의 오토바이는 일종의 정복이나 승리감 같은 것을 의미했다. 돌이켜보면, 뒤에 이어진 할리 데이비슨의 지배적 영향력 때문에 대부분의 사람들은 브랜도가 할리 데이비슨을 탔을 것이라고 추측한다.

viii 톰슨, 《헬스 엔젤스(Hell's Angels)》, 53.

ix 개리 윌스의 다음의 책을 참고하라. 《Reagan's America: Innocents at Home》, New York: Doubleday, 1987.

x 리처드 슬롯킨은 19세기 말 미국의 프런티어 정신이 끝이 난 이후 '총잡이'의 이미지가 미국 이데올로기의 중심적 원형이 되어 왔음을 보여주기 위한 철저한 역사적 고증을 실시해 왔다. 슬롯킨은 이 신화가 미국의 400년 이상의 역사 동안 어떻게 진화해 왔는지를 논하면서 미국의 프런티어 신화에 대한 결정적인 분석을 기록했다. 슬롯킨의 다음 책을 참고하라. 리처드 슬롯킨, 《Gunfighter Nation: The Myth of the Frontier in Twentieth-Century America》, Norman, OK: University of Oklahoma Press, 1998.

xi 사실의 출저(Factiva lists): 〈뉴욕타임스〉, 〈월스트리트저널〉, 〈뉴스데이〉, 〈USA 투데이〉, 〈워싱턴포스트〉, 〈글로브앤메일〉, 〈AP뉴스와이어〉, 〈휴스턴 크로니클〉 등이 있다. 1987년 4월 20일 〈포브스〉는 레이건의 할리 데이비슨 공장 방문이 할리 데이비슨에게는 홍보의 쿠데타에 가까운 사건이었다고 언급했다(존 콘웨이 "Harley Back in Gear").

xii 마틴 잭 로젠블럼의 다음 내용을 참고하라. "Praise Our Ladies." 〈http://www.members.tripod.com/~holyranger〉 다음 책에서 발췌했다. 《The Holy Ranger: Harley-Davidson Poems》, Milwaukee: Lion Publishing, 1989.

xiii 하위문화의 상징으로서 브랜드가 사용되는 것과 단기간에 이전의 유행을 뒤집는 하위문화에서 활용되는 아이템으로서의 브랜드가 사용되는 것을 구분하는 것은 중요하다. 후자는 일상적으로 발생하는 것이지만, 전자(하위문화의 상징으로 브랜드가 사용되는 것)는 좀처럼 일어나지 않는다. 미국에서는 이렇게 단기간의 유행 뒤집기를 위해 '포획'되는 브랜드들은 주로 도시의 아프리카계 미국인들 사이에서 주로 발견되는데, 아디다스, 푸마, 나이키, 노스페이스, 메르세데스, BMW, 타미힐피거, 폴로, 팀버랜드와 같은 브랜드가 모두 이런 분위기에 활동되고 아프리카계 미국인들의 하위문화를 거쳐 그 브랜드의 의미가 재포장된다.

8장

i 사실 이러한 변화는 부분적으로 배우 조합의 파업과 광고의 성공으로 유명 인사가 된 광고 속 배우들과 재계약에 어려움이 있었기 때문이기도 하다.

ii 이러한 기술들을 구체적으로 전개하는 것은 이 장과 이 책의 범위를 벗어난다(이러한 주제는 '직업적으로' 이야기를 만드는 모든 상업 예술가들에게 친숙한 주제이긴 하지만). 주요 참고 도서에 제시한 작품들, 문화 연구 문헌들은 이 분야에서 학술적으로 다루는 자료를 제시하고 있다.

iii 흥미롭게도 이 광고와 거의 동시에 나이키는 이와 같은 제3의 물결인 페미니스트·집단적 저항의 분위기에 뛰어들면서 동일한 창의적인 기법을 따른다. 그러면서도 더 정치적인 선택을 가미한 훌륭한 광고를 만들었다. 이 광고의 사운드 트랙은 1970년대 초 페미니스트들의 성가로 불렸던 헬렌 레디의 〈I Am Woman〉 곡을 펑크 버전으로 재구성해서, 두 자매가 이끄는 인디 펑크 뮤지션 밴드인 브리더스가 연주했다.

9장

i 슬래커와 인디 문화라는 대중적 세계관은 DIY라는 문화에 대한 공통의 인식 측면에서 어느 정도 겹친다. 이 두 개의 대중적 세계관에 대한 또 다른 관점은 이들이 '반문화'라는 기본 구조의 측면에서 서로 만난다는 것이다. 폭스바겐은 반문화의 보헤미안적인 측면만을 선택적으로 제한한 반면, 마운틴 듀는 중산층 생활에 대한 냉소적 저항에 초점을 맞췄다. 대중적 세계관은 분리된 집단이나 장소를 뜻하지 않는다(비록 이들은 항상 현대적이든 역사적이든 '현실의' 사회생활을 언급하긴 하지만). 오히려 이 용어는 학술용어로 된 대중문화, 즉 담론 속에서 만들어진 범주라고 할 수 있다.

ii 이런 생각을 전달하기 위해, 나는 아이코닉 브랜드를 구축하는 순차적 방법을 선형 프로세스로 설명했다. 그러나 실제 이런 브랜드들은 결코 처음 정한 청사진처럼 확고한 계획대로 만들어지지 않는다. 오히려 브랜드 매니저들은 반복적으로 지식을 모으고, 전략을 구성하고, 실행과 실험을 반복한다.

iii 니얼 피츠제럴드, 2003년 11월 27일, 런던 퍼블리시티 클럽, 미디어 위크(영국)에서의 연설(World Advertising Research Center 〈http://www.warc.com/〉 in their "World Advertising and Marketing News")에서 요약 인용.

부록

i   기존 브랜드 전략의 가장 주요한 약점은 브랜드의 '어떤 한순간에 포착한 것의 특징들 (snapshot profile)'로 전략이 만들어진다는 것이다. 예를 들어 영앤루비컴(Young & Rubicam)이 고안한 널리 사용되는 브랜드 체계를 생각해보자. 이를 '브랜드 밸류에이 터(Brandvaluator, 브랜드 감정평가모델)'라고 부른다. 이 광고대행사는 전 세계로부터 브랜드의 측정 가능한 일련의 정량 데이터를 수집하여 그 정보를 강력한 브랜드의 공 통 요소를 추출하는 알고리즘에 넣었다. 강력한 브랜드란, 잘 알려져 있고 차별적이며 사람들의 일상과 관련이 깊은 경향이 있다. 하지만 이러한 관찰에서 나오는 전략적 조 언은 과연 무엇일까? 브랜드가 쉽게 기억되어야 하고, 독특해야 하며, 사람들의 일상 과 밀접하게 연관되어야 한다는, 이 당연한 걸 강조해야 하는 걸까? 문제는 이런 정량 적 지표로는 설명이 안 된다는 것이다. 우리는 이 브랜드들이 이처럼 빛나는 성적표를 달성하도록 이끄는 메커니즘을 알아야 한다.

ii   브랜드 관리에 관한 책은 대게 적절한 일화를 바탕으로 시작한다. 이들은 짧고, 간접적 인 한 토막의 예를 들면서 자신의 주장을 받아들이기를 요구한다. 학문적 관점에서 볼 때, 이런 책들에서 문제가 되는 것은 저자들이 인용하는 경험적 사례가 너무 '적어서' 설명 모델을 개발할 수 없다는 것이다. 이러한 모델들에서 흘러나오는 제안들은 너무 나 모호해서 최고의 브랜드와 가장 평범한 브랜드의 역량을 구분하는 것은 불가능하 다. 게다가, 이 책들 속의 통찰을 가져온 많은 '데이터'들은 실제로는 관련 업계의 언론 에 보도될 때 이미 사전에 '정제된' 이야기들로 이루어져 있다는 것이다. 그래서 대부 분의 이런 모델에 관한 책을 쓴 작가들은 세심한 1차 연구보다는 광고주와 광고기획 사들이 자신들의 브랜드에 대해 말하고 싶어 하는 이야기를 단순히 반복하고 있을 뿐 이다. 이런 종류의 책 대부분에서 한 브랜드에 대한 분석은 평균 두세 페이지 정도로 제시되어 있는데, 이 정도는 칵테일 대화에서는 만족스러울지 몰라도 그다지 많은 것 은 아니다.

iii   브랜드 계보에 영향을 준 주요한 참고 문헌은 "Selected Bibliography"에 나와 있다.

iv   이 선택 과정은 각 광고가 대중문화에서 뽑아낸 기호와 커뮤니케이션 코드의 복잡한 조합이라는 점을 감안할 때 매우 어렵다. 이 광고의 작가들은 시행착오를 통해 배우기 때문에, 이들의 선택은 종종 막다른 골목으로 이끌기도 한다. 그러나 가장 성공적인 아 이코닉 브랜드의 경우, 브랜드 팀은 결국 적절한 기호와 코드 조합의 측면에서 완벽한 균형인 삼각형을 이루고 시간이 지나면서 이 조합을 확장한다.

마케팅 관리

Aaker, David A. Managing Brand Equity. New York: Free Press, 1991.

———. Building Strong Brands. New York: Free Press, 1996.

Aaker, David A., and Erich Joachimsthaler. Brand Leadership. New York: Free Press, 2000.

Bedbury, Scott. A New Brand World. New York: Viking, 2002.

Bond, Jonathan, and Richard Kirshenbaum. Under the Radar: Talking to Today's Cynical Consumer. New York: Wiley, 1998.

Fournier, Susan. "Consumers and Their Brands: Developing Relationship Theory in Consumer Research." Journal of Consumer Research 24 (March 1998): 343–374.

Gladwell, Malcolm. "The Coolhunt." The New Yorker, 17 May 1997.

———. The Tipping Point: How Little Things Can Make a Big Difference. New York: Little, Brown & Co., 2000.

Gobe, Marc. Emotional Branding: The New Paradigm for Connecting Brands to People. New York: Allworth Press, 2001.

Hill, Sam, and Glenn Rifkin. Radical Marketing. New York: Harper Business, 1999.

Holt, Douglas B. "How to Build an Iconic Brand." Market Leader, June 2003.

———. "What Becomes an Icon Most?" Harvard Business Review, March 2003: 43.

Kapferer, Jean-Noel. Strategic Brand Management. Dover, NH: Kogan Page, 1997.

Keller, Kevin L. Strategic Brand Management. New York: Prentice Hall, 1998.

Klein, Naomi. No Logo: Taking Aim at the Brand Bullies. New York: Picador, 1999.

Kunde, Jesper. Corporate Religion. New York: FT Prentice Hall, 2000.

Lopiano-Misdom, Janine, and Joanne De Luca. Street Trends. New York: Harper Business, 1996.

Rosen, Emanuel. The Anatomy of Buzz. New York: Doubleday, 2000.

Schmitt, Bernd H. Experiential Marketing. New York: Free Press, 1999.

Wayland, Robert E., and Paul M. Cole. Customer Connections: New Strategies for Growth. Cambridge, MA: Harvard University Press, 1997.

Zyman, Sergio. The End of Marketing As We Know It. New York: Harper Business, 2000.

대중문화와 대량소비에 관한 이론

Barthes, Roland. "Myth Today." Translated by Annette Laves. In Mythologies. New York: Noonday Press, 1973.

Bell, Catherine. Ritual Theory, Ritual Practice. New York: Oxford University Press, 1992.

Bradley, Raymond T. Charisma and Social Structure. New York: Paragon House, 1987.

Denning, Michael. Mechanic Accents: Dime Novels and Working-Class Culture in America. New York: Verso, 1987.

Eagleton, Terry. Ideology: An Introduction. New York: Verso, 1991.

Eliade, Mircea. Myths, Dreams, and Mysteries. New York: Harvill Press, 1960.

Geertz, Clifford. The Interpretation of Cultures. New York: Basic Books, 2000.

Goldman, Robert. Reading Ads Socially, New York: Routledge, 1992.

_____, and Stephen Papson. Sign Wars: The Cluttered Landscape of Advertising. New York: Guilford, 1996.

———. Nike Culture. Thousand Oaks, CA: Sage, 1998.

Holt, Douglas B. "Why Do Brands Cause Trouble?" Journal of Consumer Research, 29 (June 2002): 70-91.

Holt, Douglas B., and J. Craig Thompson. "Man-of-Action Heroes: The Pursuit

of Heroic Masculinity in Everyday Consumption." Journal of Consumer
Research, forthcoming.

Illouz, Eva. Consuming the Romantic Utopia: Love and the Cultural
Contradictions of Capitalism. Berkeley: University of California Press, 1997.

Lasch, Christopher. The Culture of Narcissism. New York: W. W. Norton, 1990.

Lash, Scott, and John Urry. Economies of Signs and Space. Thousand Oaks, CA:
Sage, 1994.

Levy, Sidney J. Brands, Consumers, Symbols, and Research: Sydney J. Levy on
Marketing. Edited by Dennis Rook. Thousand Oaks, CA: Sage, 1999.

Lipovetsky, Gilles. The Empire of Fashion: Dressing Modern Democracy.
Princeton, NJ: Princeton University Press, 1994.

Marchand, Roland. Advertising the American Dream. Berkeley: University of
California Press, 1985.

Morgan, Edmund S. Inventing the People: The Rise of Popular Sovereignty in
England and America. New York: Norton, 1988.

Radway, Janice A. Reading the Romance: Women, Patriarchy, and Popular
Literature. Chapel Hill, NC: University of North Carolina Press, 1984.

Ricoeur, Paul. Lectures on Ideology and Utopia. Edited by George H. Taylor.
New York: Columbia, 1986.

Slotkin, Richard. Gunfighter Nation: The Myth of the Frontier in Twentieth
Century America. Norman, OK: University of Oklahoma Press, 1998.

Susman, Warren I. Culture As History: The Transformation of American Society
in the Twentieth Century. New York: Pantheon, 1984.

Williamson, Judith. Decoding Advertisements: Ideology and Meaning in
Advertising. London: Marian Boyars, 1978.

Wright, Will. Sixguns and Society: A Structural Study of the Western. Berkeley:
University of California Press, 1975.

Zizek, Slavoj, ed. Mapping Ideology. New York: Verso, 1995.

미국 문화와 미국 사회의 역사

Baritz, Loren. City on a Hill: A History of Ideas and Myths in America. New
York: John Wiley & Sons, 1964.

————. The Good Life: The Meaning of Success for the American Middle Class. New York: Knopf, 1989.

————. Backfire: A History of How American Culture Led Us into Vietnam and Made Us Fight the Way We Did. Baltimore: Johns Hopkins University Press, 1985.

Bell, Daniel. The End of Ideology. New York: Free Press, 1960.

Braunstein, Peter, and Michael W. Doyle. Imagine Nation: The American Counterculture of the 1960's and '70s. New York: Routledge, 2002.

Brooks, David. Bobos in Paradise: The New Upper Class and How They Got There. New York: Simon & Schuster, 2000.

Cawelti, John G. Apostles of the Self-Made Man: Changing Concepts of Success in America. Chicago: University of Chicago Press, 1965.

Delbanco, Andrew. The Real American Dream. Cambridge, MA: Harvard University Press, 1999.

Dickstein, Morris. Gates of Eden: American Culture in the Sixties. Cambridge, MA: Harvard University Press, 1977.

Ehrenreich, Barbara. The Hearts of Men. New York: Anchor, 1983.

————. Fear of Falling: The Inner Life of the Middle Class. New York: Pantheon, 1989.

Englehart, Tom. The End of Victory Culture: Cold War America and the Disillusions of a Generation. Amherst: University of Massachusetts Press, 1998.

Faludi, Susan. Stiffed: The Betrayal of the American Man. New York: William Morrow and Company, 1998.

Farber, David. The Age of Great Dreams: America in the 1960s. New York: Hill and Wang, 1994.

Farber, David, ed. The Sixties: From Memory to History. Chapel Hill: University of North Carolina Press, 1994.

Fitzgerald, Frances. Cities on a Hill. New York: Simon & Schuster, 1981.

Frank, Thomas. The Conquest of Cool: Business Culture, Counterculture, and the Rise of Hip Consumerism. Chicago: University of Chicago Press, 1997.

————. One Market Under God: Extreme Capitalism, Market Populism, and the End of Economic Democracy. New York: Doubleday, 2000.

Gibson, James W. Warrior Dreams: Violence and Manhood in Post-Vietnam America. New York: Hill and Wang, 1994.

Harrington, Michael. The Other America. New York: MacMillan, 1962.

Jewett, Robert, and John S. Lawrence. The American Monomyth. Garden City, NY: Anchor Press, 1977.

Kazin, Michael. The Populist Persuasion: An American History. New York: Basic Books, 1995.

Kimmel, Michael. Manhood in America: A Cultural History. New York: Free Press, 1996.

Lemann, Nicholas. The Promised Land. New York: Alfred A. Knopf, Inc., 1991

Linklater, Richard. Slacker. New York: St. Martins Press, 1992.

Marwick, Arthur. The Sixties. New York: Oxford University Press, 1998.

McCann, Graham. Rebel Males: Clift, Brando, and Dean. New Brunswick, NJ: Rutgers University Press, 1991.

Mills, C. Wright. White Collar: The American Middle Classes. Oxford: Oxford University Press, 2002.

Mitchell, Lee C. Westerns: Making the Man in Fiction and Film. Chicago: University of Chicago Press, 1996.

Nadel, Alan. Containment Culture: American Narratives, Postmodernism, and the Atomic Age. Durham, NC: Duke University Press, 1995.

Newman, Katherine S. Declining Fortunes: The Withering of the American Dream. New York: Basic Books, 1993.

Riesman, David. Lonely Crowd: A Study of the Changing American Character. New Haven: Yale University Press, 2001.

Rotundo, E. Anthony. American Manhood: Transformations in Masculinity from the Revolution to the Modern Era. New York: Basic Books, 1993.

Roszak, Theodore. The Making of a Counter Culture. New York, Anchor, 1969.

Ryan, Michael, and Douglas Kellner. Camera Politica: The Politics and Ideology of Contemporary Hollywood Film. Bloomington, IN: Indiana University Press, 1988.

Spigal, Lynn. Make Room for TV: Television and the Family Ideal in Postwar America. Chicago: University of Chicago Press, 1992.

Whyte, William. Organization Man. Philadelphia: University of Pennsylvania Press, 2002.

Wills, Garry. Reagan's America: Innocents at Home. New York: Doubleday, 1987.

―――. John Wayne's America. New York: Touchstone, 1997.

미국 경제와 정치의 역사

Bluestone, Barry, and Bennett Harrison. The Deindustrialization of America. New York: Basic Books, 1982.

Castells, Manuel. The Rise of Network Society, The Information Age: Economy, Society, and Culture. New York: Blackwell, 1996.

Gordon, David M. Fat and Mean: The Corporate Squeeze of Working Americans and the Myth of Managerial "Downsizing." New York: Free Press, 1996.

Harrison, Bennett. Lean and Mean: Why Large Corporations Will Continue to Dominate the Global Economy. New York: Guilford, 1994.

Harrison, Bennett, and Barry Bluestone. The Great U-Turn: Corporate Restructuring and the Polarizing of America. New York: Basic Books, 1988.

Palley, Thomas I. Plenty of Nothing: The Downsizing of the American Dream and the Case for Structural Keynesianism. Princeton, NJ: Princeton University Press, 1998.

Phillips, Kevin. Post-Conservative America: People, Politics, and Ideology in a Time of Crisis. New York: Random House, 1982.

———. Boiling Point: Democrats, Republicans, and the Decline of Middle-Class Prosperity. New York: Random House, 1993.

브랜드의 역사

Allen, Frederick. Secret Formula. New York: Harper Business, 1994.

Bond, Jonathan, and Richard Kirshenbaum. Under the Radar: Talking to Today's Cynical Consumer. New York: Wiley, 1998.

Deshpande, Rohit, Kirsten J. O'Neil-Massaro, and Gustavo A. Herrero. "Corona Beer (A)." Case 9-502-023. Boston: Harvard Business School, 2001.

Hofstede, David. The Dukes of Hazzard: The Unofficial Companion. Los Angeles: Renaissance Books, 1998.

Kiley, David. Getting the Bugs Out: The Rise, Fall, and Comeback of Volkswagen in America. New York: Wiley, 2002.

Marlboro Archives. Smithsonian Museum of American History, Washington, D.C.

Nike Archives. Smithsonian Museum of American History, Washington, D.C.

Freeman, Michael. ESPN: The Uncensored History. New York: Taylor, 2000.

Rasmussen, Bill. The Birth of ESPN. Hartsdale, NY: QV Publishing, 1983.

Sobel, Robert. They Satisfy: The Cigarette in American Life. Garden City, NY: Anchor Press, 1978.

Thompson, Hunter S. Hell's Angels: A Strange and Terrible Saga. New York: Ballantine Books, 1996.

Yates, Brock. Outlaw Machine: Harley-Davidson and the Search for the American Soul. New York: Little, Brown & Co., 1999.

●━━━━━ The Principles of Cultural Branding

성공으로 가는 문화 마케팅 전략

브랜드는 어떻게 아이콘이 되는가

제1판 1쇄 발행 | 2021년 7월 28일
제1판 2쇄 발행 | 2021년 9월 6일

지은이 | 더글라스 B. 홀트
옮긴이 | 윤덕환
펴낸이 | 유근석
펴낸곳 | 한국경제신문 한경BP
책임편집 | 노민정
교정교열 | 김가현
저작권 | 백상아
홍보 | 서은실 · 이여진 · 박도현
마케팅 | 배한일 · 김규형
디자인 | 지소영

주소 | 서울특별시 중구 청파로 463
기획출판팀 | 02-3604-590, 584
영업마케팅팀 | 02-3604-595, 583   FAX | 02-3604-599
H | http://bp.hankyung.com   E | bp@hankyung.com
F | www.facebook.com/hankyungbp
등록 | 제 2-315(1967. 5. 15)

ISBN 978-89-475-4740-6   03320